政治理论与中国政治学话语体系丛书

Old Order in New Worlds

Development of Four
Southeast Asian Countries in Comparative
Historical Analysis

新世界中的旧秩序

东南亚四国发展的比较历史分析

释启鹏 著

中国社会科学出版社

图书在版编目（CIP）数据

新世界中的旧秩序：东南亚四国发展的比较历史分析/释启鹏著 .—北京：中国社会科学出版社，2023.6（2024.3 重印）

（政治理论与中国政治学话语体系丛书）

ISBN 978-7-5227-1974-0

Ⅰ.①新… Ⅱ.①释… Ⅲ.①政治制度—研究—东南亚 Ⅳ.①D733.021

中国国家版本馆 CIP 数据核字（2023）第 112341 号

出 版 人	赵剑英
责任编辑	侯聪睿
责任校对	王　潇
责任印制	王　超

出　　版	中国社会科学出版社
社　　址	北京鼓楼西大街甲 158 号
邮　　编	100720
网　　址	http://www.csspw.cn
发 行 部	010-84083685
门 市 部	010-84029450
经　　销	新华书店及其他书店
印　　刷	北京君升印刷有限公司
装　　订	廊坊市广阳区广增装订厂
版　　次	2023 年 6 月第 1 版
印　　次	2024 年 3 月第 2 次印刷
开　　本	710×1000　1/16
印　　张	24
插　　页	2
字　　数	332 千字
定　　价	128.00 元

凡购买中国社会科学出版社图书，如有质量问题请与本社营销中心联系调换
电话：010-84083683
版权所有　侵权必究

"政治理论与中国政治学话语体系丛书"总序

作为社会科学学科基础的中国政治学出现于西方思想登陆而中国思想被妖魔化的"转型世代"（1895—1925），这就意味着中国政治学从一开始就是学习乃至移植的产物。其间，先是学习英国、德国为代表的西方国家，接着是学习苏联，再接着是改革开放以来学习以美国为代表的西方国家，总之一直处于学习之中，各种学说、思潮到今天的量化研究方法，都在学习之列。

中国自己有"国学"而无社会科学，学习是必然之路，否则就没有今天的以政治学、经济学和社会学为基础的中国社会科学。与此相对应，中国的"文明型国家"向现代国家的转型，也是与西方碰撞的产物。在过去100年里，思想引领实践，实践检验思想，也是外来思想与中国实践相互撞击、相互矛盾、相互调试的"长周期"。

客观地说，在过去40年的时间里，作为学科的中国政治学与中国国家建设—政治发展的关系并不那么密切。改革开放以来，我们形成了以民主集中制为核心的"混合型"政治体制、混合型的社会主义市场经济体制和包容性的社会主义核心价值体系，但是政治学学科流行的则是传统与现代、先进与落后、民主与威权等二元对立的否定性思维方式，以及由此而产生的学科体系和理论体系。按照流行的政治学理论分析中国政治、中国实践乃至整个中国的政治发展，似乎总是不符合教科书中的"标准答案"。

常识是，一个关乎13亿多人口的政治绝对不能迎合任何简单化的理论。要知道，没有任何事情比治理大国更为复杂，这是中外历史反复证明了的；同时，基于特定国家、特定历史、特定经验而形成的理论也没有资格去鉴定中国政治发展的对与错，我们只能基于中国经验、在比较研究中形成相应的理论和概念。比较研究的发现是，当西方国家自身陷入困境之中、很多非西方国家也问题重重而导致世界秩序大变革时，中国之路还算顺畅，以至于曾经提出"历史终结论"的福山认为"中国模式"是一种替代性模式。

这意味着，中国道路之上的"中国方案"和"中国智慧"，需要一种新的政治科学去回答。社会科学具有鲜明的时代性，20世纪50年代，刚刚诞生的美国比较政治研究委员会自信地宣布，基于老欧洲经验的国家、权力等政治学概念该让让位置了。美国人确实搞出了新政治科学，在研究主题上是从现代化研究到民主化研究，在研究方法上是从结构功能主义到理性选择主义等的实证主义理论。但是，"实证"（the becoming）的逻辑离"实存的世界"（the world of the being）越来越远，将个人主义本体论弘扬到极致的美国政治学已经陷于危机之中，中国政治学不能把美国政治学的落点当作我们的起点，不能把美国政治学的败相当作我们的榜样。已经学习美国政治学40年的中国政治学，需要有自主性的理论体系和话语体系，中国应该是理论的发源地。

自主性政治学的关键是自主性的政治学理论。应该看到，在过去40年里，作为政治学理论学科资源的政治思想史研究、历史社会学和比较政治学，都不尽如人意：政治思想史研究要给中国政治学理论贡献更直接的新知必须拓展其研究路径；历史社会学则不存在"作者群"；而比较政治学一起步就跟随美国比较政治学的"民主转型"研究。这些学科现状决定了建构自主性政治学话语体系任重而道远。

但是，我们并不是没有自主性理论体系。历史上，毛泽东同志在延安时期提出的"以中国为中心"的研究方法、人民民主国体和民主集中制政体等新政治学概念,标志着中国共产党的政治成熟,也是最有力量的"中国学派",因而解决了中国问题。今天,中国政治学有着特殊的资源禀赋去建设自主性学科体系:第一,和其他学科一样,中国政治学已经足够了解西方政治学,也有足够的包容力去接纳其有益研究成果;第二,和其他学科不同的是,中国政治思想史和政治制度史极为丰富,这是中国自主性政治学建设的最重要的"大传统"和文化基因;第三,有着中国革命经验所形成的"小传统";第四,有现行民主集中制政体以及由此而衍生的强大的治理能力和伟大的治理成就;第五,在知识论上,中国政治学直接来源于科学社会主义——一种坚持人民主体性的科学学说,而伴随中国走向世界中心而发展起来的比较政治研究,是中国政治学的规范性学科来源。正是因为拥有这些如此独特而又优异的资源禀赋,即使在"历史终结论"如日中天之时,中国政治学阵地也没有丢掉。中国政治学理应倍加珍惜并发扬光大这些优质资源,最终形成自主性中国政治学科体系和话语体系。

这将是一项值得追求、需要奉献的世代工程。

杨光斌

2018年6月19日

中国人民大学明德国际楼

推荐序

很高兴应作者之邀为新书写个序言。释启鹏博士已经是一个崭露头角的青年才俊，其已经发表作品的思想成熟度超出他那个年龄应有的水平。他对学术有着不倦的热情，高远的追求；同时他的学术触角敏锐，阅读范围广泛，有着强大的组织资料的能力，因此其学术产品的质量值得信赖。学术是他的事业。不仅如此，释启鹏博士是一个有使命感的青年学人，解放"旧世界"、建设"新世界"是其人生理想。正是在这一理想主义的驱动下，释启鹏撰写了题为《新世界中的旧秩序》的博士学位论文，试图寻找发展中国家不发展的根本原因——作者所研究的"新封建主义"社会结构，并在推进社会结构的"实体性"研究中讨论流行的方法论问题，质疑所谓确定的因果机制假设，推崇"科学建构论"。

具体而言，本书关注的是"发展"问题，这里的"发展"不仅仅是经济上增长，更体现了阿马蒂亚·森的"以自由看待发展"的发展观。在这位"经济学的良心"看来，发展的核心在拓展人类的"实质自由"。这种看法与马克思主义的发展观具有内在一致性，后者强调人的自由全面发展，并将美好世界的蓝图描绘为"自由人的联合体"。

然而，发展道路却充满着各种阻碍。20 世纪中叶后，在沃勒斯坦所谓的"反体系运动"中，一大批新的国家纷纷独立，它们构成了"第三世界"并开启发展之旅。但时至今日，在经历了民主转型、新自由主义改革乃至

2　新世界中的旧秩序

国家独立和民族解放运动之后，第三世界国家似乎依旧难以改变自己的命运。尤其对普通民众来说，他们在政治社会结构中的相对位置并没有发生实质改变。这构成了本书的核心问题意识，同样是历史政治学所关心的重要问题。

如果用一句话总结，那就是"流水的历史，铁打的精英"。从殖民时代开始，第三世界国家的历次变革基本都是精英主导的，普通民众基本都被排除在外。那么，为什么精英会展现出如此强大的历史延续性呢？本书"以精英为核心的结构视角"在亚里士多德—马克思的传统下理解权力精英，强调精英得以发挥作用的物质基础。在经济与阶级的层面理解权力精英，有助于我们更好地在变革背后探寻权力精英所展现的生命力与延续性：一方面，由于扎根于特定的社会结构与生产关系，因此以物质财富为基础的权力精英很少受到那些非经济性、非结构性变革的影响；另一方面，在财富总量一定的情况下，拓展民众的实质自由意味着对整个社会进行财富再分配，这必然受到权力精英的强烈抵触与反对。

但精英并不是凭空产生的，精英也不存在固定的行为方式，他们是世界政治体系与传统社会秩序"绞合"之后的产物。因此本书还关注了社会主义、民族主义、新自由主义等政治思潮如何塑造精英的行为模式以及精英—大众关系。为了详细地阐述核心观点，本书立足世界政治体系的三次变迁，通过马来西亚、印度尼西亚、菲律宾和泰国四个东南亚国家展现这一复杂过程。在第三章，我们得以见证殖民主义是如何重塑了殖民的阶级关系与社会结构，由此形成的权力精英与社会性遗产一直延续至今；第四章展现了民族主义与共产主义所引发的反殖民运动，以及建国时刻旧时代权力精英是如何最终取得胜利；第五章则探求了当面临市场化、民主化等新的时代浪潮之时，权力精英如何通过这些渠道在赋予自身统治合法性的同时进一步继续掌权。

在经历了一系列以精英为主导的变革后，当代第三世界国家展现出了

"新封建主义"的社会形态。这是本书提出的一个新概念，它突出体现为新封建主义的核心特征是"旧秩序"与"新世界"的结合，即"封建制""贵族""地主"等"前现代"因素畅行无阻于以"民主""市场""资本主义""公民社会"为核心标签的现代世界。在新封建主义的社会形态中，脱胎于封建—殖民时期的依附性人身关系和碎片化权力结构在一系列现代性变革之后依旧极大地延续了下来，资本主义的剥削方式与封建制、奴隶制或其他前资本主义的剥削模式相互纠缠在一起。它意味着，除非对社会结构进行根本性变革，第三世界国家意图改变发展命运的尝试将十分艰难。

作为一项比较历史研究，本书一方面介入真实世界的重大问题，另一方面介入理论与方法的争论。对于前者而言，本书为国家发展过程中的稳定与变迁的复杂关系提供了新的思路，同时丰富了对东南亚四国经验材料的知识积累。对于后者而言，本书则力图破除实证主义方法论的"科学主义诱惑"，以关系主义的视角剖析精英与大众之间的关系，同时立足科学建构论赋予比较历史分析以新的方法论意涵，彰显出通过历史叙述以实现因果推论的可能。

本书关于"新封建主义"社会结构的研究对于我们理解发展中国家之所以不发展，具有实质性启示，其主张的"科学建构论"也是对实证主义方法论的一种有力反思。这种兼具实体性研究和方法论研究的作品，既是比较政治研究的结晶，也将是对比较政治研究的推动。

杨光斌

中国人民大学国际关系学院

2023 年 3 月 25 日

前　言

改变命运并非易事，对一个人如此，对一个国家亦然。在经历了民主转型、新自由主义改革乃至国家独立和民族解放运动后，第三世界国家为何依旧难以扭转自身发展的命运？社会科学研究者又应当如何理解这种隐匿于历史进程背后的"变迁"与"稳定"？

定义"发展"成为探究这一问题的前提。本书遵循马克思和阿马蒂亚·森的传统，将"发展"从"经济增长"的狭隘视野中剥离开来，从而将其视作拓展实质自由的过程。以此视角检视第三世界，两组结构性矛盾是显而易见的：一是中心国家之于边缘国家的长久优势，二是国家内部权力精英之于普通民众的长期优势。依附论与世界体系理论已经就第一个问题给出了答案，而本书则希望通过"以精英为核心的结构视角"探求第二个问题得以出现的深层结构。概言之，本书的宗旨，是力求阐明第三世界国家的权力精英与普通民众在政治场域中饰演的种种角色；更准确地说，本书力图揭示权力精英所塑造的历史延续性，这种强大的结构性力量使得普通民众实质拓展自由的诸多努力变得异常艰难。

"第三世界"这一范畴本身就意味着国家行为体必然受到国际因素的影响，在本书看来，权力精英也正是被世界政治体系不断塑造并实现自我塑造的。在帝国的形成与扩张、对抗性意识形态的潮起潮落以及自由主义秩序的强势回归中，马来西亚、印度尼西亚、菲律宾和泰国上演了一出又一出扣人心弦的历史剧目。被赋予经济意涵的权力精英与社会结构和生产关系联系在一起,从而使得他们很少受到那些非经济性、非结构性变革的影响;而拓展民众实质自由则意味着对整个权力结构和财富状态进行再分配,这又必然会受到权力精英的强烈抵制。最终的结果,是第三世界普遍兴起的"新封建主义":依附性的人身关系、碎片化的权力结构以及事实上的权力世袭机制等"前现代"因素与那些作为"现代性"价值的市场体系和民主制度结合在了一起,从而使得脱胎于封建—殖民时代的权力精英在历经多次变革之中依然保持着旺盛的生命力。

任何著作都会打上作者本人的独特烙印,这本书自然也不例外,它源自左翼学者的热忱以及对第三世界的长期关注。围绕精英的研究不在少数,权力精英在国家形成、政体变迁、政策制定中发挥着至关重要的作用。然而本书力图追问的,亦是许多研究未能言明的是,在这些过程中普通民众到底得到或失去什么?如果我们未能很好地关注那些占人口绝大多数的普通民众,那么建制化了的社会科学终究是缺乏温度的。至于"第三世界",这样的表述方式在当今学界更是偃旗息鼓,许多学者认为此类术语充斥着意识形态偏见。然而如果我们一旦承认社会世界的建构性,一旦承认社会科学研究者只不过是在用理论去观察和分析现实世界,那么所有的政治社会分析都不可避免地会受到研究者的既有知识和价值观念的影响。关注第三世界国家普通民众的切身境遇是本书的初心,因此"马克思主义的立场"绝非一句空洞的话语,它决定了本书的身份意识和问题意识。

比较历史分析将这些思考落到实处,它通过关注东南亚的马来西亚、印度尼西亚、菲律宾和泰国这四个国家几百年来跌宕起伏的历史进程为我们理解第三世界提供了新的见解。我一直笃信,那些成功运用比较历史分析的研究不仅可以促进理论的拓展与重构,同时可以基于历史案例的深入研究为我们所处的世界提供实质性启示。然而,主流社会科学研究方法在狭隘的科学观和因果论的簇拥下已经义无反顾地奔向了实验室,复杂的历史变奏被抛弃，似乎只有准实验状态才能提供有效的因果推论。一位国外同行亦是我十分尊敬的学者不无怅惋地感慨道，比较历史分析在当今政治学界已经处于十分边缘的境地。可喜的是，国内学界的某些新进展意味着"事情正在起变化"，历史政治学与世界政治研究的兴起再度昭示了宏观历史想象力的可能。本书在经验分析层面捍卫着"大过程""大结构""大比较"的学术传统，同样在方法论层面为比较历史分析拓展新的空间。

最后，我们从这些国家的比较历史研究中可以得到什么经验呢？"流水的历史，铁打的精英"似乎是一个颇为悲观的结论，但这是否意味着变革的美好希冀将永远栖留在幻想之中？对此，谁也无法给出确切的答案。"哲学家们只是用不同的方式解释世界，而问题在于改变世界。"那些希望改变世界的人们，也必然需要认真思考当今世界何以形成的历史动力。

释启鹏

2022 年 7 月 1 日

目　录

第一章　导论 ……………………………………………………（1）
　第一节　发展的迷思 ………………………………………………（3）
　第二节　既有理论框架及局限 ……………………………………（12）
　第三节　"流水的历史，铁打的精英" ……………………………（24）
　第四节　重塑比较历史分析 ………………………………………（42）
　第五节　章节安排 …………………………………………………（54）

第二章　世界政治体系演进中的东南亚 ………………………（57）
　第一节　传统世界的权力精英与社会结构 ………………………（60）
　第二节　殖民—帝国扩张的三次浪潮 ……………………………（64）
　第三节　剧变时代的对抗性意识形态 ……………………………（76）
　第四节　自由主义的卷土重来 ……………………………………（86）
　第五节　迈向经验分析 ……………………………………………（96）

第三章　大转型：遭遇西方与阶级重塑 ………………………（102）
　第一节　英国殖民统治下的马来西亚 ……………………………（103）
　第二节　荷兰殖民统治下的印度尼西亚 …………………………（122）
　第三节　殖民统治下的菲律宾：从西班牙到美国 ………………（132）

第四节　泰国传统社会的延续 …………………………… (146)
　　第五节　小结 …………………………………………… (154)

第四章　新的旧世界：建国时刻的精英与大众 ……………… (161)
　　第一节　马来西亚：权力斗争与精英联盟 ……………… (163)
　　第二节　印度尼西亚：传统精英的胜利 ………………… (177)
　　第三节　菲律宾：没有去殖民化的独立 ………………… (199)
　　第四节　泰国：从富国强兵到君主立宪 ………………… (215)
　　第五节　小结 …………………………………………… (230)

第五章　重塑政治场域：变革时代的成就与幻象 …………… (236)
　　第一节　马来西亚：在现代与传统之间 ………………… (238)
　　第二节　印度尼西亚：民主转型的得与失 ……………… (255)
　　第三节　菲律宾：城头变幻大王旗 ……………………… (273)
　　第四节　泰国：经济增长与政权更迭交织 ……………… (291)
　　第五节　小结 …………………………………………… (317)

第六章　结语 ………………………………………………… (325)
　　第一节　精英主导的变革及后果 ………………………… (327)
　　第二节　新封建主义的兴起 ……………………………… (337)
　　第三节　并非悲观的展望 ………………………………… (348)

参考文献 ……………………………………………………… (351)

后　记 ………………………………………………………… (368)

第一章

导　论

　　人们自己创造自己的历史，但是他们并不是随心所欲地创造，并不是在他们自己选定的条件下创造，而是在直接碰到的、既定的、从过去承继下来的条件下创造。①

——卡尔·马克思

　　所有具备国家和有组织的领导阶层的复杂文明，都一定会产生对领导者与被领导者、统治者与臣民、命令与服从之间关系的思考。②

——艾伦·梅克辛斯·伍德

　　2020年，搭载着镀金唱片的"旅行者1号"已经驶至太阳系边缘，朝着更加广阔的宇宙进发。这枚唱片收录了用以展现地球上各类生命及文明的声音与图像，它象征着人类探索未知宇宙的勃勃雄心。然而，相较于仰望星空时的踌躇满志，我们对自己脚下的土地反倒忧心忡忡。当下的世界，依旧是"一个幸福与痛苦、战争与和平、合作与冲突、增长与衰落、正义与邪恶、生存与死亡等各种对立因素交叉汇合的大舞台"③。我们既看到快

---

① 《马克思恩格斯选集》第1卷，人民出版社2012年版，第669页。
② ［美］艾伦·梅克辛斯·伍德：《西方政治思想的社会史：公民到领主》，曹帅译，译林出版社2019年版，第1页。
③ 王沪宁：《比较政治分析》，上海人民出版社1987年版，第268页。

2 新世界中的旧秩序

速积累的财富与日新月异的科技将人类的生活水平提升到了前所未有的高度,全球人类健康水平在近几十年来得到了极大改善;但同时也看到,第三世界的面貌似乎并没有发生根本改变。在人类跨入21世纪之际,全球尚有近30亿人每天消费不足两美元,8.4亿人没有足够的食物,20亿人缺乏基本的卫生设施,欠发达国家中四分之一的儿童连小学都没毕业就辍学在家。经济学家研究发现,1870年世界上最富裕的国家与最贫穷的国家的人均GDP之比为8.7∶1,这一差距到1960年扩大到38.5∶1,而到了1990年则已经高达45.2∶1。[1] 时至今日,这一鸿沟并没有得到根本的改善。对此,有人将其归咎于无效的援助,有人认为是错误政策的恶果,还有人认为仅仅是源于领导人的无知。然而,这些看法似乎都难以经受长时段视野下的推敲:一些战略看起来一时有效,但接着就会陷入进退两难的境地;一些战略帮助有的国家经济腾飞,但在另一些国家却收效甚微;许多国家经历了风格迥异的领导人,但其发展境遇并没有得到根本改善。"国富国穷"的迷思依旧萦绕在人们的心头,它吸引着一代又一代最为优秀的学者孜孜以求。

国家兴衰是社会科学研究中的"首要问题"(First-order Questions)——这些问题直接源自社会生活本身反复出现的、一直存在的紧张状态和混乱关系,同时对这些问题的关注状况也构成了评判学科发展进步的重要标准。[2] 对所有国家而言,实现持续且健康的经济增长是他们所面临的共同任务。在此基础之上,实现每个人尤其是普通民众"可行能力"的拓展则是更高的要求。传统观点认为,一个国家要想实现这一目标,就必须成功地解决认同危机、合法性危机、贯彻危机、参与危机、整合危机、分

---

[1] Lant Pritchett, "Divergence, Big Time", *Journal of Economic Perspectives*, Vol. 11, No. 3, 1997, pp. 3–17.

[2] [美]詹姆斯·B. 鲁尔:《社会科学理论及其发展进步》,郝名玮、章士嵘译,辽宁教育出版社2004年版,第48—54页。

配危机等诸多难题。① 而第三世界国家的困境在于，它们必须同时面对国家认同、政治参与以及贫富分化等一系列问题，一组挑战尚未形成制度性的解决方案，下一组挑战就已经接踵而至。在"第三波"民主化浪潮中，人们曾期望通过"民主转型"的方式化解危机和挑战，但到目前为止，大多数经历了民主转型的国家都还没能建立起运转相对良好的制度体系，反而是"无效多元主义"和"权力支配型政治"横行②；旨在"去国家化"的新自由主义主张同样未能实现其美好许诺，贫穷与不平等却进一步加剧——这种"创造性的毁灭"甚至摧毁了劳动分工、社会关系、福利供给、技术混合、生活方式和思考方式、再生产活动、本地归属和情感习性。③

为了谋求国家富强，改变发展命运，第三世界国家展开了种种尝试。但遗憾的是，这些尝试最终鲜有成功。这让那些乐观主义者也心存疑云：这个世界真的变好了吗——在经历了民主转型、市场改革乃至国家独立和民族解放运动之后，边缘地区的普通民众为什么依旧难以改变自身的发展命运？

◇ 第一节 发展的迷思

对于国家发展的整体评价存乎人们的内心准则，人们围绕美好世界的理想蓝图至今争论不休：有人认为"若为自由故，二者皆可抛"，有人则认为民主是衡量一个国家进步发展最为重要的指标。然而笔者认为，"人们首

---

① [美]鲁恂·W. 派伊：《政治发展面面观》，任晓、王元译，天津人民出版社 2009 年版，第 80—85 页。

② Thomas Carothers, "The End of Transition Paradigm", *Journal of Democracy*, Vol. 13, No. 1, 2002, pp. 5–21.

③ [美]大卫·哈维：《新自由主义简史》，王钦译，上海译文出版社 2010 年版，第 2—3 页。

先必须吃、喝、住、穿，就是说首先必须劳动，然后才能争取统治，从事政治、宗教和哲学等等"①。在此基础上，本书提供的衡量标准至少应该符合两方面要求：第一，它能够揭示长时段的宏观状况；第二，它应该以普通民众的切身生活为导向。为此，笔者将"发展"（Development）及国家间的发展差异作为衡量世界整体态势的重要指标，这一指标构成了本书所力图解释的"重大结果"。鉴于社会世界的建构性，对"发展"一词的概念界定就变得十分重要。

一 何谓发展

"发展"如此重要，但界定"发展"并非易事。在传统经济学视野下，"发展"几乎等同于实现人均收入的持续增长。亚当·斯密（Adam Smith）等古典经济学家认为，实现财富的积累是发展的第一要义，"人均国民总收入"的增长速率被视作重要衡量指标。直到最近，很多学者依旧认为"发展"仅仅是一种经济现象，从而常将"发展"与"经济增长"混为一谈。但批评的声音强调，各类经济指数的发明开创了市场至上的新时代，当经济增长掩盖了工业生产所带来的负面影响时，任何形式的增长（尤其是重污染工业）都成为进步的象征或副产品，社会从此只关心金钱。② 与此同时，经济增长往往给社会中的部分群体带来了比其他群体更多的收益，而这种差异在特定的阶段（自由放任年代）或结构（存在特权以及贫富悬殊的社会）中尤其明显。有钱人投身资本的再生产之中，贫富差距与不平等就会进一步扩大。尤其对于边缘国家而言，"增长不等于发展，因为增长起到了'解体'的作用，建立在世界市场一体化的外围增长，发展了'欠发

---

① 《马克思恩格斯选集》第 3 卷，人民出版社 2012 年版，第 723 页。
② Lorenzo Fioramonti, "The World's Most Powerful Number", *Anthropology Today*, Vol. 30, No. 2, 2014, pp. 16–19.

达'现象"①。虽然经济增长是发展的重要组成部分，但对二者的混淆会使贫困、歧视、就业和收入分配等问题都处于次要位置。

20世纪70年代以来，许多非西方世界的发展研究者开始超越单纯的经济视角。萨米尔·阿明（Samir Amin）指出，发展不仅仅是经济总量的增加，也不单单是局部社会的改善，它意味着整个社会福利有了无可置疑的增加。② 对"社会福利"的关注表明，许多情况下经济增长并不必然增加普通民众福祉。例如直到种族隔离制度废除之前，南非的人均GDP增速都十分可观，但占南非人口绝大多数的黑人群体的实际工资却下降了。与此类似，新中国成立初期在推动工业体系建设、农田水利设施以及基础教育和公共卫生等方面卓有成效，但这些成就很难通过现代经济增长者所习用的"人均国民生产总值"加以衡量。③ 为此，丹尼斯·古莱特（Denis Goulet）勾勒出了发展所必需的基本要素及核心价值，包括生存、自尊和自由等维度，如果一个国家不能向其人民提供住房、医疗、教育、基础设施等基本保障时，那么这个国家就不是完全发展的。④

由此不难看出，对"发展"的定义不仅仅是学术问题，其背后还体现了学者们所秉持的"身份意识"。实现经济增长是一回事，经济增长的成果能够惠及广大民众又是另一回事。繁荣与贫困相互交织的现象并不少见，历史上的殖民地经济可能是比较极端的一种情况：许多殖民地凭借自然资源或商业贸易实现了经济数据的突飞猛进，但殖民地的普通民众却被视作

---

① ［埃及］萨米尔·阿明：《世界规模的积累：欠发达理论批判》，杨明柱译，社会科学文献出版社2017年版，第16页。
② ［埃及］萨米尔·阿明：《依附性发展》，载罗荣渠主编《现代化：理论与历史经验的再探讨》，上海译文出版社1993年版，第101页。
③ 李怀印：《历史地认识新中国前30年的经济发展战略——与"比较优势"论者商榷》，《开放时代》2019年第5期。
④ Denis Goulet, *The Cruel Choice: A New Concept in the Theory of Development*, New York: Atheneum, 1971.

会劳动的商品而遭受残酷的剥削,更毋宁说实现其他经济社会权利。马克思在《资本论》中指出,资本主义时代的曙光是以"土著居民的被剿灭、被奴役和被埋葬于矿井,对东印度开始进行的征服和掠夺,非洲变成商业性地猎获黑人的场所"为代价的。[1] 中心世界的工业先声以及日后的社会富足,是通过对广大底层群众与殖民地人民的掠夺与压榨实现的。

既有研究还表明,虽然人类预期寿命等社会发展指标与人均国民生产总值呈正相关,但这一关系的实现主要是由"穷人的收入"以及"公共支出特别是医疗支出的比例"所决定的。[2] 因此,仅仅局限于高经济增长率的发展观并不能改善普通民众的真实境遇,而后者更加强调保障人类生存的基本商品和服务的权利、工人权利、少数人权利、妇女权利等。基于此,印度裔经济学家阿马蒂亚·森(Amartya Sen)提出了与主流经济学界完全不同的看法,他将"发展"从聚焦收入与财富转到对生活质量的关注。在森看来,传统发展观的根本局限并非来源于其对发展手段的选择,而是来自认识上的偏差,即经济增长不过是实现其他目标的一种手段而已。[3] 为此他强调,发展应该被视作一个扩展人们享有真实自由的过程,"选择生活的自由能极大地促进人类的福利,且撇开福祉不谈,这种自由本身也是十分重要的"[4]。实质自由包括免受困苦——诸如饥饿、营养不良、可避免的疾病、过早死亡之类——的基本的可行能力,以及能够识字算数、享受政治参与的自由。[5] 阿

---

[1] 《马克思恩格斯选集》第2卷,人民出版社2012年版,第405页。

[2] Sudhir Anand and Martin Ravallion, "Human Development in Poor Countries: On the Role of Private Income and Public Services", *Journal of Economic Perspectives*, Vol. 7, No. 1, 1993, pp. 133–150.

[3] Amartya Sen, "Development: Which Way Now?" *The Economic Journal*, Vol. 93, No. 372, 1983, pp. 745–762.

[4] [印度] 阿马蒂亚·森:《正义的理念》,王磊、李航译,中国人民大学出版社2012年版,第15页。

[5] 参见 [印度] 阿马蒂亚·森《以自由看待发展》,任赜、于真译,中国人民大学出版社2013年版。

玛蒂亚·森放弃了当代经济学的主流传统，从聚焦收入与财富转到对生活质量和实质性自由的关注。其实涉及社会科学研究的不同出发点，因为相较于社会整体财富与国家经济增长速度，甚至相较于政治学家们最为关心的政体问题，占据人口绝大多数的普通民众反而对自己的切身生活状况——如社会秩序是否稳定，是否存在严重的通货膨胀与悬殊的贫富差距，个人的住房、医疗、教育等问题是否得到基本保障——更为关心。

生命中的活动可以看成一系列相互联系的"生活内容"（functioning），即"一个人处于什么样的状态和能够做什么"（being and doing）的集合。个体福利方面的成就可以视为他的生活内容向量。这些"生活内容"的具体内涵极为丰富，既包括那些最基本的生存需要，例如，获得良好的营养供给、身体健康、避免死于非命或夭折，等等；也包括更为复杂的成就，例如，感觉快乐、获得自尊、参加社会活动，等等。这些生活内容是个体生存状态的一个构成要素，对个体福利的评估也就成为对这些构成要素（即"生活内容"）的评估。①

"以自由看待发展"的观点表明"我们的衡量系统该把重点从衡量经济生产转向衡量人们的幸福，而且应该是在可持续性的背景下衡量幸福"②。它还意味着经济繁荣并不必然使普通民众增加收入，许多国家的饥荒反而出现了经济上升时期。③ 因此，这种发展观更加关注普通民众的命运。鉴于

---

① ［印度］阿马蒂亚·森：《再论不平等》，王利文、于占杰译，中国人民大学出版社2016年版，第44—45页。
② ［美］约瑟夫·E. 斯蒂格利茨、［印度］阿玛蒂亚·森、［法］让-保罗·菲图西：《对我们生活的误测：为什么GDP增长不等于社会进步》，阮江平、王海昉译，新华出版社2011年版，第45页。
③ 参见［印度］阿玛蒂亚·森《贫困与饥荒》，王宇、王文玉译，商务印书馆2001年版。

这些优势，联合国开发计划署设计了"人类发展指数"（HDI）以衡量不同国家的发展水平。HDI 更直观地展现出收入与人类发展之间可能存在巨大鸿沟，例如塞内加尔与卢旺达在 HDI 方面大致处于同一水平，但前者的人均收入是后者的近两倍。在森的基础上，不少学者对"发展"的观念进一步扩充。例如彼得·埃文斯（Peter Evans）等人提出"森—奥斯特罗姆模型"（Sen-Ostrom Model），他们主张发展研究应该更加注重国家与社会关系的重要性，即明确的发展目标以及社会参与者共同协作。① 目前来看，关于发展的争论好像最终都可以达成这样一个共识——发展中国家决不能把它们的精力仅仅集中在国内生产总值、国民生产净值和国民生产总值等指标的增长率上，而应该努力实现"人类的发展"或"全面的发展"。② 基于前人的知识积累，本书同样采取"以自由看待发展"的基本观点，尤其是将个人权利的扩展与社会保障的实现视作衡量发展最为重要的标准。这种观点部分地承袭了马克思主义的传统，在马克思主义经典作家看来，实现自由人的联合体是人类发展的最终归宿。

二 相对发展水平

在锚定"发展"的价值基础之后，我们得以进一步对"这个世界真的变好了吗"这一命题进行事实性判断。如果仅立足于财富积累，那么几乎所有的国家在长时段视野下都实现了"发展"。然而，比较视野下的发展研究主要关注的是国际的"相对发展水平"（Relative Level of Development）而

---

① Peter Evans, Evelyne Huber, and John D. Stepens, "The Political Foundations of State Effectiveness", in Miguel Centeno etc. eds., *States in the Developing World*, New York: Cambridge University Press, 2017, pp. 380 – 408.

② ［印度］考什克·巴苏：《论发展的目标》，载［美］杰拉尔德·迈耶、［美］约瑟夫·斯蒂格利茨主编《发展经济学前沿：未来展望》，本书翻译组译，中国财政经济出版社 2004 年版，第 43 页。

非"绝对发展水平",即关注的是国际或国家内部不同群体间的发展差距,而非特定国家的发展速度。这主要基于两个原因:一方面,不同于相对发展水平根植于结构性、历史性因素,短期发展的"奇迹"或是"灾难"更多源于世界大势、政策因素以及偶然事件。例如一个国家尤其是中小规模的国家会因政策的调整或世界经济周期的影响而获得突飞猛进的发展,也会因政策失误、经济危机或是突发的自然灾害而导致短期经济停滞乃至倒退,因此前者更能揭示推动或阻碍发展的根本原因。另一方面,诸如"富裕"与"贫穷","先进"与"落后"等范畴本身就是在"比较"之中才得出的判断。例如当我们关注"东亚奇迹"时,不仅仅是关注那几个国家和地区为何获得了突飞猛进的增长,还暗含着为什么是东亚的这些国家与地区而非其他国家与地区实现了如此快速的增长。不少最为优秀且最具影响力的社会科学研究,诸如"西方世界的兴起"、东西方的"大分流"、第三世界的落后之源以及不同地区间发展差异等,都是在关注国际的相对发展水平。

立足相对发展水平,我们可以发现两点主要趋势。首先,边缘国家相较于中心国家而言差距非但没有缩小,反而随着时间的推移有逐步扩大的趋势,"不同国家间生产力以及生活水平的相对差异是现代经济史的主要特征"[①]。世界体系的研究者曾评估过20世纪以来中心国家与边缘国家之间的财富差距,他们发现,二者的鸿沟在50多年的时间里无疑进一步扩大了:拉丁美洲增加了1.8倍,东南亚增加了2.6倍,南非与中非增加了4.1倍,而南亚增加了4.6倍。[②] 这其实揭露了一个非常残酷的现实:所谓"经济奇迹",对绝大多数第三世界国家而言最终只是"发展幻影"。

[①] Lant Pritchett, "Divergence, Big Time", *Journal of Economic Perspectives*, Vol. 11, No. 3, 1997, p. 3.

[②] [意]阿里基:《全球收入不平等与社会主义的未来》,载许宝强、汪晖选编《发展的幻想》,中央编译出版社2001年版,第22—55页。

外围国家不是一部大体上有规律的增长史——数理逻辑式或指数式的增长，而是一部"瞬间即逝的奇迹史"，紧接着则是反映外围资本主义发展特有矛盾的"停滞"。① 回顾第三世界发展历程，我们不乏见证了各种经济奇迹，如"巴西奇迹""墨西哥奇迹""东亚奇迹"等。从短时间来看这些国家取得了令人瞩目的成就，但即便如此，同时期的中心国家也没有放慢他们的脚步。时至今日，世界上似乎只有韩国等极少数特例真正实现由弱变强、由穷变富的转变。

为此，依附论以及世界体系理论给出了颇具说服力的解释，它们的观点将在下文得到更为充分的论述。笔者基本认可他们的判断，并在第二章中进一步说明对利益和权力的追求以及"进步主义的意识形态"共同构成了殖民—帝国扩张的基础。然而，本书的核心关切并不在于体系层面，笔者更感兴趣的是第三世界内部所展现出的历史延续性。如图 1-1 和图 1-2 所示，历史延续性在经济增长与社会发展等方面均有体现，继而与第三世界所经历的复杂变迁形成了鲜明对比：自摆脱殖民压迫以来，第三世界国家采取了各类谋求发展的尝试，这些尝试既包括进口替代也包括出口导向，既包括建立军政府、增强领袖权威也包括实现民主转型、推动分权改革，既包括推动国家引导的发展也包括新自由主义的市场化改革，等等。变革如此纷繁复杂，甚至同一国家在不同阶段可能采取完全相反的战略。我们很难笼统地说这些尝试的成与败——有些实现了经济奇迹，有些收效甚微，有些却带来了灾难——但几乎没有哪种变革，包括轰轰烈烈的民族解放运动与新国家的建立，能够真正地改变这些国家的发展命运。

---

① ［埃及］萨米尔·阿明：《世界规模的积累：欠发达理论批判》，杨明柱译，社会科学文献出版社 2017 年版，第 108 页。

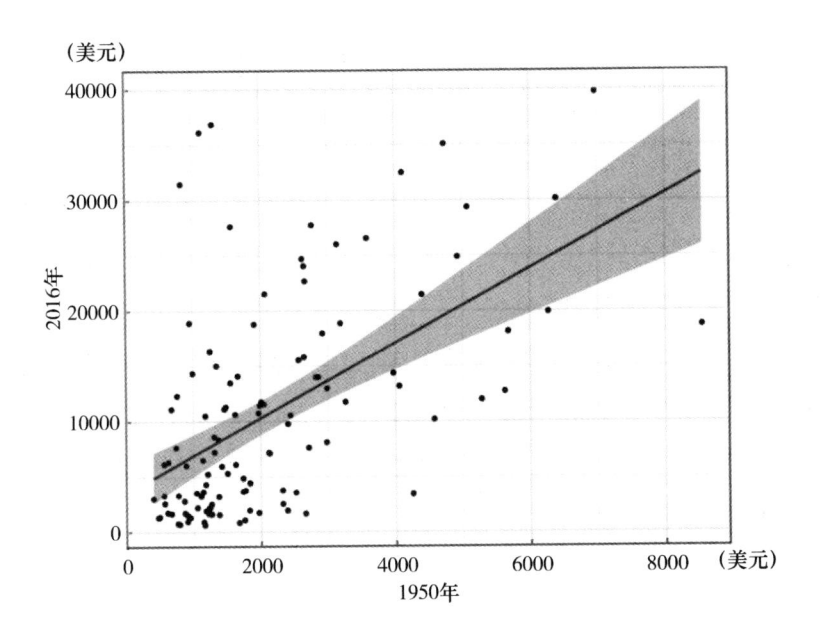

图 1-1 第三世界国家人均 GDP 变化趋势

资料来源：Maddison Project Database（MPD），2018。按 2011 年购买力平价计算。

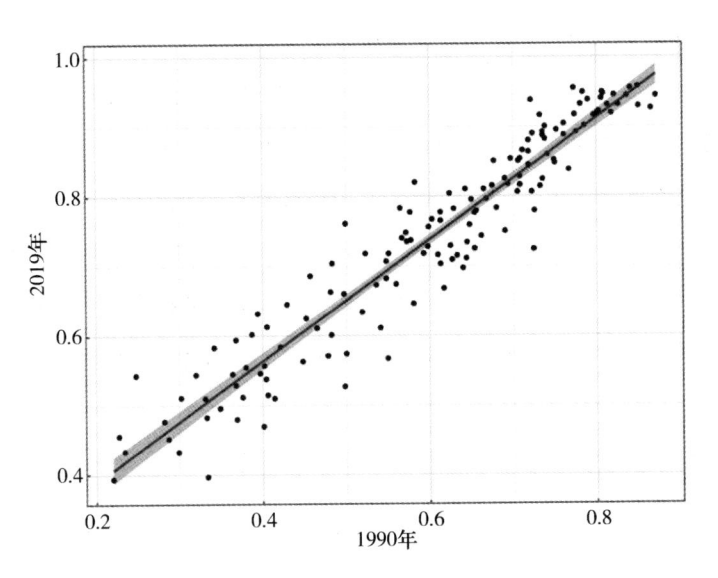

图 1-2 第三世界国家人类发展指数（HDI）变化趋势

资料来源：联合国开发计划署（UNDP）。

围绕这一现象的探索，好的理论不仅能够对其进行"分析"，同样可以对其加以"理解"。刻意区分"经验"与"理论"，"事实"与"价值"可能是徒劳的，或如阿尔弗雷德·许茨（Alfred Schutz）认为的那样，所有的活动与事件都处于某种意义的网络之中，研究者应当"把经验世界（Erfahrungswelt）的构造过程当作某种总体性的、由对这些意义脉络进行的不同的安排构成的结构来加以分析的"①。本书虽无意陷入纷繁复杂的意义网络，但同样认为研究者不能"将政治学简单地归结为关于利益、权力或是规范信仰的实证研究"②。探讨形成巨大延续性的历史机理是本书的关切，但同时笔者还会进一步追问，这种延续性对于第三世界尤其是身处其中的普通民众的切身境况而言到底意味着什么。

◇ 第二节 既有理论框架及局限

是怎样的"魔力"使得第三世界国家难以改变其发展命运，对历史延续性的关注，意味着笔者与那些"直接原因"和"即时性研究"保持距离。这些研究或只能理解短时间内的增长变化，或如道格拉斯·诺斯（Douglass C. North）所言它们"并非经济增长的原因而只是增长本身"③。相反，本书关注的是那些"根本原因"（Fundamental Causes）。达龙·阿西莫格鲁（Daron Acemoglu）强调，立足"根本原因"的因果解释是十分有必要的。一方面，任何只关注中间变量或直接变量而不了解深层驱动力的理论都是

---

① ［奥］阿尔弗雷德·许茨：《社会世界的意义建构：理解的社会学引论》，霍桂恒译，北京师范大学出版社2017年版，第326页。
② 罗祎楠：《回向历史本身：政治学"历史转向"刍议》，《中国政治学》2021年第1辑。
③ ［美］道格拉斯·诺斯、［美］罗宾斯·托马斯：《西方世界的兴起》，厉以平、蔡磊译，华夏出版社2017年版，第5页。

不完整的；另一方面，理解根本原因是探求改善经济绩效及提高居民生活水平的核心，从而为国富国穷提供一个更本质性的回答。① 对根本原因的探索只有在复杂的历史进程中才能寻找到答案。但又不同于那些聚焦于历史起源的研究——诚然，本书所秉持的比较历史分析方法必然要求对制度与行动者的起源进行详细考察——笔者更加关注变革本身为何在强大的历史延续性面前显得如此无能为力。

回顾既有研究，笔者认为至少存在四种"理论框架"（Theory Frames）为解释变革中的延续性提供了指引。"理论框架"并非具体假设，而是一套指导理论建构的概念与范畴，一种围绕特定问题的基本看法，其重要意义在于确定那些值得注意的现象与议题，进而帮助研究者研究和分析现实世界。② 本书所涉及的四种解释，分别立足于持久存在的地理与文化差异、历史上形成的中心—边缘不平等关系、殖民主义所形成的制度遗产以及特定类型的国家—社会关系。

一 地理与文化视角

围绕地理因素的政治社会分析至少可以追溯到孟德斯鸠甚至更远，在当代，地理决定论的发展有赖于戴维·兰德斯（David Landes）、贾雷德·戴蒙德（Jared Diamond）等学者的巨著。时至今日，这些学者所提出的结论依旧耳熟能详，"高纬度地区的人们更加富有活力与创造性""温带地区的自然环境更利于耕种人们也更为勤劳""热带地区流行的疾病遏制了社会发展""美洲因缺乏可供驯养的大型哺乳动物而迟迟未能进入农耕社

---

① ［美］达龙·阿西莫格鲁：《现代经济增长导论》，唐志军等译，中信出版集团2019年版，第121—122页。

② Dietrich Rueschemeyer, *Usable Theory: Analytic Tools for Social and Political Research*, Princeton: Princeton University Press, 2009, pp. 1–17.

会"等。① 与此同时，这些与直觉颇为相符的认知也得到了统计层面的支持。② 面对地理因素所发挥的基础性作用，即便作为其论争对手的制度决定论者也不得不承认"地理因素同样可能影响到欧洲的制度演进"③。

与地理决定论类似，文化决定论也提供了近乎宿命式的解释。兰德斯在《国富国穷》中引用韦伯的话这样评判文化的作用，如果说我们能从经济发展史中学到什么东西，那就是文化会使局面完全不一样。④ 乍一看来，文化决定论似乎颇具说服力，例如近三百年来的世界霸权都是在盎格鲁—撒克逊人手中，而"东亚奇迹"的发生也确乎在儒家文化圈内。而且文化主义的论断同样弥漫于日常生活，以致我们对不同的民族存有刻板印象，诸如德国人严谨、法国人浪漫、美国人善于创造、日本人遵守纪律等。

以此观点为基准，任何试图变革的努力都是徒劳的，因为社会活动几乎难以改变自然因素与精神气质。但与此同时，地理决定论与文化决定论也是十分脆弱的。人们往往倾向于从事"马后炮"式的研究，这导致儒家文明时而成为经济奇迹的推手，时而成为封闭保守的根源。对于复杂的世界政治态势而言，许多处于相同地区、具有相似文化的国家可能具有完全

---

① 参见［美］戴维·S. 兰德斯《国富国穷》，门洪华译，新华出版社2010年版，第6—14页；［美］贾雷德·戴蒙德《枪炮、病菌与钢铁：人类社会的命运》，谢延光译，上海译文出版社2014年版。

② Jeffrey D. Sachs and Andrew M. Warner, "Fundamental Sources of Long-Run Growth", *American Economic Review*, Vol. 87, No. 2, 1997, pp. 184 – 188; John Luke Gallup, Jeffrey D. Sachs and Andrew D. Mellinger, "Geography and Economic Development", *International Regional Science Review*, Vol. 22, No. 2, 1999, pp. 179 – 223.

③ Daron Acemoglu and James A. Robinson, "Economic Backwardness in Political Perspective", *American Political Science Review*, Vol. 100, No. 1, 2006, pp. 115 – 131.

④ 转引自［美］戴维·S. 兰德斯《国富国穷》，门洪华译，新华出版社2010年版，第732页。

不同的发展水平，地理与文化因素大多只是起到了宏观约束的作用。① 同时需要注意的是，有一种若隐若现的意识形态偏见弥漫于该传统。当发展水平、政体偏好与特定的地区和文化相联系，事实上是人为地赋予了特定地区的民族及其形成的文化以优越性。欧洲思想家们建构起了"文明人""野蛮人"和"未开化的人"等概念，文明程度一方面与特定的地理区域和人种联系在一起，另一方面则与政体类型和发展水平联系在一起。② 种族优越论为 19 世纪的帝国主义扩张提供了道德基础，甚至时至今日，仍有科学家宣称非洲人在人类进化道路上要远远落后于欧洲人。这些极富偏见的研究告诉我们，任何宣称"价值中立"的社会科学研究都是枉然的。尤其是在科学主义盛行的今天，我们更要明晰不同方法背后所赖以存在的基本假设与认知模式。

二 中心—边缘视角

面对阻碍发展的结构性因素，依附论与世界体系理论将其归咎于历史上长期形成的不平等交换体系。秉持该传统的研究者立足世界历史演进的广阔视角，认为落后地区之所以难以扭转欠发达的境遇，"不是由于第三世界国家的国内结构所造成的内在现象，而是世界资本主义制度的产物；如果不结束依附状态，不使自己摆脱依附关系的结构，欠发达是无法克

---

① William Easterly and Ross Levine, "Tropics, Germs, and Crops: How Endowments Influence Economic Development", *Journal of Monetary Economics*, Vol. 50, No. 1, 2003, pp. 3 – 39; Dani Rodrik, Arvind Subramanian, and Francesco Trebbi, "Institutions Rule: The Primacy of Institutions over Geography and Integration in Economic Development", *Journal of Economic Growth*, Vol. 9, No. 2, 2004, pp. 131 – 165; Stephen Haber and Victor Menaldo, "Do Natural Resources Fuel Authoritarianism? A Reappraisal of the Resource Curse", *American Political Science Review*, Vol. 105, No. 1, 2011, pp. 1 – 26.

② John Hobson, *The Eurocentric Origins of International Relations*, New York: Cambridge University Press, 2012.

服的"①。一系列数据支持了他们的相关主张，1960—1977年的103个国家的数据表明，跨国投资对于经济增长的短期影响具有显著积极作用，但与第三世界的长期发展呈现负相关。② 与此同时，这一富有批判性的理论观点还致力于为第三世界扭转命运提供实际解决方案。例如，激进的依附论者会认为暴力革命才是使落后地区摆脱结构性困境的唯一出路。

> 在无产阶级的领导下，通过一个能消灭垄断集团的政权、深化国有资本主义、建立活跃的人民政权并为走向新社会开辟途径的人民政府，把当代资本主义各个民众阶层（服务、技术和专业部门的城乡雇佣劳动者和被大资本消灭了的城乡小资产所有者）联合起来，组成劳动者阵线的道路，是唯一能够减少这些阶层间的紧张关系，独立大资本，引发受经济危机压抑的群众的革命激情，把他们潜在的反抗精神变成革命性社会改造因素的道路。③

依附论曾盛极一时，并让当时占据主流的现代化理论黯然退场。相较于现代化理论，依附论的核心优势并非基于更丰富的证据以及更广泛现实的考量，而在于所特有的方法论视角。但到20世纪80年代之后，各式各样的依附论也开始面临困境。批评者认为依附论过于强调国际体系对发展的影响，从而忽视了其他更具决定性的内容。④ 依附论被"过度消费"的现象

---

① Gerald Chaliand, *Revolution in the Third World*, New York: Viking Press, 1977, p.12.
② Volker Bornschier, "Multinational Corportations, Economic Policy and National Development in the World System", *International Social Science Journal*, Vol.32, No.1, 1980, pp.158-172.
③ ［巴西］特奥托尼奥·多斯桑托斯：《帝国主义与依附》，杨衍永等译，社会科学文献出版社2017年版，第231页。
④ Tony Smith, "The Underdevelopment of Development Literature: The Case of Dependency Theory", *World Politics*, Vol.31, No.2, 1979, pp.247-288.

引起了卡多佐（Fernando Henrique Cardoso）的警觉，他认为这种潮流使研究者忽视了国内条件与国际局势的互动以及外围国家自身的演变。[①] 依附论者很难回答，为何第三世界国家之间依旧存在如此大的差别。为此，卡多佐反对将国家的命运统统归咎于国外统治抑或是历史上的偶然因素，相反，发展是国内国际两个重要因素交叉互动所共同塑造的。

> 事实上，依附国家或"欠发展国家"对国外的依附关系并非不可避免地使得本国历史完全成为国外霸权变革的产物，而国外的变革也并非不深刻影响着本国历史进程各阶段的国家自主权。在研究基于一国生产发展水平和物质基础之上的行为的可能性时，不能不考虑到这些可能性与国内政治和法律的关系以及与国外霸权之间的结构性联系。同时，也正是依附国家的各种集团、阶级、组织和社会运动，决定了是延续、改变还是中断这些结构性联系。因此，只有立足于依附国家自身的动力才能从政治科学的角度理解"事件的过程"。[②]

作为一项宏观研究传统，依附关系与经济增长、不平等以及抗争政治之间的联系很难准确衡量，因此同一假说最后可能得出针锋相对的结论。当然，对依附论而言最为不利的事实来自亚洲新兴经济体，尽管这些国家和地区处于世界体系的边缘地带，但它们依旧经历了二十年左右的高速发展期，而且经济增长也没有受到恶性通货膨胀与国际收支危机的损害。在依附论衰落之后，20世纪末至今的几十年间，第三世界国家纷纷采取了民主化、新自由主义等诸多尝试，这些尝试的成败也是依附论者未能充分考

---

① Fernando Henrique Cardoso, "The Consumption of Dependency Theory in the United States", *Latin American Research Review*, Vol. 12, No. 3, 1977, pp. 7–24.

② ［巴西］费尔南多·恩里克·卡多佐、［巴西］恩佐·法勒托：《拉美的依附性及发展》，单楚译，世界知识出版社2002年版，第169页。

量的。然而，依附论所依托的"历史结构路径"（Historical-structural Approach）却可以为我们分析第三世界的宏观变迁提供一种"元理论"（Meta-theory）上的支撑。它告诉我们，从事发展研究的学者们如果想理解欠发达地区的发展问题，或是想为它的发展提供政策建议，那么必须关注全球资本主义体系这个大背景，首先要做的就是考察导致这些地区欠发达的、最为根本的历史因素和结构因素。①

三 制度遗产视角

制度决定论的核心主张可以用诺思的一句话来总结："制度在社会中具有更为基础性的作用，它们是决定长期经济绩效的根本因素"②。基于这样的观点，诺斯阐述了"西方世界的兴起"这一重要命题，认为有效率的经济组织是经济增长的关键，一个有效率的经济组织在西欧的发展正是西方兴起的原因所在。③ 沿着这一传统，之后的新制度经济学研究者们围绕产权与经济增长之间的关系不断加以补充，进一步区分了怎样的产权结构更有利于实现发展。④ 以阿西莫格鲁为代表的新一代发展经济学者凭借新的技术手段进一步论证了"制度很重要"这一基本命题，并进一步论证政治要素之于经济发展的关键作用。政治之所以重要，是因为政治制度决定了政治

---

① Andre Gunder Frank, *On Capitalist Underdevelopment*, New York: Oxford University Press, 1975, p.96.
② [美]道格拉斯·C. 诺思：《制度、制度变迁与经济绩效》，杭行译，上海人民出版社 2014 年版。
③ [美]道格拉斯·诺斯、[美]罗伯斯·托马斯：《西方世界的兴起》，厉以平、蔡磊译，华夏出版社 2017 年版，第 1 页。
④ 张宇燕、高程：《美洲金银与西方世界的兴起》，中信出版集团 2016 年版；[美]史蒂芬·哈伯、[美]阿曼多·拉左、[美]诺埃尔·毛雷尔：《产权的政治学：墨西哥的制度转型》，何永江、余江译，中信出版社 2019 年版。

权力的分配，反过来经济制度的选择，最终决定经济结果。① 在新制度经济学看来，好的制度安排被定义为"能够确保广泛的社会阶层享有有效的财产权利的组织形式"②。

既然制度如此重要，第三世界何以展现出不同的制度形式呢？很多研究者将其追溯到了殖民统治时代，以及由此所形成的历史遗产。虽然对"好"的殖民模式存在争议——如定居殖民模式③、帝国主义阶段的殖民统治④、英帝国的直接统治⑤，等等——但他们确乎相信，存在一种具有"现代性"的殖民模式决定着殖民地在独立之后朝着更加现代化的路径前进；相反，那些"坏"的殖民模式则导致国家长期处于落后状态。根据这种观点，落后国家所展现出来的历史延续性自殖民时代业已奠定。而根据某些更为极端的看法，那些实现良好发展绩效的国家与地区只不过是因为吸收

---

① Daron Acemoglu, Simon Johnson, and James A. Robinson, "Institutions as the Fundamental Cause of Long-Run Growth", in Philippe Aghion and Steve Durlauf, eds., *Handbook of Economic Growth*, Vol. 1A, Amsterdam: Elsevier, 2005, pp. 386 – 472.

② [美]德隆·阿西莫格鲁、[美]詹姆斯·A. 罗宾逊：《国家为什么会失败》，李增刚译，湖南科学技术出版社2015年版。

③ Kenneth Good, "Settler Colonialism: Economic Development and Class Formation", *The Journal of Modern African Studies*, Vol. 14, No. 4, 1976, pp. 597 – 620; Daron Acemoglu, Simon Johnson and James A. Robinson, "The Colonial Origins of Comparative Development: An Empirical Investigation", *American Economic Review*, Vol. 91, No. 5, 2001, pp. 1369 – 1401.

④ Ola Olsson, "On the Democratic Legacy of Colonialism", *Journal of Comparative Economics*, Vol. 37, No. 4, 2009, pp. 534 – 551.

⑤ Rafael La Porta, Florencio Lopez-de-Silanes, Andrei Shleifer, "The Economic Consequences of Legal Origins", *Journal of Economic Literature*, Vol. 46, No. 2, 2008, pp. 285 – 332; Tomila Lankina and Lullit Getachew, "Mission or Empire, Word or Sword? The Human Capital Legacy in Postcolonial Democratic Development", *American Journal of Political Science*, Vol. 56, No. 2, 2012, pp. 465 – 483; Lakshmi Iyer, "Direct versus Indirect Colonial Rule in India: Long-Term Consequences", *The Review of Economics and Statistics*, Vol. 92, No. 4, 2010, pp. 693 – 713.

了来自"文明世界"的殖民者所给予的"馈赠"。

制度遗产的视角将长时段的历史分析与前沿的社会科学研究方法结合起来,极大地推动了经济学研究对历史的关注。[①] 如今,"制度崇拜"依旧弥漫于学界与政界,许多人天真地认为只要遵循英美的制度设计便可以万事大吉了。那么,第三世界的发展境遇是因为没有采取"好制度""好政策"吗?事实似乎恰恰相反,学习英国代议制的印度并没有成为英国,学习美国民主制的菲律宾也没有成为美国。即便见证了轰轰烈烈的制度与政策变革,以制度为核心的主流发展经济学依旧难以回答,为何当许多国家在建立起了自由民主体制以及保护私有产权的制度安排之后,它们相对发展水平依旧没能发生改变。甚至"好制度"与"好政策"带来的是经济衰退、政治失序以及暴力横行[②],这也就难怪许多量化研究声称政治制度与经济绩效之间并不存在直接、显著以及持续的正相关。[③] 研究者日渐承认,新制度经济学其实存在一些固有的缺陷,包括概念化和度量问题、理论严谨性不足、现代辉格式神话,以及对制度变迁与发展的非进化的理解等。[④] 然而,坚持制度决定论的原教旨主义者们并不为所动,他们力图将那些与结果不符的要素全部剔除,继而声称第三世界的发展失败是因为他们没能真

[①] Nathan Nunn, "The Long-Term Effects of Africa's Slave Trades", *Journal of Economics*, Vol. 123, No. 1, 2007, pp. 139 – 176.

[②] 黄琪轩:《巴西"经济奇迹"为何中断》,《国家行政学院学报》2013年第1期;释启鹏、杨光斌:《墨西哥暴力政治的新自由主义政策根源》,《当代世界与社会主义》2019年第2期;释启鹏:《"好制度"为何不能总是带来"好结果"?——中美洲国家兴衰的比较历史分析》,《经济社会体制比较》2021年第5期。

[③] Robert J. Barro, "Democracy and Growth", *Journal of Economic Growth*, Vol. 1, No. 1, 1996, pp. 1 – 27; Charles Kurzman, Regina Werum, and Ross E. Burkhart, "Democracy's Effect on Economic Growth: A Pooled Time-Series Analysis, 1951 – 1980", *Studies in Comparative International Development*, Vol. 37, No. 1, 2002, pp. 3 – 33.

[④] 唐世平:《经济发展的新制度经济学:一个根本性的批判》,《经济社会体制比较》2021年第6期。

正习得"好制度"的精髓。面对这种削足适履的做法，亚当·普热沃斯基（Adam Prezworski）抱怨"制度主义者往往只会在他们自己精心设计的繁文缛节里面自娱自乐"①。

四 国家—社会关系视角

在冷战时期，社会科学研究的主流范式是上文提到的现代化理论与依附论，然而自20世纪90年代之后，国家—社会研究框架的重要性日渐显著。宏观政治社会分析起点往往是"既有结构"，与之拮抗的则为"改造力量"，两者互动便自然而然地被理解为社会变革过程中"国家"与"社会"的关系。② 对于这一庞杂的理论框架，本书依照研究侧重点的不同对其进行了简要划分。笔者将三类可能互相存在张力的理论形态都纳入国家—社会关系这一松散的框架，见表1–1。

针对少数国家的比较历史研究更成功地揭示了第三世界发展差异的根本原因，国家中心主义的学者强调国家能力与国家自主性在发展历程中的核心地位；社会中心主义倾向的学者则关注强调那些传统社会的等级结构与庇护关系是实现发展的必要条件；而折中主义的学者则认为第三世界国家的发展有赖于国家、市场、社会等多方行为体的有效互动，只有那些兼顾"高自主性"和"高嵌入性"的国家才能拥有既不被利益集团俘获，又能实现与企业维持紧密联系的官僚体制。值得一提的是，经济学界也愈加关注国家的作用，他们通过新的技术与数据再次论证了这些观点，从而丰

---

① ［美］亚当·普热沃斯基、［美］卡罗莱纳·屈尔瓦勒：《美国和拉美之间的经济差距是政治原因造成的吗？》，载［美］弗朗西斯·福山编著《落后之源：诠释拉美和美国的发展鸿沟》，刘伟译，中信出版社2015年版，第97页。

② 耿曙、王颖颖：《发展研究中的"国家能力解释"——论证逻辑的陷阱及其超越》，《社会学评论》2022年第2期。

富了我们对发展议题的研究,得出的结论为国家能力是推动经济增长的重要因素,富裕的国家往往长期保持了中央集权的政治制度,而贫穷的国家往往缺少国家建设的历史以及组织化的管理机构。① 当理论实现了其在不同学科间的有效互通,无疑更加彰显其生命力。

表 1-1　　　　　　　国家—社会关系研究中的三种倾向

流派	核心观点	重要范畴
社会中心主义②	社会结构尤其是阶级结构是塑造国家形态与发展水平的关键	劳动依赖型地主；资产阶级；工人阶级
国家中心主义③	关注国家如何通过其政策及与社会集团模式化的关系来影响政治和社会进程	国家自主性；国家能力；发展型国家

---

① Mark Dincecco and Gabriel Katz, "State Capacity and Long-Run Economic Performance", *The Economic Journal*, Vol. 126, No. 590, 2016, pp. 189 – 218; Valerie Bockstette, Areendam Chanda, and Louis Putterman, "States and Markets: The Advantage of an Early Start", *Journal of Economic Growth*, Vol. 7, No. 4, 2002, pp. 347 – 369; Oana Borcan, Ola Olsson, and Louis Putterman, "State History and Economic Development: Evidence from Six Mmillennia", *Journal of Economic Growth*, Vol. 23, No. 1, 2018, pp. 1 – 40.

② 参见 Marcus J. Kurtz, "The Social Foundations of Institutional Order: Reconsidering War and the 'Resource Curse' in Third World State Building", *Politics & Society*, Vol. 37, No. 4, 2009, pp. 479 – 520; James Mahoney, "Comparative-Historical Analysis and Development Studies: Methods, Findings, Future", *Sociology of Development*, Vol. 1, No. 1, 2015, pp. 77 – 90; Zophia Edwards, "No Colonial Working Class, No Post-Colonial Development: A Comparative-Historical Analysis of Two Oil-Rich Countries", *Studies in Comparative International Development*, Vol. 53, No. 4, 2018, pp. 477 – 499.

③ 参见 [美] 彼得·埃文斯、[美] 迪特里希·鲁施迈耶、[美] 西达·斯考克波主编《找回国家》,方立维等译,生活·读书·新知三联书店2009年版；[美] 禹贞恩《发展型国家》,曹海军译,吉林出版集团有限责任公司2008年版; Stephan Haggard, *Developmental States*, New York: Cambridge University Press, 2018; Mark Dincecco, *State Capacity and Economic Development: Present and Past*, Cambridge: Cambridge University Press, 2017.

续表

流派	核心观点	重要范畴
折中主义①	发展有赖于国家、社会以及市场等多方行为体的良性互动	嵌入式自主；被治理的互赖；社会中的国家

资料来源：笔者自制。

在社会科学形成的19世纪，那个时代的人们断言现代世界的社会生活可以分为三个不同的领域：国家、市场和市民社会。② 这种看法影响至今，因此人们可以将发展的阻碍归咎于特定国家、市场与社会等结构性要素及形成的复杂网络。这对于我们揭开"发展的迷思"已经进了一大步。然而，还有一个悬而未决的问题萦绕在研究者心头：即便我们知道了特定国家—社会关系作为"现状性结构"延续了下来，但是我们还需要知道它"何以延续"，即结果得以发生的"过程性结构"。在笔者看来，总有那么一种历史动力的承载者，他们穿越各种变革将结构性约束延续下来。

如果摈弃前述以上四种理论框架之间的内在冲突，我们会非常明显地发现，他们有关发展阻力以及历史延续性的丰富讨论从根本上看具有重要的相似性。在一幅总体性画面中，研究者们都假设变革难以奏效的根本原因在于外部的结构性约束，这种约束可能来自历史遗产，也可能来自更为持久的自然或文化因素；而一旦克服了这种障碍，实现发展就水到渠成。然而，这类看法关注到了作为"许可性条件"（Permissive Condition）的"发展能力"，却忽视了作为"生成性条件"（Productive Condition）的

---

① 参见［美］乔尔·S. 米格代尔《社会中的国家》，李杨、郭一聪译，江苏人民出版社2013年版；［澳］琳达·维斯、［澳］约翰·M. 霍布森《国家与经济发展》，黄兆辉、廖志强译，吉林出版集团有限责任公司2009年版；Peter Evans, *Embedded Autonomy: States and Industrial Transformation*, Princeton: Princeton University Press, 1995.

② ［美］伊曼纽尔·沃勒斯坦：《所知世界的终结》，冯炳昆译，社会科学文献出版社2002年版，第134页。

"发展意愿"。① 例如，在经济发展中不断壮大的资产阶级与城市资产阶级可能会挑战传统秩序，因此旧世界的权力精英甚至会不惜以阻碍工业化为代价来维持既有统治。② 同理，那些拥有强国家能力、相对自主性或是"好制度"的国家，不一定会致力于拓展普通民众的福祉。

为此，本书需要提供一种新的分析框架，它足以弥合"变革"与"延续"二者之间的巨大张力，从而为"发展的迷思"提供历时性的动态解释。

第三节 "流水的历史，铁打的精英"

结构性约束无处不在，但社会结构本身不会发挥作用，是那些关键的事件和行动者维持或改变着结构性要素。"要成为行动者，就要能够（在日常生活中周而复始地）实施一系列具有因果效力的权力，包括那些影响他人所实施之权力的权力"③，因此所谓"关键行动者"即那些权力秩序中处于上层的个人或集团。不同于经济学传统将制度视作解决集体行动困境并使各方面获益的合作机制，政治学传统更加强调政治过程会产生使某些人受益而某些人受损的制度安排，而这取决于谁更有权力强加其意愿。④ 为此，本书将关注的重点主要放在那些旧时代权力精英身上。笔者认为，即便到了宣扬所谓"民有""民治""民享"的现代社会，这些来自封建—殖民时代的权力精

---

① "许可性条件"与"生成性条件"的方法论讨论，参见 Hillel David Soifer, "The Causal Logic of Critical Junctures", *Comparative Political Studies*, Vol. 45, No. 12, 2012, pp. 1572-1597.

② Daron Acemoglu and James A. Robinson, "Economic Backwardness in Political Perspective", *American Political Science Review*, Vol. 100, No. 1, 2006, pp. 115-131.

③ [英]安东尼·吉登斯：《社会的构成：结构化理论纲要》，李康、李猛译，中国人民大学出版社2016年版，第13页。

④ Terry M. Moe, "Power and Political Institutions", *Perspective of Politics*, Vol. 3, No. 2, 2005, pp. 215-233.

英依旧在历次变革中发挥着决定性作用。权力精英深深嵌套于社会结构与生产关系，他们有能力在变革的重重声浪中将旧秩序带入新世界。

本书在聚合而非还原、结构而非个体的层面理解权力精英，作为一种"聚合性群体"（Aggregate Groups），精英的形成、流变及自身属性有着特定的历史与社会基础。这是一种历史制度主义式的分析思路，它将"政治"视作"时空中被结构化的过程"（politics as a process structured in space and time），而非"理性人"之间的博弈抑或是为了实现某种形式的均衡。① "以精英为核心的结构视角"将第三世界政治场域中的各类变革视作精英联盟形成及其内部权力再分配的产物，它们或源于精英间统治权的更迭，或者干脆就是旧的统治精英在新的制度环境中继续掌握权力。旧时代权力精英塑造了社会结构稳定性与强大的历史延续性，继而构成了普通民众进一步拓展实质自由最重要的阻碍。这意味着，只要一个国家的社会结构与阶级关系不发生根本性的变革，"流水的历史，铁打的精英"的魔咒便会在这些国家循环上演，任何试图扭转发展命运的尝试最终都收效甚微。

一 精英与大众的结构性分野

当代宏观政治社会分析愈加关注精英的重要性，他们在国家形成、政体变迁、政策制定中都发挥着举足轻重的作用。② 但值得注意的是，"精

---

① Peter A. Hall, "Politics as a Process Structured in Space and Time", in Orfeo Fioretos, Tulia G. Falleti, and Adam Sheingate, eds., *The Oxford Handbook of Historical Institutionalism*, Oxford: Oxford University Press, 2016, pp. 31–50.

② Richard Lachmann, "Class Formation without Class Struggle: An Elite Conflict Theory of the Transition to Capitalism", *American Sociological Review*, Vol. 55, No. 3, 1990, pp. 398–414; Simone Dietrich, Heidi Hardt, and Haley J. Swedlund. "How to Make Elite Experiments Work in International Relations", *European Journal of International Relations*, Vol. 27, No. 2, 2021, pp. 596–621; Yuhua Wang, *The Rise and Fall of Imperial China: The Social Origins of State Development*, Princeton: Princeton University Press, 2022.

英"只有在与"大众"的对立中才能获得其意义。不同于当代精英研究者将过多的精力放在精英内部的博弈与互动,本书将精英与民众置于彼此冲突的政治场域,重点探讨精英相较于普通民众是如何在历次变革中总是获得优势的。根据通行定义,精英被视作"有能力从非精英群体中攫取资源并控制独特组织力量的统治群体"[①]。精英与大众之间的结构性对立,即"精英"与"大众"所构成的社会分层抑或是阶级结构,构成了本书分析框架的逻辑起点。变革中的历史延续性,正是源于二者在"拓展普通人实质自由"这一问题上截然不同的看法。本书认为,相较于大众的具体行为与策略,精英的"力量"更加决定性地影响着变革的最终结果。正是由于这些资源和权力的差异,导致了精英与民众之间"收入、基本善和资源转化为自由(可做某些事情、扮演某种社会角色及按自己喜欢的方式去生活的自由)的转化率是不同的,人际相异性既是问题之源,又是这些问题之所以重要的原因"[②]。这是一种在历史中逐渐形成的结构性差异,如果这种差异得不到根本改变,那么扩展实质自由的努力也将很难实现。虽然我们对普通民众充满同情与期待,但事实上自下而上的变革少之又少。[③]

在当前的政治、经济、制度条件下,自主的社会力量总是努力把一种体制强加于其他力量之上,以强化自身的政治优势。[④] 因此,精英虽有意愿推动经济增长,但他们对财富与权力再分配所表现的拒斥——下文我们将

[①] [美]理查德·拉克曼:《不由自主的资产阶级:近代早期欧洲的精英斗争与经济转型》,郦菁等译,复旦大学出版社 2013 年版,第 13 页。

[②] [印度]阿马蒂亚·森:《再论不平等》,王利文、于占杰译,中国人民大学出版社 2016 年版,第 140 页。

[③] Carles Boix and Milan W. Svolik, "The Foundations of Limited Authoritarian Government: Institutions, Commitment, and Power-Sharing in Dictatorships", *The Journal of Politics*, Vol. 75, No. 2, 2013, pp. 300 – 316.

[④] [美]亚当·普沃斯基:《民主与市场:东欧与拉丁美洲的政治经济改革》,包雅钧等译,北京大学出版社 2005 年版,第 23 页。

看到，这一特质根植于精英之所以为精英的基础——决定了精英主导下的变革很难拓展普通民众的福祉。既有研究表明，权力精英之于经济增长的作用的确存在很大不同，例如殖民遗产的研究往往会区分不同类型的殖民主义对经济增长的影响；但在社会发展领域，几乎所有的精英之于民众都是一以贯之的，那就是最大限度地榨取和剥削普通民众的剩余价值，并致力于创建并维持不平等的权力关系与制度体系。经济增长的涓滴（Trickle Down）效应有赖于更为根本的政治社会条件，在一个贫富悬殊且传统权力精英主导的社会，财富分配不可避免地会出现权力化倾向，那么经济增长的收益会更加集中于精英。查尔斯·蒂利（Charles Tilly）认为，一个致力于维系少数群体利益的不对等的权力体系将无可避免地把社会置于极端不平等的境遇，在这种情况下，社会中的大部分人就不可能享受繁荣的结果。①

那么，我们应当如何理解"精英"与"大众"这两个范畴呢？如果将他们视作两个集合，那么二者是以"互斥"的逻辑关系而存在的。回顾既有研究，我们至少在以下两方面已经达成了基本共识：其一，"有利于权贵的政策和社会选择不同于那些有利于民众的政策和社会选择"②，这构成了笔者将"精英"与"大众"这两个互斥性范畴通过"奥卡姆剃刀"（Occam's Razor）的方式进行抽象类型学处理的依据；其二，"社会当中多数特权成员——政治的、社会的和经济的精英——典型地支持甚至强化那些使他们的优越性正当化的教条"③，他们对"那些能够充分表达民众意愿

---

① 参见 Charles Tilly, *Durable Inequality*, Berkeley: University of California Press, 1998.

② [美]达龙·阿塞莫格鲁、[美]詹姆斯·A. 罗宾逊：《政治发展的经济分析——专制和民主的经济起源》，马春文等译，上海财经大学出版社 2008 年版，第 16 页。

③ [美]罗伯特·A. 达尔：《论政治平等》，谢岳译，上海人民出版社 2010 年版，第 14—15 页。

的制度与政策并不在意，相反却有目的地去设计一些阻碍民众将自身意愿转化为执行能力的制度与规则"①。换言之，精英主导的制度与政策变革都只是维护精英本身利益。相反，只有那些让民众深度介入的运动与变革，才能承担起改变相对发展水平，拓展民众可行能力与实质自由的必要条件——虽然远称不上充分条件。在本书的分析框架中，笔者不单要展现精英是如何通过地位和灵活的策略保持延续性，进而摹画系列有利于精英自身的制度与政策变革；同时还将展现精英如何相较于大众取得优势，即便在大众运动浪潮之后依旧可以掌握国家的主导权。这两条逻辑的最终结果，都指向了社会结构的延续性。

那么，"精英"与"大众"之间是否存在明确的边界？笔者的答案是否定的。对于社会科学的分析对象而言，"实在世界的一部分，世界中的一些客观事实，只是人们的同意才成为事实"②。特定群体与个人之所以被纳入"精英"或者"大众"的集合，全然凭借于研究者的特定理解与知识体系。同样的社会群体，在某种秩序中可能被视作中产阶级，但在另一种秩序中则为上层阶级。

> 被称为"中产阶级"集团中的人只不过从以前的殖民地，更确切地说，从曾统治过他们的西方国家的社会方面来讲才是中产阶级。仅有极少数的人受过教育，只有从这个事实出发，"受过教育的人"这个字眼才能得到真正的政治、社会和经济意义。
>
> 在不发达国家，所有这些集团都必须理解为上等阶层。即便加上所有"受教育的人"和通常的"中产阶级"，上等阶层在其社会中仍然

---

① Michael Albertus and Victor Menaldo, *Authoritarianism and the Elite Origins of Democracy*, New York: Cambridge University Press, 2018, p. 8.

② ［美］约翰·R. 塞尔：《社会实在的建构》，李步楼译，上海人民出版社2008年版，第3页。

是相当之小的最高阶层。①

上述关键行动者在本书所记述的历史事件中发挥着关键作用，他们一方面声称代表全民族利益，推行旨在扩大中产阶级的各种政策；另一方面却时刻捍卫着他们一小撮精英群体的利益，从而使得各类改革事实上变成了上层阶级内部的权力与财富再分配。这意味着，社会范畴的建构性并不是一种不可知论的主张，它并不意味着概念边界是不存在或是模糊的。确立这条边界的原则，在于研究者自身所秉持的信念或者说是"共享观念"，采取何种信念体现了研究者对这个世界的基本看法，它们构成了语义语境的理解以及人们交流的基础。② 本书在何种层面上理解定义，与笔者对宏观历史变迁的基本态度息息相关。

二 精英研究的亚里士多德—马克思传统

20世纪初兴起的精英研究主要在政治层面理解精英，他们认为精英的核心特征在于"他们的地位使其能够超越普通人所处的一般环境，他们的地位可以使他们做出具有重大影响的决策"③。然而，第三世界所经历的许多重大变革都发生了领导层更迭。因此如果仅仅从官职或政治地位层面理解精英，我们便无法理解权力精英何以成为历史延续性的"担纲者"。基于历史逻辑的考察，本书在阶级的层面去思考精英的权力来源以及整体演变。

---

① ［瑞典］冈纳·缪尔达尔：《世界贫困的挑战：世界反贫困大纲》，顾朝阳等译，北京经济学院出版社1991年版，第55页。

② Aarre Laakso and Garrison Cottrell, "Content and Cluster Analysis: Assessing Representational Similarity in Neural Systems", *Philosophical Psychology*, Vol. 13, No. 1, 2000, pp. 47–76.

③ ［美］C. 赖特·米尔斯：《权力精英》，尹宏毅、法磊译，新华出版社2017年版，第1页。

相较于政治的逻辑，笔者更加强调精英之所以为精英的经济逻辑。在这种被笔者称为"亚里士多德—马克思传统"中，精英被赋予了强烈的经济性意涵——权力精英尤其是那些处于权力顶端的寡头精英往往都有着深刻的物质基础。

在政体类型学研究划分中，亚里士多德事实上将财产占有状况视作不同政体的基础。亚里士多德强调，与其说民主政体与寡头政体的实质性区别不在于统治者人数的多少，而毋宁说在于贫富："平民政体"一词的确应该是自由而贫穷——但同时又为多数——的人们所控制的政体；相似的，"寡头政体"一词的确切理解应该是富有而出身（门望）较高——但同时又为少数——的人们所控制的政体。[①] 也就是说，寡头之所以是寡头，是因为他们拥有常人所不能及的财富。对权力精英经济属性的强调是符合历史常识的，在任何一个国家中，经济精英是最不可小觑的力量。尤其是近现代以来，"不管是 1789 年的法国还是 2011 年的美国，最上层 1% 都是一个庞大的群体，足以对社会面貌和政治经济秩序产生重大的影响"[②]。简而言之，政治权力及其衍生的制度化形式都是以不同的经济基础作为前提的，精英相较于大众首先来自这种经济上的占有，"精英之所以相较于非精英而言具有更大的权力，是因为他们有更强的左右经济生活的能力"[③]。

"任何时候，我们总是要在生产条件的所有者同直接生产者的直接关系——这种关系的任何当时的形式必然总是同劳动方式和劳动社会生产力的一定的发展阶段相适应——当中，为整个社会结构，从而也为主权关系

[①] ［古希腊］亚里士多德：《政治学》，吴寿彭译，商务印书馆 2013 年版，第 188 页。

[②] ［法］托马斯·皮凯蒂：《21 世纪资本论》，巴曙松等译，中信出版社 2014 年版，第 258 页。

[③] Adaner Usmani, "Democracy and the Class Struggle", *American Journal of Sociology*, Vol. 124, No. 3, 2018, p. 673.

和依附关系的政治形式,总之,为任何当时的独特的国家形式,发现最隐蔽的秘密,发现隐藏着的基础。"① 立足经济维度,精英体现为"奴隶主""地主""种植园主""资本家"等核心范畴,以及由此衍生的注入劳动依赖型地主、咖啡种植园主、工业资本家、金融资本家等延伸性范畴,他们是特定生产方式的集中体现。在每一种社会形态中,我们都能看到一种占据支配地位的生产方式,它促进或消解着其他类型的生产方式,进而使这些社会具有了封建主义、资本主义或其他类型的总体特征。② 在阶级社会中所展现的一套清晰的社会关系,是生产生活必需品的人与依靠其他人的生产生活的人之间的关系,是生产剩余者与剥夺剩余者之间的关系,是被剥削者与剥削者之间的关系,是农民与地主之间的关系,是工人与资本家之间的关系。透过剥削直接生产者的剩余劳动的不同形式可以区分不同的阶级社会,也就是透过生产关系来彼此区分。③ 本书遵循了马克思主义的阶级分析传统,强调经济精英的优势地位来自提取、改造、分配和消费自然物的社会组织享有的不同权力,而变革背后的历史延续性正是权力精英与大众之间的结构性分野所构成的,"在阶级对立与阶级斗争的过程中,历史的进步整体说来只是成了极少数特权者的事,广大群众则注定要终生从事劳动,为自己生产微薄的必要生活资料,同时还要为特权者生产日益丰富的生活资料"④。

这样一来,我们不但可以立足阶级维度区分精英与大众,还可以通过不同的生产方式对精英内部加以区分。正源于此,拉克曼在他的精英分析中纵然区分了"精英"与马克思主义脉络下"统治阶级"的差异,但依旧

---

① 《马克思恩格斯文集》第 7 卷,人民出版社 2009 年版,第 894 页。

② Nicos Poulantzas, *Classes in Contemporary Capitalism*, London: New Left Books, 1975, p. 22.

③ [美]迈克尔·布若威:《制造同意:垄断资本主义劳动过程的变迁》,李荣荣译,商务印书馆 2008 年版,第 37 页。

④ 《马克思恩格斯选集》第 3 卷,人民出版社 2012 年版,第 724 页。

强调精英为了生存必须从非精英群体攫取资源,"从根本上是由阶级力量形塑的,也就是说,由生产关系决定的"①。社会关系总是在历史条件下产生并延续的,只要历史条件没有改变,社会关系便会延续。在经济与阶级的层面理解权力精英,有助于我们更好地在变革背后探寻权力精英所展现的生命力与延续性:一方面,由于扎根于特定的社会结构与生产关系,因此以物质财富为基础的权力精英很少受到那些非经济性、非结构性变革的影响;另一方面,在财富总量一定的情况下,拓展民众的实质自由意味着对整个社会进行财富再分配,这必然受到权力精英的强烈抵触与反对。从历史上看,权力精英对经济变革的敏锐性要高于政治变革:"没有一个有责任感的人能够以泰然的心态注视民主方法扩展的后果——也就是说从'政治'领域扩展到一切经济事务的后果。"②

精英不仅掌握着稀缺资源,同时可以通过意识形态渠道赋予自身高超的道德水准。优雅高贵的绅士、悲天悯人的传教徒、开仓放粮的乡贤,不一而足。然而,被建构的历史神话终究与现实有着天壤之别,即便是那些富有道德自律性的精英,在其核心关切受到威胁时也会暴露狰狞面目。在电视剧《大染坊》中,上海民族资本家林伯清在面对日本侵略时曾无奈地叹道:"这些年来我们虽然是投机钻营,甚至囤积居奇,哄抬物价,到了后来甚至操纵市场,但那仅仅是为了赚钱,并没干出辱没祖宗的事情来。"在这位被塑造的重道德、有气节的"爱国商人"眼中,剥削工人剩余价值、扰乱国家经济秩序一旦披上"仅仅是为了赚钱"的说辞,他们就不会背上道德的包袱。相较于虚构的人物,现实中的精英会为了他们的利益而采取更加赤裸裸的手段。历史经验告诉我们,一旦经济精英获得了过大的权力,

---

① [美]理查德·拉克曼:《不由自主的资产阶级:近代早期欧洲的精英斗争与经济转型》,郦菁等译,复旦大学出版社2013年版,第15页。
② [美]约瑟夫·熊彼特:《资本主义、社会主义与民主》,吴良健译,商务印书馆1999年版,第434页。

并且追求和普通民众相悖的经济利益，他们就有可能推行社会分歧政策。①为此马克思才会认为"资本来到世间，从头到脚，每个毛孔都滴着血和肮脏的东西"。

> 如果有10%的利润，它就保证到处被使用；有20%的利润，它就活跃起来；有50%的利润，它就铤而走险；为100%的利润，它就敢践踏一切人间法律；有300%的利润，它就敢犯任何罪行，甚至冒绞首的危险。如果动乱和纷争能带来利润，它就会鼓励动乱和纷争。走私和贩卖奴隶就是证明。②

为了使自己的财富保值增值，精英们可能会寻求包括公共产品供给在内的一系列政府政策来帮助他们实现更加强大的集体力量。由于权力最终植根于经济资产，他们自然希望获得优惠税率，并在实践中限制国家获取的经济盈余。也就是说，经济精英会寻求分配过程中的政治优势。经济权力所表现出的社会统治，即政治。许多政治经济分析的经典文献表明，围绕资源再分配而展开的斗争在政治生活中发挥着基础性作用，并决定着制度模式与政体变迁：一方面，一个经济阶层或集团毕竟是通过政治过程来尝试建立一种社会关系，从而将其特有的生产方式强加于整个社会；另一方面，这一经济阶层或集团也可能尝试与其他集团或阶层建立联盟或从属关系，以利于其按照自身利益和目标建立具有竞争力的经济模式。因此，经济关系的类型决定了政治活动的范围。③ 当利益最大化成为核心目标，任

---

① ［美］雅各布·哈克、［美］保罗·皮尔逊：《推特治国：美国的财阀统治与极端不平等》，法意译，当代世界出版社2020年版，第42页。

② 原出处为［英］托·约·邓宁的《工联与罢工》，转引自《马克思恩格斯选集》第2卷，人民出版社2012年版，第297页。

③ ［巴西］费尔南多·恩里克·卡多佐、［巴西］恩佐·法勒托：《拉美的依附性及发展》，单楚译，世界知识出版社2002年版，第19页。

何政体类型、制度模式与政策选择都是可以适时调整的。

然而，政治生活并不仅仅是宏观经济社会的简单映像，"社会经济宏观变化对政治结果的影响诚然十分重要，但政治场域在某种程度上可能遵循其独特的自身的演化模式，进而展现出与经济社会背景不同的表现模式"①。自20世纪80年代国家中心主义兴起以来，已经有许多学者对此进行了专门论述。根据精英的权力来源及运用权力所依照的基本逻辑，本书将精英分为两种不同的类型。不同于经济精英的权力源自物质资产，政治精英的权力来源于他们对稀缺资源进行权威性分配的控制。"政治资源是一种较重要的却为人所忽视的阶级体系的基础，一个人在这种资源中所处的地位将对他获得最向往的东西的机会产生决定性影响。"② 有时，经济精英与政治精英合二为一；但在更多情况下，二者却存在区别，政治精英有着自己的个体偏好与政治选择。政治精英同样希望获得优势地位，但与经济精英不同的是，他们将保持自身在政治上的优势地位看作目的之所在。③ 本书将政治精英与经济精英区分开来，并不是争论政治的逻辑与经济的逻辑孰为重要的问题，而是说，政治场域并非仅仅是对宏观经济社会背景的简单反映；相反，由于一种自主的政治逻辑和既得利益，它可能会在相当长的时期内抵制这种变化。

如果说经济精英的核心关切在于物质利益，那么政治精英所关心的就是权力本身。后者虽然占据着重要政府部门并拥有政策制定的权力，但他们的统治有赖于和经济精英的联盟。尤其是对于第三世界国家而言，羸弱

---

① Ruth Berins Collier and David Collier, *Shaping Political Arena: Critical Junctures, the Labor Movement, and Regime Dynamics in Latin America*, Notre Dame: University of Notre Dame, 2002, p.11.

② [美]格尔哈特·伦斯基：《权力与特权：社会分层的理论》，关信平等译，社会科学文献出版社2018年版，第411页。

③ Ryan Saylor, *State Building in Boom Times: Commodities and Coalitions in Latin America and Africa*, Oxford: Oxford University Press, 2014, p.26.

的国家权力以及复杂的社会网络共同决定了精英联盟的必要性。虽然一些政治经济学家认为政治精英会通过国家的"掠夺之手"损害经济精英的利益①，但在更多情况下他们处于合作关系：一方面，政治精英需要经济精英以保障国家收入并协助其进行政治统治；另一方面，经济精英还会依靠政治精英以制定有利于自身财富最大化的法律政策。② 尤其是面对外部威胁时，他们更会紧密地团结起来。尤其是在当今世界，精英内部各类成员的属性并非泾渭分明，政治精英与经济精英之间的边界已经十分模糊：经济精英通过正式或非正式渠道垄断了从中央到地方的各种权力与官职，政治精英通过偏向性政策与寻租行为获得了巨额财富。

一旦确定了优势地位，权力精英就会想方设法将其固定下来。"行动者可以利用政治权威来改变游戏的规则（正式制度和各种公共政策），以此增加他们的权力"③，这也构成了宏观政治社会分析在讨论路径依赖效应时不同于其他流派的重要特征——制度设计并不是理想选择学派构想的那样是为了实现合作、降低交易成本；相反，现实中的制度几乎都是掌握权力的行为人与群体为了巩固和延续其优势地位而建构的系统性安排。

> 制度不是为了限制群体或者社会以努力避免次优结果创设的，而是社会结果所固有的实际分配冲突的副产品。根据这个概念，那些发展制度规则的人们的主要目标，乃是获得针对其他行为人的策略优势，所以，那些规则的实际内容应该普遍地反映分配的情况。如此得来的

---

① 参见［美］玛格利特·利瓦伊《统治与岁入》，周军华译，上海人民出版社2010年版；［美］安德烈·施莱弗、［美］罗伯特·维什尼《掠夺之手：政府病及其治疗》，赵红军译，中信出版集团2017年版。

② Michael Albertus and Victor Menaldo, *Authoritarianism and the Elite Origins of Democracy*, New York: Cambridge University Press, 2018, p. 35.

③ ［美］保罗·皮尔逊：《时间中的政治》，黎汉基、黄佩旋译，江苏人民出版社2014年版，第42页。

制度，可能是有社会效率的，也可能是无社会效率的，这要取决于，那些在分配上有利于能够行使自身策略优势的行为人的制度形式是否具有社会效率。①

拉克曼的精英理论对马克思主义传统的一种批评意见值得我们注意，那就是"为何在不同时代，甚至生产关系从属阶级的地位保持不变的情况下，相同阶级之间的冲突却能产生不同结果"②。于是我们看到，国家生活中最引人注目的政治剧目，便在精英的联合与分化中展开了：新兴的政治精英可以联合传统经济精英以打击现任的政治精英，其结果是政权轮替甚至是政体变迁；现任的政治精英可以为了巩固与经济精英的联盟，或是联合新经济精英以及打击旧经济精英以建立具有偏向性的政策，其结果是特定类型的政策与制度选择。然而，这些变革都是精英阶层内部事务。尤其是那些代表社会结构与生产关系的经济精英，几乎总是各类政治精英拉拢和联合的对象。因此在纷繁复杂的变迁中，阶级关系与社会结构几乎没有发生显著变化。于是，马克思主义的认知依旧是正确的：虽然我们看到了精英冲突所产生的不同结果，但由于生产关系与社会结构并没有发生改变，因此由精英间冲突所引发的诸多变革很难实质性地影响相对发展水平。

三 大众的潜力与命运

接下来，我们将视角从精英转向大众。本书虽然假设精英是左右政治社会生活的主导力量，但这并不意味着笔者是一个精英主义者。不同于精

---

① ［美］杰克·奈特：《制度与社会冲突》，周伟林译，上海人民出版社2017年版，第41页。
② ［美］理查德·拉克曼：《不由自主的资产阶级》，郦菁等译，复旦大学出版社2013年版，第20页。

英主义立场的研究者把民众视作"群氓"或"乌合之众",笔者的另一个基本假设是,那些拓展人类实质自由的创举必然来自普通民众的广泛参与。正如《国际歌》高唱的那样:"要创造人类的幸福,全靠我们自己。"让我们再次回到亚里士多德关于寡头制与民主制的比较:寡头政体和民主政体在诸如构成人们之间的平等的条件问题上是不一致的,前者认为财富方面不平等的待遇是正当的,而后者则认为自由的平等有权要求所有方面的平等对待。① 阿西莫格鲁与罗宾逊同样区分了富人与穷人对待财富再分配上的迥然态度:富人将会反对再分配性的税收,穷人将赞同再分配性的税收。② 民众与精英的结构性差异使得他们更倾向于财富与权力的再分配,在一个等级制社会中,拓展普通民众的实质自由需要对旧世界的统治秩序发起根本挑战。历史的经验告诉我们,工人阶级、妇女、有色人种等长期处于社会边缘的阶级群体,正是通过一场场荡气回肠的社会运动走向了国家舞台的中心。大众运动对历史进程的影响都是显而易见的,这也就是为什么工人阶级被视作拓展实质民主、提升发展水平的真正动力。③

大众运动得以拓展实质自由的另一条机制,是通过重塑国家的方式实现的。对于第三世界而言,国家成为其实现现代化最为重要的力量,大众运动正是扫除结构性阻碍,推动国家能力与国家自主性建设的重要方式。例如在轰轰烈烈的社会革命中,"社会结构变迁与阶级突变同时进行,政治

---

① [德]列奥·施特劳斯、[美]约瑟夫·克罗波西主编:《政治哲学史》,李洪润译,法律出版社 2009 年版,第 128 页。
② [美]达龙·阿塞莫格鲁、[美]詹姆斯·A. 罗宾逊:《政治发展的经济分析》,马春文等译,上海财经大学出版社 2008 年版,第 16 页。
③ [美]迪特里希·瑞彻迈耶、[美]艾芙琳·胡贝尔·史蒂芬斯、[美]约翰·D. 史蒂芬斯:《资本主义发展与民主》,方卿译,复旦大学出版社 2016 年版;Geoff Eley, *Forging Democracy: The History of the Left in Europe, 1850 – 2000*, Oxford: Oxford University Press, 2002; Zophia Edwards, "No Colonial Working Class, No Post-Colonial Development: a Comparative-Historical Analysis of Two Oil-Rich Countries", *Studies in Comparative International Development*, Vol. 53, No. 4, 2018, pp. 477 – 499.

转型与社会转型同时展开"可以使"更多的民众参与到国家调控的民族事务中来",同时在激烈冲突中锻造的新的政权组织模式"更加中央集权,更加理性化,更有能力控制社会,也更能独立自主地抗击国际体系中的竞争者"。① 即便无法夺取政权,以再分配为核心的群众运动所造成的巨大威胁,同样可以迫使统治者重新思考国家建设问题。② 就像网络上广为流传的切·格瓦拉(Che Guevara)名言:"我们走后,他们会给你们修学校和医院,会提高你们的工资,这不是因为他们良心发现,也不是因为他们变成了好人,而是因为我们来过。"这句话虽然真伪难考,而且极有可能是后人借格瓦拉之口杜撰的,但它真实地反映了那些即便尚未成功的革命运动,也会引发当权者统治策略的调整。在当代比较政治研究中,人们通过"革命路径"与"反制革命路径"(Counterrevolution)探求抗争运动是如何重塑国家的。③

有人可能会反驳,复杂的国家治理任务怎么可能允许所有人都参与其中? 约瑟夫·熊彼特(Joseph Schumpeter)曾不无嘲讽地写道:"说人民把他的权力或权力的一部分授予了挑选出来的代表,这些道理实际上就是废品堆栈供应的货色。"④ 然而,这并不意味着国家或统治者有任何理由剥夺普通民众参与政治社会生活的基本"可行能力"。背后的根本性差异在于,民众在国家中的地位到底是什么——群氓、庸庸碌碌的大多数还是历史的创造者? 其实列宁在《布尔什维克能保持国家政权吗?》一文中就予以过很

---

① [美]西达·斯考切波:《国家与社会革命》,何俊志、王学东译,上海人民出版社 2007 年版,第 201—202 页。

② Diana Rodríguez-Francoa, "Internal Wars, Taxation, and State Building", *American Sociology Review*, Vol. 81, No. 1, 2016, pp. 190–213.

③ 参见 Steven Levitsky and Lucan A. Way, "Durable Authoritarianism", in Orfeo Fioretos, Tulia G. Falleti, and Adam Sheingate, eds., *The Oxford Handbook of Historical Institutionalism*, Oxford: Oxford University Press, 2016, pp. 208–222.

④ [英]约瑟夫·熊彼特:《资本主义、社会主义与民主》,吴良健译,商务印书馆 1999 年版,第 366 页。

好的回答。

> 我们知道，不是随便哪一个粗工和厨娘都能马上参加国家管理的。在这一点上，我们同立宪民主党人，同布列什柯夫斯卡娅，同策列铁里是意见一致的。我们同这些公民不一致的地方是我们要求立刻破除这样一种偏见，似乎只有富人或者富人家庭出身的官吏才能管理国家，才能担任日常管理工作。我们要求有觉悟的工人和士兵来领导学习管理国家的工作，并且要求立刻开始这样做，即立刻开始吸引一切劳动者、一切贫民来学习这一工作。①

然而，以上我们都是应然层面的分析。若想将大众所蕴含的巨大潜能转换为行动，其间似乎还有很长的路要走，毕竟"特定的阶级，只决定这些阶级试图达到的目标，而不决定这种努力之成功或失败"②。大众运动的优势首先来自其规模，但这种优势并不必然能够转换为变革社会的力量。相较于精英而言，民众虽然人数众多，但他们在权力场域中处于十分边缘的位置，他们缺乏物质的、职位上的抑或是意识形态上的稀缺资源。尤其在大众政治到来之前，民众几乎很难在政治生活中发挥自主作用。与此同时，数量优势在社会动员的过程中反而成为集体行动的劣势：巨大的规模使得每个成员之于运动成败的影响变得很小，这进而降低了他们参与的预期收益；与此同时，鉴于那些具有再分配性质的社会运动必然遭到统治者坚决抵抗，个体之于未来预期会伴随着巨大成本的提高而进一步降低。因此，集体行动的困境使普通民众就像"一袋马铃薯是由袋中的一个个马铃薯汇集而成的那样"，即便存在共同利益却依旧很难形成彼此相互联系的政

---

① 《列宁全集》第32卷，人民出版社1985年版，第306—307页。
② [英]卡尔·波兰尼:《巨变：当代政治与经济的起源》，黄树民译，社会科学文献出版社2013年版，第271页。

治组织。

相较于大众，集体行动的困境对精英而言要弱许多。① 他们人数更少，目标更为明确，面对涉及阶级关系与社会结构的再分配行为会做出更坚决且有力的回应。即便精英内部存在差异，但他们作为一个整体相较于普通民众的优势还是十分明显的。在下文的经验分析中我们不难看到，那些具有左派意识形态色彩且具有再分配情绪的政治社会运动，往往会遭到既有精英的残酷镇压——虽然《共产党宣言》号召"全世界无产者联合起来"，但当今世界的现实反而是资本寡头日益密切地联合。因此人数上的规模优势如果想转化为巨大的变革力量尚需关键一环，即把大众组织起来。在第三世界，政党往往承担起了组织民众、建设国家的重任。面对国家羸弱、社会失序以及依附性发展的"总体性危机"，政党担负起了应对危机并重新组织国家的重要使命，从而展现出了一条"政党中心主义"的现代化道路。② 在第四章，笔者将展现建国时刻不同意识形态驱动的政党组织之间的角力与互动如何影响国家的发展轨迹。

但即便有了政党引领，大众运动依旧无法一帆风顺。在部分克服集体行动困境之后，以大众为基础的政党组织在独自完成并规划长期社会发展的能力上依旧欠缺：这些革命的弄潮儿可以有效地组织民众抗议，争取实质利益，甚至推翻现有政权，但他们缺少人力和物质资本以及维持政党制度、选举体系和官僚机构正常运行的组织能力与执政经验。因此，民众的多样性"使得他们之间很难围绕特定问题寻找到有效的解决方案，也很难将他们的偏好转化为国家政治权力——除非寻求外部经济精英的帮助，他

---

① Erich Weede and Edward N. Muller, "Rebellion, Violence and Revolution: A Rational Choice Perspective", *Journal of Peace Research*, Vol. 35, No. 1, 1998, pp. 43-59.

② 杨光斌：《制度变迁中的政党中心主义》，《西华大学学报》（哲学社会科学版）2010年第2期；张伟：《作为主导现代化进程新范式的"政党中心主义"》，《社会主义研究》2021年第1期。

们很难在夺取政权后继续执政"①。理论上,"只要精英和群众力量达成共识,并持续一段时间内调动资源,那么精英就会成为有效的盟友,帮助维护群众行动"②。但残酷的现实再次摆在面前:民众几乎无法与权力精英建立起有效且长久的联盟。面对不平等的财富分配和权力秩序,经济精英和大众在基本观点上存在不可调和的矛盾。对于政治精英而言,由于他们的目标是为了获取权力,因此他们理论上是可以与大众结成联盟的,第三世界在反殖民运动时期普遍存在的民族主义政党就会选择与共产主义政党联合。但这并不意味着联盟的稳定性,在面对财富与权力再分配这道"创造新世界"的门槛时,精英们往往选择了退却。因此一旦跨国这道门槛,政治精英不但会失去自己最为重要的经济盟友,同样会为自身政权的颠覆埋下伏笔。

退一步讲,即便成功的社会变革可以有效冲击既有统治秩序,但精英们依旧有能力去修复它。相较于新世界的建立者,旧世界的权力精英拥有更多的资源,同时他们已然积累了更为娴熟的统治技艺。在世界政治发展历程中,战争可谓是最有可能斩断历史延续性的重大事件。但通过对美国独立战争与南北战争的相关研究表明,战争并没有真正割裂原有的财富与权力分配状况。废除奴隶制之后的很长一段时间,原奴隶主在州议会中的比例通常高达50%—70%,奴隶主们不仅控制着肥沃的土地,同时在政治领域也保持着很高的影响力。③ 与此同时,曾经的蓄奴州的白人们要比美国其他地区更加歧视黑人,南方的统治精英们长期推行歧视性的法律与政策,

---

① Michael Albertus and Victor Menaldo, *Authoritarianism and the Elite Origins of Democracy*, New York: Cambridge University Press, 2018, p. 36.

② [美]理查德·拉克曼:《不由自主的资产阶级》,郦菁等译,复旦大学出版社2013年版,第376页。

③ Daron Acemoglu and James A. Robinson, "The Persistence and Change of Institutions in the Americas", *Southern Economic Journal*, Vol. 75, No. 2, 2008, pp. 282–299; Luna Bellani, Anselm Hager, and Stephan E. Maurer, "The Long Shadow of Slavery: The Persistence of Slave Owners in Southern Lawmaking", *The Journal of Economic History*, Vol. 82, No. 1, 2022, pp. 250–283.

并形成了一种代代相传、延续至今的偏见。① 这意味着，非正式制度以及意识形态渠道所形成的路径依赖效应甚至比政治与经济层面更为持久且根深蒂固。

综上，笔者大致勾勒出精英与大众以及精英内部之间不同行动者的基本特征，他们之间的复杂互动最终形成了第三世界国家在历经各种变革之后所展现出的历史延续性。如果用一句话总结这种发展态势的核心特征，那就是"流水的历史，铁打的精英"。拓展普通民众实质自由的可能性有赖于改变精英—大众的结构性差异，但集体行动的困境以及执政经验的缺乏使得大众在与精英角力中往往处于下风。这样一来，虽然改变自身境遇是民众所期待的，最终改革是否可以达到民众的预期却取决于精英。② 权力精英在政治与政策层面可以凭借其超强的灵活性推动各种变革，但其深刻的经济底色使那些涉及社会结构与阶级关系的变革几乎不可能发生。由此所形成的最终结果，就是民主转型、新自由主义改革乃至国家独立与民族解放运动等重大变革所创造的"新世界"依旧处于封建—殖民时代所形成的"旧秩序"之中。

◇ 第四节　重塑比较历史分析

那么，我们应当采用怎样的方法探求这一宏观历史进程呢？在过去几十年的研究方法领域，先是量化研究独领风骚，近些年则是实验法与大数

---

① Avidit Acharya, Matthew Blackwell, and Maya Sen, *Deep Roots: How Slavery Still Shapes Southern Politics*, Princeton: Princeton University Press, 2018.
② 参见 Christian Houle, "Inequality and Democracy: Why Inequality Harms Consolidation but Does Not Affect Democratization", *World Politics*, Vol. 61, No. 4, 2009, pp. 589–622.

据的异军突起，定性研究在"两种传承"的争论中似乎日趋守势。然而，诸多技术手段的进步并不意味着我们真正获取了逼近真相的能力，技术的进步似乎与对真实世界的认知程度并不匹配。正如萨托利（Giovanni Sartori）告诫研究者的那样：我们在研究技术上愈发精进，我们身后就愈发会出现一个广阔的、未知的领域。① 对于本书而言，笔者相信比较历史分析（Comparative-historical Analysis）或曰"宏观因果分析"（Macro-causal Analysis）的研究方法可以凭借少量案例，为理解"国家兴衰"这类"首要问题"提供有益帮助。

时至今日，已经有不少学者对比较历史分析发展历程、方法特质以及具体操作进行了详细的阐述，国内学界也不乏运用该方法的经验研究。然而，这并不意味着本书没有必要专门拿出一节重新审视该研究方法。小威廉·休厄尔（William Sewell）曾提到，历史学与社会科学对话的一大障碍就是，人们根深蒂固地认为自然科学模式是社会生活研究的康庄大道。② 作为比较历史分析的热忱推崇者与积极实践者，笔者深感科学主义的偏执正在慢慢侵蚀着宏观历史想象力。目前来看，从经济学蔓延到政治学的"因果推论革命"（Revolution of Causal Inference）极有可能窄化人们之于"科学""因果"等核心范畴的理解，并将以反事实逻辑为核心的实验法视作实现因果推论的唯一途径。为了捍卫比较历史分析的独特优势，笔者将立足"何为比较""何以因果"等哲学层面的"上游知识"为其寻找更为坚实的方法论基础。总体而言，笔者秉持一种称之为"科学建构论"（Scientific Constructivism）的立场——它既强调社会科学本体意义上的建构性，主张社会范畴是现实世界与人类心智互动之后的产物；同时它又遵循了科学研究

---

① Giovanni Sartori, "Concept Misformation in Comparative Politics", *American Political Science*, Vol. 64, No. 4, 1970, p. 1033.

② ［美］小威廉·休厄尔：《历史的逻辑：社会理论与社会转型》，朱联璧、费滢译，上海人民出版社2021年版，第15页。

的一般纲领,即"科学意在形成理论并通过经验观察以检验这些理论"①。

一 比较的意义

比较是扩展知识边界的重要手段,正如西摩·马丁·李普塞特(Seymour Martin Lipset)所言,那些只懂一个国家的人,其实什么也不懂。② 但在宏观因果分析的脉络中,基于有限案例的比较研究受到了来自各方面的质疑。近三十年来,"遗漏原因"(Omitted Causes)和"测量误差"(Measurement Error)两团阴云一直笼罩在从事小样本比较的研究者头顶。③ 为了使小样本比较能够实现有效的因果推论,一部分学者加强了对"控制性比较"(Controlled Comparison)的"控制",包括诸如"最大相似性系统设计"和"最大差异性系统设计"的提出便是对"求同法"和"求异法"的补充;在进入21世纪之后,宏观研究者试图通过范围条件(Scope Condition)以及负面案例(Negative Case)与半负面案例(Semi-negative Case)对宏观因果分析进行时间与空间维度的限制。④ 但即使在定性研究者内部,愈加主流的观点认为控制性比较过于自信其在辨别复杂因果关系中的能力,

---

① 参见 James Mahoney, *The Logic of Social Science*, Princeton: Princeton University Press, 2021.

② Seymour Martin Lipset, *American Exceptionalism: A Double-Edge Sword*, New York: W. W. Norton, 1996, p. 17.

③ 参见[美]加里·金、[美]罗伯特·基欧汉、[美]悉尼·维巴《社会科学中的研究设计》,陈硕译,上海人民出版社2014年版,第147—176页; John H. Goldthorpe, "Current Issues in Comparative Macrosociology: A Debate on Methodological Issues", *Comparative Social Research*, Vol. 16, 1997, pp. 1 – 26; Stanley Lieberson, "More on the Uneasy Case for Using Mill-Type Methods in Small-N Comparative Studies", *Social Forces*, Vol. 72, No. 4, 1994, pp. 1225 – 1237.

④ 叶成城、唐世平:《基于因果机制的案例选择方法》,《世界经济与政治》2019年第10期;游宇、陈超:《比较的"技艺":多元方法研究中的案例选择》,《经济社会体制比较》2020年第2期。

且低估了交互作用的影响。① 与此同时，控制性比较或许远非其声称的那般具有可预测性，同时可能让研究者忽视潜在因果关系。因而更多的方法论研究者基本承认该路径是一种"弱"的因果推论方式，"除非放弃小样本比较的方法转而拥抱大样本统计或定性比较分析（QCA），那些在实现因果推论中所遇到的种种难题便永远无法得到克服"②。

笔者认为，倘若要从根本上避免庸俗化的比较研究，最关键的在于重新理解"科学""因果"等前提性概念。控制性比较所遭遇的困境，本质上是其实证主义的立场所决定的，该传统主张因果解释是将社会生活的一般规律与特定案例相结合的逻辑结果，基于演绎法则式解释，研究者得以在社会世界中寻找出像自然世界那般存在的普遍规律进而实现对结果的预测。对"确定性"的孜孜以求意味着当代政治科学对"科学"的理解还停留在牛顿经典力学的时代，"20世纪中叶，也就是西方主流政治学的基本框架最终建立之时，在物理学界已饱受攻击的牛顿世界观反倒在社会科学界的影响却达到顶峰"③。然而相对论和量子力学所引发的科学革命，早已改变了人们对于"科学"的固有理解。牛顿世界观强调世界的确定性、客观性与规律性，然而量子理论却告诉我们，世界是一系列分立的量子事件，这些事件是不连续的、分立的、独立的，因此不确定性才是世界的本质特征。其中，最为我们熟知的当属光的波粒二象性（Wave-particle Duality），它不仅意味着事物可能拥有互相矛盾的双重性质，还表明"观测"本身就可能改变事物的状态。

基于新的科学观，笔者认为社会世界同样具有不确定性，而具体研究

---

① Jason Seawright, *Multi-Method Social Science: Combining Qualitative and Quantitative Tools*, New York: Cambridge University Press, 2016, pp. 107–109.

② Ingo Rohlfing, *Case Studies and Causal Inference: An Integrative Framework*, New York: Palgrave Macmillan, 2012, p. 114.

③ [美] 伊曼纽尔·沃勒斯坦：《否思社会科学：19世纪范式的局限》，刘琦岩、叶萌芽译，生活·读书·新知三联书店2008年版，第32页。

工作的开展会使"不确定"变得"确定":当尚未被视作分析对象时,社会事件或历史进程虽然真实发生,但它们宛若处于黑暗之中的多棱体一样不为人所知;一旦被选为分析对象,研究者通过理论之光照耀经验材料,多棱体的某个侧面得到呈现,同时另一些侧面依旧处于黑暗。面对同样的研究对象,不同的理论和方法会展现出完全不同的图景,但它们无一例外是研究者"建构"的过程。例如同样是关注"欧洲民族国家的形成",佩里·安德森(Perry Anderson)的新马克思主义视角、蒂利及其追随者的财政—军事模型,以及菲利普·戈尔斯基(Philip S. Gorski)对基督教的关注形成了不同的历史叙述模式,而这些叙述模式事实反映的是同一历史进程。如果缺少这些视角,我们无法真正知晓西欧民族国家何以形成;但一旦采用某种视角,历史舞台上只保留下理论之光照耀下的事件、进程与行动者,研究者所呈现的注定是被特定视角所建构的历史。对于本书而言,笔者也只是展现了精英与大众结构性对立之下的历史进程。

社会世界的建构性使得"社会科学和自然科学之间存在着一种根本性的中断,对此进行论证关键性的一步所依据的是社会现象的心理性特征"[1]。一旦接受这一事实,我们便可以放下借助比较方法以实现因果推论的执念。建构性的总体特征意味着社会科学的研究对象"根本不是作为某种同质的对象而给定的,而是通过某种由各种视角组成的复杂系统而给定的"[2],故而比较方法同样无法为我们提供确定性的信念。在实证主义之外,宏观政治社会分析的研究者完全可以通过更为灵活的比较策略以理解真实的世界。如今,已经有不少学术成果提供了卓有成效的见解:解析(Interpretation)传统认为,比较的方法无法穷尽结果的所有原因,而只是努力照亮复杂社

---

[1] [美]约翰·塞尔:《心、脑与科学》,杨音莱译,上海译文出版社1991年版,第67页。

[2] [奥]阿尔弗雷德·许茨:《社会世界的意义建构》,霍桂桓译,北京师范大学出版社2017年版,第9页。

会情势中的某些侧面①；批判实在论（Critical Realism）认为，小案例比较的意义并非实现因果推论，而是为了权衡"在给定的过程中不同结构和因果力的相对重要性"②；科学建构论（Scientific Constructivism）则认为，比较是为了展现分析单位之于特定范畴的隶属度，比较研究之所以是可行的源于人们所持有的共享信念③。由此观之，非实证主义的传统核心贡献，就是把比较研究从探求因果关系的负担中解放出来。在一本学术回忆录中，本尼迪克特·安德森（Benedict Anderson）对"比较方法"在经验分析中的地位给予了十分恰当的总结。

> 比较不是一种方法，或是一种学术技巧；更准确地讲，它是一种话语策略，认识到这一点是非常重要的。当我们希望做比较的时候，有一些重要事项是必须牢记的。首先，在任何具体的工作中，我们必须决定自己主要是寻找相似之处还是差异。比如，很难说日本和中国或者韩国是相似的或者基本不同，更不用说去证明了。两种情况都有可能，这取决于我们的视角、我们的框架，以及我们的结论。④

安德森的话提醒我们，比较研究中研究者的视角、分析框架以及理论对话十分重要，这与斯考切波的观点不谋而合："单靠比较历史分析自身，就不能界定加以研究的对象，它不能选择合适的分析单位，或者说应该研

---

① Paul Lichterman and Isaac Ariai Reed, "Theory and Contrastive Explanation in Ethnography", *Sociological & Methods Research*, Vol. 44, No. 4, 2014, pp. 585–635.

② Philip S. Gorski, "After Positivism: Critical Realism and Historical Sociology", *Political Power and Social Theory*, Vol. 34, 2018, pp. 23–45.

③ James Mahoney, *The Logic of the Social Science*, Princeton: Princeton University Press, 2021.

④ [美] 本尼迪克特·安德森：《椰壳碗外的人生》，徐德林译，上海人民出版社2018年版，第143页。

究哪些案例。它也不能提供要加以预测的因果假设。所有这些都必须来自宏观社会学的想象,而这种想象又必须要由当代的理论争论中激活,而且,还必须对一系列历史案例证据模式保持敏感。"① 所以,比较历史研究的关键不在于精妙的方法,而在于通过宏观历史想象力与现实社会和既有理论进行深刻互动。借助宏观历史想象力,我们就无须拘泥于"求异法比求同法在构建偶然性的关联方面更有利"的成见;相反,那些观察相似性的研究更有利于"直面一些共同的政治现象就会颠覆流行的意识形态化的理论,并有可能质疑西方政治制度的合法性"②。

那么,倘若不是为了因果分析,我们如何权衡比较研究的意义呢?马克思曾说过:"极为相似的事变发生在不同的历史环境中就引起了完全不同的结果。如果把这些演变中的每一个都分别加以研究,然后再把它们加以比较,我们就会很容易地找到理解这种现象的钥匙。"③ 在笔者看来,"理解"而非"解释"才是比较研究的核心使命。通过比较,研究者可以观察抽象的范畴与理论在经验世界中是如何穿行的,可以提出和验证一些流行观点,可以对复杂的政治社会现象进行概念总结与类型学建构。"比较"丰富了研究者对于复杂政治社会现象的认知,在相似性与差异性中更好地理解世界,从而避免仅立足一时一地便得出偏隘的结论。对于本书而言,笔者意图以东南亚四国为例展现第三世界所遭遇的普遍境况。但这并不是所谓的"求同法",因为笔者并非通过比较以实现因果推论。相反,笔者意图展现变革中的精英是如何在不同的案例中均实现其延续性的。这是一个"理解"的过程,理论与历史的互动与对话可以强化读者进一步认同本书所提出的核心观点。

---

① [美] 西达·斯考切波:《国家与社会革命:对法国、俄国和中国的比较分析》,何俊志、王学东译,上海人民出版社 2007 年版,第 40 页。
② 杨光斌:《比较政治学:理论与方法》,北京大学出版社 2016 年版,第 137 页。
③ 《马克思恩格斯选集》第 3 卷,人民出版社 2012 年版,第 730—731 页。

二 在历史叙述中实现因果推论

如果说比较历史分析中的"比较"只是为了"理解"这个世界,那么"分析"则应在"历史"本身中寻找答案。不同于反事实传统强调通过"控制"以最大限度地逼近实验,笔者认为,历史叙述本身就可以实现因果推论。一种直观的感受是,因果性体现为可信性,那些能够让读者更加感觉到精彩纷呈且顺理成章的故事才更加符合逻辑且更令人信服。"讲故事"在"第三波"之后的历史社会学中颇为流行,一些方法论学者也对此进行了探索。他们认为,因果分析并非自变量与因变量的简单对应,而是寓意于前后连接的事件、彼此交互的行动以及历史的流动性,研究的目的在于解释社会存在是如何在被塑造以及自我塑造的过程中形成特定的状态,所谓"因果"即揭示某一社会存在得以形成的历史过程。[1]

历史叙述的重要性虽然得到伸张,但"科学派"仍旧只是将其作为一种方法补充,这无论在理性选择主义者所倡导的"分析性叙述"(Analytic Narrative)还是在新兴的"嵌套分析"(Nested Analysis)那里莫不如是。在他们看来,历史叙述只是为了验证其他科学方法做得出来的结果,研究者内心依旧认为"叙述分析本质上就是一锅'大杂烩',杂乱无章的文字、任意随性观察纠缠不清的逻辑使得推论无法站得住脚"[2]。个中缘由,归根结底在于研究者忽视了因果观的多样性。当下流行的"因果推论革命"将"因果"狭隘地理解为反事实逻辑,对研究者而言,似乎只有该传统才是社

---

[1] Daniel Hirschman and Isaac Ariail Reed, "Formation Stories and Causality in Sociology", *Sociological Theory*, Vol. 32, No. 4, 2014, pp. 259–282; Andrew Abbott, *Processual Sociology*, Chicago: University of Chicago Press, 2016.

[2] Read Bain, "Measurement in Sociology", *American Journal of Sociology*, Vol. 40, No. 4, 1935, p. 436.

会科学中实现有效因果推理的唯一方法。然而一旦我们接受了社会世界的建构性，那么所有被人类赋予其含义的存在都应该具有多重理解——对"因果"的理解也不例外。笔者认为，比较历史分析的因果观更加契合休谟开启的"因果的规则性理论"（The Regularity Theory of Causation）或曰"律则论"的因果观，该传统认为"因果"包含如下三个要素：时序优先（Temporal Priority）、时空连贯（Spatiotemporal Contiguity）以及恒常联系（Constant Conjunction）。[1]

"时序优先"与"时空连贯"展现出休谟传统对时间与空间的敏锐，"任何物体在离开了哪怕一点点其存在的某个特定时间或空间的话，便无法发挥其作用"[2]。这种看法在比较历史研究中得到重视，但往往被定量分析与实验法忽视。律则论的因果观强调原因须发生在结果之前，因此研究者需要对诸事件在历史进程中的先后顺序十分敏感，进而能够赋予历史叙述以清晰的时间坐标。而"时空连贯"在宏观社会分析中往往体现为"间接连贯"："这些原因本身，以及那些远离的物体之间，是相互接近的"[3]。"间接连贯"意味着原因 X 是经由一系列事件与结果 Y 相连接的，而探究原因与结果之间的复杂因果链条，恰是历史叙述的使命与优势所在。

值得注意的是，因果的规则性理论通过时空连贯性将其与反事实逻辑划出一道鸿沟，前者并不要求结果之于原因展现出反事实层面的依赖性。后者虽然关注中介变量，但在控制—干预的视角下，因果关系的识别并不依赖于原因与结果在时间与空间上的联系。与此同时，只有律则论的因果观才将连接原因与结果之间的"机制"视作因果关系本身的一部分，并将

---

[1] Stathis Psillos, *Causation and Explanation*, Montreal: McGill-Queen's University Press, 2002, p. 19.

[2] ［英］大卫·休谟：《人性论》，贺江译，台海出版社2016年版，第80—81页。

[3] ［英］大卫·休谟：《人性论》，贺江译，台海出版社2016年版，第81页。

"机制"定义为相互联系的事件。①相反,以实在论尤其是批判实在论(Critical Realism)为哲学基础"因果力"(Causal Power)学派将"机制"视作真实存在的推导动力或深层结构。但鉴于社会世界的建构性,我们无法在两个建构性范畴之间发掘似自然世界中那样的作为实体的机制。

律则论的第三个特征是"恒常联系",它在休谟看来是更重要且更具决定性的,因为这一特征有效地区分了两个事件之间的关系是因果性的抑或纯粹是偶然性的。当研究者基于律则论分析特定案例时,他们其实将某个个案视作那一类普遍性范畴的一个实例,就像休谟说的那样,"假设一个物体和这些物体中某个类似物体直接呈现于感知之中,我们会进而预测,存在一个和它恒常结合物相似的物体"②。例如,摩尔在分析容克地主对民主的阻碍作用时,与其说他是在分析德国的具体政治史,毋宁说他是在思考地主与民主的普遍联系。从这种意义上看,律则论中"恒常联系"恰反映出了定性研究中对逻辑学与集合论的重视③:一方面,个案隶属或部分隶属于某范畴,如"容克地主阶级"就可以视作"地主阶级"的一个子集,研究者通过个案研究以理解抽象范畴之间可能存在的"恒常联系";另一方面,律则论中的因果关系集中体现为原因 X 在特定情势下恒常体现为结果 Y 的充分条件/必要条件/充要条件/INUS 条件/SUIN 条件。

与此同时,正是"恒常联系"这一特征使得律则论饱受批评。人们认为它过于强调因果分析中的预测功能,并忽视了因果机制与因素组合的作用。但笔者认为,这些批评与其说是针对经典的律则论因果观,毋宁说是休谟传统在 20 世纪的一个发展分支——"覆盖率模型"(The Covering Law

---

① James Mahoney, "Mechanisms, Bayesianism, and Process Tracing", *New Political Economy*, Vol. 21, No. 5, 2016, pp. 493 – 499.
② [英]大卫·休谟:《人性论》,贺江译,台海出版社 2016 年版,第 99 页。
③ 参见[美]加里·格尔茨、[美]詹姆斯·马奥尼《两种传承:社会科学中的定性与定量研究》,上海人民出版社 2016 年版。

Model）或亨普尔（Carl G. Hempel）所谓的"演绎—规律模型"（Deductive-Nomological Model）。该传统认为因果关系意味着原因 X 后面总是伴随着结果 Y，因果关系就像自然科学中的定律那样恒常不变，"解释性论证可说是将解释项包容于这种覆盖率内"[①]。但正如前文所言，"时空连贯"的特征使得律则并没有忽视连接原因与结果之间的因果链条，与此同时，覆盖率模型其实将休谟有关"恒常联系"的观点绝对化了。因为在休谟看来，原因与结果之间的"规律"只有在"相似的情况下"（in a like situation）才可能出现。因此，历史叙述致力于"在偶然性中发现因果规律"而非寻求法则性解释，戈德斯通（Jack A. Goldstone）对此进行了形象区分。

> 辨识不同的历史背景下发生的相似历史事件，有别于探索独立于历史背景的普遍规律。毋宁说，辨识这类相似的历史事件，更像是一个地理学家为不同地区绘图以及在大范围相似岩层中发现了相似化石的活动。然后，地理学家就会假定，在不同的地方曾经发生过相似的地质过程，并尝试着小心谨慎地再现这个过程。但是，这个过程并非如万有引力定律那样是一个"定律"。[②]

这种以建构论的世界观和律则论的因果观为基础的模式被笔者称为"历史性因果叙述"，它承担起了比较历史分析实现因果推论的重担：它是"叙述"的，因此需要回答复杂世界中"是什么"的问题；它也是"因果"的，故而致力于追问造成变化或生成特定结果的缘由。通过逻辑与证据，历史性因果叙述将得以检验或生成理论。不同于过程追踪（Process Tracing）

[①] ［美］卡尔·G. 亨普尔：《自然科学的哲学》，张华夏译，中国人民大学出版社 2006 年版，第 79 页。

[②] ［美］杰克·A. 戈德斯通：《早期现代世界的革命与反抗》，章延杰等译，上海人民出版社 2013 年版，第 50 页。

致力于解释由 X 导致 Y 的因果机制，历史性因果叙述关注特定理论框架下多种因素的互动作用。因此我们应当尤其关注那种"自起因的进程后来的汇合并逐渐展开的相互作用"（conjunctural, unfolding interactions of originally separately determined processes）。① 在历史性因果叙述中，理论是引领叙述的动力，特定结果是诸多力量共同塑造的。例如，唯物史观的分析模式就强调"经济的前提和条件归根到底是决定性的"，同时"最终的结果总是从许多单个的意志的相互冲突中产生出来的，……无数互相交错的力量，有无数个力的平行四边形，由此就产生出一个合力，即历史结果"②。

综上，笔者立足"科学观"和"因果观"重新界定了比较历史分析中围绕"比较""历史""分析"等概念的理解。笔者深感当代政治学研究方法在"丰裕的贫困"中展现出的"自我狭隘化"倾向。本书的目的正是通过历史性因果叙述的方法将宏观政治社会分析从自然主义的窠臼中解放出来，从而进一步拓展比较历史研究的宏观想象力。伯格（Peter L. Berger）与卢克曼（Thomas Luckmann）告诉我们，社会学的视野必须保持与历史学和哲学的持续对话，否则它将失去恰当的研究对象。③ 这当然不仅适用于社会学，同样适用于包括政治学在内的所有社会科学。笔者通过对"上游知识"的探讨不但重塑了"比较研究"使其从因果推论的束缚中解放出来，同时在律则论的基础上将历史叙述本身视作实现因果推论的图景。这种努力是极有必要的，它不仅展现了本书的方法论主张，同时有利于比较历史分析在理解真实世界与介入学术争鸣的"双重使命"中绽放独特魅力。

---

① ［美］西达·斯考切波：《国家与社会革命》，何俊志、王学东译，上海人民出版社 2013 年版，第 189 页。

② 《马克思恩格斯选集》第 4 卷，人民出版社 2012 年版，第 604—605 页。

③ ［美］彼得·L. 伯格、［美］托马斯·卢克曼：《现实社会的建构：知识社会学论纲》，吴肃然译，北京大学出版社 2019 年版，第 236 页。

第五节　章节安排

当比较历史研究被赋予新的意涵之后，我们得以凭借历史想象力探索第三世界的发展历程。自现代化理论大行其道的半个多世纪以来，人们已经习惯性地认为新的制度与观念必然意味着与旧结构的决裂。但在现实世界，我们看到的是在各类以"破旧立新"为口号的变革中，新的政策、制度或政体背后依旧是旧的权力与社会结构。这种"新"与"旧"之间展现出的张力与延续，构成了米尔斯（C. Wright Mills）所谓的"直接关涉着紧迫公共议题和挥之不去的人的困扰"[1]。为什么那些被赋予了"解放"意涵的重大变革——摆脱殖民者束缚的民族解放运动、以"大众"为名义的民主转型、释放市场活力的新自由主义改革——依旧沦为了精英之间的游戏？为什么那些来自封建社会与殖民时代的传统精英——大地主、大种植园主、土地—商业精英等——能够在历次变革中延续下来并在当代社会的方方面面发挥着决定性作用，从而将传统社会结构延续了几十年乃至上百年之久？在接下来的章节中，笔者将在复杂变动的历史音符中试图去理解这些"困扰"。

在进入经验分析之前，第二章试图回答是什么因素影响第三世界权力精英的特定形态以及精英—大众关系的变革。"第三世界国家"这一历时性范畴背后所展现的是一种不平等权力关系的隐喻，它意味着国内态势势必受到国际体系层面的影响。[2] 在世界政治理论的基础上，笔者强调主导型意

---

[1] ［美］C. 赖特·米尔斯：《社会学的想象力》，李康译，北京师范大学出版社2017年版，第27页。

[2] 陈明明：《"不发达"与"欠发达"：历史与结构——关于发展中国家与第三世界等概念的一个讨论》，载洪涛主编《历史与理性》，上海人民出版社2007年版，第112页。

识形态对精英的塑造与重塑以及在大众动员过程中发挥的关键作用,世界政治体系中的观念性因素就像诱发剂一样间接地推动着国内政治场域的流变。第二章介绍了世界政治变迁的意识形态原理,以东南亚地区为对象阐述了世界政治体系的三次变迁,继而将分析案例落脚到了马来西亚、印度尼西亚、泰国和菲律宾四个国家。

比较历史研究者的理论构建更像是木匠那样,在工作的过程中不断调整尺度,而非像建筑师那样先绘图后建造。[①] 因此在第三章到第五章的经验研究部分,笔者介入理论与史实之间的丰富对话,理论之光所照耀的历史剧目随着时间演进与事件积累逐渐浮现:第三章关注四个国家权力精英的形成过程,世界政治体系中主导性意识形态所引领的殖民统治方式与差异化的本土结构相"绞合",不但重塑了殖民地的社会结构与生产关系,同时构成了精英形成的重要环节;第四章立足20世纪中叶国家建立与民族解放运动,在这一时期由中心国家扩散而来的民族主义和共产主义意识形态激发了殖民地人民反抗殖民者,实现民族独立的强烈诉求,但旧时代的权力精英最终依旧能够在大众运动之后继续掌权;第五章关注独立之后试图扭转国家发展命运的诸多变革,它们包括但不限于自由主义脉络下的民主转型、市场化与私有化改革以及权力下放,也包括一些具有财富再分配性质的土地改革等,笔者将展现这些精英主义色彩的变革是如何不断为第三世界国家创造着一个又一个"新的旧世界"。

通过对东南亚四国横亘百余年的比较历史研究,笔者试图揭示传统社会结构与权力关系是如何在历经诸多变革之后依旧在第三世界发挥着举足轻重的影响。然而,纯粹的历史叙述尚不能构成与理论的深入对话,本书的比较历史研究并不止于提供特殊性知识,笔者所秉持的律则论的因果观主张一种能够实现知识积累(Knowledge Accumulation)的研究进路。格申

[①] Arthur L. Stinchcombe, *Theoretical Methods in Social History*, New York: Academic Press, 1978, p. 122.

克龙（Alexander Gerschenkron）认为，历史研究的本质在于将各种通过经验方法推导出的假想的一般结论应用于经验材料，并检验其吻合的严密程度，以期通过这种方式弄清楚某些缺失存在的一致性、典型的情况以及在这些典型情况下单个要素之间的典型关系。① 因此在第六章，笔者将把那些基于东南亚四国经验分析中所得出的因果规律放置在第三世界的背景下加以讨论，并在一般层面分析"新世界中的旧秩序"的形成机理与深远影响。

---

① ［美］亚历山大·格申克龙：《经济落后的历史透视》，张凤林译，商务印书馆2009年版，第9页。

第二章

世界政治体系演进中的东南亚

> 外围地带是上百块不同颜色瓷砖拼成的镶嵌画：现代形态、古代形态、原始形态以及各种形态的大杂烩。①
>
> ——费尔南·布罗代尔
>
> 由观念所塑造的"想象世界"就如扳道工一样决定着受利益动力驱动的行动轨迹。②
>
> ——马克斯·韦伯

在本书将要展现的宏大历史剧目中，权力精英创造了诸多变革背后所隐匿的历史延续性。既然精英如此重要，那么他们是如何形成以及变迁的呢？亚里士多德—马克思的研究传统强调当代权力精英的物质基础，但在传统社会中，精英主要是通过血缘或职位获得其优势地位的。本书认为，第三世界中权力精英的意涵转变与其说是自发演进的结果，毋宁说是世界政治体系与传统社会秩序"绞合"之后的产物。正如本书一再使用的"第三世界"所暗含的历史—结构主义分析思路一样，笔者强调的正是外部力

---

① ［法］费尔南·布罗代尔：《十五至十八世纪的物质文明、经济与资本主义（第三卷）：世界的时间》，顾良、施康强译，商务印书馆2017年版，第489页。

② 转引自 Hans H. Gerth and C. Wright Mills, eds., *From Max Weber: Essays in Sociology*, New York: Oxford University Press, 1946, pp. 63–64.

量的介入为"权力精英"这一范畴注入了新的意涵。为此,本书专门拿出一章的篇幅对此加以分析。

笔者将这一关键性外部力量称为"世界政治体系",它集中体现为"政治思潮诱发的国内制度变迁以及在此基础上塑造的国际关系和世界秩序"[①]。不同于世界体系理论着眼于经济交换关系,世界政治体系更加重视观念性力量是如何将世界联系起来的。正如本尼迪克特·安德森在对比较研究的反思中提到的那样,把民族和民族国家用作分析的基本单位致命地忽视了一个显然的事实,即实际上,这些单位是被"全球"政治思想潮流联系和贯穿起来的,比如自由主义、法西斯主义、共产主义和社会主义,以及庞大的宗教网络、经济和技术力量。[②] 在接下来的论述中我们可以看到,观念性因素不仅可以通过影响殖民主义的类型而重塑殖民地的阶级关系,也能激发起普通大众实行组织动员的抗争,最终还能诱导执政精英推行一系列风格迥异的政策措施。在精英与精英之间以及精英与大众之间博弈与冲突之后,最终呈现给读者的是两组权力结构展现出强大的持续性优势:一是中心国家之于边缘国家,二是国家精英之于普通民众。前者体现为中心国家通过经济、政治和意识形态权力对边缘国家的长期控制,后者体现为权力精英通过种种手段维护和巩固自身权力并谋求统治合法性。世界政治体系理论"以第三世界为方法","树立被支配者、反抗者、第三世界的世界历史主体地位,肯定其进行革命、追求民族解放、实现国家自主发展等努力的世界历史意义,认为其阶段性地改变着体系内部的不平等,推动世界政治螺旋式地进步、发展"[③]。

---

① 杨光斌:《世界政治学的提出和探索》,《中国人民大学学报》2021年第1期。
② [美]本尼迪克特·安德森:《椰壳碗外的人生》,徐德林译,上海人民出版社2018年版,第140—141页。
③ 姚中秋:《现代世界政治体系理论:基于对列宁帝国主义、殖民地理论的重述》,《社会科学》2022年第6期。

通过观察世界政治体系的演进阶段，还可以为本书提供时间性分析坐标。"历史转向"的社会科学研究者声称，历史并不总是平稳地从一个时期过渡到另一个时期，而是在危机或影响深远的剧烈变化中发展的，因此那些起到"建立"或"重塑"的历史事件变得尤为重要。① 如果我们将世界政治史视作"由资本主义驱动的白人优越论及其所建构的由白人主宰的国际制度与国家关系演化的历史"②，那么至少有三重历史浪潮是研究者不能忽视的：第一次浪潮源于中心国家开拓世界市场的野心，自由主义秩序的全球化扩张奠定了的中心—边缘的不平等结构；第二次浪潮的主角是19世纪中后期形成的民族主义与共产主义，对抗性意识形态为第三世界提供了强大的精神指引与动员力量，进而形成了沃勒斯坦所谓的"反体系运动"（Anti-system Movement）③；第三次浪潮发端于冷战时期，这一时期，中心国家酝酿出来的以自由主义为核心的诸多意识形态——现代化理论、民主转型理论、新自由主义理论、治理理论等——以一种更加潜移默化却影响深远的方式向边缘国家输出。本书接下来三章的经验研究，正是以世界政治体系的时代主题为依据的。

世界政治体系与第三世界的权力精英在某种程度上达成了"同频共振"，但需要注意的是，"再优秀的体系层次理论也是不完整的，即便是在面对同样的外部压力和机遇的条件之下，由于国家内部结构（由社会结构集团和党派联盟而界定）的不同，不同的国家和集团仍然会做出不同的

---

① Giovanni Capoccia and Daniel Ziblatt, "The Historical Turn in Democratization Studies: A New Research Agenda for Europe and Beyond", *Comparative Political Studies*, Vol. 43, No. 8 - 9, 2010, pp. 931 - 968.

② 杨光斌：《论世界政治体系——兼论建构自主性中国社会科学的起点》，《政治学研究》2017年第1期。

③ 反体系运动是"社会运动"与"民族解放运动"的总称，前者主要体现为社会主义政党所领导的国内对资产阶级和雇主所采取的斗争，而后者则是民族国家为摆脱殖民主义与帝国主义所做的努力，参见［美］伊曼努尔·华勒斯坦等《自由主义的终结》，郝名玮、张凡译，社会科学文献出版社2002年版。

反应"①。接下来,笔者重点关注这些观念性的力量是如何与物质性力量互动,进而塑造和重塑了那些决定变革性质以及发展前途的权力精英。为了使比较历史分析更为聚焦,本书将分析对象继而限定于东南亚地区。"东南亚"一词形成于20世纪,但早在19世纪初,这片地区似乎就已经开始以连贯整体的形象而为他者所熟知。围绕这些熟悉而又陌生的国家,笔者希望本书的探索既能够丰富我们对于地方性知识的了解,同时还能由此介入社会科学的争论以丰富既有理论。

◇ 第一节 传统世界的权力精英与社会结构

1500年前后发生的重大事件——包括1487年和1522年欧洲到非洲南部、印度洋和美洲海上航线的迅速开辟以及横渡太平洋的实现——昭示着崭新时代的到来,在之后的三个多世纪里,资本主义全球化将世界上的诸民族逐渐形成一个相互联系的共同体。然而,这并不意味着我们对第三世界的分析同样需要追溯那么久。直到19世纪初期,财富分化主要体现在社会内部而非社会之间。② 与此同时,长期以来欧洲在欧亚贸易体系中只是扮演着边缘角色,故而关注欧洲殖民者到来之前的传统社会是很有必要的。很多研究已然表明,前殖民社会的具体特征与殖民主义的统治策略有着密切联系。③ 为此,笔者接下来首先对东南亚传统世界中的社会结构与权力精英的身份属性进行简要回顾。只有在此基础上,我们才能更好地理解殖民

---

① [美]彼得·卡赞斯坦、[美]罗伯特·基欧汉、[美]斯蒂芬·克拉斯纳编:《世界政治理论的探索与争鸣》,秦亚青等译,上海人民出版社2006年版,第7页。

② Mike Davis, *Late Victorian Holocausts*, London: Verso, 2002, p. 16.

③ James Mahoney, "Long-Run Development and the Legacy of Colonialism in Spanish America", *American Journal of Sociology*, Vol. 109, No. 1, 2003, pp. 50–106.

扩张何以称得上重塑世界的力量。

马克思与恩格斯在《德意志意识形态》中写道："那些决不依个人'意志'为转移的个人的物质生活，即他们的相互制约的生产方式和交往形式，是国家的现实基础，而且在一切还必需有分工和私有制的阶段上，都是完全不依个人的意志为转移的。"[1] 总体来看，东南亚历史上并不曾经历过一个以奴隶制占据主导地位的发展阶段，这些国家在经历了原始社会之后便形成了一种封建社会，封建关系的形成与进一步发展并没有取代奴隶制，两种制度形式长期共存。因此，有学者将这种社会形态谓之"封建—奴隶制结构"。[2] 早期东南亚国家是在封建土地国有制或王有制的基础上形成和发展起来的，土地制度构成了封建—奴隶制的基础。在这种土地所有制之下，国王具有土地的分配权和收回权，其具体占有形式包括王室土地、封建采邑、寺院土地、村社土地等。被授予土地的贵族、官吏或寺院仅具有占有权和使用权，土地原则上不得自由买卖。[3] 在这一体系中，基于血缘的、身份的、政治的权力占据主导地位。在传统社会时期，具有非弥散性和非强制性双重特征的经济权力是无法和掌握政治或军事权力的行动者竞争的，政治权力更具主导性，因此权力精英主要是以政治精英的面貌出现的。

表 2-1　　　　　　　　早期中南半岛的统治类型

统治方式	委托管理	分权管理	印度式管理体系	中国式管理体系
大致时间	900—1450 年	1450—1840 年	1600—1840 年	1460—1840 年
涵盖区域	主要位于今柬埔寨、越南、缅甸等地	广泛分布于中南半岛的中西部地区	主要是暹罗、缅甸，以及柬埔寨、老挝部分地区	以越南地区为主要代表

---

[1]《马克思恩格斯全集》第 3 卷，人民出版社 1960 年版，第 377 页。
[2] 何平：《东南亚的封建—奴隶制与古代东方社会》，云南大学出版社 1999 年版。
[3] 梁志明主编：《殖民主义史：东南亚卷》，北京大学出版社 1999 年版，第 45 页。

续表

统治方式	委托管理	分权管理	印度式管理体系	中国式管理体系
大致时间	900—1450年	1450—1840年	1600—1840年	1460—1840年
主要特征	松散的权力中心；半独立的外围权力；宗教团体承担着广泛的经济和社会功能	松散权力中心；半独立的外围权力；独立的地方势力；宗教的社会功能减弱；中等强度的行政和人力控制	中心区域具有更强大税收汲取以及提供公共服务的能力；行政控制能力增强，权力延伸到省级行政区	名义上统一的官僚与税收体系；统一的行政吸纳与考试制度；由中央任命的三级地方行政体系

资料来源：Victor Lieberman, *Strange Parallels: Volume 1, Integration on the Mainland: Southeast Asia in Global Context*, c. 800–1830, New York: Cambridge University Press, 2000, p. 35.

当然，政治精英的主导地位在不同地区存在差异，这主要取决于地理因素。不同的区位特征形成了不同的生产方式，进而塑造了特定社会结构。笼统地说，东南亚地区的政权组织形式可以进一步划分为岛屿国家、半岛国家以及内陆国家。对于东南亚岛屿及半岛沿海国家而言，贸易和港口扮演着举足轻重的角色，港口城市是早期王国结构中的核心部分。以贸易为依托、以沿海港口城市为中心的政体组织形成构成了东南亚岛屿国家的一大鲜明特征，他们是东南亚贸易最大的受益者。

在1300—1500年，东南亚地区的权力从建筑寺庙的农业国逐步转移到了由伊斯兰和小乘佛教主导的海上贸易中心，这有力地证明了经由东南亚海域的海路在这一时期持续扩大其规模的复杂性。[1] 在不断繁荣的贸易往来中，一批不同于传统政治精英的商业精英兴起了。换言之，其实早在殖民者到来之前，东南亚的许多港口地区已经出现了经济精英的萌芽。但在传

---

[1] [澳]安东尼·瑞德：《东南亚史：危险而关键的十字路口》，宋婉贞、张振江译，上海人民出版社2021年版，第77页。

统东南亚语境中,权力和财富并非那么泾渭分明,财富只能通过权力获得,因此那时围绕"精英"的共享信念主要停留在政治层面。在贸易时代的东南亚,人们对传统社会身份和血统依旧十分重视那些通过贸易积累财富而不断出现的社会流动开始显现了。许多商业精英为了巩固自身地位,开始购买贵族头衔并投身国家行政体系;而地方贵族或是被港口及首都的繁荣所吸引,或是被妒忌狐疑的国王所强迫,从而被卷入贸易的大潮。[1] 经济逻辑与政治逻辑开始交互影响,早期东南亚权力精英的属性由单纯的政治精英朝着更复杂的方向发展。当东南亚的贸易在17世纪后半叶逐渐式微时,积累了大量财富的商业精英摇身一变,成为拥有土地和官职的贵族,他们与日后殖民时代的商业—土地精英有着深厚的历史渊源。

相较于精英内部的流变,普通民众长期以来的头等要务是为生计奔波。大约90%的东南亚人居住在乡村地区,其中不少人仍通过传统的方式生产粮食,包括被称为"刀耕火种"的轮换耕作以及应用灌溉方法的固定耕作。[2] 农民之间的土地占有率存在差异,这是基于那些被认为是村庄创建者的后代和那些后来移民的后代之间的划分。就目前所能确定的而言,这些区别还不足以产生明显的财富不平等或阶级性质的对立。村社价值观以其强烈的平均主义精神,似乎把这种区别保持在一个狭窄的范围内:农民的反感主要是针对统治集团,他们在持不同政见的贵族和官员的领导下或是某些"离经叛道"的宗教信仰的鼓舞下参与地方性反抗。然而,这些"阶级"斗争并没有对基本的社会变革产生任何刺激作用,它们的目标仅限于地方上的冤屈补偿或支持王朝篡位者。因此,无论是社会制度还是价值体系都在很长阶段没有受到显著的影响,社会结构的基本变化是由于外部压

---

[1] [新西兰] 安东尼·瑞德:《东南亚的贸易时代:1450—1680(第2卷):扩张与危机》,孙来臣等译,商务印书馆2013年版,第136页。

[2] [英] D. G. E. 霍尔:《东南亚史》,中山大学东南亚史研究所译,商务印书馆1982年版,第277—288页。

力造成的。只有到了19世纪中后期，以前的这个"封建"阶级才演变成了为世界市场从事生产的资本主义大地主与大种植园主。与世界体系其他边缘地区的民众所遭受的境遇如出一辙，农业伴随着殖民者经济权力的扩张延展到尚未被充分开发的土地。密集型农业对土地以及对劳动力的束缚周而复始地在奴隶身上上演。森林与农田减少了，原住民流离失所，而与此伴随的则是以追求利润为目的的商业精英的崛起。[1]

◇ 第二节　殖民—帝国扩张的三次浪潮

东南亚长期以来的自主演化并没有改变传统社会结构与阶级关系，只有"遭遇西方"才真正出现了"大转型"的历史动力。无论是比较历史传统还是现代经济学传统，研究者们都不约而同地关注殖民—帝国主义对第三世界国家发展的深远影响。[2] 当代历史社会学更是在"找回帝国"的浪潮中赋予"帝国主义"更丰富的内涵，其所发挥的作用机制不仅包括资本主义、地缘政治和暴力冲突，还包括在殖民地的抵抗与合作、殖民帝国的制度设计及延续以及殖民者之间的冲突与妥协过程中展现出来的文化表征和主观感受。[3] 本书充分吸收了这些观点，毕竟单一的经济维度必然无法理解世界政治体系扩张的全貌。但在精神内核上，笔者依旧秉持马克思主义的立场，从而将帝国主义和殖民扩张视作资本主义谋求全球优势的必然结果。

---

[1] John A. Larkin, *Sugar and the Origins of Modern Philippine Society*, Berkeley: University of California Press, 1993, p.60.

[2] Alberto Simpser, Dan Slater, and Jason Wittenberg, "Contemporary Legacies of Communism, Imperialism, and Authoritarianism", *Annual Review of Political Science*, Vol. 21, 2018, pp. 23, 1-23, 21.

[3] George Steinmetz, "The Sociology of Empires, Colonies, and Postcolonialism", *Annual Review of Sociology*, Vol. 40, 2014, pp. 70-103.

这种立场意味着笔者拒斥那些来自文化主义、后现代主义氛围中兴起的"后殖民研究"，该传统将关注点转向了文化、认知、意识形态以及心理结构。① 但批判的武器不能代替武器的批判，后殖民研究如同当代那些"去政治化"的"帝国"研究一样，仅仅将中心国家的扩张视作实力政治的表现，不仅断开了帝国主义政策与资本主义意识形态之间的内在联系，而且将帝国主义窄化为一种源自政府的政治与军事政策，同时否定种族主义在帝国主义经济与政治秩序中的核心地位。② 因此，本书将殖民主义和帝国主义均看作中心国家资本主义全球化的反映，它不仅仅代表一系列的政策、观念和行为模式，同时，它作为一种历史现象，体现的是1500年以后全球市场经济形成的过程中，世界范围内发达与欠发达国家之间不断发展变化的关系。③

依托世界政治学的分析框架，笔者接下来将展示中心国家内部政治思潮的转变是如何带动殖民模式的变迁进而使得国内秩序与世界秩序"同频共振"。从重商主义到自由主义再到帝国主义，三次扩张浪潮都是围绕"自由主义的兴盛"这一核心主题展开的，"它见证了18世纪晚期自由主义国家前所未有的崛起，这些国家从弱小和默默无闻摇身一变成为世界上最强大和最富有的国家，并把西方以及自由资本主义的政治和经济体系推向世界领先的地位"④。经历了中心国家三波扩张浪潮之后，边缘地区的生产方式与生活方式被彻底改变。

---

① Julian Go, "For a Postcolonial Sociology", *Theory and Society*, Vol. 42, No. 1, 2013, p. 29.

② 殷之光：《平等的肤色——20世纪帝国主义的种族主义基础》，《开放时代》2022年第2期。

③ 高岱、郑家馨：《殖民主义史：总论卷》，北京大学出版社2003年版，第155页。

④ John Ikenberry, "Liberal Internationalism 3.0: American and the Dilemmas of Liberal World Order", *Perspective of Politics*, Vol. 7, No. 1, 2009, p. 71.

一 重商主义时期

殖民主义的第一阶段肇始于新航路的开辟,"美洲的发现、绕过非洲的航行,给新兴的资产阶级开辟了新天地。东印度和中国的市场、美洲的殖民化、对殖民地的贸易、交换手段和一般商品的增加,使商业、航海业和工业空前高涨"[①]。15—18世纪,重商主义是欧洲主流思潮。在推行重商主义的国家看来,"占便宜的最好办法,就是把世界上尽可能多的贵金属储备吸引到自己一边,并防止本国的贵金属外流"[②]。以这种观念为基础的殖民扩张模式可以称之为"重商殖民主义"(Mercantilist Colonialism),以葡萄牙、西班牙等国为典型代表。此时的殖民扩张"可算是纯粹的国家扩张,即种族、语言和国家制度在领土上的扩张",主要体现为"一个国家向荒无人烟或人口稀少的化外之地移民,充分享有宗主国公民权利的移民,效仿母国制度建立隶属于宗主国的地方自治政权"[③]。在这一时期,资本大多投入商业领域,商人通过皇家特许在海外享有贸易和殖民特权。许多国家将其在殖民地的全部事务委托给一个专营公司,公司拥有盐、烟草和鸦片等商品的专卖权。他们与殖民地的当地政治精英签订不平等条约,强迫他们把香料、大米、木材通通以极低的价格卖给宗主国。

殖民者从未对他们的行径有任何道德包袱,中心国家甚至带着"使命感"去征服那些"野蛮"世界。针对此行为的辩护性学说,至少在洛克的经典研究中就得到了直接体现。作为自由主义的核心信条,私有财产神圣

[①]《马克思恩格斯选集》第1卷,人民出版社2012年版,第401页。
[②] [法]费尔南·布罗代尔:《十五至十八世纪的物质文明、经济与资本主义(第二卷):形形色色的交换》,顾良、施康强译,商务印书馆2017年版,第602页。
[③] [英]约翰·阿特金森·霍布森:《帝国主义》,卢刚译,商务印书馆2017年版,第6页。

不可侵犯首先在洛克那里得到了系统论述。但也正是在《政府论》中《论财产》一章中，自由主义思想家的两面性以一种十分隐晦的方式展现了出来。① 洛克认为，美洲土著民不去通过劳动以改造富足的土地，自然资源未能得到有效开发，因此当地人并不具备这些土地的所有权。这些没有经过"劳动"改造的土地只是"无主地"，需要那些有"劳动能力"的人占有后加以开发，否则无异于一种浪费。欧洲人在这些"无主地"上劳动之后，这些土地自然也就成了他们神圣不可侵犯的私有财产。接着，洛克还证明了资本主义所特有的、将土地和货币据为己有的行为的正当性。在思想史的脉络中，洛克为资产阶级的财产占有以及殖民扩张提供了道德基础，"整个财产权理论就成了对不平等财产的自然权利和无限个人据有的自然权利的正当化论证"②。

在这种学说指引下，殖民者通过所谓"劳动"过程重塑了殖民地的社会面貌。在资本主义全球化扩张的过程中，阶级分化开始出现，权力天平的一边是本国生产者和与之联系的劳动者、雇工以及农民等，另一边则是商业精英、矿主、地主以及种植园主出口商阶级。殖民者们以其不同的方式组织生产，或是试图把土著居民组织起来；或是把仆役或家庭成员组织起来；或是组织白人契约劳工；或是组织起黑人奴隶；并以之作为原料生产（不管是在矿山还是在田野）的基本劳动力。③ 但总体而言，重商主义的殖民模式以攫取财富为首要目的，以生产为导向的殖民者们并不怎么关心殖民地的长期发展。他们对经济参与采取诸多限制，并赋予少数精英以垄

---

① ［英］洛克：《政府论（下篇）》，叶启芳、瞿菊农译，商务印书馆2011年版，第15—32页。

② ［加拿大］C.B.麦克弗森：《占有性个人主义的政治理论：从霍布斯到洛克》，张传玺译，浙江大学出版社2018年版，第230页。

③ ［英］E.E.里奇、［英］C.H.威尔逊主编：《剑桥欧洲经济史（第四卷）：16世纪、17世纪不断扩张的欧洲经济》，李锦冬等译，经济科学出版社2003年版，第327页。

断特权，由此形成了强制劳动的制度体系以及不平等的族群划分制度。当原本分散的土地被用来不断走向集中时，地主阶级和种植园主阶级相继崛起了。

大地主，不是封建主而是"种植园主"（他们为出口而进行生产），代表了欠发达世界占优势地位的阶级形象。① 关于地主阶级的作用，无论是摩尔、瑞切迈耶等历史社会学家还是鲍什、阿西莫格鲁等政治经济学家，都不一而同地认为地主是民主道路上的巨大阻碍。② 在后面的章节中我们不难发现，地主阶级虽然并不必然反对民主，但当代权力精英们的起源几乎都可以追溯到传统世界的土地贵族。尤其是那些从事劳动依附型农业的地主阶级，构成了拓展民众实质自由道路上的巨大阻碍。在劳动依附型的生产模式下，劳动力被强制束缚在生产过程之中，劳动的自由无法受到法律保护。③ 这种模式极大抑制了国内需求，阻碍了劳动力的流动，从而无法为工业化提供充足的自由劳动力。即便在初级产品出口极为有利的经济形势下，获利颇丰的地主与种植园主依旧不愿意将发展成果惠及普通民众。普通民众受到残酷的剥削，他们长期处于贫困之中。概言之，通过奴隶制、半奴隶制、契约、劳动公司或法律强制执行等强迫性方式招募劳动力的地主精英为主导的社会，既无法推动经济增长，同样难以形成有效的国家建设，旧世界的权力精英会通过"破坏国家自治、阻碍公共产品的创造和阻挠经济变革来阻碍发展"。④

---

① [埃及] 萨米尔·阿明：《世界规模的积累：欠发达理论批判》，杨明柱译，社会科学文献出版社2017年版，第239页。

② 参见 Micheal Albertus, "Landowners and Democracy: The Social Origins of Democracy Reconsidered", *World Politics*, Vol. 69, No. 2, 2017, pp. 233 – 276.

③ Marcus J. Kurtz, "The Social Foundations of Institutional Order: Reconsidering War and the 'Resource Curse' in Third World State Building", *Politics & Society*, Vol. 37, No. 4, 2009, pp. 479 – 520.

④ James Mahoney, "Comparative-Historical Analysis and Development Studies: Methods, Findings, Future", *Sociology of Development*, Vol. 1, No. 1, 2015, p. 85.

大地主或大种植园主不仅具有巨额财富优势,同时受殖民者委托行使地方管理职能。尤其是在地方政治层面,殖民地的政治精英与经济精英往往浑然一体。总体而言,直到19世纪中期之前,西方世界对其殖民地的渗透都是十分有限的。即便重商主义殖民模式给人以绝对主义的印象,地方政治层面的权力景观其实是碎片化的:表面上王室对教会和政府的权力是绝对的,但实际上不同利益集团之间——总督与检审庭、总督与主教、在俗教士与修道会教士以及统治者与被统治者之间——都在运用手段图谋私利,因来源不一而受到不同对待的那些不受欢迎的法律没有得到遵守,而权力本身却被渗透、调解和分散。[1] 这一特征一直延续到殖民者离开之后,从而使得碎片化的社会结构成为当下第三世界的显著特征。

二 自由主义时期

18世纪以来,自由主义思潮在西方不断深化,自由主义的信徒们纷纷为资产阶级兴起著书立说。也是在这一时期,欧洲列强围绕海外贸易权的纷争产生了一些新的变化:一方面,纷争还延续着以旧贵族为核心的欧洲主权者们围绕海外领地密谋博弈的基本模式;另一方面,新兴的商业资本家们开始通过游说或走私等方式试图打破壁垒并角逐贸易主导权。[2] 以亚当·斯密和大卫·李嘉图(David Ricardo)为代表的古典主义经济学思想流行开来。他们推崇自由放任主义的经济政策,强调把生产力从国家干涉主义的束缚下解放出来。因此,重商主义的殖民政策必然受到抨击。在斯密看来,殖民地是战争之源,是为少数贵族阶层和富商牟利的工具,"殖民地不曾提供任何收入,来

---

[1] [英]莱斯利·贝瑟尔主编:《剑桥拉丁美洲史》第1卷,林无畏等译,经济管理出版社1995年版,第295页。

[2] 殷之光:《叙述世界:英国早期帝国史脉络中的世界秩序观》,《开放时代》2019年第5期。

维持母国的内政,亦不曾提供任何兵力,来维持母国的国防;其主要利益,据说就是这种专营的贸易",而这种独占行为,"给唯一阶级带来的唯一利益,在许多不同方面妨碍国家的一般利益"。① 与此类似,埃德蒙·柏克(Edmund Burke)、杰里米·边沁(Jeremy Bentham)等政治思想家也表达出对殖民政策的不满,认为强调"扩张殖民地虽然有利于少数统治者,但损害了全体民众的利益"②。于是在18世纪中叶到19世纪中叶的一百多年间,帝国扩张的欲望出人意料地被削弱了。殖民者开始更加强调市场规律与长期投资的重要性,他们放弃了纯粹的海外扩张、移民与资源攫取,反而致力于在殖民地建立连贯的行政、司法和警察体系,从而为市场的有序运行提供了基础。自由主义的殖民统治赋予了资产阶级以权力,进而推动了市场经济的发展,并开启了国家建设的步伐。有效的国家制度与投资导向的阶级精英相互结合形成了一种良性循环,从而有力地推动了经济朝着更高水平发展。

学界通常对以英国为代表的自由主义殖民模式推崇备至,认为中心国家通过这一过程将有效产权制度扩展到了世界各地。但戴维·菲尔德豪斯(David Kenneth Fieldhouse)提醒人们,研究殖民主义的恰当出发点,在于研究者关注那些强加于特定区域的政治制度的性质与意义,而这些制度是为了满足占领国在帝国主义国际冲突中的需求而肆意建立起来的。③ 事实上,与其将自由主义时代的政策解读为"贸易而非统治",毋宁说"如果可能,是非正式控制下的贸易;如果必要,则是统治下的贸易"④。从1776年

---

① [英]亚当·斯密:《国民财富的性质和原因的研究》,郭大力、王亚南译,商务印书馆2016年版,第190—191页。

② Bernard Semmel, *The Liberal Ideal and the Demons of Empire: Theories of Imperialism from Adam Smith to Lenin*, Baltimore: Johns Hopkins University Press, 1993, p. 26.

③ D. K. Fieldhouse, *Colonialism, 1870 - 1945: An Introduction*, London: Weidenfeld and Nicolson, 1981, p. 16.

④ John Gallagher and Ronald Robinson, "The Imperialism of Free Trade", *Economic History Review*, Vol. 6, No. 1, 1953, pp. 1 - 15.

在列克星敦的屠杀,到1919年酿造的阿姆利则惨案,再到20世纪50年代在非洲对茅茅运动的镇压,莫不如是。即便在英国的某些殖民地出现了代议制政府,但自由选举的权利也仅仅局限于白人群体内部,殖民当局也并没有任何意愿将这些权利扩展至土著居民。[1] 马克思一针见血地指出,资产阶级"既不会使人民群众得到解放,也不会根本改善他们的社会状况……难道它不使个人和整个民族遭受流血与污秽、蒙受苦难与屈辱就实现过什么进步吗?"[2]

虽然英国乃至西班牙都萌发了殖民帝国的自由主义转向,但他们对东南亚的具体影响依旧有限。其中一个很重要的原因在于,东南亚在19世纪之前尚未真正被纳入世界体系。虽然自由主义减少了殖民扩张的意愿,但世界政治体系的进一步形成并没有受到阻碍。随着新一轮的经济扩张过程,欧洲世界经济体突破了它在"延长的16世纪"所创造的边界,开始把广大的新地区融入它的有效的劳动分工体系。[3] 工业革命在硬件和软件方面的各种创新,为中心国家创造了巨大的相对优势。因无法抵御来自中心国家的巨大优势,亚洲、非洲和南美洲均出现了去工业化的现象。这一切引发了一场巨大的世界经济结构的重构,在这一重构过程中,世界大部分地区都发现自己相对有利的因素全部转向了土地密集型产品,主要是食物和纤维作物的种植。[4] 我们虽然认为商业精英与土地贵族有着根本区别,但商业精英的启动资金不可能凭空产生。因此,新兴阶级往往是传统阶级"转型"之后的产物。随着权力精英"赚钱方式"的改变,以土地为核心的权力精

---

[1] Jack Paine, "Democratic Contradictions in European Settler Colonies", *World Politics*, Vol. 71, No. 3, 2019, pp. 542–585.

[2] 《马克思恩格斯选集》第1卷,人民出版社2012年版,第861页。

[3] [美] 伊曼纽尔·沃勒斯坦:《现代世界体系(第三卷):资本主义世界经济大扩张的第二时期:1730~1840年代》,郭方等译,社会科学文献出版社2013年版,第159页。

[4] [美] 约翰·R. 麦克尼尔、[美] 威廉·H. 麦克尼尔:《麦克尼尔全球史:从史前到21世纪的人类网络》,王晋新译,北京大学出版社2017年版,第325页。

英虽然可能在数量和影响力上衰落了,但他们所构建的统治秩序却进一步加强。

自由主义时代的另一显著标志,是中心国家陆续废除奴隶制和奴隶贸易。① 但无论原因如何,我们都无法在所谓的"慈善运动论"或"人道主义论"中找到答案。西方国家只是认为奴隶贸易已经阻碍了经济繁荣,因此他们需要寻找一种更有利可图的贸易形式取而代之。况且,从奴隶制到自由劳动力的转换并没有改变资本主义体系中固有的剥削关系:"在奴隶劳动下,所有权关系掩盖了奴隶为自己的劳动,而在雇佣劳动下,货币关系掩盖了雇佣工人的无代价劳动。"② 因此,殖民地的民众只不过是在另一种制度体系中遭受压迫罢了。在整个19世纪,各种会议和公约都曾一再谴责奴隶制和奴隶贸易,他们却只字不提更为普遍的强迫劳动制度。

三 帝国主义时期

虽然笔者在上文描绘了资本主义全球化所伴随的扩张进程,但在19世纪以前,东南亚或者说整个亚洲依旧相对独立地存在于自由主义世界秩序之外。它既没有像拉美或东欧那样成为世界经济体系的一部分,也没有像非洲或者中东那样成为全球市场的边缘地区——更确切地说,直到19世纪,亚洲经济和亚洲内部贸易的规模一直比欧洲贸易及其对亚洲侵入大得多,葡萄牙、荷兰等多国带来的断裂性远比不上亚洲历史自身的延续性。因此,"远东的葡萄牙帝国"云云与其说是事实,毋宁说是欧洲中心主义者的想象。

---

① 李安山:《资本主义与奴隶制度——50年西方史学论争评述》,《世界历史》1996年第3期。

② 《马克思恩格斯选集》第2卷,人民出版社2012年版,第246页。

亚洲的国际贸易的总体格局基本维持着原样……当时葡萄牙人的殖民统治并没有为东南亚的商业带来一种新的经济因素……从数量上看,中国人、日本人、暹罗人、爪哇人、印度人……以及阿拉伯人经营的贸易超出葡萄牙人的许多倍……各地的贸易继续安然进行……这条亚洲内部的重要贸易线路依然发挥着重要作用……凡是声称18世纪时(更不用说更早的时候!)有一个"欧洲人的亚洲"的说法,都是无稽之谈。①

或言之,西方在19世纪中叶之前还不曾企图将其所建立霸权正式转化为有系统的征伐、兼并和统治。但在1880—1914年,有计划的侵略野心开始浮现。欧洲和美洲以外的绝大部分都被瓜分成那一小撮国家的正式或非正式管辖区,地球上大约四分之一的陆地是被六七个国家瓜分或再分配的殖民地。霍布斯鲍姆(Eric Hobsbawm)将其称为"帝国的时代"——确切地说,是一种新型的帝国时代,即殖民帝国的时代。②

不同于那些去政治化的帝国研究,列宁为帝国主义的形成提供了最为深刻的论述。③ 在他看来,帝国主义是资本主义经济进入垄断阶段的必然结果,它通过以工业中心垄断集团对非工业化外围地区的系统性剥削为核心特征。因此,帝国主义是以不平等的结构性关系作为其存在基础的,而并不仅仅是某种特定的政策措施。为了争夺势力范围,中心国家之间展开了尖锐的斗争。它们极力将越来越多的边缘国家纳入自己的帝国版图,并将殖民地的主权剥夺殆尽。

---

① 转引自[德]贡德·弗兰克《白银资本》,刘北成译,四川人民出版社2017年版,第182页。
② [英]艾瑞克·霍布斯鲍姆:《帝国的年代:1875—1914》,贾士蘅译,江苏人民出版社1999年版,第59页。
③ 参见《列宁全集》第27卷,人民出版社1990年版,第323—439页。

当然，列宁的论述并不与一些历史细节完全契合，垄断组织大联合并不是在每个地方都同时以相同的方式产生的，它们的增加也没有产生同样的结果。① 这表明，似色彩斑斓的拼图一般的中心国家与内部极具差异化的边缘国家一道，构成了比理论图景更加复杂的真实世界。在世界政治理论的分析框架中，将中心国家的垄断资本主义与瓜分世界狂潮联系起来的，是自由主义秩序在19世纪中期以来的"帝国转向"。② 不同于斯密、柏克、边沁等人的抵制态度，詹姆斯·密尔（James Mill）、约翰·斯图亚特·密尔（John Stuart Mill）以及托克维尔、韦伯等我们熟知的政治思想家反而成了帝国主义的坚定支持者。怀着鲜明的种族优越感，他们认为边缘地区的人们尚处于"野蛮"或者是"半文明"的阶段，并不适合正如"代议制政体"等最佳政府模式。相反，这些地区理应受到"文明国家"的专制统治，从而推动他们逐渐走向"文明"。这种社会达尔文主义的学说在19世纪的欧洲十分流行，甚至像雨果（Victor Hugo）这样的文坛巨匠也毫不掩饰对瓜分世界的狂热。

> 人们的命运取决于南方……向欧洲指出它除了自己之外还拥有非洲……在19世纪，白人使黑奴成为人；在20世纪，欧洲将使非洲成为一个世界。重造新的非洲，促使旧非洲顺利地走向文明，这是问题之所在，欧洲将解决这个问题。③

"帝国的年代"之所以重要，不仅仅是它在地域或经济层面将"世界"

---

① ［美］埃里克·沃尔夫：《欧洲与没有历史的人民》，赵丙祥等译，上海人民出版社2006年版，第364页。

② 参见［美］珍妮弗·皮茨《转向帝国：英法帝国自由主义的兴起》，金毅、许鸿雁译，江苏人民出版社2012年版。

③ 转引自［瑞士］吉尔贝·李斯特《发展史：从西方的起源到全球的信仰》，陆象淦译，社会科学文献出版社2017年版，第73页。

统合成一个整体，还在于帝国主义创造了包括政治、经济、军事、人口以及意识形态在内的不平等中心—边缘结构，其程度在历史上是前所未有的。① 因此，殖民地的人们受到了史无前例的压迫。当帝国的权力精英通过初级产品出口产业聚集了大量的财富后，统治者便利用这些财富和随之而来的权力来加强对当地人民的压迫，以此巩固他们自身的地位。帝国主义加强了第三世界中的固有秩序，利润被用于扩张种植园。而对于当地人民而言，这仅仅意味着他们成了庞大雇佣劳动力中的一分子，离开家园而不得不为极其微薄的收入卖命工作。理论上讲，基于农民的出口农业可能会对当地农民更为有利；但实际上，因为人们固守他们的生计型农业技术，农业经济的扩张受到严重的限制。最终结果是，很少有充裕的财富流向村庄来让他们脱离贫穷。从重商主义时期到自由主义时期再到帝国主义阶段，宗主国都会在殖民地建立起形式各异的社会分层制度，以在政治、经济、社会等诸多方面形成鲜明划分，以至"在殖民地，经济基础同样是上层建筑，原因即是结果：你富有因为你是白种人，你是白种人因为你富有"②。

总体来看，殖民—帝国扩张将边缘地区纳入世界资本主义体系，"资本主义生产关系取代了所有的前资本主义生产关系，从而导致世界范围内人与人之间产生一种新的联系方式"③。当然，这个由中心国家所辐射形成的体系不仅仅是经济的，"中心地带的国家应该是那些全方位的获取和利用现代权力格局（工业化、理性国家建设和'进步的意识形态'）的国家，而不仅仅是获取了其中的某个方面"④。就目前的状况来看，中心与边缘的结构

---

① [英]巴里·布赞、[英]乔治·劳森：《全球转型：历史、现代性与国际关系的形成》，崔顺姬译，上海人民出版社2020年版，第156—179页。
② Frantz Fanon, *The Wretched of the Earth*, New York: Grove Press, 1963, p.40.
③ [美]威廉·I. 罗宾逊：《全球资本主义论——跨国世界中的生产、阶级与国家》，高明秀译，社会科学文献出版社2009年版，第3—4页。
④ [英]巴里·布赞、[英]乔治·劳森：《全球转型：历史、现代性与国际关系的形成》，崔顺姬译，上海人民出版社2020年版，第7页。

性不平等并没有得到根本改善。甚至在有些学者看来，它在许多方面更加集中和等级化了。[1] 在权力分配和身份秩序都稳定的情况下，劣势阶层会接受特权群体所创造出来的种种"理论神话"，这导致了"阶级社会最令人费解之处"：尽管它建立在相对少的一部分人对大多数直接生产者的剥削和压迫之上，大多数人却能够在"正常"情况下大体忍受这种状况，并做出周期性的回应。[2] 然而，这并不意味着底层民众必然臣服于命运。当他们开始思考既有的权力结构本身时，特权团体所建构的各类观念就会受到猛烈抨击。[3] 由殖民主义和资本主义编织起来的囊括政治、经济与意识形态多方权力的帝国主义体系，将在对抗性意识形态的兴起中受到致命冲击。

第三节　剧变时代的对抗性意识形态

世界政治体系所经历的第二次裂变，其先声同样可以追溯到19世纪，并在20世纪中叶轰轰烈烈的民族解放运动中达到高潮。剧变时代的核心特征，突出体现为自由主义世界秩序出现了强劲的竞争对手。以民族主义和共产主义为代表的对抗性意识形态兴起了，世界政治体系的发展道路中出现了新的可替代性方案。在这些政治思潮的激励下，殖民地纷纷开启了"非殖民化"运动，"第三世界"这个范畴开始浮现。这些意识形态改变了全球范围内社会秩序的合法性原则，重塑了公民身份认同以及国际关系的基本模式，同时决定性地影响了建国方案的选择。

---

[1] John Smith, *Imperialism in the Twenty-First Century*, New York: Monthly Review Press, 2016.

[2] ［比利时］欧内斯特·曼德尔：《革命的马克思主义在20世纪的社会现实》，颜岩译，中国人民大学出版社2016年版，第160页。

[3] ［德］马克斯·韦伯：《支配社会学》，康乐、简惠美译，广西师范大学出版社2004年版，第408页。

意识形态具有两种突出特征：一方面，它是"行动导向"的，它不仅描述现状，同样提供了一个美好的未来，并提供了达成目标所需要实行的具体步骤；另一方面，它又是"群众导向"的，通过对群众的意识形态宣传以实现动员，这决定了它的影响需要依附于特定的事件或行动者。[1] 世界政治体系中弥漫的主流意识形态只有在与权力精英、民众以及社会结构互动之后，才能真正地发挥其能量。因此安东尼奥·葛兰西（Antonio Gramsci）认为，"政治思潮体系不是一种冷冰冰的思想，也不是一种空论，而是一种对于分散的人们起作用的、使他们产生并组织集体意志的具体的幻想的产物"[2]。20 世纪激烈的意识形态论争主导着世界政治的走向，它们为关键行为人的具体选择提供了动力与依据。但值得注意的是，殖民地反抗并不必然导致帝国体系的崩溃，另一个甚至更为重要的因素是"统治者不能照旧统治下去"。故而，分析对抗性意识形态的时代背景与分析这些观念性因素本身同样重要。我们不妨将两次世界大战以及夹在其中的经济危机等重大事件称为"许可性条件"，正是这些因素对宗主国的持续冲击导致他们难以继续统治；而将对抗性意识形态称为"生成性条件"，由此催生的政治社会运动最终锻造了新的国家。在第四章我们不难看到，当世界局势尚未形成对帝国主义的致命一击时，对抗性意识形态及其构成的社会动员在统治者面前是十分脆弱的。

一 战争 萧条 革命

维也纳会议之后，西方世界已经沐浴了近百年的和平，中心国家在一片繁荣中迎来了 20 世纪的曙光。相较于之前每个世纪就动辄有六七十年在

---

[1] [美] 利昂·P. 巴拉达特：《意识形态：起源和影响》，张慧芝、张露璐译，世界图书出版公司 2010 年版，第 9 页。

[2] [意] 安东尼奥·葛兰西：《狱中札记》，葆煦译，人民出版社 1983 年版，第 100 页。

战争中消耗，此时大国之间的战争已减少了很多。随着 1873—1896 年经济危机的结束，各国政府纷纷加入新的全球化浪潮。国际贸易增加，贸易冲突逐渐消失，国际贷款和投资得到重振，劳动力和资本在全球流动，资本主义也进入了帝国主义阶段。然而，世界诸帝国的幻想，却因第一次世界大战而彻底破灭了。战争的结果是重建了欧洲的秩序，奥匈帝国的哈布斯堡王朝与俄罗斯帝国的罗曼诺夫王朝垮台了，庞大的奥斯曼帝国缩小到了伊斯坦布尔、安纳托利亚内陆和邻近欧洲的一小片土地，德意志帝国也失去了不少疆域、人口和殖民地。第一次世界大战还摧毁了运行 40 多年的金本位制度，国际货币体系陷入分裂。当金本位崩溃时，19 世纪文明赖以建立的其他制度基础——大国均势、自律性市场以及自由主义国家制度也在各种徒劳无功的挽救过程中牺牲了。①

第一次世界大战之后，"人们从前十年满怀虚幻的希望陡然跌落到后十年满怀悲凉的失望中，从无视现实的乌托邦理想状态陷入了断然剔除任何理想成分的现实中去"，这就是爱德华·卡尔（E. H. Carr）所谓的"20 年危机"。② 对于大多数工业国家而言，20 世纪 20 年代见证了新的批量生产和大批新的消费品的出现。1925—1929 年，世界工业生产增加了五分之一以上，出口增长比第一次世界大战前的水平翻了一番。20 世纪 20 年代末的繁荣是如此明显，它的影响又是如此广泛和深刻：所有民主国家都在广泛的妇女解放运动中实施了妇女选举权，现代主义和超现实主义文化运动使艺术发生了革命性变化，爵士乐回响在国际音乐的舞台。美国的公司与银行更是携带着资本与技术涌向世界，华尔街接替伦敦成为国际金融中心。③

---

① ［英］卡尔·波兰尼：《巨变：当代政治与经济的起源》，黄树民译，社会科学文献出版社 2013 年版，第 51 页。

② ［英］爱德华·卡尔：《20 年危机（1919—1939）：国际关系研究导论》，秦亚青译，世界知识出版社 2005 年版，第 204 页。

③ ［美］杰弗里·弗里登：《20 世纪全球资本主义的兴衰》，杨宇光等译，上海人民出版社 2017 年版，第 126 页。

当繁荣逐渐抚平战争创伤时，一场撼动资本主义世界秩序的危机不期而至。1929—1934年的经济危机无论是深度还是广度都是史无前例的，其严重后果是几乎所有的工业国的产量都下降了五分之一，失业人数占劳动力的四分之一以上，金融和货币危机在几周的时间里在全世界蔓延，所有国家捆绑在一起同病相怜，没有一个大国能够避免。① 大萧条重创了世界经济，国际贸易体系和国际货币体系先后坍塌，国际协调的失败使得危机进一步加剧。在19世纪末到20世纪初，经济繁荣推动了合作与和平，从而使得人们普遍推崇全球化战略以及最低限度的政府干预。大萧条之后，美国从市场万能的神话走向政府部分干预，加大了国民福利支出；英国、法国等国则加强了资本垄断，并向国家资本主义发展；而德国、日本和意大利等国则把解决过剩产能的希望转向国外市场，加大国内工业结构转向军事化的力度。概而言之，1870年之后的全球化趋势和1914年以后的战争，使人们产生了各种不满和恐惧，这些不满和恐惧助长了民族主义以及对自给自足经济的寻求，从而破坏了全球经济与和平所必需的合作与克制。② 而持续的困境使得许多国内集团走向极端，由此导致了经济民族主义、军国主义与纳粹主义的抬头。最终，在第一次世界大战刚刚平息不到三十年，迄今为止人类历史上规模最大、损失最惨重的第二次世界大战爆发了。第二次世界大战彻底打破了早在俾斯麦时代之前、1815年拿破仑时代结束时即已出现的欧洲列强争霸的体系，世界范围内也迎来第二波去殖民化浪潮。在18世纪和19世纪不平等基础上建立起来的帝国的时代已经一去不复返了，弱小的民族和国家对强国的依附形式正在向其他的类型转变。

---

① ［美］杰弗里·弗里登：《20世纪全球资本主义的兴衰》，杨宇光等译，上海人民出版社2017年版，第158页。

② ［美］约翰·R.麦克尼尔、［美］威廉·H.麦克尼尔：《麦克尼尔全球史：从史前到21世纪的人类网络》，王晋新译，北京大学出版社2017年版，第406页。

在和平与战争、繁荣与萧条的持续震荡中，19世纪建立起来的中心—边缘结构第一次系统性地被削弱了，来自社会底层的革命性力量也应运而生。回顾历史发展进程，劳工抗争与两次世界大战彼此纠缠，整个世界劳工抗争的两个最高峰也正是在两次世界大战之后的那几年。在中心国家，帝国主义在全球范围的激烈竞争促进了资本积累世界进程中的一系列深刻变化，并孕育出了现代劳工运动。从19世纪晚期到第一次世界大战期间，外国与本土的资本主义精英相互之间在争夺土地、劳动力和其他资源上展开竞争。其结果是农民的生存危机进一步加剧，并极大撼动了政治稳定的合法性基础。[①]此时，劳工抗争的主要原因来自对"无产阶级化"的抵抗，西尔弗（Beverly Silver）将其称为"波兰尼式"的抗争；但随着工人阶级的逐渐形成，"马克思式"的劳工运动浮出水面。[②]到了第二次世界大战前夕，战争导致的城市化过程以及商品出口的急剧增加，不仅壮大了工人阶级的力量，同时加强了他们自身在帝国主义供应体系中的议价能力。一股更持久更激烈的劳工运动浪潮，席卷了整个殖民地与半殖民地世界。在1914年以前，工人们对政治和经济权利的要求仍然受到限制，但随着1919年对工人阶级权力的传统障碍的瓦解，情形变得愈加复杂。在接下来的几年间，人们一直在寻找有效的政治经济模式以稳定政治权力的平衡，提供有效的经济管理手段，同时消除或粉碎有组织的工人诉求。随着工人运动与大众阶级的普遍到来，自由民主、社会民主和法西斯主义等政体在这些探索中

---

① 参见 Eric Wolf, *Peasant Wars of the Twentieth Century*, New York: Harper and Row, 1969; John Walton, *Reluctant Rebel: Comparative Studies of Revolution and Underdevelopment*, New York: Columbia University Press, 1984.

② "波兰尼式"抗争是那些作为社会主体的工人反对劳动力商品化而产生的，而"马克思式"抗争则源于工人阶级反对生产过程中的资本剥削，参见［美］贝弗里·J.西尔弗《劳工的力量：1870年以来的工人运动和全球化》，张璐译，社会科学文献出版社2012年版。

孕育而生。①

内外冲击使西方殖民者无力继续维系庞大的帝国,白人统治的弱点在面对重大军事挑战时暴露无遗。如果我们说19世纪是东南亚历史分水岭,那么第二次世界大战的结束则意味着巨大分水岭的结束。在两次世界大战期间,宗主国依旧对未来的长久统治抱有希望,即便是东南亚最坚定、最具献身精神的民族主义者,对殖民政权垮台的预计尚不够清晰。然而在第二次世界大战结束之后,推翻殖民统治,建立新的国家已经成为东南亚政治精英们的共识。正如本尼迪克特·安德森有以下描述。

> 在这一地区所有那些形形色色的帝国主义在1942年初到1945年间冷不防的耻辱性崩溃、1943年起越来越孤注一掷的日本对"土著民"的武装和军事训练、有时受到远道而来的盟军援助的抗日游击队的兴起,还有缅甸和菲律宾展开的日军和盟军之间的创剧痛深的激战:所有这一切意味着,当日本于1945年8月投降之后,欧洲人不可能昂然卷土重来。在亚非殖民化区域的别的任何地方,这样的事情从来没有发生过。它意味着,继大约140年前的西属美洲之后,东南亚成为唯一的这样一块殖民化区域:这里争取独立以及更多东西的武装斗争已经成为家常便饭。②

站在历史的当口,20世纪前二三十年不仅是政治革命蓬勃发展的阶段,同样是大多数东南亚人为生存进行悲惨斗争最低谷的时期,"东南亚从一个

---

① 参见 Gregory M. Luebbert, *Liberalism, Fascism, or Social Democracy: Social Classes and the Political Origins of Regimes in Interwar Europe*, New York: Oxford University Press, 1991.

② [美]本尼迪克特·安德森:《比较的幽灵:民族主义、东南亚与世界》,甘会斌译,译林出版社2012年版,第8页。

为欧洲和美国市场生产热带产品,并从中国和印度输入大量劳动力的前沿地带,转变成了一个集千禧年福祉和民族主义希望于一体的贫困但具有破坏力的动乱之地"①。西方殖民势力在东南亚的扩张达到顶峰时,一种全新形式的抵抗力量正在潜滋暗长。

二 对抗性意识形态的兴起

塞缪尔·亨廷顿(Samuel P. Huntington)认为,革命的实质是政治意识的迅速扩张和新集团被迅速动员起来投入政治。②凭借世界政治体系意识形态渠道所激发的强大动力,边缘国家在20世纪中叶开启了针对中心国家声势浩大的"反向运动"。在被殖民统治的几百年间第三世界不乏各种抵抗与起义,然而"仇恨与暴力不管多么广泛,却不能构成革命",传统的农民起义者只是奋起打击当前的压迫者,但他们丝毫不懂得这种剥削制度的根源,也未能预见一个真正可供选择的社会。③建构共同的奋斗目标与社会发展方向,有赖于意识形态的动员作用。也正是此时,对抗性意识形态兴起了。

表面上看,20世纪的主流似乎是渐进性变革,因为整个世纪在物质方面有巨大的增长。世纪之初出现的一些权力结构蔓延到了全球各地——资本主义、民族国家和(不够充分的民主政体)——但它们当时的发展似乎并没有表现为一种渐进过程。20世纪前半叶以布尔什维

---

① [澳]安东尼·瑞德:《东南亚史:危险而关键的十字路口》,宋婉贞、张振江译,上海人民出版社2021年版,第412页。
② [美]塞缪尔·P. 亨廷顿:《变化社会中的政治秩序》,王冠华、刘为等译,上海人民出版社2008年版,第221页。
③ [美]L. S. 斯塔夫里阿诺斯:《全球分裂:第三世界的历史进程》,王红生等译,北京大学出版社2017年版,第419页。

克和中国共产党发动的两大革命为主导。两次革命激起了全球范围的更加深入的革命的反革命运动——包括法西斯主义和美国的焦土式镇压政策。这个时期，各种对立的意识形态席卷全球。①

回顾过往几百年的历史，东南亚人民在面对殖民者的暴虐统治时从来没有放弃过斗争。但不同于之前各式各样规模不等的抵抗运动，20世纪之后对抗性意识形态赋予东南亚的社会运动以完全不同的意涵。这类站在殖民主义对立面的意识形态首先体现为民族主义，"从传统抵抗到现代反殖民挑战的转变通常被认为是民族主义的发展"②。民族主义对东南亚而言其实并不算得上是全新的事物，"正是殖民地经验塑造了民族主义"③。但又不同于典型的民族主义运动，这些运动虽以民族主义为名，但它们大部分被描述为以包容了异族人口的领土为基础，而不是拥有共同文化特征的团体为基础的一种特殊的民族主义。④ 在这种情况下，反对作为"异族"的殖民者成为他们共同的追求。

20世纪初，世界政治中的一些重大事件推动了东南亚民族主义的发展：一是日俄战争中日本的胜利，它意味着亚洲人完全不输于任何欧洲列强——这种情绪在东南亚以及南亚的许多杰出民族主义领袖的自传中均有表达；二是辛亥革命推翻的清王朝的统治并建立起中华民国，它彰显了民主革命的可能，尤其是孙中山以及国民党对东南亚的民族主义产生了深远的影响；

---

① ［英］迈克尔·曼：《社会权力的来源（第三卷）：全球诸帝国与革命（1890—1945）》，郭台辉等译，上海人民出版社2015年版，第228页。

② ［澳］米尔顿·奥斯本：《东南亚史》，郭继光译，商务印书馆2012年版，第112页。

③ ［美］本尼迪克特·安德森：《比较的幽灵：民族主义、东南亚与世界》，甘会斌译，译林出版社2012年版，第411页。

④ ［新西兰］尼古拉斯·塔林主编：《剑桥东南亚史》第2卷，王士录等译，云南人民出版社2003年版，第205页。

三是印度反英民族主义的兴起，尤其是甘地主张的非暴力不合作运动，许多东南亚民族主义者都直接或间接地与甘地、尼赫鲁有过来往。① 在此影响下，民族主义社团逐渐褪去宗教色彩，新的、更彻底的民族主义者们开始呼吁建立自治政府等主张，这些组织包括但不限于新加坡马来人联合会和马来西亚青年联合会、印度尼西亚民族党、泰国人民党、缅甸人民团体总会等。相较于早期自发的民族主义运动，20世纪的民族主义在实施社会动员时提出了一些新颖的口号，包括大众参与、经济公平、保障普通公民的各项基本权利等。在第一次世界大战之前所爆发的民族主义运动中，组织者很少或者几乎不考虑去动员人民群众投身反殖民运动。但在两次世界大战的这段时间里，民族主义者愈发关注底层动员的能力。民族主义领导者们开始纷纷致力于扩大抵抗外国殖民势力的群众基础，其重要方式是"建立工农大众组织并加强领导阶级和人民大众之间的各种联系"②。

对阶级因素以及大众动员的关注引领我们着眼于另一种更为激进的政治思潮——共产主义，或者说是那些具有社会主义性质的政治经济思潮在20世纪初已经实现了全球范围的传播。霍布斯鲍姆在《帝国的年代》中写道，马克思的思想影响了世界三分之一人类的生活，它们所呈现的模式和意识形态，接着启发了落后、附属或殖民地区的革命运动。③ 加之俄国十月革命的胜利所产生的非凡影响，社会主义实践的具体表现以及它的榜样和宣传所产生的力量，使统治阶级感到畏惧而在大部分工人阶级中间则传播了希望。因此即便是社会主义的"死敌"，米瑟斯（Ludwig von Mises）也承认这一思潮的巨大影响。

---

① D. R. SarDesai, *Southeast Asia: Past & Present*, Fourth Edition, Boulder: Westview Press, 1997, p. 148.

② Geoffrey Barraclough, *An Introduction to Contemporary History*, Harmondsworth: Penguin, 1967, p. 178.

③ [英]艾瑞克·霍布斯鲍姆：《帝国的年代：1875—1914》，贾士蘅译，江苏人民出版社1999年版，第435页。

社会主义是我们这个时代很走红的口号。社会主义思想主导着时代精神。公众赞同它；它表达着世界全体人民的思想和情感；它是我们这个时代的象征。当后人把我们的故事载入史册时，这一章的标题将是"社会主义时代"。①

在东南亚地区，对抗性意识形态的此消彼长与宏观结构性因素密切相关。马克思主义的传统将革命与反抗视作世界资本主义体系扩张的结果，当第三世界被纳入全球劳动分工，不平等的交换关系对本土阶级产生了极大的消极影响，而特定阶级的属性决定了抗争运动的类型与结果。② 杰夫·佩杰（Jeffery Paige）认为，当权力精英的主要经济来源是土地而耕作者是拿工资的佃农时，社会主义性质的革命最有可能发生；而底层民众如果主要是从事季节性工作的半无产阶级，他们则会因拥有少量财产而比佃农更保守得多，从而使抗争以民族主义革命为主。③ 而作为国家中心主义者的古德温（Jeff Goodwin）则认为，第二次世界大战期间"日本统治者所秉持的殖民主义性质，以及每个国家所历经的西方殖民统治类型，这两个因素在整个过程中起着决定性的作用"：在日本允许殖民地政权或与本土精英合作继而排斥和镇压民族主义的地方，如越南、马来亚和菲律宾，共产主义运动就可以获得更大的合法性以及更多的民众支持；然而，在日本统治者支持民族主义的地方，如在印度尼西亚，共产主义组织在战争期间抑或是战后从事武装斗争则变得十分困难。④

---

① ［奥］路德维希·冯·米塞斯：《社会主义：经济学与社会学的分析》，王建民等译，商务印书馆2018年版，第27页。

② Eric R. Wolf, *Peasant Wars of the Twentieth Century*, New York: Harper, 1969.

③ Jeffery M. Paige, *Agrarian Revolution: Social Movements and Export Agriculture in the Underdeveloped World*, New York: Free Press, 1975.

④ Jeff Goodwin, *No Other Way Out: States and Revolutionary Movements, 1945–1991*, New York: Cambridge University Press, 2001, p. 102.

虽然诸意识形态在类型学层面具有巨大差异，但从实践效果来看，东南亚的共产主义与民族主义似乎并没有那么泾渭分明。① 反殖民主义是这些国家各个阶层的共同主题，因此民族主义与共产主义能够很容易地联合起来。去殖民化的动力来自殖民地中下阶层的广泛联盟，这种联盟使得共产主义与民族主义等不同的意识形态寻找到了统一的敌人。甚至在许多建国方略的构想上，二者也不谋而合。例如，民族主义者认为，只有通过政府投资和规划才能在东南亚国家实现现代化，这与许多共产主义组织所倡导的经济干预政策不谋而合。而第三世界的许多左翼政党也认为，由于国内地主与国内资产阶级都附庸于殖民当局，因此民族解放运动可以将民族主义与社会主义、政治革命与社会革命统合起来，从而实现"毕其功于一役"的效果。

在剧变年代，普通民众第一次大规模地参与政治活动。然而，各国人民的艰苦斗争并不一定会使他们享受胜利的成果，胜利果实往往被少数精英窃取。新的国家诞生了，但它依旧处在旧的社会之中。这种延续性显然不能简单解释为第三世界长久以来且根深蒂固的社会文化特征，如"东方专制主义"等似是而非、大而化之的概念无益于研究者抓住问题的本质。相反，它们寓意于特定国家历史的复杂变动节奏，寓意于社会结构和精英统治与这个剧变时代中瞬息万变的政治剧目的交相辉映。

◇ 第四节　自由主义的卷土重来

世界政治体系的第三次变革以自由主义的复兴为嚆矢，它让我们见证了新一波兼具创造性与破坏性的变革浪潮席卷全球。回望20世纪初，全球

---

① Harry Benda, "Communism in Southeast Asia", in Harry Benda, ed., *Continuity and Change in Southeast Asia*, New Haven: Yale University Southeast Asia Studies, 1972, p. 261.

范围至少存在三种可替代的意识形态声称可以解释过去并指导未来的国家发展，它们分别是自由主义、法西斯主义和共产主义。法西斯主义随着轴心国的覆灭而退出历史舞台，世界政治的舞台成了其余两种意识形态的角力场。以资本主义/自由主义和社会主义/共产主义作为鲜明的划分标准，第二次世界大战之后世界政治体系在这两个对抗性意识形态的牵引碰撞中前行了近半个世纪。及至苏联解体、东欧剧变，共产主义意识形态受到了极大挫折，自由主义便无可争议地成了指引人类发展的唯一明灯——至少在许多国家的权力精英眼里确实如此。

一 左翼思潮的衰落

自由主义的复归意味着它的对立面——左派意识形态的衰落。在第二次世界大战结束之后的二十年光景中，以共产主义为代表的左翼思潮在世界范围内收获了极多的信徒。即便是在美国和西欧等发达国家，也爆发了轰轰烈烈的工人运动与黑人民权运动。社会主义中国所取得的非凡成就更是受到了学者的关注，他们发现新中国正在走一条完全不同的发展道路，尤其是有效的组织结构以及群众导向的阶级结构，对第三世界国家摆脱发展困境有着至关重要的借鉴意义。[①] 由于各国共产党在抗日战争中的积极表现，共产主义思潮在20世纪四五十年代也蓬勃发展起来。东南亚高涨的共产主义浪潮得到了1947年10月建立的共产党情报局的赞助，印度共产党第二次代表大会则预示着暂时性革命高潮的来临。在这场于1948年2月召开的盛会中，来自缅甸、马来西亚、印度尼西亚、印度支那和菲律宾等国的共产主义政党悉数出席。然而，此等滔滔之势却在新国家建立前后几年间陆续偃旗息鼓：马共在"紧急状态"中被视为"非法组织"遭到取缔，菲

---

① Thomas E. Weisskopf, "The Relevance of the Chinese Experience for Third World Economic Development", *Theory & Society*, Vol. 9, No. 2, 1980, pp. 283-318.

共领导的"胡克"武装在内外夹击中遭遇灭顶之灾,即便是曾一度成为全国第四大政党的印尼共也惨遭解散而不得不转入地下活动。20 世纪七八十年代见证了"红极一时的左派运动以及政府主导的国家发展主义所需的政治和经济结构的危机和崩溃"[①]。

第二次世界大战之后的数十年间,世界经济迎来了新一轮的繁荣。尤其是在 1973 年之前的 1/4 个世纪中,世界经济以每年 5% 的速度增长。经济繁荣滋养着人们的乐观主义情绪,同时让马克思所处时代的激烈劳资冲突在新的科学技术浪潮下发生了极大的变化。阶级文化与意识等工业社会传统因子在个体化的社会潮流中被逐渐消解,"作为阶级文化之典型的基于身份的社会背景和生活方式丧失了它的光彩",人们面对的是不平等却"没有阶级的资本主义现象"。[②] 在保持生产控制的基础上,资本主义生产方式日趋分散,这在推动利益多元化的同时侵蚀了无产阶级的团结性与集体行动能力。小型的、自主的生产形式以及数以百万计的小农、工匠和商人消失了,取而代之的是分包工作及大型连锁店等组织形式。无论从事的是物质生产还是非物质生产,90% 的工人在形式上都变成了挣工资的工人。工薪阶层成为中产阶级的主体,而不是像过去一样主要由小商品生产者构成。这种转变迫使中产阶级朝着两个极端分化:一部分人成了统治精英的直接代理人,而其他人则不断为生活而四处奔波。拉尔夫·达仁道夫(Ralf Dahrendorf)指出,工业发展的变化在工人阶级内部带来了非常明显的分化,特别是在高级技术工人和无技术工人之间,这使得即使同一行业内部,工人之间也很难形成一个统一的阶级意识和斗争目标。而且随着技术水平的提高,工人逐渐沦为生产过程中的

---

① [美]伊曼纽尔·沃勒斯坦、[美]兰德尔·柯林斯、[美]迈克尔·曼等:《资本主义还有未来吗?》,徐曦白译,社会科学文献出版社 2014 年版,第 161 页。

② [德]乌尔里希·贝克:《风险社会》,何博闻译,译林出版社 2004 年版,第 106—107 页。

一个零件，原子化的个体重复着简单的机械性劳动，"分工的发展越迅速，个人就越容易与自己的环境和睦相处"①。这一过程以劳动过程的分解为始，以局部工人的产生为终，它提升了生产效率并削弱了工人对生产过程的控制，因此从生产和管理两方面看都是对资本家有利的，对工人阶级却是十分有害的。

当无产阶级不再作为一种"自为的阶级"，他们的阶级意识自然受到了严重侵蚀。结构因素与意识形态因素互为表里，在新的世界情势中不断破坏着昔日最为革命的力量。当劳资关系被纳入固定的、程式化的谈判协定时，曾经不可调和的矛盾逐渐变成了非对抗性的相互联系。在此过程中，掌权者"系统地推行了赋予劳工阶级以政治权利、区别对待劳工阶级、建立社会福利制度、塑造民族认同、重塑劳资冲突的政治生态等统治策略"，在增强国家认同的同时削弱了阶级认同。② 这样一来，工人阶级越来越依赖于国家，并愈加向统治阶级妥协，从而使得昔日最具革命性的阶级失去了成为推动社会根本变革的力量。③ 而且物质财富的增加与新技术的发展还给大众带来了一种阶级平等化的假象，对比马尔库塞（Herbert Marcuse）有以下描述。

> 如果工人和他的老板享受同样的电视节目并漫游同样的游乐胜地，如果打字员打扮得同她雇主的女儿一样漂亮，如果黑人也拥有凯迪拉克牌高级轿车，如果他们阅读同样的报纸，这种相似并不表明阶级的消失，而是表示现存制度下的各种人在多大程度上分享着用以维持这

---

① ［法］埃米尔·涂尔干：《社会分工论》，渠东译，生活·读书·新知三联书店2013年版，第241页。
② 汪世凯：《在国际团结与民族国家之间——现代世界体系中的劳工阶级》，《世界经济与政治》2017年第11期。
③ 参见 André Gorz, *Farewell to the Working Class*, London: Pluto Press, 2001.

种制度的需要和满足。①

当"告别革命"成为时代主流,左翼意识形态在和平时期越来越不为主流所认可。在第五章中我们将看到,毋宁说共产主义政党领导的社会运动,即便是资产阶级政党对农村的政治动员都可能遭遇统治阶级的暴力镇压。当然,阶级话语的总体式微并不意味着左翼运动一蹶不振。在20世纪80年代,在发达资本主义国家的工人们试图阻止原有成熟工业的大批工作岗位消失时,出现过一些大规模的且十分激烈的阶级冲突,包括法国和比利时爆发的钢铁工人斗争、英国超过十五万矿工长达一年的罢工、丹麦为期五天的全国总罢工等。但总体而言,这些斗争都失败了,因此人们对旧式阶级斗争充满怀疑。工人阶级的活跃分子开始将希望寄托在议会政治家身上,同时也鼓励左翼知识分子进一步质疑"阶级"和"阶级斗争"的概念,他们所拥护的"后现代主义"思潮抛弃了"斗争改变社会"的思想。②老(马克思主义)左派在20世纪60年代的新文化激进主义中催生了许多的流派,"随着欧洲马克思主义越来越不把经济或政治结构作为其理论上关注的中心问题,它的整个重心从根本上转向了哲学"。③他们放弃了传统的马克思主义分析,系统通过所谓的"新社会运动"填补传统工人运动的危机所留下的空白。

当无产阶级在迅速变革的世界中不断失去联合的力量时,权力精英的联系却日益密切。不同于《共产党宣言》所设想的工人阶级将走向联合,20世纪晚近的历史展现出了完全不同的图景:全世界的资本家联合起来了,

---

① [美]赫伯特·马尔库塞:《单向度的人:发达工业社会意识形态研究》,刘继译,上海译文出版社2006年版,第9页。
② [英]克里斯·哈曼:《世界人民的历史:从新时期时代到新千年》,潘洋译,北京大学出版社2017年版,第730页。
③ [英]佩里·安德森:《西方马克思主义探讨》,高铦等译,人民出版社1981年版,第65页。

而产业工人和其他下层阶级愈加分化。① 雇主们学会了如何共同努力以实现共同的政治目标,企业的领导者不只是他们自己公司狭隘利益的推动者,更是企业整体共同利益的推动者。他们以集体游说的力量介入政治,以推动他们的共同利益。如果说帝国主义之间的竞争为第三世界的独立与去殖民化提供了空间,那么自20世纪70年代之后,资本主义大国相互之间却展现出了不少共同性。一方面,国际流动的金融资本出现,它防止了发达国家互相之间的孤立与封闭;但另一方面,中心国家形成了一条反对第三世界的共同战线,前者强迫后者接受由大国制定的国际秩序,这进一步限制了发展中国家改变自己命运的努力。

二 新自由主义的狂飙

左翼思潮的衰落以及劳工运动的退却为自由主义强势回归铺平了道路,苏联解体更是让西方世界以胜利者自居。政客们对第三世界的发展战略频频指手画脚,弗朗西斯·福山(Francis Fukuyama)更是抛出了著名的"历史终结论"。在《今日简史》的开篇,尤瓦尔·赫拉利(Yuval Noah Harari)认为,最近几十年的世界政治一直是由自由主义独霸天下的。

> 自由主义的故事中讴歌着自由的力量和价值,述说着人类几千年来一直生活在暴虐的政权之下,很少让人享有政治权利、经济机会或个人自由,更大大限制了个人、思想和商品的流动。但是人们为自由而战,一步一步让自由站稳了脚跟,民主政权取代了残酷的独裁统治,自由企业克服了经济上的限制,人们也学会了独立思考、听从自己的内心,而不是盲目服从偏执的祭司、僵化的传统。宽阔的道路、坚固

---

① [加拿大]罗伯特·考克斯:《生产、权力和世界秩序:社会力量在缔造历史中的作用》,北京大学出版社2006年影印版,第358页。

的桥梁、熙攘的机场，取代了城墙、护城河和带刺的铁丝网。

自由主义的故事也承认，世界上并非事事完美，仍有许多障碍需要克服。全球大部分地区的掌权者残暴无情，而且就算在最自由的国家，还有许多公民忍受着压迫、暴力与贫困。但至少我们已经知道应对这些问题的方法：让人民有更多的自由。我们必须保护人权，让每个人都有投票权，建立自由市场，并尽可能让个人、思想与商品在世界各地轻松流动。根据这副自由主义的灵丹妙药，只要继续让政治和经济体系走向自由化、全球化，就能为所有人创造和平与繁荣。①

这个被冠以"新自由主义"之名的时代，是19世纪"中庸的自由主义的胜利"的延续。当20世纪中叶来自第三世界轰轰烈烈的"反体系运动"逐渐归于平静，随之而来的是世界资本主义乘着全球化浪潮的进一步扩张。根据托马斯·麦考密克（Thomas McCoormick）的研究，从朝鲜战争到越战结束的23年时间里，是"世界资本主义历史上最持久和最有利可图的增长时期"。② 资本的流动要求一个更加稳定的经济环境，人们普遍认为全球化不但不会妨碍国家提供公共物品，反而可以倒逼发展中国家的法治与市场体系建设。随着全球化持续深入，国际组织、跨国集团与自由流动的资本都迫使国家减少对市场的干预，进而使国家更加遵循市场的规律。甚至有学者认为，在当下全球化的时代中"民族国家"已然是一个不合时宜的概念。③

---

① ［以］尤瓦尔·赫拉利：《今日简史：人类命运大议题》，林俊宏译，中信出版集团2018年版，第1—2页。

② Thomas J. McCormick, *American's Half Century: United States Foreign Policy in Cold War*, Baltimore: John Hopkins University Press, 1989, p. 99.

③ Kenichi Ohmae, "Putting Global Logic First", in Kenichi, Ohmae, ed., *The Evolving Global Economy: Making Sense of the New World Order*, Cambridge: Harvard Business Review, 1995.

在很长一段时间里，东南亚地区除新加坡之外都一直被视作典型的农业国，农民在稻田里劳作，种植园是现代经济部门唯一真正的代表。但在新自由主义浪潮中，东南亚各国与世界政治体系的整体性变迁展现出"同频共振"：东南亚在独立之后的二三十年后不可避免地出现"正在自由化的迹象"，研究者认为这一进程虽然缓慢且不均衡，但变革仍在发生。[①]由表2-2可知，东南亚在20世纪中后期更加依赖外国直接投资作为主要的资金来源。随着出口制造业逐渐成为东南亚国家发展的支柱产业，国内资本势力得到迅猛发展。在新自由主义时代所造就的"大转型"中，世界政治体系的中心—边缘结构被再次加强了，"曾经的经济与政治依附，已经转变为霸权意识形态驱动下的市场化进程，而剥削的本质未发生丝毫差别"[②]。

表2-2　　　　　东南亚发展中国家的外国直接投资流入　　（单位：百万美元）

国家	1980年	1985年	1990年	1995年	1997年
马来西亚	934	695	2611	5816	6324
印度尼西亚	180	310	1092	4346	4677
泰国	189	164	2562	2068	3626
菲律宾	-106	12	550	1459	1249

资料来源：联合国贸易和发展会议（UNCTAD）数据库。

命运之轮魔术般地转动了。从那时起，再也不是第一世界的银行家乞

---

① Michael B. Frolic, "Transitions to Democracy after the Cold War", in Amitav Acharya, B. Michael Frolic, and Richard Stubbs, eds., *Democracy, Human Rights and Civil Society in South East Asia*, Toronto: University of Toronto -York University Joint Centre for Asia Pacific Studies, 2001, pp. 33 - 34.

② Sunanda Sen and Maria Cristina Marcuzzo, *The Changing Face of Imperialism: Colonialism to Contemporary Capitalism*, New York: Routledge, 2018, p. 3.

求第三世界国家借他们的过剩资本了；而是第三世界国家乞求第一世界的政府和银行家给予它们必需的贷款，以便在一个越来越一体化的、竞争越来越激烈的、不断缩小的世界市场上生存下去。对南方国家更加不利而对于西方国家更加有利的是，第二世界国家很快跟第三世界国家一起残酷无情地争夺流动资本。①

面对西方所取得的巨大成就，亚非拉国家在惊叹之余深感自身力量的匮乏。西方所代表的不仅是力量，还是一种生活观念，涉及诸如个体自由和权利、平等、民主、科学和求知欲以及对自然的控制等一系列价值，简言之，即所谓的"现代性"。现代化的传播是由公共政策制定者和私营公司执行的、由知识分子（至少是大城市、原殖民地国家）理论化了的现代化，基本上被认为是第三世界国家通过不断接受越来越多的来自中心国家的经济和技术好处而取得的繁荣，而且认为这一过程过去和现在对于后来者来说都是极为有利的。在文化传统主义者的信仰体系中，这一过程对大家都有利，现在像一个世纪之前一样是正确的、合理的和自然的。②

对第三世界国家而言，这些变化意味着它们开始面临一种可以被称为"再殖民化"的风险。它是通过中心国家的观念输出与意识形态驱动以实现，并使边缘国家陷入了中心国家编织的"理论陷阱"。在民主转型与新自由主义两股交织在一起的思潮的影响下，许多独立后的国家纷纷采取所谓的"好制度"与"好政策"。"好政策"往往指的是那些所谓"华盛顿共识"一致认可的政策，包括限制性的宏观经济政策、国际贸易和投资的自由化、私有化和裁撤管制等；"好制度"所指的必然是那些被发达国家，尤其是被英美国家所采用的制度，主要包括民主、"好"的官僚制度、独立的

---

① ［意］杰奥尼瓦·阿锐基：《漫长的20世纪：金钱、权力与我们社会的根源》，姚乃强译，江苏人民出版社2001年版，第382页。

② ［美］J. M. 布劳特：《殖民者的世界模式》，谭荣根译，社会科学文献出版社2002年版，第33页。

司法机构（包括对知识产权的强力保护）、透明且以市场为导向的公司金融制度等。① 在西方意识形态权力的诱惑下，那些政治上独立之后的前殖民地国家因迷信流行的观念而罔顾自身实际，进而采取了一系列制度与政策改革。"新自由主义和自由民主化运动交织在一起变成了一个全方位的去政治化过程。在这个过程中，美国主导的世界银行和国际货币基金组织直接控制了许多第三世界主权国家的经济政策。"②

并不是所有人面对自由主义的复归都展现出了乐观的情绪，在另一些人看来，自由主义的狂飙运动不仅废除了以往那些通过艰难斗争而赢得的成果——包括以往两个世纪以来人们为保卫社会而尽心竭力建造起来的用以反对市场化的那些壁垒，以及反对19世纪市场化的劳工运动而赢得的劳工权，由国家反对20世纪的市场化而确保的社会权——而且把商品化（Commodification）拓展到新的领域。在具体实践中，新自由主义政策削弱了政府在医疗、教育以及交通方面的基础建设，并加深了它们对西方世界的依赖——虽然它们原则上可以拒绝中心国家提供的贷款，但后果可能是企业乃至政府破产、将来更高的利率甚至是可能被排挤在国际经济秩序之外，因此大部分边缘国家的政府都无法拒绝这一提议。③ 当我们从单纯的经济增长转向以拓展实质自由的时候发展时，东南亚的发展前景便展现出另一番图景。我们可以看到，任何一个身处"东亚奇迹"的国家都没能改变它们在发展层级中的相对位置，位于发展水平最上游的毫无疑问是新加坡；位于中游的则是本书所关注的几个国家以及文莱和越南；而位于末端的则是老挝、柬埔寨

---

① [韩]张夏准：《富国陷阱：发达国家为何踢开梯子？》，肖炼译，社会科学文献出版社2009年版，第1页。

② Heikki Patomaki, "Democracy Promotion: Neoliberal vs. Social Democratic Telos", in Christopher Hobson and Milja Kurki, eds., *The Conceptual Politics of Democracy Promotion*, New York: Routledge, 2012, p.89.

③ [英]迈克尔·曼：《社会权力的来源（第四卷）：全球化（1945—2011）》，郭忠华译，上海人民出版社2015年版，第215页。

和缅甸。更为重要的是，历史延续性所创造的结构性约束依然发挥着重要作用，普通民众与权力精英之间的差距并非缩小，而是进一步扩大了。

第五节 迈向经验分析

在大体勾勒出世界政治体系对东南亚的影响之后，笔者接下来将进入比较历史的经验分析。既有研究表明，战后亚洲国家建设中有"革命"（Revolutionary）与"演化"（Evolutionary）两幅不同的历史图景：前者以印尼和越南为代表，那里的殖民列强所建立的制度被暴力所推翻；后者的代表是菲律宾，在这些国家殖民者所遗留的制度遗产，包括公务员制度、商业机构、军队都完好无损地保留了下来；而在这两者之间还有许多中间状态，马来西亚即是其典型代表，我们既可以看到其轰轰烈烈的共产主义革命，也可以看到被保存下来的传统制度遗产。[①] 鉴于这样的类型学依据，马来西亚、印度尼西亚、菲律宾以及未真正经历过殖民统治的泰国脱颖而出，笔者接下来将以三章的篇幅去展现这些国家的权力精英在纷繁复杂的历史变动中是如何保持延续性的。[②]

在许多比较政治研究者看来，以上四个案例不乏相似性：这些国家都拥有着漫长的海岸线，几百年来持续受到外部贸易、技术和观念的冲击；它们不存在共产主义政党执政的历史，也没有完全被日本殖民者控制；在20世纪中叶纷纷实现独立之时，它们的经济发展水平也比较相似；等等。然而，这些相似性只构成了"差异性提问"的基础[③]，笔者所要关注的是

[①] Robin Jeffrey, "Introduction: The Setting for Independence", in Robin Jeffrey, ed., *Asia—The Winning of Independence*, London: Macmillan Education, 1981, pp. 5 - 6.

[②] 为了表述方便，笔者在历史分析中基本依旧延续了这些国家的现代名称。

[③] 参见赵鼎新《质性社会学研究的差异性发问和发问艺术》，《社会学研究》2021年第5期。

"流水的历史,铁打的精英"这一普遍现象。为此,笔者需要专门阐述一下本书案例选择的理由,它契合了科学建构论者反实证主义的主张。对于当代盛行的因果推论准则而言这似乎显得有些"离经叛道",但一旦超越科学主义的窠臼,"比较的直觉"(Comparative Intuition)为选择这些案例提供了依据。

从"身份意识"的层面来看,当我们承认比较政治学"本国中心主义"的出发点时,对"大国"的比较历史研究便更具现实意义。本书选择的四个案例都是人口过千万(印尼和菲律宾人口均过亿)的"大国",它们的国家治理更具复杂性,发展进程也面临更多挑战,这都是像新加坡这样的"城市国家"所难以比拟的。摩尔在案例选择时便强调"大国"的重要性,他认为"小国在经济和政治上更为依赖大国和强国这样一个事实,意味着形成其政治的决定性因素在其国界之外,而且也意味着其政治问题真的无法与那些大国相提并论"[1]。

与此同时,本书所选择的案例应当展现出第三世界国家谋求发展所做的诸多努力。换言之,这四个案例所经历的诸多重大变革应当具有典型性。如吉尔林(John Gerring)所言,典型性回应的是案例研究选择的第一先决要件,即所选择的案例要能够代表(如果推论所界定的)总体。[2] 在这四个国家中,我们的确看到了第三世界国家在半个多世纪以来的各种努力:第一,国家独立和民族解放。除泰国之外,其他三个国家都遭受了来自欧美列强与日本军国主义的殖民统治,并在20世纪中叶通过不同方式实现了民族独立。第二,政体变革。泰国于1932年实现了由君主专制向君主立宪制的转变,在政治发展历程中多次出现军人政府以及民主崩溃现象;菲律宾

---

[1] [美]巴林顿·摩尔:《专制与民主的社会起源》,王茁、顾洁译,上海译文出版社2012年版,前言第3页。

[2] [美]约翰·吉尔林:《案例研究:原理与实践》,黄海涛等译,重庆大学出版社2017年版,第73页。

被视作美式民主的样本，除20世纪80年代马科斯掌权期间，其民主得分均名列前茅；在印尼，1998年苏哈托的辞职标志着该国民主化进程的开启，这一事件同样是"第三波"民主化在东南亚的重要体现。第三，市场化改革。在战后经济发展战略的选择上，不同于新加坡等国采取的完全外向型经济发展战略，泰国、马来西亚、印度尼西亚和菲律宾四国整体上采取的都是一种内外混合、外向为主的经济发展战略，其中泰国在20世纪70年代之后部分践行新自由主义的发展政策尤为明显。

表2-3　　　　东亚国家人均GDP的历时变化　　　　（单位：国际元）

国家	1820年	1870年	1930年	1950年	1970年	2000年
菲律宾	704	776	1476	1070	1764	2385
日本	669	737	1850	1921	9714	21069
泰国	646	712	793	817	1694	6336
新加坡	615	682	1279	2219	4439	22207
印度尼西亚	612	654	1164	840	1194	3203
马来西亚	605	663	1636	1559	2079	7872
韩国	600	604	1020	770	1954	14243
中国	600	530	567	439	783	3425
越南	527	505	724	658	735	1790
缅甸	504	504	902	396	646	1353

注：基于1990年购买力平价。

资料来源：Angus Maddison, *The World Economy: Historical Statistic*, Paris: OECD, 2003, pp. 5-7.

对于这些国家而言，各类扭转国家命运的尝试似乎都不怎么奏效：马来西亚与其他三个国家形成显著对比，前者无论在经济增长、社会发展还是政治秩序方面都取得了良好效果；泰国同样取得了令人瞩目的经济增长，但时常出现的政变与游行极大削弱了发展环境；印尼和菲律宾在某些时段取得了突飞猛进的增长，但在社会发展层面乏善可陈，菲律宾甚至出现了"由富变穷"的"逆发展"。与此同时，虽然各国之间的"相对发展水平"基本保持稳定，但也会随着历史的发展而变化，这直观体现在东南亚二百余年来的经济发展历程。如果将东亚国家作为整体考察，由表2-3可知，直到20世纪初期东南亚的发展情况要优于东北亚，这种趋势随着"发展型国家"的兴起而得以逆转。从区域内部来看，作为西班牙殖民统治下世界白银贸易的最大周转中心，菲律宾是19世纪东亚甚至整个亚洲最富裕的国家，[1] 其经济发展优势甚至一直延续到20世纪60年代。但自此之后，菲律宾在世界经济中的位置一路下滑，该国甚至出现了"逆发展"。而在社会秩序层面，这种历时性变化也是显著的。根据世界银行公布的"全球治理指数"（WGI），泰国近二十年来社会稳定评分一路下降，但吊诡的是，其经济增速和人均财富都位于东南亚国家前列。理解历史事件本身并挖掘其理论内涵，这本身就是一项十分有趣的学术实践。

然而，一个更严峻的问题摆在研究者面前：选择几个人口过亿且处于不同大洲上的发展中国家进行比较，不是可以更好地展现理论的普遍性吗？这的确是当下流行的"控制性比较"所通常采用的办法，其背后蕴藏着至今悬而未决的认识论争论——在实证主义者看来，求同法是一种比求异法更弱的分析推论策略，它几乎很难实现有效的因果推论；而在实在论者看来，基于"机制"的"求同"是合理的，它通过在极具差异性的案例中展现相似的因果过程反而夯实了理论的外部效度。[2] 然而，两种传统都无法说明为何研究者会在相似的案例中寻求普遍性。为了回应这一核心质疑，笔者将提供两条有关案例选择的理由。它表明在本书的分析框架中，对以上

---

[1] Wonik Kim, "Rethinking Colonialism and the Origins of the Developmental State in East Asia", *Journal of Contemporary Asia*, Vol. 39, No. 3, 2009, pp. 382-399.

[2] 参见叶成城《汉末与后罗马体系中的趋同演化》，《国际政治科学》2021年第4期。

案例的选择不仅是可行的，而且是必需的。

案例选择的可行性主要是基于科学建构论对于"案例"（Case）的理解。定量研究及其背后的认识论主要是基于"程度主义"去理解案例之间的相似性和差异性，因此他们天然地认为东南亚国家之间的差别要小于东南亚国家与拉美国家之间的差别。这是一种本质主义的立场，认为在程度上的相似性决定了案例之间归属于同一范畴的可能性。然而，宏观政治社会分析的复杂性要求我们不能因为某些似是而非的相似性而忽视了研究对象的独特性。如果基于集合论的思维去理解案例，那么所有案例都存在一个案例之所以为案例的边界，而这个边界是社会现实经由研究者主观建构的产物。科学建构论将案例之间的独特性与差异性诉诸特定理论框架，故而我们完全没有理由以"程度"上的相似性掩盖"意涵"上的差异性。从这种层面而言，马来西亚与菲律宾的区别本质上和马来西亚与巴西的区别并无二致。只要案例能够恰当地隶属于研究者关注的实质性分析单元——在本书中它体现为第三世界致力于扭转发展命运的各种努力——那么案例选择就是可行的。

案例选择的必要性则与本身所依托的世界政治理论有关，它要求研究需要细致观察不同的观念性因素对于国内政治社会事件所产生的重要影响。我们知道，即便是相同的意识形态在不同的时空下也可能产生完全不同的理解。因此，基于相似地区的案例选择可以较好地避免因"概念延展"（Concept Stretching）所带来的不便。对此，东南亚地区较为符合这样的期许：在早期"区域"体系并存的时代，东南亚无论在政治还是文明上都受到了印度文明体系和中华文明体系的影响，它处于这两大体系的"边缘地带"；在西方殖民体系向全球扩展时，东南亚又称为欧洲世界体系的"边缘地带"，在政治上成为西方的势力范围，在经济上成为资本主义世界经济的一部分；在冷战时代的两极格局中，东南亚成为东西方冲突的"前沿地带"。① 从体系层面到国家层面的观念弥散过程中,我们得以见证各类变革的出现。他们塑造了能动者的行为策略以及能动者本身,并在不同的国家展现出相似的历史结局。

以上案例选择的理由,似乎并没有提供足够"科学"的依据。然而笔者坚信,这种基于"比较直觉"的案例选择策略是冲破当下日盛的科学主义禁锢的有益尝试。回望笔者自身的学思历程,本人的社会科学哲学立场经历了从实证主义到批判实在论再到科学建构论的转变,每一次转变的目的均是为了最大限度地释放宏观因果分析的历史想象力。本书遵循经典社会分析的逻辑,"其本质特征就在于关注历史中的社会结构,而其问题也直接关涉着紧迫的公共议题和挥之不去的人的困扰"②。以历史想象力为主线,笔者将在接下来的三章中对四个国家展开具体的分析。

---

① 王正毅:《边缘地带发展论:世界体系与东南亚的发展》,上海人民出版社2018年版,第93页。

② [美]C.赖特·米尔斯:《社会学的想象力》,李康译,北京师范大学出版社2017年版,第27页。

第三章

大转型：遭遇西方与阶级重塑

从事发展研究的学者如果想理解欠发达地区的发展问题，或是想为它们的发展提供政策建议，首先要做的就是考虑导致这些地区欠发达的、最为根本的历史因素和结构因素。[1]

——安德烈·冈德·弗兰克

殖民主义对国家形成的影响特别重要，因为大部分发展中国家的政权都是殖民主义的产物，而与更先进的政治经济体的遭遇则成为这些国家成型的决定性因素。一旦国家成型，其在殖民统治时期的核心制度特征就不易改变。[2]

——阿图尔·科利

将本书的分析起点溯源至东南亚卷入世界体系的历史时刻，似乎暗含着欧洲中心主义的意味，但我们无法拒绝殖民主义作为一种"历史性原因"（Historical Cause）在国家发展中发挥的重要作用。1450年前后，有3.5亿—4亿人生活在地球上，他们操着数千种语言，信奉着数百种宗教，并为

---

[1] Andre Gunder Frank, *On Capitalist Underdevelopment*, Oxford: Oxford University Press, 1975, p.96.

[2] ［美］阿图尔·科利：《国家引导的发展》，朱天飚等译，吉林出版集团有限责任公司2007年版，第20页。

数百位统治者所管辖；1450 年之后的三个半世纪里，地球上的诸民族逐渐成为一个统一的共同体，从此时开始，将地球上各个不同地区视为孤立存在越来越无意义。① 而这一重大转变，无疑是以欧洲殖民—帝国扩张为起点的。故而正如《东南亚史》的作者米尔顿·奥斯本（Milton Osborne）所言，欧洲殖民活动时期不能被视为东南亚广泛的历史中一个不重要的事件。②

作为研究起点，本章着重分析社会结构与权力精英所体现出的强大持续性的历史起源。通过比较历史分析，笔者不仅致力于刻画东南亚四国精英形成的脉络，同时试图对第三世界普遍存在的地区、种族以及部落间的各种冲突提供一种基于阶级逻辑的历史性解释，而非像另一些学者那样将其视为古而有之的情感价值或者是现代化进程中的必然产物。殖民时代的汲取、生产、交换以及贸易方式在独立之后多有延续，一般而言，经济遗产要比政治遗产更为持久。③ 具体到本书所关注的四个案例，当它们真正受到西方势力的广泛影响时，世界体系已经从自由主义时代逐步向帝国主义时代迈进。当东南亚不同国家的社会结构遭遇不同类型的殖民统治时，第一场"重塑政治场域"的历史剧目发生了。

◇ 第一节　英国殖民统治下的马来西亚

自第一批欧洲殖民者到达马来半岛以来的三百余年间，马来半岛一直缺少主导性力量。欧洲人虽打破了原有的权力格局，但他们并没有能力实

---

① ［美］约翰·R. 麦克尼尔、［美］威廉·H. 麦克尼尔：《麦克尼尔全球史：从史前到 21 世纪的人类网络》，王晋新译，北京大学出版社 2017 年版，第 210 页。

② ［澳］米尔顿·奥斯本：《东南亚史》，郭继光译，商务印书馆 2012 年版，第 59 页。

③ David B. Abernethy, *The Dynamics of Global Dominance：European Overseas Empires, 1415 - 1980*, New Haven：Yale University, 2000, p. 372.

现对这一地区的完全控制。虽然不同的西方势力先后登陆马来半岛，但直到 19 世纪初，摆在英国殖民者面前的马来西亚与西欧中世纪仍颇为相似：国家被苏丹划分为多个地区，每个地区又再次被分为大大小小的领地。但随着英国殖民势力的不断扩张，马来半岛上维持了几百年的传统格局被彻底打破。阶级结构的重塑、族群议题的兴起，都为该国家日后发展格局奠定了历史因子。

一　殖民势力的更迭

欧洲早期殖民者在东南亚主要从事海外贸易活动，他们对港口城市颇为重视。这样看来，马来半岛的价值是显而易见的：一方面，这里是货物与人员往来的便捷枢纽，欧洲商人与中国商人可以不受限制地自由贸易；另一方面，直到 19 世纪之前中国相较于西方都处于贸易顺差，马来半岛生产与交换是解决两国贸易平衡问题的重要途径。因此，像马六甲这样的港口城市成了早期殖民者角力的中心。1511 年，有一百多年历史的马六甲苏丹国在葡萄牙的进攻中灭亡了，这片土地由此开启了长达两个多世纪的纷争。[①] 17 世纪上半叶以前，马来半岛上的政治势力主要是葡萄牙人、柔佛和亚齐。他们纷争不断，但谁也没能全面获胜。不同于荷兰与英国通过特权公司首先介入东南亚事务，葡萄牙国家本身在市场开拓过程中居于重要位置，一些学者认为它体现了"重商主义"的典型特征，即"葡萄牙君主资本主义"。[②] 为了实现财富的积累，葡萄牙殖民者试图进一步垄断马六甲贸易，但最终失败了。由于葡萄牙本身人口稀少且东南亚远离欧洲，加之长

[①] 范若兰、李婉珺、廖朝骥：《马来西亚史纲》，世界图书出版公司 2018 年版，第 68 页。

[②] 参见［美］桑贾伊·苏拉马尼亚姆《葡萄牙帝国在亚洲：1500—1700》，巫怀宇译，广西师范大学出版社 2018 年版，第 144—152 页。

期与柔佛和亚齐处于战争状态,葡萄牙的殖民入侵并没有给东南亚带来什么新变化,亚洲的贸易格局基本保持着原有模样。

但相较于东南亚本土势力的纷争,葡萄牙最棘手的威胁来自日益崛起的荷兰。1595年,第一支荷兰远征船队绕过好望角来到东南亚;1602年,新成立的荷兰东印度公司开始正式进军东南亚市场。对于亚齐和柔佛而言,荷兰人成为他们联手以对抗葡萄牙的重要盟友。在多次交手之后,葡萄牙殖民者在1641年1月仓皇离去。不同于葡萄牙人,荷兰人容许伊斯兰教的存在,只顾商务而不问其他。但荷兰的殖民重心在爪哇地区,马六甲港口的重要性日渐衰落。到了1678年,这个曾经繁荣一时的贸易中心沦为了荷属东印度一个普通的省区,它也仅仅为了保证马六甲海峡安全、征收关税以及垄断锡的生产而存续下来。

在荷兰殖民势力在东印度逐渐扩张的同时,荷兰与英法两国的长期战争却致使这个以商业立国、缺少工业基础的国家受到了严重打击。17世纪以来,新的海上强国英国实现了突飞猛进的发展,1686年进出伦敦的商船总数达到了1600年的5倍。[①] 18世纪初,随着荷兰东印度公司的风头不再,英国成为第三股进军马来半岛的殖民势力。对当代马来西亚的发展而言,英国的自由帝国主义所带来的影响甚至超过了其他殖民主义的总和。

英国与马来西亚长达几个世纪的联系,始于17世纪初英国东印度公司在吉打(Kedah)河口建立商站。当英国开始介入东南亚事务时,重商主义依旧引领着世界政治体系扩张的模式。不同于后世自由主义传统所赋予的刻板印象,重商主义在英国殖民扩张历程中占据了很长一段时间。只有在拿破仑战败以及第二个百年战争(1689—1815年)之后,"自由贸易"才真正取代重商主义并成为指导公共政策的理论学说。当然,殖民模式的差

[①] Brian Dietz, "Overseas Trade and Metropolitan Growth", in A. L. Beier and R. A. Finlay, eds., *London, 1500–1700: The Making of the Metropolis*, London: Longman, 1986, p. 128.

异性在帝国体系中还是客观存在的,这主要来源于宗主国的国内权力结构。当绝对主义王权在葡萄牙与西班牙冉冉升起并进一步延伸为对海外财富的掠夺时,"英国绝对主义在进入成熟期之前就被资产阶级革命腰斩了"①。从本质上说,英国与西班牙等国家在殖民统治方面并无二致,但它对殖民地的破坏要小得多,而且英国从未将殖民地贸易限制在一个或几个特定的港口,也较少对殖民地间贸易施加限制。② 与此同时,帝国体系的自由转向在18世纪的英国已初露端倪。

如第二章所述,前殖民社会的复杂程度以及发展水平决定着殖民者对财富积累的预期,进而决定了殖民者的殖民统治策略与模式。政治制度、艺术、科学和文学可以被视作古文明的主要标志,在1511年葡萄牙到达马六甲的时代,马来人就已经具备了所有的这一切。③ 在英国到来之时,马来半岛几个苏丹王国的封建制度已经发展到了较高的水平,其中最为突出的特征表现为较为复杂的封建官阶制:苏丹位于这一体系的顶端,他们既是宗教与世俗的最高领袖,同时在名义上拥有全国土地的所有权;藩臣在苏丹那里获得土地,这些封建主对土地具有世袭性的统治权;苏丹与封建主普遍采用劳役制度对农民进行剥削,后者必须为前者从事包括耕种土地在内的各类劳动。④ 复杂的传统社会结构以及葡萄牙、荷兰殖民者的重商主义遗产,意味着英国那种更加偏向自由主义的政策可能遭到本土势力的强烈反抗。而英国对马来西亚的主要矿产锡的需求量也不是很大,加之复杂的

---

① [英]佩里·安德森:《绝对主义国家的系谱》,刘北成、龚晓庄译,上海人民出版社2016年版,第97页。

② D. K. Fieldhouse, *The Colonial Empire: A Comparative Survey from the Eighteenth Century*, New York: Dell, 1966, pp. 67–68.

③ [英]理查德·温斯泰德:《马来西亚史》,姚梓良译,商务印书馆1974年版,第515页。

④ [马来西亚] B. C. 鲁德湟夫:《马来亚现代史纲要》,王云翔译,《南洋资料译丛》1960年第1期。

地形、酷热的天气以及各种疾病，英国殖民者尚未展现出迫切的殖民欲望。

另一方面，自由主义思潮使英国在 19 世纪中期之前的绝大多数时间缺乏帝国扩张的迫切愿望。如前文所言，古典政治经济学家所推崇的自由贸易学说对当时英国思想界影响深远，学者与政客坚信"英国仅依靠资本的力量便可以称霸世界，放弃殖民扩张的幻想和推行贸易自由的政策比从事垄断行当更有利可图"①。对英国而言，殖民地被视作"挂在我们脖子上的石磨"②。许多思想家认为，英国完全可以在不推行殖民扩张的情况下与殖民地国家发展贸易；相反，殖民统治会阻碍英国在世界范围内的资本配置效率，"殖民地惠及的只是少数人的利益，却对全体民众有害"③。因此自 17 世纪之后的一百多年间，英国人在马来西亚只是为了贸易，他们对地方政治与行政事务以及马来半岛的混乱秩序并不关心。在 19 世纪之前，英国对马来半岛的控制主要局限于槟城、新加坡和马六甲三个港口，其主要目的是确保英国与中国之间的贸易通道。

时至 19 世纪中叶，情势发生了变化，自由资本主义发展到垄断资本主义阶段。成为帝国主义的资本主义是不可能单独存在的，它要攫取利润，而垄断利润不能从垄断资本主义本身产生，只能从前资本主义经济、非垄断资本主义经济以及垄断资本主义以外的社会成分中产生，这些经济成分没有国内外之分。④ 基于这样的逻辑，中心国家在世界政治舞台上最直接的反应便是"力图扩大经济领土，甚至一般领土"⑤。作为当时世界上的头号

---

① Bernard Semmel, *The Liberal Ideal and the Demons of Empire: Theories of Imperialism from Adam Smith to Lenin*, Baltimore: Johns Hopkins University Press, 1993, pp. 20 – 21.

② Barbara Watson Andaya and Leonard Y. Andaya, *A History of Malaysia*, London: Macmillan Education, 1982, p. 155.

③ Bernard Semmel, *The Liberal Ideal and the Demons of Empire: Theories of Imperialism from Adam Smith to Lenin*, Baltimore: Johns Hopkins University Press, 1993, p. 26.

④ 陈其人：《殖民地的经济分析史和当代殖民主义》，上海社会科学院出版社 1994 年版，第 150 页。

⑤ 《列宁全集》第 27 卷，人民出版社 1990 年版，第 397 页。

强国，英国抓紧了在东南亚等地的殖民扩张。面对动荡的马来局势以及丰富的自然资源，尤其是随着锡矿生产在商业上变得日益重要，英国殖民者对马来半岛愈加重视。在种族优越论的宣传口号下，马来社会被认为海盗横行、内战不断以及充斥着落后的奴隶制，而英国人的到来则被认为是在传播先进的生产方式与思想观念。这种对马来传统的新诠释，使马来王室和英国在马来世界的霸主地位都合法化了。为了进一步拓展殖民秩序，时任英国首相本杰明·迪斯雷利（Benjamin Disraeli）在殖民地事务上推行"前进政策"（Forward Policy）以加强对马来半岛的干预，1873 年上任的海峡殖民地长官安德鲁·克拉克（Andrew Clarke）爵士同样采取了各类强力措施。

"前进政策"促成了"英属马来亚"的形成，殖民者以维持秩序为名相继将由雪兰莪、森美兰、霹雳和彭亨所构成的马来联邦（Federated Malay States）以及由吉兰丹、吉打、玻璃市、登嘉楼构成的马来属邦（Unfederated Malay States）纳入英国殖民体系。相较于传统形式的古代国家，殖民主义将统治的触角延展到了许多新的领域。它彰显了强大的国家力量以及全新形式的法律观念，这些都冲击着旧的社会地位与价值观念。行政管理体制变得更加专业化，管理人员不再是那些地方豪强抑或是殖民冒险者，而是来自伦敦的受过专门培训的人员。尤其是马来联邦建立之后，新的政府组织的权力在 20 世纪头十年间实现了持续增强，从而导致殖民政权"与自己所取代的王国相比，庶几没有遗漏任何可供纳税人逃避的藏身之地"①。从 19 世纪末到 20 世纪初，马来国家在结构、治理和领导上变得更加统一和集中，这些变化深刻地影响了经济发展。英国殖民统治将马来西亚进一步拉入了世界经济体系，使其成为初级产品的生产者和工业品的接受者，而经济作物、锡矿产和转口贸易大大促进了马来西亚的

---

① [美] 詹姆斯·C. 斯科特：《农民的道义经济学：东南亚的反叛与生存》，程立显、刘建等译，译林出版社 2001 年版，第 122 页。

经济增长。① 在英国人刚刚接管马来西亚的时候，这片土地还是东南亚最荒芜的地区之一。但出人意料的是，英国人却使它兴旺发达起来了。到1940年，英属马来亚人均生产净值估计达到了310美元，殖民地出口值超过了进口值约21%。② 与此同时，肺病、天花、霍乱、斑疹伤寒、印度痘和白喉等疾病得到有效遏制，幼儿死亡率也逐渐降低。③ 经济发展提升了科学水平和医疗技术，在客观上推动了马来西亚的社会发展水平。

英国殖民者对经济增长所做出的贡献，印证了马克思有关殖民主义"双重使命"的论述。然而人均GDP并不能完全地体现生活水平的变化，尤其是在那些出口占比很高的国家。研究表明，即便经济增长方面可能出现所谓的"财富逆转"（Reversal of the Fortune），但第三世界在社会发展中却展现出了强大的延续性。④ 决定这种延续性的关键力量——脱胎于特定社会结构与阶级关系中的权力精英，及其塑造的权力格局、社会分层与制度体系，将在接下来的历史叙述中浮出水面。这一关键步骤，是殖民者通过针对土地制度的变革而完成的。

二 种植园经济兴起与阶级重塑

一切社会变迁和政治变革的终极原因，不应当到人们的头脑中，到人们对永恒的真理和正义的日益增进的认识中去寻找，而应当到生产方式和

---

① 范若兰、李婉珺、廖朝骥：《马来西亚史纲》，世界图书出版公司2018年版，第113页。

② ［美］约翰·F. 卡迪：《东南亚历史发展》，姚楠等译，上海译文出版社1988年版，第573页。

③ ［英］理查德·温斯泰德：《马来西亚史》，姚梓良译，商务印书馆1974年版，第521页。

④ James Mahoney, "Explaining the Great Continuity: Ethnic Institutions, Colonialism, and Social Development in Spanish America", *Political Power and Social Theory*, Vol. 28, 2015, pp. 43–62.

交换方式的变更中去寻找；不应当到有关时代的哲学中去寻找，而应当到有关时代的经济中去寻找。①理解殖民主义所带来的沧桑巨变，意味着研究者应该详细考察宗主国是如何改变了殖民地的生产关系，尤其是对土地所有权的变革。在以农业为主的传统社会，土地既是重要的经济要素，也是重要的社会生产和再生产要素，人与土地之间、人与人之间以迥异的方式形成了复杂的阶级和社群关系。②土地分配不仅是资产分配的基本组成部分，而且高度集中的土地所有权也为社会和政治制度提供不平等的经济基础。对于传统社会中的马来西亚农民而言，土地只是生产资料而非可交换商品。农民与其他土地持有者之间虽然存在差异，但主要还是基于"乡村创建者"和"移民后代"的区别，这些差异还不足以造成明显的财富不平等或阶级性质的对抗。只有当传统世界遭遇资本主义世界体系的扩张压力时，社会结构的根本变化才会真正到来。

历史证据表明，无论是葡萄牙还是荷兰等均未对马来西亚传统的土地制度进行丝毫变革，毕竟他们的占领仅仅局限于几个海岛与港口，当时的技术也不允许他们对内陆推行进一步的开发。③在19世纪之前，马来西亚土地丰富但人口稀少。对于权力精英来说，拥有丰富的劳动力远比占有土地重要得多。但随着欧洲政府和商业之间关系的加强，以及通过通信的改善缩小了距离，这些发展开始改变马来社会的传统面貌。农业和矿业对土地的需求都在增加，在19世纪最后的二三十年中明显加速。为此，英国殖民者开始致力于通过改变土地制度以使殖民地适应帝国体系的生产需求。但在传统马来西亚，今天所理解的私有制的法律概念是不存在的，任何马

---

① 《马克思恩格斯选集》第3卷，人民出版社2012年版，第797—798页。
② 叶敬忠：《农政与发展当代思潮》第2卷，社会科学文献出版社2016年版，第194页。
③ 参见[苏联]弗·史·鲁德涅夫《马来亚的土地关系》，王云翔译，《南洋资料译丛》1959年第1期。

第三章　大转型：遭遇西方与阶级重塑 | **111**

来人都有权使用和生产土地。很显然，这种传统并不符合殖民者的期待，英国人力图扭转这一立场。正如英国在 1890 年对霹雳州的年度报告中所写的那样。

> 政府当前的目标是最大限度地动员农民和矿工以从事生产劳动。那些无人居住土地……其价值极其有限，我们要做的是引进资本和劳动力，尤其是一定规模的固定劳动人口，而非那些动辄就撤离且对西方知识技术一无所知的人。因此制定大量的法规是极有必要的。①

种植业需要新的土地规则以满足殖民者土地占有的野心，并保障他们的私有财产。第二章已然表明，自由主义思想家们早已为帝国扩张提供了充足的理由。1887—1904 年，殖民政府颁布了一系列的土地规章制度，鼓励西方殖民者开发并定居在广大乡村地区。所有未被占用的土地都被认为"无主地"，殖民者通过所谓的"劳动"将其归为大英帝国的财产，然后把征收田赋和强迫农民各种义务的权力攫为己有。殖民地政府引入了一种基于西方法律原则的个人所有制安排，土地买卖自由的大门被打开，从而为英国殖民者大规模种植商业作物和扩大锡田的采矿活动铺平了道路。② 与此同时，他们通过各种劳役制度强迫马来西亚农民向对各苏丹和封建主那样对殖民者承担各类义务。总的来说，一种与前殖民时代完全不同的土地制度被创造出来了，土地从一种"免费品"变成了一种可以交易的商业产品。③ 1896 年，英国殖民

---

① *Perak Annual Report*, 1890, p. 21.

② John H. Drabble, *An Economic History of Malaysia, c. 1800 – 1990: The Transition to Modern Economic Growth*, London: The Macmillan Press Ltd, 2000, pp. 63 – 70.

③ 参见［英］W. E. 马克斯威尔《关于马来人土地占有的法律和习惯》，王云翔译，《南洋资料译丛》1964 年第 2 期。

当局颁布土地法典，宣布马来西亚全部土地为殖民当局所有，从而剥夺了马来土著居民世世代代所赖以生存的土地。

以土地继承法为代表的法律法规创造了新的社会形态，由此形成了不同于传统社会却更适合于殖民者实施剥削的新型生产关系。1891年以后，一种系统的土地保有制度被引入并建立起来了。它承认了拥有永久租约的习惯所有权，并试图以一种无视马来人对土地的许多看法的方式塑造一种扎根于土地上的自由民。① 攫取土地只是手段，在此基础之上攫取更多的财富才是殖民扩张的目的。种植园（Plantation），这种在广大殖民地普遍存在的一种经济模式，随着殖民者对土地制度的改造在马来西亚兴起了。

> 种植园是一种主要从事农产品销售的经济单位，并通常会雇佣大量非技术性工人。工人们全面受雇于种植园从事劳作，其活动受到严格的监控。一般而言，种植园只专门生产一两种特定的产品。种植园与其他类型的农场不同在于生产管理要素与劳动要素二者结合的方式。②

1876年开始，英国殖民者将橡胶从巴西引进马来西亚。为了鼓励生产，英殖民当局出台了各类优惠政策，包括针对橡胶种植园的税收优惠、规定土地租约上必须声明优先种植橡胶以及华人退租的耕地一律按最优惠价格卖给英国人，等等。在19世纪80年代之前马来半岛甚至没有任何形式的橡

---

① Paul H. Kratoska, "The Peripatetic Peasant and Land Tenure in British Malaya", *Journal of Southeast Asian Studies*, Vol. 16, No. 1, 1985, pp. 16–45.

② William O. Jones, "Plantation", in David L. Sills, ed., *International Encyclopedia of the Social Science* (*Volume 12*), New York: The Macmillan Company and The Free Press, 1968, p. 154.

胶种植园，但半个世界之后，橡胶种植园占据了大约 65% 的土地份额，超过三分之一的劳动力在种植园工作。① 种植园的规模不断扩大，种植园主的重要性相应得到提升。新的生产关系改变了权力精英的意涵，更具延续性的经济权力不断增强。但总体来说，英属马来西亚并没有普遍出现以压迫型劳动为基础的地主阶级。尽管不可能挑战大种植园，但小农种植者能够种植橡胶作为他们更广泛的农业活动的一部分。估算数据表明，到了 20 世纪 30 年代末，在马来西亚和印度尼西亚生产的橡胶超过 40% 来自小农种植者。② 当然，这并不阻碍大种植园的主导性地位。长期以来，马来西亚的土地政策对种植部门有明显的倾斜，在两次世界大战期间出台的橡胶限额分配政策中，小农受到了明显的歧视。③

随着人口的增长，无地农民的数量大大增加。他们中的一部分作为永久工或季节工被吸收到外国庄园，另一些人则转移到新兴城镇。土地法的实施和土地大规模的转让意味着许多流动耕种者被剥夺了传统生计，他们不得不从自由民变成了种植园里的被雇佣者。农业社会并未因橡胶种植园的兴盛而出现广泛的结构性变化，大多数马来西亚和苏门答腊的橡胶种植园者仍处在世界市场的边缘。④ 在事实性的奴隶制生产关系中，种植园中弥漫着家长制作风、反技术主义思潮以及压迫型劳动，这些要素从长远来看都不利于经济增长与社会发展。⑤ 如此看来，种植业的繁荣对马来西亚的发

---

① Martin Rudner, "Development Policies and Patterns of Agrarian Dominance in the Malaysian Rubber Export Economy", *Modern Asian Studies*, Vol. 15, No. 1, 1981, pp. 83 – 105.

② [澳] 米尔顿·奥斯本：《东南亚史》，郭继光译，商务印书馆 2012 年版，第 85 页。

③ [美] P. P. 考特尼：《马来西亚经济发展中的种植园》，小明译，《南洋资料译丛》1983 年第 4 期。

④ [新西兰] 尼古拉斯·塔林主编：《剑桥东南亚史》第 2 卷，王士录等译，云南人民出版社 2003 年版，第 124 页。

⑤ George Beckford, *Persistent Poverty: Underdevelopment in Plantation Economies of the Third World*, Oxford: Oxford University Press, 1972, p. 206.

展是一把双刃剑：它一方面为私人和政府带来了投资、就业和财富的增长，但另一方面也锁定了国家日后的经济发展道路。只不过这柄双刃剑把收益送给了殖民者与本地权力精英，却把痛苦尽数留给了普通民众。

横亘在精英与大众之间的结构性不平等被殖民者在各个领域不断强化，尤其当英国在马来半岛彻底建立殖民体系之后，殖民者进一步通过延续所谓的"传统社会"——以农业为主导、民众政治上温顺且服从权威——以更加方便地实现统治。相比欧洲对半岛城市和湄公河流域的直接统治而言，通过"保护"所施加的间接统治对英国而言更为有效，"多元化的半岛统治者被塑造成了九个具有现代模式的'马来国'，并最终都成为类似的苏丹，享受更大且更有保障的收入，同时又受制于关注土地问题和伊斯兰教的英国人"①。随着殖民统治的日渐深入，殖民地民众在日常生活和思想观念等方面也出现一些微妙变化，从而加深了马来的统治阶级与其他阶级之间的鸿沟。

传统上，苏丹贵族和朝廷官员的生活基本上与普通农民并无二致，他们对世界有着相同的看法，并在最平凡的层面上相互影响。在18世纪，马来西亚的上层贵族与底层民众拥有相同的爱好，他们每天散步、在集市中闲聊以及热爱观看斗鸡比赛。但自19世纪以来，统治阶级逐渐被殖民者的西方文化所吸引。如果说足球是传统马来人最为喜爱的运动的话，那么新一代马来贵族却更加热爱网球和马球。虽然乡村的生活方式没有改变，但许多马来统治阶级由内而外发生着变化：他们穿着西服，居住在西式建筑，去欧洲旅行并时时刻刻模仿殖民官员。②

---

① [澳]安东尼·瑞德：《东南亚史：危险而关键的十字路口》，宋婉贞、张振江译，上海人民出版社2021年版，第294—295页。

② Barbara Watson Andaya and Leonard Y. Andaya, *A History of Malaysia*, London: Macmillan Education, 1982, pp. 174 – 175.

英国殖民政权助长了马来精英和农民之间的文化鸿沟，潜移默化地将不同阶级在生活文化领域进一步区分，在增加阶级裂痕的同时削弱了社会的团结。到了20世纪二三十年代，这种裂隙随着世界体系的震荡而进一步扩大。1929—1933年的经济危机重创了马来西亚的出口经济，英国殖民者认为权力下放是刺激经济增长的重要方式。根据殖民者自己的叙述，这种间接统治的政策具有"保持国家的风俗习惯，争取人民的同情和利益，并使当地居民了解英国推行的良好政策的优点"[①]。众所周知，这不过是殖民者虚伪的说辞罢了。事实上，通过对当地农民的利益与欧洲种植园主的利益进行"充分"权衡之后，间接统治被证明是开发大马来西亚橡胶和锡潜力的有效工具。需要指出的是，统治策略上的调整并不意味着英国放松了对殖民地的掌控。而且在经济危机结束之后，英属马来地区的自治权被大幅削弱，经济掌控权被移交到了殖民地政府官员的手中。但此时本土精英已经发展壮大起来，宗主国的集权措施引起了他们的强烈不满，两类精英之间的深刻矛盾为之后的反殖民运动奠定了基础。

三 被族群消解的阶级

殖民主义与种植园经济所带来的另一重要结果，是塑造了在当代马来西亚政治生活中举足轻重的族群问题。在族群问题突出的第三世界，该因素无疑对后殖民国家的社会秩序与发展水平产生了重大影响。[②] 本书认为，族群问题的出现并非源于自古以来就存在的认同差异，相反，它源于资本主义全球化过程中殖民者对被殖民者的身份建构。倘若族群的身份属性发

[①] Emily Sadka, *The Protected Malay States, 1874–1895*, Kuala Lumpur: University of Malaya Press, 1968, p. 105.

[②] 针对马来西亚族群的梳理，可参见 Leonard Y. Andaya, *Leaves of the Same Tree: Trade and Ethnicity in the Straits of Melaka*, Honolulu: University of Hawaii Press, 2008.

挥了决定性作用，抑或是认为族群冲突来自基于血缘的"古老憎恨"，那么我们应该有充足的证据表明，在殖民者来到东南亚之前，族群矛盾就已经十分严重了。但在马来西亚的案例中，我们获取到的恰恰是相反的证据：在殖民者到来之前的贸易时代，东亚贸易体系中的参与者们都以和平互惠的方式开展商业活动，华人与土著居民和谐共处的事例随处可见。① 笔者认为，族群问题往往有着更为深刻的经济起源，马来西亚族群问题的形成和演进与阶级问题纠缠在一起。类似的看法得到了一些学者的认可，但他们往往只强调殖民者用族群问题模糊阶级问题是"用人的生理差异来制造人的社会差异"②。笔者并不认同将族群之间的差异视作一种生理差异的看法——如果我们在吉隆坡街头漫步，我们很难区分一个人到底是马来人还是华人。相反，"马来人"等族群概念本身就是英国殖民者建构出来的结果，马来人、华人和印度人的族群划分是殖民者将劳工分工所形成的经济差异（阶级）用一个建构的社会概念（族群）加以掩盖并二次切割的产物。探索族群问题的阶级起源，需要我们探索英国殖民活动所形成的劳动分工以及特定制度所形成的历史遗产。

各族群之间的主要关系并不是人与人之间的相互作用，也不是文化交流抑或说社会交流，而是经济上的交流——更确切地说，是生产关系和交换关系。③ 随着种植园经济在马来西亚的兴起，殖民者需要寻求更多的劳动力以满足生产需求。到 20 世纪初，橡胶种植园首度出现人手紧张的情况，种植园主集团纷纷开始招募工人。首先，他们把目光投向了马来人，但随

---

① ［澳］安东尼·瑞德：《东南亚史：危险而关键的十字路口》，宋婉贞、张振江译，上海人民出版社 2021 年版，第 80—85 页。
② 陈衍德、胡越云：《试论多重切割下的东南亚阶级关系》，《东南亚研究》2010 年第 3 期。
③ 林马辉、陈家屯：《马来西亚的种族关系和阶级关系》上，《南洋资料译丛》1987 年第 1 期。

即发现这种想法并不现实。① 马来半岛长久以来资源丰富且土地充裕,因此马来本地农民并没有意愿成为雇佣劳动力。正如1889年的《霹雳州年度报告》指出的那样,马来人"拒绝以种植园主能够接受的任何条件雇用自己作为劳工"。此外,种植园和矿山的恶劣工作条件阻碍了马来农民进入这些部门。数据表明,契约劳动的死亡率最高(约20%),而从事传统稻米生产的马来人的死亡率则低得多,欧洲人的死亡率最低(1%)。② 而且英国殖民主义在马来西亚建立统治秩序是很晚近的事情,在之前,他们不具备对当地土著居民强制征召的能力。吸纳土著居民还需要与马来西亚的地方权力精英讨价还价,殖民者面对这些豪强时颇费脑筋。

劳动力短缺的问题在资本主义世界体系中得到了解决,当殖民者无法在本地获取充足劳动力时,他们将目光投向海外。移民劳工最大的优势,在于他们成本低廉且易于控制。外来劳动力在一个陌生的环境缺乏基本的政治资源和经济基础,这导致他们几乎没有任何的议价能力,因此移民劳工的价格十分便宜。与此同时,劳动力的再生产成本由移民们所来的那些国家承担,这些外来劳动力在移民之前就已经获得了基本的劳动技能,当他们的生产生活结束时又必须回到原籍国。殖民者制定的移民法既保证了使用外来劳动力的合法性,同时可以肆意将那些失去使用价值的劳工驱逐出境。

华人很早开始踏足马来半岛,但直到英国在槟榔屿和新加坡建立殖民

---

① 在英国殖民时期,"马来人"并不等同于"马来土著居民",英国当局对"马来人"定义为那些"说马来语,信仰伊斯兰教的人",这样一来,许多其他土著居民以及外来移民如米南加保人、罗沃人、亚齐人、爪哇人也被纳入"马来人"的范畴。参见范若兰、李婉珺、廖朝骥《马来西亚史纲》,世界图书出版公司2018年版,第116—117页。

② Malcolm Caldwell, "The British 'Forward Movement', 1874 – 1914", in Mohamed Amin and Malcolm Caldwell, eds., *Malay: The Making of A Neo-Colony*, London: Spokesman, 1977, p. 24.

政权之前，他们的规模都十分有限。华人群体自古以来勤劳能干，这让英国殖民官都赞不绝口："华人是我们居民中最有价值的部分……他们是东方民族中唯一无须政府支出特别费用就能推动收入增加的民族。"随着马来西亚的矿山和种植园对劳动力需求的不断增加，以及第二次鸦片战争之后清王朝分别与英法两国签订的《续增条约》中规定华民只要有移民意愿，国家就"毫无禁阻"，导致19世纪最后几年的锡矿繁荣时期至少有10万成年中国人到达马来联邦。时至1913年，英属马来亚的中国采矿工人达到22.5万人。[1] 在东南亚的大部分地区，华人业主和华人捐客将村社、矿区和种植园与世界经济连接在一起，其中最富有和最有影响力的少部分人与西方资本家建立了广泛的联系，在19世纪的大部分时间里，他们以商人、包税业主乃至买办的身份活跃于经济社会生活的方方面面，并由此积累了不菲的财富。[2]

如果说华人中尚有相当一部分是自由民，那么印度移民则主要是英国殖民的被动结果。在马来西亚的种植行业中，绝大多数底层从业者都来自印度。最大规模的移民浪潮发生在20世纪的第一个十年，每年有超过10万人来到马来西亚。只要有利可图，英国殖民者就允许甚至鼓励使用事实上的奴隶劳动模式，即契约劳动制。1860—1910年，契约劳动被普遍采用，绝大多数贱民和下层种姓的人受到债务束缚。当然在同一时期，政府也鼓励自由移民，两者在整个19世纪和20世纪的劳动关系中都存在。然而，即便法律条文上多有变更，劳动者都长期处于被压迫的地位。殖民者政府在1910年废除了政府管制的移民到马来西亚的契约制度，但由于引入了监工制度（Kangany），真正的自由劳动依旧没能实现。由此不难看出，不同类型的移民类型是共同存在的，并没有一种单线性演替模式。但毫无疑问的

---

[1] W. L. Blythe, *Historical Sketch of Chinese Labour in Malaya*, Singapore: Government Printing Office, 1953, pp. 2-3.

[2] [新西兰]尼古拉斯·塔林主编：《剑桥东南亚史》第2卷，王士录等译，云南人民出版社2003年版，第143—144页。

是，马来人、印度人和华人之间的差异在殖民统治的劳动分工中不断被强化，劳动的性质构成了族群差异性的共享信念。也就是说，不同族群的核心差异与其说是文化和身份上的，毋宁说是基于经济的或是阶级的。

在此基础之上，英国人基于族群区分的土地政策进一步加剧了不同族群的身份认同。19世纪末，随着华人和印度人的大量涌入，劳动力已经不再是问题。英国人放弃了将马来人变为雇佣劳工的企图，并开始思考如何对待这些土著居民。此时农业商品化与土地商品化浪潮在马来西亚愈演愈烈，鉴于宗主国给予种植园主和矿主的优厚地位以及各类优惠政策，种植园精英肆意侵吞那些原本用来种植稻米的土地，这一趋势在1910年橡胶业大发展之后尤为明显。就对经济的影响力而言，马来人逐渐边缘化了，那些与出口经济建立重要联系的环节被非马来人所占据。规模逐渐扩大的橡胶种植园使大量的农业用地被侵占，而马来人恰主要从事稻米生产。殖民者开始意识到越来越多的无地农民的潜在威胁性，使他们成为专业农民远比使其无产阶级化要更为安全。

为此，英当局在1913年通过了一项《马来人保留地法》(*Federated Malay States Malay Reservation Enactment*)，马来土著的土地被规定为"保留地"，这些土地禁止以任何形式转让给华人、印度人或其他民族的人。由表3-1可知，《马来人保留地法》使劳动分工与特定族群建立起联系：马来人在农业领域，主要从事稻米和农业种植，而华人和印度人无权拥有土地，因此华人主要从事锡矿开采或商业，而印度人则主要成为橡胶园的农业工人和铁路、公共工程等部门的职工。殖民者还意图表明，是外来移民（主要是华人）对马来人的土地占有造成了严重威胁——他们侵占土地、倒买倒卖、制造不平等——而英国殖民当局则充当起了"保护者"的角色。那些非马来人反而成为替罪羊，最终造成了马来西亚社会的双重隔离：既存在主要族群之间的隔离，也存在族群内部方言群体之间和种姓群体之间的隔离。面对这样一个分裂而隔离的社会，英国殖民当局采取的是分而治之的统治方式：对于马来人，英国人将其视作当地土著，奉行"马来保护"的原则，赋予原有的统治阶级部分权力，让苏丹负责宗教文化事务，维持小政府状态；对于华人群体，英当局早期采取间接统治的方式，任命多名"华人甲必丹"（Kapitan Cina）来管理华人，但随着华人增加，社会问题频发，英国成立了专门机构以管理华人；而对于印度人，英国人早期实行间接统治，虽日后也建立了专门机构，但相对较弱。[①]

表3-1　　　　　　　1931年马来西亚各族群行业构成　　　　（单位：%）

行业	族群类别			
	印度人	华人	马来人	其他
农业	17.0	27.0	55.0	1.0
矿业	13.5	76.5	8.5	1.5
制造业	6.5	72.0	20.0	1.5
交通通信	22.5	55.0	20.5	2.0
商业金融	11.5	78.3	9.5	1.7
服务业	25.0	46.0	24.5	4.5

资料来源：Kennial Singh Sandhu, *Indians in Malaya: Some Aspects of Their Immigration and Settlement (1786–1957)*, New York: Cambridge University Press, 1969, p.248.

英国人的"善举"掩盖了这样的事实：殖民体系中精英与大众之间的纵向阶级差异要远大于不同族群之间的横向差异。由表3-2可知，华人只是在中小规模的种植园上相较于马来人和印度人具有优势；相反，只有英国殖民者才可能拥有1000公顷以上的大种植园，白人统治者所拥有的种植园无论在面积还是数量上都具有绝对优势。

[①] 范若兰、李婉珺、廖朝骥：《马来西亚史纲》，世界图书出版公司2018年版，第118页。

表3-2　　20世纪30年代马来西亚不同族群所占有的橡胶种植园　（单位：座）

土地面积	欧洲人	马来人	华人	印度人
100—1000英亩	357	23	287	118
1000英亩以上	296	0	12	0

资料来源：Rupert Emerson, *Malaya: A Study in Direct and Indirect Rule*, New York: MacMillan, 1937, p.184.

在资本主义的劳动力需求以及殖民者所制定的各种歧视性政策下，马来西亚社会呈现出三类经济关系的结合：西方人经济、外来移民经济和原住民经济。其中，英国殖民者与其他欧洲人处于经济结构的顶端，他们有着强大的政府作为后盾，资本雄厚，并凭借政治与经济优势建立起大规模的贸易公司、种植园、银行以控制出口贸易，在很多领域处于垄断地位；华人在经济结构中处于中层，他们积极参与经济生活，但由于受到殖民政府的诸多限制以及西方资本的残酷压榨，因此只能在中间零售环节有一席之地，有时甚至不得不依附于西方垄断集团。《马来人保留地法》弱化了马来社会中长期存在的上层阶级——这个阶级既包括英国殖民者，也包括马来社会的传统政治经济精英——与被剥削群众之间的阶级矛盾，从而将矛盾焦点转移到了族群问题。时至今日，马来西亚法律依旧在名义上声称保障马来人的优先地位，但我们必须区分"理论上拥有权力的马来人族群以及事实上拥有权力的马来西亚社会的上层精英"[①]。相较于得到实惠的中上阶层，马来农民的权益却遭遇到无情践踏。即便到了1938年，声称保护马来人土地的法案也没有真正落实，在所有被马来西亚联邦让渡的农业和采矿用地中，50%归欧洲人所有，27%归马来人所有，

---

① B. N. Cham, "Class and Communal Conflict in Malaysia", *Journal of Contemporary Asia*, Vol.5, No.4, 1975, p.457.

23%归其他人所有。①

殖民者从人口众多的华裔与印度裔的人力资源中汲取劳动力,但基本没有考虑到福利和政治进步。土生土长的马来人在经济上陷入困境,而外来居民则备受剥削之苦。英国殖民时期的土地和劳工政策更多的是把不同的种族社区划分为专门的职业类别,因此,不同民族成员之间没有发展生产层次的阶级关系。总的来说,英国的这种双重土地和农业政策对民族关系产生了相反的影响:一方面,它使得马来农民免于成为地主与种植园主进行剥削的牺牲品,阻止了对立的阶级关系沿着民族主义路线发展;但另一方面,马来农民被限制在落后和贫困的地区,造成了不均衡的发展,从而产生了一种潜在的对立局面,一旦隔离墙被打破,这种局面必然会爆发。②

◇ 第二节　荷兰殖民统治下的印度尼西亚

面对荷兰的崛起,诺斯认为其成功之道"不是依靠自然的恩赐,而是发展了比起对手更有效的经济组织,并在这样做的过程中获得了在经济和政治上都与其国家之规模不相称的重要性"③。然而,这种所谓"有效率"的经济模式并没有在其殖民地得到延续。相反,荷兰人殖民时代的间接统治策略以及强迫种植制度为印尼发展遗留下了无尽苦楚。

1830 年到 1920 年荷兰在印度尼西亚统治的历史,提供了经济帝国

---

① Teck Ghee Lim, *Peasants and their Agricultural Economy in Colonial Malaya*, 1874 – 1941, New York: Oxford University Press, 1977, p. 261.

② Lim Mah Hui, "Ethnic and Class Relation in Malaysia", *Journal of Contemporary Asia*, Vol. 10, No. 2, 1980, p. 139.

③ [美] 道格拉斯·诺斯、[美] 罗伯斯·托马斯:《西方世界的兴起》,厉以平、蔡磊译,华夏出版社 2017 年版,第 167 页。

第三章 大转型：遭遇西方与阶级重塑 | **123**

主义处于或接近于它的技术上全盛时期的一个例证。荷兰人通过把印尼的资源与世界市场结合为一体，以及鼓励西方资本普遍参与活动，从而使东印度群岛的经济生产和贸易成倍的增长。他们充分利用了间接统治的直接好处，并利用了印尼生活固有的领导人权威，使之有利于建立秩序并扩展贸易；他们还有效利用各个种族、宗教和民族团体内部以及相互之间缺少团结的情况，从而预防了政治反抗发生。①

值得注意的是，早期的研究似乎夸大了荷兰在印尼发挥的作用。第二次世界大战前，许多历史著作都认为荷兰在印尼已经稳固地建立了三百余年。但事实上，那些学者忽视了这样的一个简单事实：现代印度尼西亚的大部分地区直到19世纪晚期，甚至更晚至20世纪初才处于荷兰人的殖民统治之下。② 新的历史研究表明，在对亚洲、欧洲和美洲的早期扩张中，参与其中的西方军队规模往往很小，且缺乏持续的跨洋运输能力，因此他们更加依赖于当地盟友，而所谓火炮和要塞等的优势其实微乎其微。③ 为此，本章所关注的历史阶段也主要聚焦19世纪之后的故事。

一 荷兰人的商业帝国

1511年7月，葡萄牙作为第一批殖民者来到东印度群岛。当然，他们的影响范围极其有限。葡萄牙人虽与巽他王国签订了贸易协定并在巽他克拉帕（Sunda Kelapa，今雅加达）建立堡垒，但充其量也不过是间接霸占了

---

① [美]约翰·F.卡迪：《东南亚历史发展》，姚楠、马宁译，上海译文出版社1988年版，第478—479页。

② [澳]米尔顿·奥斯本：《东南亚史》，郭继光译，商务印书馆2012年版，第60页。

③ 参见[英]杰森·沙曼《脆弱的征服：欧洲扩张与新世界秩序创建的真实故事》，重庆出版社2022年版，第130—171页。

几个港口。随着伊比利亚半岛的衰落,葡萄牙也逐渐退出了世界政治的舞台,他们只不过是印尼发展史中的匆匆过客。

17世纪,荷兰打破了西班牙与葡萄牙的商业垄断,"尼德兰人浩浩荡荡地闯进了胡椒、香料、药材、珍珠和丝绸的王国,几乎独吞了这些商业利益,他们终于凭借远东成为世界的霸主"①。其间,荷兰东印度公司发挥着至关重要的作用。1602年成立的东印度公司被荷兰国会授予西起好望角东至麦哲伦海峡的特许专营权,公司拥有自己的武装力量同时可以自行与其他国家宣战或签订条约,同时还被授予执行审判、雇佣和指挥军队、与当地王公结盟,以及处理一般的外交和商业关系的权力。1602—1799年近两百年的时间里,印尼处于荷兰东印度公司的统治之下。在殖民地管辖范围之内,东印度公司规定了明确的进出口产品,并禁止殖民地内部不同地区进行贸易往来。为了维持垄断优势,荷兰极力限制肉蔻、丁香等香料作物的出口数量,并通过暴力建立起了种植特区制度,规定特定地区只能种植某一类经济作物。垄断公司的结果,是重商主义精英在重要港口城市的崛起。

18世纪开始,荷兰人的霸权开始衰落了,荷属东印度公司把注意力集中在爪哇,并把马来半岛和群岛当作其殖民帝国的外围基地。② 在拿破仑的铁骑之下,荷兰于1795年被法国吞并建立起傀儡政府巴达维亚共和国。当缺少国家作为后盾,荷兰东印度公司也于1800年最终解散。其间,法国(1806—1811年)和英国(1811—1816年)先后进行殖民统治,但并未对印尼产生实质影响。1813年10月,法军在莱比锡会战中战败,荷兰恢复独立。荷兰政府并不想放弃对印尼的统治,政府接管了荷兰东印度公司的财产和殖民地。自此之后,荷兰对印尼的殖民范围迅速扩大,许多未被政府

---

① [法]费尔南多·布罗代尔:《十五至十八世纪的物质文明、经济和资本主义(第三卷):世界时间》,顾良、施康强译,商务印书馆2017年版,第229页。
② [新西兰]尼古拉斯·塔林主编:《剑桥东南亚史》第2卷,王士录等译,云南人民出版社2003年版,第12页。

确认的"外部领地"纷纷被纳入开发进程。

二 强迫种植制度的建立

在印度尼西亚,基于财产权抑或是基于生产资料的阶级形成与阶级分化是一个较为晚近的事情。在印尼历史上,继原始社会之后出现并一直延续到荷兰人入侵以后的社会结构一直是封建—奴隶制结构,甚至早期的荷兰东印度公司还一度成了当地最大的奴隶主。人们虽然在土地占有方面存在差异,但这种差异不同于本土居民与后来移民之间的差异。就现有历史证据而言,这种差异尚不足以构成显著的财富不均与阶级对立。在农业主导的社会,有平等主义精神的村社还是广泛存在的,所有土地理论上由统治者独享,农民对土地的使用要向统治者及代理人缴纳实物税,并为他们提供劳动和军事服务。统治集团大部分是城市居民,他们的收入来自对农民征收的一部分税收和服务。但这些权力在性质上并不是私有的,它们涉及的职位本身也不是世袭的。因此,统治集团的地位和权威并非源于生产资料的所有权,而是以君主的名义对人民行使政治—官僚权力。换言之,统治者和被统治者之间至关重要的社会分工不是基于财产,而是基于各自与国王之间的亲疏关系。正如本尼迪克特·安德森所指出的,早期印尼的制度类型虽不是严格意义上的韦伯式的官僚制度,它却更接近光谱的这一端,而非另一端的在西欧发展起来的封建制度。[1]

这一状况随着资本主义的到来彻底改变了,新的政治经济模式使印尼传统社会变得更为复杂。1824年的《伦敦条约》迫使荷兰对英国船只和进口货物履行不超于船只载重量两倍的责任,由此使得荷兰在重返东南亚之后竭尽全力重拾一种更为极端的重商主义政策。1830年,荷兰驻东印度总

---

[1] Bennedict R. O'G. Anderson, "The Idea of Power in Javanese Cultures", in Claire Holt, ed., *Culture and Politics in Indonesia*, Jarkata: Equinox Publishing, 2007, pp. 1–70.

督约翰内斯·范登博世（Johannes van den Bosch）开始实施强迫种植制度，即恢复荷兰东印度公司时期推行的实物地租和强迫供应制。其主要措施包括政府与农民订立契约，将农民五分之一稻田（或每年 66 天劳动）用于种植在欧洲市场出售的产品，以产品折价作为这部分土地的税款，超过税款的产品由政府收购。这一制度首先在靛蓝和甘蔗产区实行，后来扩大到咖啡、茶叶、烟草、胡椒、棉花等作物产区。为了有效推行强迫种植制，荷兰殖民者设定了极低的收购价，允许监督农民种植的封建主和官吏可以分享总收成的一部分，种植园主被授予大片土地和种种特权，而被迫劳役的农民一年的劳动时间却长达 100 天至 200 天。① 大种植园主强迫农民将其三分之一、二分之一乃至全部的土地都用来种植经济作物，"荷兰人在奴役当地人民（无论是在实际的还是在比喻的意义上）、剥夺他们的生活资料和使用暴力粉碎他们对公司政策的对抗活动方面，其残酷程度可与富有圣战精神的伊利比亚人业已在整个欧洲之外地区树立的可怕标准相媲美，甚至有过之而无不及"②。尽管整个体系中的人均农业产量确有增加，但在 1815—1840 年，殖民地的人均收入和消费额却下降了三分之一甚至更多。③

在强迫种植时代，在爪哇岛用于生产糖的费用比在西印度群岛使用奴隶劳动生产糖的费用还低，故而这种被斥为"集一切最坏的东西之大成"的劳作制度给荷兰带来了丰厚的利润。1830—1834 年，从荷属东印度每年汇回荷兰的利润平均为 300 万盾，1834 年后增加到每年 1200 万—1800 万盾，1831—1860 年合计达 672 亿盾。从亚洲攫取的巨大利润推动着荷兰资

---

① 梁敏和：《印度尼西亚史纲》，世界图书出版广东有限公司 2019 年版，第 138 页。

② ［意］杰奥尼瓦·阿锐基：《漫长的 20 世纪：金钱、权力与我们社会的根源》，姚乃强译，江苏人民出版社 2001 年版，第 187 页。

③ Peter Boomgaard, *Children of the Colonial State: Population Growth and Economic Development in Java, 1975-1880*, Amsterdam: Free University Press, 1989, pp. 97-99.

本主义的进一步发展，孕育出推动殖民模式发生转变的内在动力。荷兰工业家（尤其是纺织工业家）要求在印尼开辟工业品销售市场，银行家则企图把过剩的资金投在印度尼西亚。自由主义逐渐压倒了重商主义，自由派公开指责强迫种植制是一种半奴隶制的形式，认为这种制度剥夺了东南亚的荷兰居民和印度尼西亚人的经济自由权。加之19世纪中叶因灾荒而引起的农民起义也指向了强迫种植制度，荷兰政府着手将殖民政策朝着更具自由市场的逻辑迈进。这一转变，预示着荷兰从商业垄断政策向工业资本"新"殖民政策、从垄断制度向自由竞争制度转变的开始，其实质是"在强迫种植制时期发财致富的荷兰新兴私人资本家参与殖民地剥削，利用爪哇农民摧毁强迫种植制的基础，在政治上以资产阶级人道主义、在经济上以资产阶级自由理论作为武器，反对商业垄断资本独占殖民地剥削，并迫使他们实行的殖民政策"①。

三 自由主义转向下的土地私有化

1863年，政府废除了强迫种植丁香、肉桂的制度，并在同年开始种植烟草；1865年，宣布取消政府对靛蓝、茶叶、肉桂的经营；1870年，新的《土地法》出台，外国人和本土居民均可以向荷兰殖民政府租赁土地，租期分别是75年和30年。随着资本主义加剧入侵，印度尼西亚逐渐成为东南亚重要的经济作物出口地，1885年之前全世界1/6至1/4的咖啡出口都来自印度尼西亚。② 之后随着咖啡在印尼出口占比的衰落，制糖业逐渐兴起。在1850年，爪哇岛的糖的生产已经占据世界总量的1/8，这一数据在20世纪

---

① 黄焕宗：《荷兰殖民者在印度尼西亚的殖民政策与演变（1602—1942）》，《南洋问题研究》1988年第2期。

② Anne Booth, *The Indonesia Economy in the Nineteen and Twentieth Centuries*, London: Macmillan Press, 1998, p. 208.

初更是攀升了五分之一。① 强制性劳动关系虽然已经被解除，但欧洲私人企业家仍能像往常那样享有获得土地的权利。印尼在 19 世纪中期之后向私人资本完全敞开大门，各国势力趁"开放门户"之便如潮水般涌入，他们大肆租赁和兼并土地并开辟种植园。

发展种植业需要大量的土地和劳动力，然而在传统土地公有制原则下爪哇人只能获得一小片土地。为此，殖民者进而建议将土地公有制改为土地私有制，使爪哇人更便于将土地卖给荷兰人。他们禁止印尼的封建领主出租土地给他国的种植园主，宣布过去封建领主同英国商人签订的租借土地契约无效。为了提供充足的劳动力，早期的荷兰东印度公司进行着赤裸裸的贩卖人口行径，"荷兰人为了使爪哇岛得到奴隶而在西里伯斯岛实行盗人制度。为此目的训练了一批盗人的贼。盗贼、译员、贩卖人就是这种交易的主要代理人，土著王子是主要贩卖人。盗来的青年在长大成人可以装上奴隶船以前，被关在西里伯斯岛的秘密监狱"②。印尼传统公有制土地制度砰然倒塌，农民为了谋生纷纷从乡村走进西方人工厂，或是背井离乡去种植园做苦工，他们为农场主及矿主创造巨额的财富却分享不到应有份额的劳动成果。

1870 年颁布的《土地法》虽然规定印尼人的占有地不能转让给非印尼人，但该法令几乎没有得到真正落实。殖民者会通过延长土地租赁时长的方式为大规模商业种植园所需的土地提供更多的保障，从而形成了事实上的土地占有。在政策落实过程中，殖民地政权也不会具体过问土著居民是否自愿转让土地，甚至对种植园主的种种欺诈手段不闻不问。为确保种植园能够获得廉价且训练有素的劳动力，1880 年的《苦力法令》要求劳动者需要签署 10 年或更长时间的劳动契约，并在种植园像囚犯一样从事高强度

---

① David Bulbeck et al., *Southeast Asia Exports Since the 14th Century*, Singapore: ISEAS, 1998, p. 155.
② 《马克思恩格斯文集》第 5 卷，人民出版社 2009 年版，第 862 页。

劳动。几十万人被从爪哇岛村庄运到苏门答腊岛的大种植园,他们当中的大多数人再也没能返回家乡。①

随着自由主义时代的土地兼并浪潮——自1882—1932年,爪哇私有土地所占的比重从38%激增到了82%②——地主阶级的势力愈发强大。同其他国家一样,经济权力逐渐成为精英之所以为精英的显著特征。土地所有权集中和地主阶级合并的趋势在持续进行,甚至这一趋势一直延续到印尼独立之后。然而,以土地所有权或土地控制为基础的阶级的发展,并不一定意味着农村社会会像早发资本主义国家那样出现大量进行资产阶级劳作的农民以及农村无产阶级。农村并没有被资本主义农业所改变。相反,趋势是将农业生产与集约化的佃农制度结合起来。③ 事实上,农业商品化对印尼阶级分化所产生的推动力十分有限。造成这一现象的主要原因是商业作物生产中外国资本与种植园始终占据主导地位。正如格尔茨所言,强烈的商品化趋势并没有导致农村大众的普遍无产阶级化。

种植园主牢牢地把控住了包括原材料在内的整个生产过程,从而阻碍了在农村出现一个能够致力于扩大再生产而非仅仅是从事重复性生产的、独立的农业资本家阶级。通过高强度与低工资的劳动以及在组织上掐断了向上流动的可能渠道,种植园经济的后果是创造了规模庞大的"半工人阶级"——他们既不是资本主义世界中彻彻底底的无产阶级,也不属于前资本主义社会中的劳动力形式,而是随着出口商

---

① [澳] 史蒂文·德拉克雷:《印度尼西亚史》,郭子林译,商务印书馆2009年版,第44页。

② [日] 饭岛正:《印度尼西亚的土地改革与村社》,萧彬译,《南洋问题资料译丛》(现已改名为《南洋资料译丛》) 1974年第2期。

③ Richard Robison, *Indonesia: The Rise of Capital*, Jakarta: Equinox Publishing, 2009, p. 18.

品在世界经济中价格的波动而在阶级光谱的两端无助游走。①

这样的社会结构导致即便印尼社会的阶级裂隙日益扩大，印尼农民的不满也主要指向了荷兰统治者而非更广义的地主阶级和种植园主阶级。1900年，荷兰政府仅以 250 名欧洲人和 1500 名本地人作为公务人员，统治着 3500 万殖民地的臣民。② 这种间接统治的模式意味着外来殖民政权与当地统治阶层保持合作关系，旧的政治秩序连同它的统治阶级一起保留了合法性。直到 20 世纪初叶，荷兰人还继续依靠传统的法律来解决争端，给当地上层造成一种仍然以世袭继承者至高无上的权力来保持政府职能发挥的感觉。③根据荷兰殖民者建立的二元法律体系，对荷兰人和其他"欧洲人"的管辖权、立法和法律程序必须尽可能依据符合荷兰现行法律和程序的规章和法令（所谓的协调原则）。而印尼"本地人"则受制于他们自己的"宗教法律、制度和习俗"。④

很清楚的是，爪哇农民在所谓的"自由主义"中并没有活力，甚至在国家独立之后，糖业生产对他们而言也仅仅只是一项义务而非寻求经济收益的途径。阶级裂隙与社会分层使 20 世纪之后的印尼呈现出了"金字塔"式的权力格局：居于塔尖的是以荷兰人为中心的国际金融资本家、欧洲的农矿业企业家、资本地主和大批发商人、封建领主和殖民官僚地主、新兴地主和富农；中等商人、小商贩、近代交通业工人、大批手工业者和大批

---

① Clifford Geertz, *The Social History of an Indonesian Town*, New York: Greenwood Press, 1975, p. 46.

② [澳] 阿德里安·维克尔斯：《现代印度尼西亚史》，何美兰译，世界知识出版社 2017 年版，第 145 页。

③ [新西兰] 尼古拉斯·塔林主编：《剑桥东南亚史》第 2 卷，王士录等译，云南人民出版社 2003 年版，第 80 页。

④ C. Fasseur, "Colonial Dilemma: Van Vollenhoven and the Struggle between Adat Law and Western Law in Indonesia", in Jamie S. Davidson and David Henley, eds., *The Revival of Tradition in Indonesian Politics*, New York: Routledge, 2007, p. 50.

从事于原始生产的劳动者、种植农园工人、矿工和家庭佣工处于中层,当然他们之间差距同样巨大;而从事于原始生产的劳动者,是印度尼西亚土地上巨大财富的创造者,也是最受压迫、处于最底层的劳动人民。① 这种结构将展现出持久韧性,并在之后的民族解放运动以及历次政权、政策变迁中安然无恙。

那么,我们应当如何评价荷兰殖民者在印尼的统治呢?不少学者对殖民地政府赞誉有加,认为经济发展与社会秩序的实现有赖于所谓"守夜人国家",殖民政策首先是一个执行的工具,而不是一个健全的行政管理所带来的相互竞争的社会需求。② 荷兰对印尼的基础设施建设也在客观上起到了不少积极作用,甚至在19世纪末20世纪初,殖民者提出了通过兴办教育、兴修水利和招揽移民的"道义政策"(Ethical Policy)。1929年,印尼在经济服务方面的支出相对于国民收入的比例高于十年前的日本,尽管政府支出占国民收入的比例可能略低。基础设施的发展更多的是对出口经济要求的一系列零碎反应的结果,而不是任何伦理上关于改善民众的考虑。在这方面,印度尼西亚可能与其他许多热带殖民地没有太大的区别。在印尼殖民时代,政府投资在基础设施退役中发挥着至关重要的作用,如果政府特别是中央政府的权力变弱,许多基础设施将不可避免地年久失修。在1900年之后,殖民政府结束了所谓的提高当地人福利的"道义政策"。相反,鉴于苏门答腊岛爆发的战争以及越来越多的民族主义运动,当地政府更愿意增加开支以加强对各类政治势力的把控。

但从总体来看,人们普遍认为爪哇人的生活水平自19世纪以来普遍下降。基于此,殖民者采取了一系列措施,包括改善农业和农村基础设施建设,改善教育环境以及人口的跨岛屿迁徙等。与此同时,政府还试图弥合

---

① 王任叔:《印度尼西亚近代史》,北京大学出版社1995年版,第805页。
② Harry Benda, "The Pattern of Administrative Reforms in the Closing Years of Dutch Rule in Indonesia", *Journal of Asian Studies*, Vol. 25, No. 4, 1966, pp. 589–605.

殖民者与土著之间长期存在的紧张关系,派专人对土著居民的土地使用权、税收负担以及一系列的经济社会问题进行了调查。然而这些做法却基本没能产生什么影响。由于国家财力的问题,种种设想在20世纪20年代开始偃旗息鼓,而"大萧条"更是雪上加霜。1929年后,政府对印尼基础设施投资预算的削减尤为严重。① 尽管殖民政策承诺要增进爪哇人的个人福利,但在整个19世纪期间,爪哇农民变得更加贫穷,在自由主义时期的下半期(1885—1900年)生活水平更是严重下滑。对荷兰殖民者统治末期的爪哇种植园工人和其他工人的调查显示,种植园苦力与当地农民每日获取的能量远低于保持身体各器官正常运转的最低要求,这也是爪哇农民普遍寿命短、死亡率高以及当地人健康状况不佳的重要原因。②

◈ 第三节 殖民统治下的菲律宾:
从西班牙到美国

在本书所分析的四个案例中,菲律宾的特殊性在于它展现了一种世界政治中较为罕有的现象——逆发展。如第一章所言,国家之间的相对发展水平从长时段来看往往是比较稳定的,即穷国长期以来一直是穷国,富国长期以来一直是富国。然而,有少数国家却从富国滑落至了穷国(更确切地说是中等收入水平国家),南美的阿根廷和本书关注的菲律宾即为典型。

在殖民时期结束时,阿根廷就已经是美洲大陆最富有的地区之一。从

---

① Anne Booth, *Agricultural Development in Indonesia*, Sydney: Allen and Unwin in Association with the Asian Studies Association of Australia, 1988, p. 145.

② Anne Booth, "Living Standards and the Distribution of Income in Colonial Indonesia: A Review of Evidences", *Journal of Southeast Asia Studies*, Vol. 29, No. 2, 1988, pp. 310 – 334.

国家独立到20世纪30年代，阿根廷一直保持着较高水平的发展。尤其是从1870—1913年，阿根廷经历了国家发展历程中的"黄金时代"，其人均国内生产总值与法国和西班牙、葡萄牙和奥地利等欧洲大国的产出相当。[1] 然而，20世纪中叶之后，阿根廷的发展水平已经无法与欧洲比肩了。到20世纪末，阿根廷的人均国内生产总值只有西班牙的一半左右。这一令人迷惑的发展现象，构成了学者们为之孜孜探索的"阿根廷之问"（Argentine Question）。[2] 类似地，菲律宾也经历了由盛转衰的过程。作为西班牙殖民统治下世界白银贸易的最大周转中心，菲律宾是19世纪东亚甚至整个亚洲最富裕的国家，且经济发展优势甚至一直延续到20世纪60年代。为此许多国际经济机构预测，拥有丰富自然资源和高素质劳动力的菲律宾一定会实现更高水平的发展。但事与愿违，菲律宾并没有按照乐观者的预期发展下去。如今的菲律宾不平等问题十分严重，腐败横行，暴力频发。

为此，不少学者将逆发展归咎于腐败的政治生态、低质量的民主选举、盘根错节的家族政治等。[3] 然而，这些原因以及学者们建构的诸如"恩庇侍从关系"等抽象概念，其实都只是围绕菲律宾政治社会现状的总结——借用诺斯的话就是，它们不是逆发展的原因，而是逆发展本身。这意味着研究者应当在更为复杂的发展进程中寻找这些现状性结构的历史起源，探索菲律宾权力精英是如何形成、流变并在各种变革中始终保持其优势地位。

---

[1] Angus Maddison, "A Comparison of Levels of GDP Per Capita in the Developed and Developing Countries, 1700 – 1980", *Journal of Economic History*, Vol. 43, No. 1, 1983, p. 30.

[2] Carlos H. Waisman, *Reversal of Development in Argentina: Postwar Counterrevolutionary Policies and Their Structural Consequences*, Princeton: Princeton University Press, 1987, pp. 3 – 11.

[3] James C. Scott, "Patron-Client Politics and Political Change in Southeast Asia", *American Political Science Review*, Vol. 66, No. 1, 1972, pp. 91 – 113.

一　西班牙殖民下的贸易寡头与土地精英

在遭遇西方列强殖民侵略之前，菲律宾并不存在近代意义上的国家形态和政权组织，政治权力分散于众多独立王国和地方部落。15世纪左右，虽然在他加禄和米沙鄢族的社会中还有较多的奴隶制残余，但在吕宋、帮加锡南等地已经出现了以劳役地租和实物地租形式的封建剥削关系。此时，以血缘为基础的巴朗盖社会（Barangay）为菲律宾主要的社会形态，它是一种既有奴隶制关系又有封建制关系的"混合体"。这种社会形态尚属于原始社会的末期，或是处于一种由原始社会逐渐向阶级社会演进的"过渡状态"。①

西班牙殖民对菲律宾最大的贡献可能是第一次将这些群岛在政治上统一起来，并与西属拉美殖民地建立起了持续近两个世纪的商业联系。② 西班牙人于1571年在马尼拉建立了殖民据点，并在之后漫长的时间里逐步将他们在拉丁美洲的殖民经验移植到菲律宾：一是在政治上实行专制主义的统治方式，自上而下地建立一整套殖民行政机构；二是实行政教合一，天主教会成了西属菲律宾殖民地的重要统治支柱；三是引进封建的赐封制度，把殖民掠夺与封建剥削结合起来；同时，推行重商主义，建立对外贸易的国家垄断制。③ 封建式的代理人作为人民的直接统治者，负责收税收租和行使法律裁决。传教士在权力体系中同样扮演着举足轻重的角色，他们仿佛"涂了圣油的警犬"对普通民众耀武扬威。教会势力在18世纪前后达到了

---

① 何平：《东南亚的封建—奴隶制结构与古代东方社会》，云南大学出版社1999年版，第156—157页。

② [美]约翰·F.卡迪：《东南亚历史发展》，姚楠、马宁译，上海译文出版社1988年版，第293页。

③ 梁志明主编：《殖民主义史：东南亚卷》，北京大学出版社1999年版，第83—84页。

第三章 大转型：遭遇西方与阶级重塑 | **135**

巅峰，马尼拉主教的权力仅次于总督，而且根据1725年西班牙国王颁布的敕令，殖民地总督在任期间若因病去世，则由主教临时担任总督。这样一来，宗教集团事实上已经占据了上风，教士经常抵制总督的权力，甚至煽动暴徒攻击政府官员。从权力分布状况来看，来自西班牙的世俗殖民者们主要集中于首都马尼拉，而分布于各地区的地方官员与传教士则统治着五十多万的菲律宾人。毋庸置疑，政教合一的统治模式对菲律宾造成了巨大影响。

对于来到菲律宾的西班牙殖民者而言，恶劣的自然环境以及匮乏的矿产资源更让他们缺少长期定居的意愿。殖民地的神职人员和政府官员经常抱怨道，许多来自墨西哥的商人来到菲律宾只是为了在大帆船贸易中发财，他们来到菲律宾最多待三年，其中很多要么是逃跑的贵族、商人，要么是陪同总督的几个人。[①] 在这种情况下，致力于使殖民地居民基督教化的宗教力量无可置疑地在菲律宾政治体系中具有主导地位。然而，无论是宗主国官员还是教会人员的数量都是极其有限的，为了更好地维系统治，他们将菲律宾传统社会中的酋长制完好无损地保留下来。村民们继续帮助酋长和头人收割水稻，建造房屋，并把部分产品献给他们，而这些"达都"酋长们完全免交贡物。随着时间推移，在酋长阶层中出现了一种土生土长的封建制度，它为乡村居民和西班牙当局之间提供了一种必要的联系。殖民者剥夺了这些传统地方精英曾享有的某些世袭权力，其权力来自殖民政府的授权，从而使得他们更加依赖于殖民体系。酋长制度在很大程度上抑制了菲律宾的国家建设步伐，并为当代盘根错节的家族政治网络恩庇侍从关系奠定了基础。

但是，纯粹的间接统治方式并不足以理解西班牙殖民者是如何重塑了菲律宾的政治社会生态——它至多展现出传统社会的延续性。更为关键的

---

① Nicholas P. Cushner, *Spain in the Philippines: From Conquest to Revolution*, Quezon City: Ateneo de Manila University Press, 1971.

是，殖民时期的西班牙为了推动财富积累所形成的阶级重塑行为，其中最为关键的事件当属"大帆船（Galeones）贸易"所形成的商业体系和精英群体。大帆船贸易最繁荣的年份是16世纪中后期至17世纪初，满载着中国货物的帆船从菲律宾的马尼拉出发，驶向墨西哥西海岸的港口城市阿卡普尔科，然后再满载着白银返回马尼拉。如此往复，大帆船贸易给菲律宾殖民者带来了高达600%甚至800%的惊人的利润。[1] 西班牙殖民帝国所制定的贸易规则授予一些商业精英以贸易垄断权，因此在菲律宾的重要港口城市，重商主义精英兴起了，这意味菲律宾的权力精英第一次被注入经济层面的意涵。

在18世纪初，西班牙的统治权从哈布斯堡王朝转移到波旁王朝。受到当时欧洲自由主义思潮的影响，从宗主国到殖民地都出现了程度不一的具有自由主义性质的政治经济改革。改革取消了对港口与运输船只的限制，承认大西洋贸易的合法化，同时削弱了一些地区的商人垄断，增加新兴经济体中参与者的竞争能力，并赋予殖民地更多地方自主权。[2] 改革成效直接体现在贸易领域，到18世纪80年代，西班牙殖民地商品的价值增加了10倍之多，而抵达殖民地的进口商品价值增加了4倍。[3] 随着出口经济的繁荣，马尼拉成为真正的商业中心。出口经济的繁荣对菲律宾的社会结果产生了深远的影响，之前重商精英业已取得的权力随着贸易的扩大得到进一步巩固。

然而，繁荣的贸易线却被拉美独立运动的浪潮打断。随着1815年4月西班牙国王下令宣布停止马尼拉与墨西哥之间的贸易往来，曾经如火如荼

---

[1] John Leddy Phelan, *The Hispanization in the Philippines: Spanish Aims and Filipino Responses, 1565–1700*, Madison: University of Wisconsin Press, 2010, pp. 42–43.

[2] Jacques A. Barbier, "The Culmination of the Bourbon Reforms", *Hispanic American Historical Review*, Vol. 57, No. 1, 1977, pp. 51–68.

[3] John Fisher, "Commerce and Imperial Decline: Spanish Trade with Spanish America, 1797–1820", *Journal of Latin American Studies*, Vol. 30, No. 3, 1998, p. 460.

的大帆船贸易被画上句号。1821年墨西哥独立之后,菲律宾与墨西哥之间的贸易往来更是陷入停顿状态,菲律宾殖民政府因此失去了至关重要的财政收入。为了开辟新的收入渠道,西班牙殖民者开始在菲律宾实行经济改革,他们让菲律宾农民种植欧洲市场所需要的烟草、甘蔗、香蕉、可可等经济作物,并推行烟草专卖。到1790年,政府成功迫使马尼拉所有烟草经营商将烟草卖给王室承包商,随后开始了卷烟的集中生产。为了扩大经济作物的出口,西班牙殖民者对传统的菲律宾土地占有模式进行了根本变革以便建立大型种植园。"对于菲律宾的土地所有制度而言,西班牙最大的发明即引入了私有产权的概念"[1]。在系统化的土地改革到来之前,菲律宾本地居民长期以来并不存在土地财产观念,人少地多的现实使得劳动力资源更为珍贵。殖民者到来之后,土地公有制逐渐解体。殖民者承认村社首领拥有村社土地的所有权,他们可以将土地自由出售。因此早在1591年,初入菲律宾的西班牙殖民者就已向六十余万人敕封了土地。[2] 虽然那时的殖民者远没有统治菲律宾全境并进行系统性土地再分配的能力,但这一行为却暗示了他们已经将殖民地的土地视作自己的私有财产。

19世纪以来,从中心到边缘的整个世界体系逐渐被自由主义囊括进来,农业商品化的进程在殖民地也愈加深入。这两大趋势交织在一起,共同推动着以雇佣劳动为特征的传统种植园与现代资本主义大种植园的崛起。为了刺激种植园的发展,西班牙殖民者承诺只要买主将土地用于种植经济作物,那么政府将以十分低廉的价格出售。[3] 这样一来,传统世界的权力精英们就可以通过极低廉的价格攫取大量土地。凭借贸易往来中获得

---

[1] Marshall S. McLennan, "Land and Tenancy in Central Luzon Plain", *Philippine Studies*, Vol. 17, No, 4, 1969, p. 656.

[2] [菲律宾] 格雷戈里奥·F. 赛义德:《菲律宾共和国:历史、政府与文明》,吴世昌、温锡增译,商务印书馆1979年版,第163页。

[3] Leslie E. Bauzon, *Philippine Agrarian Reform, 1880–1965*, Institute of Southeast Asian Studies, 1975, p. 9.

的巨大经济优势,昔日叱咤风云的贸易寡头摇身一变,成为坐拥土地无数的大地主或大种植园主。当这些商业与土地所有者相互交融并建立联盟时候,赫赫有名的商业—土地精英(Merchant-landed Elite)便诞生了。他们与西班牙在拉美殖民地所形成的重商主义联盟如出一辙——他们以土地为基础,普遍从事劳动依赖型农业,"使资本处于停滞,抑制了投资与创新活动,与那些更富有远见的资产阶级形成鲜明的对垒之势,进而阻碍了发展"[1]。

在土地兼并的过程中,教会势力也卷入进来。他们从马尼拉附近的郊区村社开始,不断将魔爪延伸到吕宋岛之外的其他岛屿。在获取土地的方式上,教士们的卑劣手段可谓无所不用其极:有时他们通过高利贷掠夺土地,有时他们诱骗土著居民将土地"捐赠"给教会,有时直接利用法律漏洞强取豪夺。到19世纪,占全国耕地1/10、总面积约40万公顷的土地被教会收入囊中。[2] 随着商品经济的深入,各种生活所需的物品都需要资金,这无疑加重了普通民众的生活负担。大多数农民仅靠种植蔬菜和水稻维持生计,他们几乎没有什么剩余的生活必需品。农民生产了大量粮食作为出口作物推动了菲律宾成为东南亚最富庶的地区,但这些底层民众反过来又不得不购买价格高昂的粮食以养家糊口。随着菲律宾人口压力不断加剧——从1820年的大约220万人增长到1846年的400万人,1898年的650万人[3]——许多家庭农场被不断分割。这些原因交织在一起,结果就是许多家庭失去了土地。经济繁荣并没有实质性地推动菲律宾实现发展,财富被贸易寡头和土地精英所攫取。

---

[1] James Mahoney, *Colonialism and Postcolonial Development: Spanish America in Comparative Perspective*, New York: Cambridge University Press, 2010, p. 260.

[2] 何平:《殖民地时期菲律宾的西班牙教会地产》,《东南亚纵横》1991年第2期。

[3] 参见 Onofre D. Corpuz, *The Roots of the Filipino Nation*, Quezon City: Aklahi Foundation, 1989.

二 美国殖民统治与封建制民主的兴起

随着大帆船贸易归于沉寂,菲律宾与宗主国建立起更为直接的联系,越来越多的西班牙商人与教士来到马尼拉。新的中产阶级慢慢出现,他们生活富裕,接受过良好的教育,深受西方文化影响,正是这些人打破了昔日使菲律宾社会与外界隔绝的孤立主义。① 本土中产阶级和商业—土地精英之间的摩擦日益严重,这种冲突为民族主义运动奠定了基础。我们注意到,菲律宾是东南亚国家中较早出现民族主义萌芽的地区,但民族主义者们的诉求主要停留在政治层面而非社会层面:领导人努力在西班牙帝国中获取平等的权利,尤其是教会以及土地所有权等方面与殖民者能够对等,但他们却并不想摧毁现有的社会结构。②

美国的出现对菲律宾政治发展而言同样具有分水岭式的意义。综观当时的世界局势,帝国主义已掀起了瓜分世界的狂潮,美国作为一个后起之秀自然不甘落后。然而,美西两国在菲律宾的易主或许来自一个偶然事件。1898 年 2 月 15 日夜,美国战舰"缅因号"在哈瓦那港口被炸沉,美西两国兵戎相见。美西战争爆发后,时任美国总统西奥多·罗斯福下令美国海军进攻停泊于马尼拉湾的西班牙舰队。5 月 1 日清晨,杜威(George Dewey)率领的舰队驶入马尼拉湾并摧毁了几乎所有的西班牙船只。但由于自身兵力不足,杜威选择联系流亡于中国香港的菲律宾民族主义领袖阿奎纳多(Emilio Aguinaldo),通过与菲律宾本土人士的合作以推翻西班牙在菲统治。1898 年 6 月 12 日,菲律宾宣布独立。经过两年断断续续的武装斗争,菲律

---

① [英]D. G. E. 霍尔:《东南亚史》,中山大学东南亚史研究所译,商务印书馆 1982 年版,第 814 页。

② Harry J. Benda, "Political Elites in Colonial Southeast Asia: An Historical Analysis", *Comparative Studies in Society and History*, Vol. 7, No. 3, 1967, pp. 233–251.

革命军陆续清除了群岛上的西班牙驻军,西班牙统治的终结就在眼前。然而也正在此时,美国政府开始筹划与西班牙的外交谈判,最终,西班牙以2000万美元的价格割让了菲律宾。这刺激了菲律宾民族主义者,他们反过来将斗争的矛头指向了美国。经过近四年的时间,美国通过武装力量粉碎了菲律宾民族主义起义并俘虏了阿奎纳多。至此,菲律宾正式沦为美国的殖民地。

19世纪末20世纪初,美国的经济总量超越了英国,工业革命的非凡成就加之当时颇为流行的社会达尔文主义使得美国这个新兴大国认定自己是"上帝的选民",并深信他们的政治与经济制度具有无比优越性。美国采取了一种至少在形式上完全不同于西班牙的统治策略,美国殖民者期待以菲律宾殖民地为样本以展示落后国家如何效仿美国的制度模式以走向成功。[1] 我们不难发现,美国在菲律宾的统治似乎是在东南亚所有殖民政权中最雄心勃勃的,他们意图在殖民地推行一套全新的治理模式以彰显宗主国的制度优越性。

自1899年从西班牙手中夺取菲律宾群岛后,美国时任总统威廉·麦金利(William Mckinley)开启了所谓的"文明改造"计划。到威廉·霍华德·塔夫脱(William Howard Taft)执政期间,美国开始按照自己的路线重塑菲律宾社会。塔夫脱政府向菲律宾引进了"美国所有的基本的民主制度",改革的内容涉及改进地方政府机构、完善选举和司法程序、在中央政府与地方政府建立政党选举体系等。[2] 其中,最核心的一项议程是革除西班牙统治时期所遗留的诸多弊政,包括导致民怨沸腾的"教会大地产制"。在美国接手菲律宾之时,教会势力已占有约13万英亩的良田,其中一半在马尼拉附

---

[1] [美]霍华德·威亚尔达:《新兴国家的政治发展———第三世界国家还存在吗?》,刘青、牛可译,北京大学出版社2005年版,第156—157页。

[2] Garel A. Grunder and William E. Liverze, *The Philippines and the United States*, Norman: The University of Oklahoma Press, 1951, pp. 112-124.

近。而且教士们习惯性地插手各类地方事务，人口统计、监狱管理、地方警务、政府预算、税收政策乃至土地划分都被他们把持，这无疑引起了菲律宾民众的普遍不满。①

为此，美国殖民当局废除了西班牙教会的各项特权，并在1903年以7239784美元的价格购得41万英亩教会的土地，并声称将这些土地分块出售给佃农。在程序上，这的确看似是一项公平公正的举动；但从实际效果来看，极端不平等的社会现实只能让这些"善举"最终事与愿违。拍卖教会土地虽然缓和了民众因土地分配不均而引发的强烈不满，但事实上，美国所规定的土地价格远远超过了普通民众的经济承受能力，土地最终还是流入了上层阶级手中。②尽管美国殖民者希望通过修订土地法以重新分配天主教会拥有的16.6万公顷土地，但绝大多数土地最终被菲律宾的大地主与美国的资本集团所攫取。政府为了在土地再分配过程中谋取利益，制定了很高的定价，从而使得普通民众难以支付。1903—1933年，菲律宾的土地租佃率从18%上涨到35%，这昭示了美国在菲土地改革的失败。③

土地再分配最终失败了，但即便论及殖民者的"动机"，我们依旧没有任何理由在道德层面称赞美国。对于来自宗主国的政治精英而言，他们的统治有赖于寻求本土的、新的经济精英以建立统治联盟。基于土地的财富再分配，的确是一种打击旧的教会势力、寻求新的地主阶级联盟的重要手段。在菲律宾农村，美国保留了西班牙人留下的大地主土地所有制。天主教团的经济实力虽被削弱，但封建大地产制问题却没有解决，地主阶级的势力反而加强了。此外，殖民当局还通过颁布《土地登记法》《地籍法》等

---

① [美]约翰·F.卡迪：《东南亚历史发展》，姚楠、马宁译，上海译文出版社1988年版，第592页。

② Renato Constantino, *A History of the Philippines: From the Spanish Colonization to the Second World War*, New York: Monthly Review Press, 1975, p. 348.

③ Jeffrey M. Riedinger, *Agrarian Reform in the Philippines, Democratic Transitions and Redistributive Reform*, Stanford: Stanford University Press, 1995, pp. 86–87.

手段,"合法地"掠夺菲律宾农民的土地和公有地。由于封建的地租和高利贷的盘剥不断加强,菲律宾农村的土地兼并与两极分化在美国殖民时期日益发展,加上政府的苛重赋税,广大农民的生活苦不堪言,"美国在东南亚的政策事实上和其他欧洲各殖民政权相比而言几乎没有任何差别"[1]。宗主国的变更并没有改变地主与农民之间的关系,虽然西班牙统治者被赶跑了,但菲律宾的上层阶级马上填补了权力的真空。对于凄惨境遇的农民而言,美国的到来似乎给他们带来了一线希望。然而事与愿违,美国并没有就阶级结构做出丝毫的改革。美国人所领导的政府"被地主阶级所垄断,而这个阶级已经在西班牙殖民时期充分习得了严酷剥削的各类手段"[2]。

不单受益于土地改革中攫取的大量土地,菲律宾地主阶级同样在美国主导的商品化浪潮中进一步巩固并扩大了自身实力。美国市场对菲律宾农产品的开放,固然有利于大规模的农业生产,但同时也彻底地瓦解了传统的经济。糖类是19世纪中后期菲律宾的支柱产业之一,长期占据出口经济总份额的三分之一以上。在这个过程中,一些私人公司和大庄园主继承了教会和教士的土地所有权,他们纷纷开启新的甘蔗种植园。这些以糖为产业的地主阶级比曾经那些以稻米为基础的地主阶级更为强大,菲律宾政治生活中许多重要的人物都来自产糖的省份。[3] 相较于19世纪由国家强制推行的爪哇糖业生产相比,菲—中混血儿则成为菲律宾制工业在资金和企业方面的主要支持者,"这种由土著种植园主阶层管控菲律宾制糖业的独特形式意味着从长远来看,正如在热带非洲的其他地区一样,种植园主成为塑造菲律宾民族主义和现代菲律宾国家的世袭上层保守阶级,他们尚未被20

---

[1] Jan Pluvier, *South-East Asia from Colonialism to Independence*, Kuala Lumpur: Oxford University Press, 1974, p. 368.

[2] Teodoro A. Agoncillo, *History of the Filipino People*, 8th ed., Quezon City: Garotech Publishing, 1990, pp. 443-444.

[3] Erich H. Jacoby, *Agrarian Unrest in Southeast Asia*, 2nd ed, New York: Columbia University Press, 1961, p. 170.

世纪的民族主义所袭击和边缘化"①。到 1898 年,菲律宾已经成为世界上最主要的热带商品出口国之一,菲律宾的大地主们已经获得了远超其祖辈的财产。

在旧的秩序中,美国对菲殖民的"民主改造"必然产生南辕北辙的后果。美国将政党选举、宪法修订、依法治国、三级央地管理体系等为特征的民主体制移植到它的东南亚殖民地,并分别在 20 世纪头十年逐步建立起从地方到中央的各级选举。推行民主化以来,菲律宾出现了形形色色的政党组织。但这些政党没有任何群众基础,政党之间也并没有重大区别,其组成人员都是各地区的政治经济精英,以政党领袖为核心的关系网络成为使这些权力精英联合起来的中间纽带。② 民主化远没有塑造一个代表集体利益的政治机构,普通民众在高度限制的选举规则中难以真正参与政治生活,这一点在 1907 年第一届国民议会的议员参选条件中尤为明显。

(1) 男性;(2) 年龄 23 岁或以上;(3) 在选举前的六个月内居住在菲律宾;(4) 属于下列三种类别中的任何一种:会说、会读、会写英语/西班牙语的人;拥有价值至少 500 英镑的不动产的人;在 1899 年之前担任过地方政府职务的人。③

对选举权的身份限制使得"地方的、特殊的、以赞助人为基础的企业和网络将成为选举竞争的基石",并保证了地方寡头"对国家资源、人员

---

① [澳] 安东尼·瑞德:《东南亚史:危险而关键的十字路口》,宋婉贞、张振江译,上海人民出版社 2021 年版,第 268—269 页。

② Patricio N. Abinales and Donna J. Amoroso, *State and Society in the Philippines*, Lanham: Rowman and Littlefield, 2005.

③ Luzviminda G. Tangcangco, "The Electoral System and Political Parties in the Philippines", in Raul P. de Guzman and Mila A. Reforma, eds., *Government and Politics of the Philippines*, New York: Oxford University Press, 1988, p. 81.

和监管权力的自由裁量权为私人资本积累提供了巨大的机会"①。而美国当局对"自下而上的民主"所抱有的幻想,即推动地方自治建设,更加将权力的天平导向了精英这端,菲律宾群岛的大地主和大种植园主、地方政治豪强以及伊卢斯特拉多(Illustrado)阶层——在西班牙统治后期兴起的民族资产阶级——加强了他们在菲律宾政治及经济秩序中的地位。美国面对的是西班牙殖民者遗留的碎片化权力景观,不同利益集团之间都在运用手段图谋私利,而国家权力本身却被渗透或拆解。中央政府对地方政府的赋权行为都落到了少数人手里,执掌权力的人几乎全部来自地主绅士阶级。尽管地方自治鼓励创办学校,但普通人并不具备准入资格,从而导致学校成为权力精英实现"阶级再生产"的场域。② 尽管自治政府的活动处在美国的监督和控制之下,但是权力精英还是能够利用国家官僚机构来扩大他们的利益,并在更大的程度上剥削国内的工人和农民。对于美国当局来说,地主阶级的合作是重要的,所以当局没有采取任何措施去破坏那些大庄园。这使他们在国家经济中占有相当大的份额,同时削弱了中央政府对各省的控制。因此,公共资源私有化加强了少数家族,同时削弱了国家资源和官僚机构。③ 菲律宾的商业—土地精英在自治时期更加肆无忌惮地掠夺农民土地,到20世纪中叶,他们已经占有了国内近一半以上的耕地。④ 对此,我们不妨看一下本尼迪克特·安德森的尖锐批评。

---

① [新西兰]尼古拉斯·塔林主编:《剑桥东南亚史》第2卷,王士录等译,云南人民出版社2003年版,第81页。

② 参见[法]皮埃尔·布尔迪厄、[法]J. C. 帕斯隆《一种教育系统理论的要点》,邢克超译,商务印书馆2021年版。

③ Alfred W. McCoy, "An Anarchy of Families: The Historiography of State and family in the Philippines", in Alfred W. McCoy, ed. , *An Anarchy of Families: State and Family in the Philippines*, Quezon City: Ateneo de Manila University Press, 1994, p. 10.

④ 金应熙主编:《菲律宾史》,河南大学出版社1990年版,第537—538页。

首先，菲律宾选举的语言、财产和教育的限制性条件设置得非常之高，迟至二战前夕，只有大约14%的殖民地成年人口有权投票。这一机制事实上将合法参与权限制在一个小小的阶层中，那些人掌握了英语或西班牙语，并且/或者家产殷实。其次，美国制度是单名选区制，还要求候选人在选区里有依法登记的住所，它与殖民地的种族—语言上的异质性相结合，呈现出一种异乎寻常的寡头色彩。（西班牙语从未像在拉丁美洲那样，成为那里的通用语，而英语不过刚刚开始侵入。）所以地方巨头政客们不仅能够盘踞在当地的钱权关系和恩庇关系的围墙后边，也能够盘踞在语言的围墙后面。它跨越整个群岛分散权力，同时确保各省的巨头们在马尼拉有差不多平等的代表权。最后一项恶性特征是：寡头集团这种分权化体制的发展，又加上未能创建一个职业的中央官僚机构。《哈奇法案》（Hatch Act）之前的美国惯例迁移到了菲律宾，产生一个迅即菲律宾化的政府机器，它听命于国会的寡头们，跟东南亚其他任何殖民地比起来，更腐败，更不统一。①

当民主意味着扩大实质性政治权利时，"地主对劳动力控制机制的依赖，包括奴隶制、契约佣工制和劳役偿债制，以限制劳动力流动并确保劳动力的充足供给，显然不仅与民主不相容，也与全面确立自由资本主义原则不相容"②。然而，当民主被狭义地定义为竞争性选举即党争民主之后，民主却完全可以沦为精英间分享权力以及实现对民主进行合法统治的工具，"民主没有帮助菲律宾的民众从寡头政治那里实现更多的资源再分配，相

---

① ［美］本尼迪克特·安德森：《比较的幽灵：民族主义、东南亚与世界》，甘会斌译，译林出版社2012年版，第352—353页。
② ［美］迪特里希·瑞彻迈耶、［美］艾芙琳·胡贝尔·史蒂芬斯、［美］约翰·D. 史蒂芬斯：《资本主义发展与民主》，方卿译，复旦大学出版社2016年版，第380页。

反，民主反而令寡头们通过选举程序而免于各类威胁"①。于是，在美国的所谓的民主化改革中，菲律宾就形成了所谓的"封建制民主"，也就是把一种所谓"现代"的选举民主形式嵌入"前现代"的社会结构中所形成的政体形式，具体而言，即"地主精英通过竞争性选举获得政治权力来维护阶级整体利益和平衡阶级内部利益"②。自此之后，即便菲律宾实现了独立并在民主与专制中摇摆，但封建制的结构性特征却一直延续下来。

◇ 第四节　泰国传统社会的延续

1238年素可泰王朝的建立往往被视作泰国历史的起点，其后，泰国先后历经了阿瑜陀耶王朝、吞武里王朝以及如今依旧是泰国王室的曼谷王朝。不同于其他东南亚国家，泰国自始至终都没有成为西方列强的殖民地——诚然，在殖民主义扩张过程中不可避免地丢失了不少土地并被迫签署不平等条约——这使得泰国展现出了更加完整的历史延续性。笔者无意将这种延续性的起点追溯过早，而是着重分析这种延续性所赖以存在的经济社会基础。同以上三个国家一样，本部分主要关注19世纪以来的历史进程。而此时，这方位于中南半岛的国家尚不叫泰国，而叫暹罗（Siam）。

一　萨迪纳制：暹罗封建社会的基础

当原始社会在暹罗地区趋于瓦解的时候，奴隶制与封建制的社会形态

---

① Dan Slater, Benjamin Smith, and Gautam Nair, "Economic Origins of Democratic Breakdown? the Redistributive Model and the Postcolonial State", *Perspectives on Politics*, Vol. 12, No. 2, 2014, p. 366.

② 何家丞：《论封建制民主——菲律宾的民主模式及其在发展中国家的普遍性》，《世界经济与政治》2020年第1期。

同时萌生了。封建因素很快发展成占据主导地位的生产关系，"在泰族部落公社制逐渐瓦解的条件下，封建经济结构的成分逐渐产生，这些因素同泰族在高棉帝国所接触到的社会关系相互影响，暹罗封建制度便是在这种相互影响的过程中形成的……随着历史的发展，泰族部落对领土的集体所有制度变成了封建国家的土地所有制……在封建制度发展过程中，部落首领转变为封建主"[1]。直到19世纪中叶，"萨迪纳制"（Sakdi Na System）一直是暹罗封建社会的基础。该制度最早出现于13世纪，在15世纪中叶阿瑜陀耶王朝的戴莱洛迦纳统治时期（1448—1488年）以法律的形式确定下来。值得注意的是，将欧洲经验总结产生的"封建主义"（Feudalism）用于描述其他地区的传统社会结构固然是欠妥的，尽管西方学者喜欢用封建主义描述暹罗的早期社会形态，泰国学者也倾向于把"萨迪纳"翻译为"封建主义"，但泰国的萨迪纳制并不完全等同于欧洲的封建主义。笔者是在"概念旅行"（Concept Traveling）的过程中赋予了这些社会形态以可比性意涵[2]，因此为了便于理解和分析，我们依旧可以将萨迪纳制表述为暹罗封建社会的基础。

"萨迪纳"一词源于泰语，其中"萨迪"（Sakdi）意为"权利"与"尊严"，"纳"（Na）意为"稻田"与"土地"。由此可见，古代暹罗将权力与土地占有联系在一起。当然，与前文所述的案例一样，传统暹罗社会主要是在"领土职能"而非"生产资料职能"的层面看待土地。据可靠文献显示，1466年颁布的两部有关土地占有的法令详细规定了王室以及中央和地方各级官员的授田级别，并以授予田地的多寡为标志体现出全国居民的身份等级。例如，王室成员最高可获得10万莱（莱是古代暹罗的计量单

---

[1] ［苏］尼·瓦·烈勃里科娃：《泰国近代史纲》，王易今等译，商务印书馆1974年版，第11—14页。

[2] 参见 Giovanni Sartori, "Concept Misformation in Comparative Politics", *American Political Science Review*, Vol. 64, No 4, 1970, pp. 1033 – 1053.

位，1 莱约合中国 2.4 亩）的土地，地方官员最高可被授予 1 万莱，农民从 10 莱到 30 莱不等，各类奴婢则一律 5 莱。① 当萨迪纳制度确立之后，泰国社会逐渐形成了两大阶级：一方面是皇室、官僚贵族组成的统治阶级（Phu-di），他们拥有大量土地并依靠农奴无偿提供税负和劳务；另一面则是由占大多数的农民所组成的被统治阶级（Rasa don），在被统治阶级内部，又进而区分为负徭役者（Phrai）和奴隶（That）两个阶层。虽然这些体系似乎允诺所有人都可以分得一份土地，但负徭役者和奴隶其实都只是获得了土地的使用权。

土地所有权和使用权的分离意味着萨迪纳制不仅包括土地占有关系，还包括人身依附关系，这似乎与世界上其他地区的封建主义有很大相似之处。但进一步分析表明，暹罗的权力精英与西欧或日本的封建主还是存在巨大差异的。萨迪纳制度体系中一项贯穿始终的原则是国王土地所有制，各封建主在这一原则的基础之上坐拥土地，但国王同样有权力收回授予的土地。这一特征与更为普遍的封建土地私有制形成了鲜明的对比：在封建主义的土地所有制原则下，封建关系是建立在土地占有关系的基础之上，封建主的权力来自土地，他们主要以经济精英的形态而出现；古代暹罗的封建关系建立在对人力控制的基础之上，虽然"萨迪纳制度使得统治阶级融政治权力、经济权力和军事权力于一身，官吏、军官和封建主是合一的"②，但由于土地授权与政治地位联系在一起，因此泰国封建主们主要以政治精英的面貌出现。萨迪纳制体现了暹罗经济社会结构的两大突出特征，即君主专制的政治基础以及君主对官僚和世袭贵族具有理论上的绝对任免权。③ 暹罗的官员并没有固定的俸禄，他们按照相应的等级获得数量不等的

---

① 参见邹启宇《泰国的封建社会与萨迪纳制》，《世界历史》1982 年第 6 期。
② 邹启宇：《泰国的封建社会与萨迪纳制》，《世界历史》1982 年第 6 期。
③ 参见 Akin Rabibhadana, *The Organization of Thai Society in the Early Bangkok Period, 1782 – 1873*, Ithaca: Cornell University Press, 1969.

土地。值得注意的是,这些土地并非像传统封建制下的庄园或资本主义种植园那样大面积连成一片,相反,非分封的土地往往散落于全国不同的省份。① 除此之外,萨迪纳体系为了保证土地王有以及防止私有权的转让采取了诸多措施,例如,占有最大规模土地的王室成员以及高级贵族往往远离他们的封地,官员在卸任之后只能保留三分之一的土地,而他们死后必须将部分土地和全部财产上缴国库,等等。总之,萨迪纳制一直避免土地集中化以及私有转让趋势的出现。

直到拉玛四世在位时期(1851—1868年),这种以土地王有制为基础的封建关系依旧没有发生改变,封建国家垄断土地所有制向封建土地私人所有制的过渡还没有完成。在拉玛五世初期,自给自足的自然经济还占据着主导地位,封建人身依附关系和奴隶制依旧存在,徭役和实物地租盛行。但此时世界政治的整体形式已经发生了巨大变化,当欧洲殖民者进一步扩张势力范围时,东南亚再也不是"边缘以外的区域"。尤其是19世纪中叶英国殖民主义在东南亚的进一步渗透,其势力范围已经逼近暹罗。之前英暹双方签订的条约早已不能满足工业革命之后的英国的市场需求。1855年,香港总督鲍宁(John Bowring)率领英国军舰强行沿湄公河而上直抵曼谷。在英帝国的压力下,拉玛四世被迫签署不平等条约,史称《鲍宁条约》。条约的主要内容有两点,一是英国臣民在暹罗享有治外法权,二是开放暹罗市场,英国人享有在暹罗任何地区勘探和开采矿产的自由,同时可以自由买卖和租用曼谷附近的土地。② 在19世纪50—70年代,暹罗又陆续与美国、法国、丹麦、葡萄牙、荷兰、比利时、意大利、挪威、瑞典、德国等西方国家签署了条约。这一系列条约的签订,使暹罗被逐步纳入世界资本主义大潮。

---

① 郭净:《土地控制与人力控制——论古代泰国"萨迪纳制"的功能》,《云南社会科学》1992年第6期。

② 余定邦:《东南亚近代史》,贵州人民出版社1996年版,第186页。

二 地主阶级与资产阶级的兴起

一系列不平等条约取消了暹罗对进出口贸易的限制,条约规定暹罗进口税不得高于3%,绝大多数商品免征出口税。以《鲍宁条约》为开端,原本被禁止出口的稻米成为可以自由买卖的商品,之前由华人商贾主导的垄断模式被打破。在大米、锡、橡胶和柚木等几种出口商品由于世界市场需求量的增加而获得畸形发展的同时,外来消费品在暹罗倾销,暹罗的民族经济受到极大冲击,传统的农村手工业和城市制造业受到了毁灭性打击。19世纪上半叶,粗布仍是暹罗的出口商品,土制食糖不但能够自给还可以用于出口。到19世纪80年代,暹罗非但停止了食糖出口,而且还向菲律宾、爪哇进口食糖,传统的土榨糖厂纷纷倒闭。外国进口的商品导致农村和城镇大批手工作坊纷纷倒闭,严重地打击了暹罗的手工业。为了获得购买外国产品的货币,暹罗需要依靠向周边的殖民地国家输出稻米来维持。农民为了免除徭役,也逐渐以稻米作为替代支付徭役的货币。加之亚洲人口的增加①,稻米生产在暹罗经济中的重要性不断攀升。到1910年,暹罗境内的稻田面积已达145.4公顷,总产量有208万吨之多。② 在种植的水稻中,有一半左右用以出口。1851—1911年的60年间,暹罗稻米出口的年均增长率高达36.8%。稻米出口占暹罗全部出口总值的比重,也从1867年的41.1%逐年上涨至1910年的77.6%。③ 这一重大结构性变化迫切需要充足

---

① 根据麦迪逊的数据,亚洲人口从1820年的7.1亿上涨到1913年的9.7亿,参见[英]安格斯·麦迪逊《世界经济千年史》,伍晓鹰等译,北京大学出版社2001年版,第166页。

② David H. Feeny, *The Political Economy of Productivity: Thai Agricultural Development, 1880–1975*, London: University of British Columbia Press, 1982, p.140.

③ James C. Ingram, *Economic Change in Thailand, 1850–1970*, Stanford: Stanford University Press, 1970, p.94.

的自由劳动以满足商品经济的发展，而之前严格禁止土地买卖并以人身依附为重要特征的萨迪纳制就显得不合时宜了。

土地在暹罗传统认知中是不具有交换价值的，但以《鲍宁条约》为转折点，农业商品化趋势的加强必然导致土地商品化，这对泰国封建社会所赖以存在的萨迪纳制度形成了巨大挑战。为了适应新形势的发展以及殖民主义带来的诸多挑战，曼谷王朝的统治者开启了长达半个多世纪的改革。关于这场自上而下的改革，笔者将在下文进行专门论述。其中，影响最为深远的无异于围绕土地制度的变革。1855—1874 年，暹罗开启土地税制改革，1888 年制定的征税法在法律层面规定了土地私有。1910 年，泰国建立起现代的土地执照制度，"以土地执照明确土地所有权的过程，也即是地主制度形成的过程"。[①] 农业商品化以及围绕萨迪纳制的改革，使暹罗逐步从土地王有、人身依附的旧制度走向土地私有的地主制的转变。地主、佃农和雇佣工人的出现，都是东南亚地区与资本主义的法律制度和资本主义世界市场相结合的产物。在这种新的阶级结构之下，地主与佃农或工人之间，从保护式的、家长式的非正式关系，逐渐变成了不受情感影响的契约关系。针对这种"实质上是权力问题"的转变，斯科特（James C. Scott）通过六个方面总结了农业商品化的阶级关系的影响，一是土地占有不平等的增加使得土地控制成为权力的关键基础，土地所有者的地位得到进一步加强；二是人口的增加使地主相较于佃户与农业工人的议价能力进一步增强；三是生产者与消费者的价值和市场波动使佃农贷款的需要进一步增加，进而加强了土地所有者的地位；四是未确定的归属地、公共牧场的消失减少了佃农的其他可能性选择，削弱了他们同地主讨价还价的能力；五是乡村再分配机制的恶化同样削弱了他们同地主讨价还价的能力；六是殖民者建立起保护财产权的法律体系，使得地主能够更加

[①] 友杉孝：《泰国古代社会及其解体》，载云南大学历史研究所民族组编译《泰国农村调查研究译文》，云南大学历史研究所1976年版，第29页。

自由地发挥自己的经济优势。①

随着徭役制度、奴隶制度相继被废除，暹罗的农业社会发生了巨大变化，农民逐渐成为自由的人头税的负担者。在世界市场的供需环境中，生产出口的大米急剧增加，农民就以大米代替货币缴纳租税，并且购买外国生产的布匹作为主要的生活必需品。由于各地农民家庭所有的纺织机已经变成废物，所以出现了农业经济的真正商品化。②起初，在旧制度桎梏下解放出来的农民以家庭为单位将荒地开辟为水田并种植水稻等经济作物，因此直到20世纪初暹罗的大部分农民还是自耕农。但在科技尚不发达的传统社会，农业极易受到自然环境的影响。大量的土地全部用于种植水稻，一旦遭遇气候异常或病虫灾害，农民就会立刻陷入困顿。在这种情况下，他们不得不通过变卖土地以偿还债务或维持生计，最终只能通过耕种地主的土地谋生。到20世纪二三十年代，暹罗大部分农民在商品化的浪潮中从自耕农转变成了佃农。

在农业商品化以及资本主义和帝国主义持续影响下，暹罗传统社会的两极格局在总体的延续性中产生了一些新的变化，权力场域变得复杂起来。但唯一不变的，是暹罗人中低层民众的卑微地位——广大的农民阶级完全缺乏参与和平等交流的尊严，他们的生活状况并没有随着出口经济的繁荣而得到根本改变。站在民众对立面的，是不同精英交织而成的剥削阶级，这种压迫性的联盟由于在19世纪和20世纪与帝国主义结盟并完全屈从于帝国主义而得到了极大的加强——曼谷贵族、军政高层官员以及买办企业家同旧世界中的贵族阶层一道组成了庞大的联盟，在精英—大众之间竖起了一道壁垒森严的藩篱。在土地自由买卖的浪潮

---

① ［美］詹姆斯·C. 斯科特：《农民的道义经济学：东南亚的反叛与生存》，程立显、刘建等译，译林出版社2001年版，第85—86页。
② ［日］友杉孝：《泰中种植稻米农村的时候面貌的变革》，载云南大学历史研究所民族组编译《泰国农村调查研究译文》，云南大学历史研究所1976年版，第43页。

中，传统世界中的萨迪纳高层精英成为最大赢家。他们具有显赫的地位，并拥有大量的土地得以出租，通过征收地租和资本增值而获利。从效果来看，通过土地获利相较于之前的劳役剥削更加有利可图。当土地可以自由买卖并可以私人占有之后，它便拥有了作为生产资料的职能。对生产资料的大量占有使得曾经的政治精英们有了更加坚实的经济基础。盘踞于首都曼谷的传统政治精英摇身一变，在商品化浪潮中反而为自身权力赋予了更加坚实的经济意涵。于是，虽然作为正式制度的萨迪纳制在朱拉隆功的改革中走向尾声了，但萨迪纳社会中的政治精英成功转型成了拥有众多土地的大地主阶级，经济权力与政治权力的叠加使他们在改革中继续统治着暹罗社会。

农业商品化的另一个后果，是为当代泰国的资产阶级奠定了基础。从19世纪开始，我们可以看到生产资料私有制、商品生产普遍化的发展、雇佣劳动浮现、经济和政治权力的逐步分离和资本从流通领域进入生产领域的最初迹象。这一新兴阶级最显著的特征是对萨迪纳统治阶级的妥协，而后者通过税收和贸易垄断的方式从农业和商业中获取利益。新兴的资产阶级意识到，必须通过与传统世界的统治者充分合作才能广泛获益。这个阶层主体，通常是从事垄断贸易、税务耕作和行政管理的中国商人。他们中的一些商人能够将财富投资于糖、大米和木材厂等生产性企业，其他人则利用欧洲在泰国的业务扩张充当买办，并在外国人和当地经济中牟利。[1] 这也为买办自己的企业提供了便利，因为买办自己的企业通常是外国进口产品的分销商和泰国出口产品的收集者。与此同时，萨迪纳制中的上层阶级也出现资本主义化，他们在很短的时间内设法垄断了大部分最好的、新开垦的稻田和大部分有价值的城市土地，从而通过租金和卖地增加了他们积累的财富。

---

[1] Chatthip Nartsupha and Suthy Prasartset, *The Political Economy of Siam (1851–1910)*, Bangkok: The Social Science Association of Thailand, 1976.

随着资产阶级的兴起,工人阶级也开始浮现。在19世纪末20世纪初,底层暹罗人民逐渐摆脱萨迪纳制的束缚。然而,摆脱封建束缚的农民却再次被资本主义与封建主义的混合体所控制。如前文所述,许多自由农民往往会因为天灾人祸而沦为新兴地主的佃农。因此,资产阶级不断扩大的劳动力需求并没有得到根本上的解决。为补充劳动力,1882—1931年约有95万的中国劳工参与暹罗资产阶级生产体系。这些外来劳工受雇于从采矿业到种植园业再到制造业的各个领域,他们成了在20世纪以后工薪阶层的主要力量。[1] 此时,工人阶级的力量虽然很小,但他们日后依旧在寻求改善工作条件和政治活动方面发挥了重要作用。

总而言之,在1932年的政变之前,资本主义的生产方式的比重在上升,泰国的社会经济结构却很难用"资本主义"来形容。"本地资本家很难独立发挥影响,大多数资本家只能成为买办,故而他们不可能成为会给泰国社会带来根本性变革的领导阶层。"[2] 但即便如此,商品化潮流中的资产阶级和工人阶级已经预示着"事情正在起变化"——他们都在逐渐形成自己作为阶级的意识,并准备进一步扩大力量。

◇ 第五节 小结

通过以上的比较历史分析,笔者初步勾勒出了东南亚四国在殖民化时期尤其是19世纪以来的历史演进。对于整个世界政治体系而言,19世纪的重要性是毋庸置疑的:新古典主义经济学、自由主义、马克思主义(以及

---

[1] Kevin Hewison, *Power and Politics in Thailand: Essays in Political Economy*, Manila: Journal of Contemporary Asia Publishers, 1989, pp. 145–146.

[2] Suthy Prasartset, *Thai Business Leaders, Men and Careers in a Developing Economy*, Tokyo: Institute of Developing Economies, 1980, p. 11.

第三章　大转型：遭遇西方与阶级重塑 | **155**

后续的共产主义)、"革命"、资产阶级和无产阶级、帝国主义和"工业主义"——简而言之，构成整个 20 世纪世界政治的一砖一瓦——其实都是 19 世纪的产物。① 在"漫长的 19 世纪"，东南亚曾经引以为傲的农业、手工业体系在资本主义浪潮的冲击下彻底解体，东南亚国家与中国的传统贸易关系被打断，取而代之的是同欧洲宗主国的资本主义贸易关系。在这个世界政治体系急剧扩张的年代里，重塑政治场域的剧目以变革生产关系尤其是变革土地制度为主轴展开。通过引入土地私有的观念，殖民者颠覆了传统社会中土地公有或君主所有的产权关系，并在此基础之上推动了以单一作物出口为特征的种植园经济。种植园经济是世界资本主义体系在边缘地区的重要展现形态，它极大地推动了边缘地区的国家在社会结构和阶级结构上的深刻变化。当东南亚四国进入 20 世纪之后，传统的封闭的村社日益瓦解，商品货币关系渗入农村，"20 世纪的东南亚除了旧式的封建地主，还有新兴地主和富农，佃农的人数也增多，佃农化趋势继续发展"②。从事商品化生产的农民与市场联系在一起，农民依然受到封建地主、商业高利贷者的剥削，但已经与旧式农村完全不同。

　　传统社会结构的意涵在一系列事件的堆积中发生改变，被迫卷入的农业商品化并衍生出资本家与自由劳动，反而是赋予了传统精英以经济权力的意涵。这种改变并不是简单的替换，而是通过累积性"层叠"(Layering)而实现的。③ 在逐步适应世界体系的边缘生态的历史进程中，传统封建势力随着愈演愈烈的商品化与土地集中化倾向逐渐兼具贸易寡头以及大地主、大种植园主的身份。然而，这并不意味着东南亚的权力精英已经彻底成为

---

　　① Tony Judt, *Reappraisals: Reflections on the Forgotten Twentieth Century*, New York: The Penguin Press, 2008, p. 3.
　　② 梁志明主编：《殖民主义史：东南亚卷》，北京大学出版社 1999 年版，第 265 页。
　　③ "层叠"式的渐进式制度变迁体现为一种"立新不破旧"的过程，参见 James Mahoney and Kathleen Thelen, eds., *Explaining Institutional Change: Ambiguity, Agency, and Power*, New York: Cambridge University Press, 2010, pp. 1 – 37.

资本主义体系中的一个环节，正如沃勒斯坦所言："位于边缘地区的资产阶级身兼'商人和种植园主'两种地位。"① 身兼商人与种植园主双重身份的精英，通过以种植园为主导的生产关系将劳动力牢牢地束缚在土地上。殖民政权具有防护性而非变革性，他们力图维持农民对于传统贵族统治的尊重，而这种尊重往往被塑造成为一种有机的、传统的和珍贵的形式。② 直到殖民体系解体的时候，依旧没有多少实质性的证据表明此时的雇工制已转变成了一种自由雇佣劳动制。在雇佣劳动机会大大扩展的同时，依旧有许多地区保存了奴隶制的某些特征。

当然，这并不意味着强大的历史延续性注定死气沉沉。许多可靠的证据表明，日益繁荣的种植园经济推动了许多殖民地的经济突飞猛进。例如曾经颇为落后的马来西亚在英国殖民统治之下逐渐发展了起来，而菲律宾甚至在这一时期成为亚洲最为发达的经济体。但在拓展人类实质自由的视角下，"经济增长"与"发展"之间存在很大的张力。一方面，殖民地经济的卓然成就几乎不会惠及普通民众，财富被外国资本与本国精英所攫取。与此同时，种植园经济造就了一小撮依赖大量低工资劳动力谋生的精英，社会流动和政治参与的范围很容易受到限制。当人之为人的基本条件都受到限制，那么再高的经济增长数据也谈不上"发展"。福格尔（Robert William Fogel）和恩格尔曼（Stanley L. Engerman）对于美国奴隶制度研究表明，即便殖民地可以实现不输于欧洲自由劳工的预期寿命与工资收入，黑人奴隶还是会纷纷逃跑。③ 在东南亚地区，广袤的土地在发展出口经济方面发挥着重要的作用，但这种以种植园主为基础的稳固的政府很少愿意或者

---

① ［美］伊曼纽尔·沃勒斯坦：《现代世界体系（第2卷）：重商主义与欧洲世界经济体的巩固：1600~1750》，郭方等译，社会科学出版社2013年版，第183页。

② ［澳］安东尼·瑞德：《东南亚史：危险而关键的十字路口》，宋婉贞、张振江译，上海人民出版社2021年版，第341页。

③ 参见［美］罗伯特·威廉·福格尔、［美］斯坦利·L.恩格尔曼《苦难的时代：美国奴隶制经济学》，颜色译，机械工业出版社2016年版，第100—110页。

能够促进社会经济的发展,在经营活动中发财致富的大地主和大种植园主们也并没有意愿促进或推动经济结构变化。

殖民时期的另一深远影响,来自对社会范畴和共享观念的构建。它们创造了许多新的话语,强大的军事与经济实力让殖民地的民众对西方世界保持神秘与敬畏。马来西亚与印尼的案例则展现出了殖民者是如何创造了族群的话语。宗主国通过出台对多数族群的保护性政策,例如《马来土地保留法》等政策的出台赋予了殖民者以"保护人"的神圣光环,并将矛盾成功转嫁给了马来华人,从而将阶级问题转变为族群问题。我们知道,殖民时期的族群差异之所以逐渐显现出来,是因为不同的族群从事着不同生产过程从而形成了经济差异。而这种差异的本源,则是殖民系统形成的劳动分工。不幸的是,建构性观念的差异最终掩盖了生产过程的差异,从而模糊了人们对经济差异根源的认识,殖民者将殖民统治引发的冲突转嫁到被殖民者内部。在东南亚,华人主要从事零售行业,或者用当下的阶层划分来看,他们一定程度上可以视作"中产阶级"。然而历史研究表明,在整个东南亚话语体系中根本就不存在"中产阶级"这类术语。相反,在东南亚土著的普遍印象中,这些脱离了农民身份的"他者"是作为"剥削者"的身份出现的。本地人仇视华人反而忽视了那些殖民者、资本家以及当地官员。[1] 由于看不到这些争端和仇恨是殖民地的产物,是一个"少数人的富裕和满足建立在持续贫穷和许多人被剥夺的基础上的现代化进程",这种做法不仅会导致同为受害者的华人群体受到责怪,也没有认识到这些社会中不同社区和种族的成员之间存在着一套共同的历史方向和基本利益。如果传统社会尚未遭遇资本主义所带来的"大转型",原本冲突的族群与地区同样可以和谐相处。沿着族群差异展开的诸多改革措施即便得以改善族群间

---

[1] Harry Benda, "Communism in Southeast Asia", in Harry Benda, ed., *Continuity and Change in Southeast Asia*, New Haven: Yale University Southeast Asia Studies, 1972, pp. 51 – 52.

差距,但对惠及占人口最多数的普通民众而言收效甚微。

从整体来看,高度殖民时代为东南亚的10个国家创建并完善了基础设施,还建立了一套复杂的农业出口系统。然而,通过阻止劳动密集型产业的制造生产、将经济分界固化为种族主义分界线,以及将与国家相关的公共事业垄断在欧洲人手中等一系列措施,这一阶段的欧洲统治阻断了经济的持续发展,进而使众多本土农民陷入一种贫困文化之中。[1]

最后,我们粗略地比较一下此时东南亚四国的发展状况。相较于经济数据,社会发展的早期数据更难获得。但见表3-3,前人的知识积累为我们提供了有益借鉴。这些数据来自20世纪30年代,此时世界资本主义体系面临严重的经济危机。由于缺少宗主国保护,作为商品出口国的暹罗遭受到了严重影响,因此其经济发展水平相较于菲律宾、马来西亚和印尼而言已相形见绌。然而立足社会发展层面,暹罗作为一个独立国家的优势显现出来,无论是入学率还是预期寿命都明显优于印尼与马来西亚。这一比较生动地表明,对于第三世界而言,那些免于沦为殖民地的国家的确可以生活得更好。殖民政权自负地认为,他们通过出口农产品和建设基础设施,正在向世界"开放"东南亚的经济和社会。然而现实的情况恰恰相反,东南亚人从未像现在这样被束缚在土地上,家长式的官僚与从事垄断行当的商人将他们与外界隔绝,从而远离急剧变革的世界。[2] 直到第二次世界大战

---

[1] [澳]安东尼·瑞德:《东南亚史:危险而关键的十字路口》,宋婉贞、张振江译,上海人民出版社2021年版,第353页。

[2] Anthony Reid, "South-East Asian Population History and the Colonial Impact", in Ts'ui-jung Liu etc., eds., *Asian Population History*, Oxford: Oxford University Press, 2001, p. 59.

第三章　大转型：遭遇西方与阶级重塑 | 159

爆发之前，大多数东南亚人仍然很贫穷，他们中很多人甚至变得比以前更加贫困了。在农业商品化和土地私有化浪潮中，大量普通民众失去了他们赖以生存的土地，他们能够得到的食物在不断减少，"西方带动的经济增长所产生的普遍繁荣并未导致这些地区经济及社会基本结构的转变"[①]。

表3-3　　　　　　20世纪30年代东南亚的发展数据

国家	人均GDP[a]	婴儿死亡率（‰）	死亡率（‰）	入学率（%）
菲律宾	1522	139	23	11.5
英属马来西亚[b]	1361	147	21	5.8
印尼	1175	225—250	28	4.0
暹罗	826	缺失	22	10.7

注：a. 人均GDP为1938年数据，单位是1990年国际美元（International Dollar）；b. 在英属马来西亚一栏中，人均GDP以及死亡率数据包含当下马来西亚所在的地区（不包括新加坡），婴儿死亡率只是马来联邦的数据，入学率数据是包括新加坡的英属马来西亚。

资料来源：Anne E. Booth, *Colonial Legacies: Economic and Social Development in East and Southeast Asia*, University of Hawaii Press, 2007, p.138.

从各项指标来看，菲律宾的发展状况同样令人惊叹，20世纪30年代的菲律宾无论在经济增长还是社会发展方面都远胜于东南亚其他国家，在经济得分上高于除智利以外的所有拉丁美洲国家。[②] 与此同时，菲律宾在社会发展领域也取得了令人瞩目的成就，最为突出的当属在1937年菲律宾成为亚洲首个妇女拥有选举权的国家。20世纪30年代，五分之一的菲律宾人可以说英语，识字率超过50%——这一数字相较于同时期马来西亚的29%与

---

① ［新西兰］尼古拉斯·塔林主编：《剑桥东南亚史》第2卷，王士录等译，云南人民出版社2003年版，第152页。

② Jacob Metzer, *The Divided Economy of Mandatory Palestine*, New York: Cambridge University Press, 1998, p.57.

印尼的8%不可不谓之高。①

这些辉煌的发展成就,是任何研究者都不能忽视的,它有赖于"发展媒介保障",即"国家促进经济发展,并最大可能地利用更多总财富所释放出的潜能,不仅包括私人收入的增加,而且包括公共基础设施的改善"②。然而,这种以经济增长带动社会发展的路径可能存在两方面的问题:一方面,财富被不平等地分配,因此即便穷人的社会境遇会随着经济增长有所改善,但他们与富人之间的差距可能进一步扩大;另一方面,当经济增长放缓时,社会发展的步伐也会相应地趋于停滞。在20世纪30年代,竞争性选举以及政党体制在菲律宾政治实践中的弊端已经开始显露无遗了——政治精英以及土地贵族通过"半封建"的手段赢得了选举胜利并通过政党机制掌握着国家权力。③ 当然,刚刚踏入20世纪门槛的菲律宾所展现的强劲发展势头会维持一段时间,而持续的增长以及由此带来的社会条件的改善部分地掩盖了深层矛盾,封建制民主的弊端在20世纪中叶之后才会充分暴露出来。

---

① Robin Jeffrey, "Introduction: The Setting for Independence", in Robin Jeffrey ed., *Asia—The Winning of Independence*, London: Macmillan Education, 1981, pp. 11.
② [印]让·德雷兹、[印]阿玛蒂亚·森:《饥饿与公共行为》,苏雷译,社会科学文献出版社2006年版,第191页。
③ David Wurfel, *Filipino Politics: Development and Decay*, Ithaca: Cornell University Press, 1988, p. 11.

第四章

新的旧世界：建国时刻的精英与大众

革命是又苦又甜的瞬间，希望一闪而过，旋即在失望和新的弊端中窒息。①

——拉尔夫·达伦多夫

在一种流行的建国方案中，社会主义、资本主义和国家主义这三种倾向既相互结合，又存在冲突。②

——萨米尔·阿明

殖民统治深刻塑造了第三世界的阶级关系与社会结构，从而形成了难以逾越的发展困境。面对这样的困境，米格代尔（Joel S. Migdal）曾指出，唯有出现一种足以破坏社会控制的"灾难性局面"，旧有的生存策略才会得以改变。③ 这种灾难性的局面，在 20 世纪上半叶骤然出现了。在那段纷乱的岁月里，"世界正处于变化的过程，这种变化与 15 世纪和 16 世纪中古世界崩溃衰亡而近代世界奠定基础以来的所有任何变化相比，也许都更加深

---

① ［英］拉尔夫·达伦多夫：《现代社会冲突》，林荣远译，中国人民大学出版社 2016 年版，第 8 页。

② Samir Amin, "Social Movement at the Periphery", in Ponna Wignaraja, ed., *New Social Movements in the South: Empowering the People*, London: Zed Books, 1993, p. 93.

③ ［美］乔治·S. 米格代尔：《强社会与弱国家》，张长东等译，江苏人民出版社 2012 年版，第 273 页。

刻、更加广泛"①。不同于之前的地方性起义,"20世纪新的反抗运动洪流试图学习并模仿西方资本主义文明,运动的中心力量包括学生、教师和新闻记者,这些群体研究并熟悉统治者的语言以欧洲方式着装,接受欧洲资本主义价值观念,但他们的追求和希望却一再受到殖民统治政策的阻碍"②。

殖民遗产诚然重要,但也并不能因此过分夸大殖民遗产之于当代的影响。已经有不少研究表明,到了20世纪60年代之后,一个国家的早期发展优势会再次逆转因殖民主义导致的发展困境。③还有学者指出,诸如土地改革等重大事件完全可以改变殖民时代所形成的历史遗产。④这都表明,世界上是存在着一些足以扭转国家发展命运的力量的。正是在民族解放运动风起云涌的几十年间,殖民帝国土崩瓦解,几十个新兴国家相继独立。相较于自由主义世界政治体系历经三个多世纪才能最终巩固下来,20世纪的剧烈变革来得如此突然,霍布斯鲍姆总结道:

> 发生于第三世界的种种变迁及逐渐解体的现象,与第一世界有一点根本上的不同。前者形成了一个世界性的革命区域——不管其革命已经完成、正在完成,或有望来临——而后者的政治社会情况,一般而言,在全球冷战揭幕时大多相当稳定。至于第二世界,也许内部蒸汽沸腾,可是对外却被党的权威以及苏联军方可能的干预严密封锁。只有第三世界,自1950年以来(或自它们建国以来)很少有国家未曾

---

① Henry L. Roberts, *World History from 1914 to 1950*, Oxford: Oxford University Press, 1954, p. 4.

② [英]克里斯·哈曼:《世界人民的历史:从石器时代到新千年》,潘洋译,北京大学出版社2017年版,第564页。

③ Areendam Chanda and Louis Putterman, "Early Starts, Reversals and Catch-up in the Process of Economic Development", *The Scandinavian Journal of Economics*, Vol. 109, No. 2, 2007, pp. 387–413.

④ Wonik Kim, "Rethinking Colonialism and the Origins of the Developmental State in East Asia", *Journal of Contemporary Asia*, Vol. 39, No. 3, 2009, pp. 382–399.

经历革命、军事政变（其目的也许是镇压革命、防范革命，甚至或者是促成革命），或其他某种形式的内部军事冲突。①

在经历了战争与革命的硝烟，当人们驻足1945年的关口，呈现在眼前的是胜利与失败交织、欢乐与痛苦并存。在几年乃至十几年的战争阴霾下，人类经历了闻所未闻的残忍凶暴：5500万人阵亡，3500万人负伤，300万人失踪。有些幸存者祈祷着世界和平，另一些人则留下了难以抹平的心灵创伤和深刻怨愤，还有些人决心为建立一个更加美好的世界而奋斗。革命搅动了旧的统治秩序，20世纪最扣人心弦的政治剧目——轰轰烈烈的民族解放运动与新国家的建立开始上演。在这个剧变时代，伴随着殖民者的退场与新国家的建立，仿佛"一切等级和固定的东西都烟消云散了"。

第一节　马来西亚：权力斗争与精英联盟

在当今发展研究中，通过强国家建设以实现发展几乎成为学界共识，而马来西亚便属于东南亚诸国中拥有强国家能力的一员。在强国家何以形成的争论中，自蒂利以降的"冲突学派"遵循战争/冲突与国家能力之间的关系，已经形成了丰富的知识积累。当激烈的跨国战争成为过去，国内冲突与革命日益受到学者们的重视。斯蒂芬·列维斯基（Steven Levisky）和卢坎·威（Lucan A. Way）总结道，革命可以触发一系列的反应序列导致国家能力的增强（抑或是威权韧性），其中有两个步骤尤为重要：一是在一个长时期的、意识形态驱动的暴力斗争中获取权力，这有利于构建新型制度化体系；二是对起义的镇压以及外部冲击的回应，有利于加强精英

---

① ［英］艾瑞克·霍布斯鲍姆：《极端的年代：1914—1991》，郑明萱译，中信出版集团2017年版，第528页。

的凝聚力与组织化建设。① 立足国内冲突—国家能力的知识谱系,丹·斯莱特(Dan Slater)雄心勃勃的比较历史研究为东南亚不同国家能力的历史起源提供了令人信服的解释。作者认为,激烈的冲突会迫使精英们达成"保护契约"(Protection Pact)以实现联合,并锻造了强大的政党国家能力——确切地说,是通过"反制革命"的路径,即在面对国家政权的挑战者时不断构建强大国家。② 为此,我们完全有理由相信"引导马来西亚取得经济成功的相对强大的中央体制国家诞生于'紧急状态'时期"③。锻造马来西亚强大国家能力与政党能力的力量可追溯到同一历史起源,那就是来自下层的强大压力迫使国家与政党努力对精英的集体行动进行组织与引导。尤其是面对共产主义革命的巨大威胁,马来西亚变成了一个更加钟情于强制手段的国家,并在官方意识形态中形成了一种强烈的"反颠覆"信念,同时对政治竞争进行限制,这构成了独立之后马来西亚官僚机构的核心特征。

然而,笔者接下来却要揭示马来西亚发展历程中的另一个侧面:精英群体在面临强烈威胁时虽然通过联盟的方式锻造了强大的国家,但重塑新世界的可能也化作泡影,旧的社会结构延续了下来。回顾第三世界民族解放运动的种种类型,有的国家是通过长期而艰巨的斗争实现独立,有的国家则是依靠即将离场的殖民主义所扶持起来。对于马来亚而言,"那些为真正独立而战斗的人们遭到镇压和关禁,而那些曾对英国人表示效忠的人却

---

① Steven Levisky and Lucan A. Way, "Durable Authoritarianism", in Orfeo Fioretos, Tulia G. Falleti, and Adam Sheingate, eds., *The Oxford Handbook of Historical Institutionalism*, New York: Cambridge University Press, 2016, pp. 210 – 211.

② Dan Slater and Nicholas Rush Smith, "The Power of Counterrevolution: Elitist Origins of Political Order in Postcolonial Asia and Africa", *American Journal of Sociology*, Vol. 121, No. 5, 2016, pp. 1472 – 1516.

③ Richard Stubbs, *Hearts and Minds in Guerrilla Warfare: The Malayan Emergency 1948 – 1960*, Singapore: Oxford University Press, 1989, p. 51.

被推荐去继承其政治权力"①。

一 民族主义与共产主义的初兴

马来地区民族主义的兴起,首先排除是一种远古时代"共同想象"的延续。虽然许多马来人自认为是当地土著,但人类学家戴蒙德(Jared Diamond)的研究表明,当今许多东南亚的民族其实都是中国华南地区"南岛人"的移民后裔。② 笔者也在上一章中表明,所谓"马来人"本身就是一个英国殖民者建构的、至早在19世纪后期才出现的概念。不同族群之间的差异以及人们对这种差异的认知有着深刻的经济社会基础,即殖民者造成的劳工分工强化了族群认知。因此可以认为,如果没有殖民者带来的生产关系变革以及身份建构,东南亚族群之间的清晰界限是很难形成的。

与周围的东南亚诸国相比,英属马来亚的民族主义诉求出现得要稍晚一些。20世纪初,该地区的民族主义萌芽有着鲜明的宗教色彩。面对英国殖民者的压迫,马来人拿起伊斯兰教这种共同信仰作为谋求变革的思想武器。总体来看,第三世界国家通过文化传统或宗教信仰进行"托古改制"的尝试并不罕见。到了20世纪20年代之后,马来半岛上民族主义的宗教色彩逐渐褪去,一批更为激进的民族主义者们开始出现。以1926年5月成立第一个马来人的政党——新加坡马来人联合会(Singapore Malay Union)为开端,马来西亚出现了真正的政治性民族主义团体。该组织的主要成员是新加坡一小批受过英文教育的政府官员和教师,他们以苏丹伊德里斯师范学院为大本营,以维护马来穷苦人民利益,推动马来经济社会发展为基本

---

① [马来西亚]林马辉:《马来西亚的种族关系和阶级关系》下,陈家屯译,《南洋资料译丛》1987年第2期。
② [美]贾雷德·戴蒙德:《枪炮、病菌与钢铁:人类社会的命运》,谢延光译,上海译文出版社2014年版,第348—361页。

主张，对殖民统治进行了强烈的抵制。新加坡马来人联合会成立之后，马来西亚各州也陆续建立起类似的协会，他们联合起来以提升马来人的政治经济地位和话语权，应对外来族群尤其是华人的挑战。但新加坡马来人联合会在当时并没有产生明显影响，对于广大的马来人而言，该组织的思想过于激进。英国殖民者对马来人的一些政策性保护使他们并没有充分认识到自身处境。而且当时殖民统治在全球范围内都是普遍现象，接受压迫反而显得理所应当。马来人联合会既没有激发广大马来人的政治参与热情，也未能改变马来人的经济社会境遇。在缺乏支持的情况下，该组织迅速衰落了。

20世纪30年代，新一波的民族主义浪潮开始酝酿，其中最具影响力的便是马来亚青年联合会（The Union of Malay Youth）。该组织领导成员大多是农民出身的青年学子，他们接触过20世纪二三十年代土耳其、中东和印度尼西亚的民族主义和伊斯兰现代主义运动所宣扬的思想。组织中的骨干成员认为，广大马来人之所以缺少团结性，源于马来贵族狭隘的民族主义情绪，以及马来土著和马来移民之间的文化、族群隔阂。他们的理想是一个统一的马来民族，在这个国家里，所有马来人都承认自己是一个种族，讲一种语言，有一个国家——这与之后我们将提到的印尼青年党的理想非常相似，而事实上正是后者为前者提供了灵感。1938—1941年，马来亚青年联合会奉行与殖民地政府"不合作"的政策，并在书刊报纸等公开场合对英国政府及其"合作者"——主要是那些受过英语教育的马来官僚和贵族团体——进行激烈批判。

但直到20世纪40年代，民族主义并没有在马来人群体中引起巨大的波澜，其中很大的原因在于殖民者分而治之的族群策略赋予马来人以一种虚假的"优越性"。而对于马来印度人群体而言，它们本身规模较小，民族主义情绪也相对较弱。相反，由于被殖民统治者刻意转嫁危机，民族主义情绪反而在那些遭遇不公正待遇的华人群体中比较强烈。① 而基于共同的血脉和祖先的认同意识,更是推动了华人群体中民族主义的兴起。即便在马来亚生活了几十年甚至几百年,华人群体依旧和中国有着深厚的情感,这也就使得马来华人的民族主义运动与中国20世纪之交的各类政治运动联系在了一起。在推翻清王朝的斗争中,东南亚是革命者活动的重要基地。无论是康有为领导的维新派还是孙中山领导的革命派,他们都在南洋诸国开展过吸引华侨的募捐活动,许多马来人也纷纷加入推翻清王朝统治的斗争。在黄花岗72烈士中,就有14人来自马来西亚。②

20世纪20年代后期,华人群体的民族主义情绪出现明显左转,从而为另一种对抗性意识形态敲响了前奏。1927年,中国共产党在新加坡成立了面向华人群体的共产主义组织——南洋共产党。③ 1930年,马来亚共产党(The Communist Party of Malaya)登上历史舞台。相较于民族主义的本土性,共产主义在东南亚的传播更有赖于外部思潮,尤其是十月革命以来国际共产主义运动。④ 从国际共产主义运动的视野来看,许多中共早期党员在马共的建立与发展过程中发挥了重要作用。这种夹杂着血缘认同的意识形态宣传,无疑使那些在全球经济危机中深受其害的商业华人产生强烈共鸣。对于马来华人而言,他们既没有殖民地宗主国的商人阶层那样具有强有力的国家做后盾,同时还被当作外来人遭受一些不公正的指责。面对族群与经济的双重歧视,马来西亚华人相较于其他地区的海外华人展现出来了更为

---

① Robert Heussler, *British Rule in Malaya, 1942–1957*, Singapore: Heinemann, 1985, p. 213.

② 甘德政:《不同的历史想象:马来西亚族群政治的起源》,《东南亚纵横》2018年第2期。

③ 关于南洋共产党的历史,可参见 Boon Kheng Cheah, *From PKI to the Comintern, 1924–1941: The Apprenticeship of the Malayan Communist Party: Selected Documents and Discussion*, Ithaca: Southeast Asia Program, Cornell University, 1992.

④ Justus M. Van Der Kroef, *Communism in South-East Asia*, London: Macmillan Press, 1981, pp. 59–60.

强烈的共产主义与民族主义情绪，他们希望通过整体性变革以改变自身境遇。20世纪初至1942年是马来亚共产主义活动的第一个阶段，马共在1934年组织工会总同盟并领导了多场大规模罢工。甚至在巴图阿郎（Batu Arang）罢工运动中，马共曾试图建立苏维埃政权。①

回顾20世纪最初的几十年，虽然民族主义与共产主义思潮在马来西亚开始弥漫，但它们并未对英国殖民者造成根本挑战。马来亚的统治精英在殖民统治下攫取了丰厚的利益，加之《马来人土地保留法》在形式上保护了马来土著的权利，人们普遍觉得英国殖民统治并没有特别过分。社区与族群的区隔阻碍了有效政治动员的可能性，反殖民运动更加无法得到广泛的帮助。此外，英国拥有一个高效的情报系统，并通过与法国和荷兰的密切合作监视持不同政见的团体及其活动。反对派团体被渗透，运动中的领导人与积极分子先后遭到拘留或流放，早期反抗运动被成功扑灭。

直到20世纪40年代日本帝国主义染指东南亚，两种意识形态才真正在大众社会中产生普遍影响。谈及1941—1942年日本对东南亚的侵略，历史学家普遍认为该事件"在这个地区的现代史上构成了一条极其重要的分界线"②。对于这种判断的解读，存在一种流行的看法，那就是把日本的殖民遗产视作强国家能力的重要起源。阿图尔·科利的比较历史研究表明，"与欧洲的殖民主义相比，日本的殖民活动显得更密集、更直接，也更成体系"，由此作者认为"日本的殖民统治给朝鲜造就了一个凝聚性资本主义国家，而其内在的国家—社会关系上的某些固定模式最终产生了长期的重要影响"。③ 基于经济统计数据，一些学者甚至声称那些曾遭受日本统治的国

---

① Hua Wu Yin, *Class and Communalism in Malaysia: Politics in a Dependent Capitalist State*, London: Zed Book, 1984, p. 65.

② [美]约翰·F. 卡迪：《东南亚历史发展》，姚楠等译，上海译文出版社1988年版，第710页。

③ [美]阿图尔·科利：《国家引导的发展》，朱天飚等译，吉林出版集团有限责任2007年版，第3页。

家在独立之后的发展状况要优于同时期的欧洲殖民地。有学者将日本殖民模式与伊比利亚殖民模式进行对比，得出的结论是前者更有利于推动经济增长。

> 日本人削弱了强大的地主阶级，伊比利亚人却创造了强大的地主阶级；日本人建立了强大的、中央集权的官僚体制，伊比利亚人发展出的是羸弱、分散的行政机构；日本人在他们的殖民地发展工业，伊比利亚人拒斥其殖民地发展工业；日本人推动了教育和公共卫生建设，伊比利亚人忽视教育并带来了疾病。①

以上论述，恰表明社会科学研究者的"问题意识"背后还有更为重要的"身份意识"：仅关注经济增长的西方学者必然对日本残酷暴行缺少切身体悟，但对于深受日本帝国主义荼毒的亚洲人民而言，细菌战、"三光"政策以及奴化教育是怎么也无法和"日本人致力于推动教育和公共卫生建设"联系在一起。与此同时，日本染指东南亚的时间很晚，其主要目的就是掠夺资源以满足战争开支，因此不可能提供一种所谓"发展导向"的殖民统治政策。"20世纪40年代的日本不是一般的资本—帝国主义国家，而是法西斯化的军事封建性的帝国主义国家，日本对殖民地的统治与西方殖民国家相比，更为严酷和僵硬。"② 日本殖民者将槟城、马六甲和其他九个马来土邦组成一个行政单位，从而为战后马来亚联合邦的形成奠定基础。但政治组织的加强并没有推动经济繁荣，贸易、人口流动、劳动力分配和食品分配受到了更为严格的限制，锡矿等主要资产也移交给日本公司，华人

---

① James W. McGuire, "The Politics of Development in Latin America and East Asia", in Carol Lancaster and Nicolas van de Walle, eds., *The Oxford Handbook of the Politics of Development*, Oxford: Oxford University Press, 2018, p. 581.

② 梁志明主编：《殖民主义史：东南亚卷》，北京大学出版社1999年版，第490页。

店主尽可能被日本人取代，垄断性协会控制基本食品和商品价格。大量居民劳动力转向食品生产，大多数橡胶种植园以及胡椒和西米种植园都被迫关闭，处处萧瑟替代了昔日的繁荣。

为了最大限度攫取资源，日本殖民者强制将马来人、印度人和中国人组成不同的协会，这些协会成为控制人口、征税、分配商品以及征召劳动力的重要机构。① 这种制度化的区分延续了英国殖民时期业已形成的社会分歧，而日本对不同族群采取的差异化政策更是加剧了社会分裂。日本人比较在意与马来人的关系，殖民者在各土邦建立起以苏丹和马来精英为主导的"土邦协商委员会"，马来人可以在其中任职，"各苏丹邦的行政结构并未变动，只是由日本顾问取代了英国顾问罢了"②。侵略者的诱惑加之资产阶级自身的软弱性，使得马来民族主义团体几乎都匍匐在了日军铁蹄之下。1941年4月，民族主义者领导人之一的易卜拉欣·雅科布从日本人那里得到一笔巨款，并购买了《马来亚报》用以宣传亲日政策。在被捕之后雅科布承认，他与日本人达成了一项谅解，即马来人不会反对侵略军；作为交换，日本需要声明尊重马来人的主权、宗教和习俗，保护马来人的尤其是马来贵族的财产。③

日本对马来印度人群体的态度也较为温和，甚至扶持后者建立了"印度人独立联盟"，该机构后来成了领导东南亚印度人支持印度独立运动的中心。④ 但对于华人而言，日本当局往往选择残酷镇压。在日本侵略者看来，华人与共产党几乎可以等同，他们都是最坚定的抗日力量。此举反而激发

---

① John H. Drabble, *An Economic History of Malaysia, c. 1800–1990: The Transition to Modern Economic Growth*, London: The Macmillan Press Ltd, 2000, p.151.

② [美] 约翰·F. 卡迪：《东南亚历史发展》，姚楠等译，上海译文出版社1988年版，第722页。

③ Cheah Boon Kheng, "The Japanese Occupation of Malaya, 1941–1945: Ibrahim Yaacob and the Struggle for Indonesia Raya", *Indonesia*, No. 28, 1979, pp. 85–120.

④ 范若兰、李婉珺、廖朝骥：《马来西亚史纲》，世界图书出版公司2018年版，第154—155页。

更多的马来华人加入共产主义组织，帝国主义迫使马共采取了更为坚决的武装斗争战略，也为共产主义组织创造了前所未有的政治机会以动员和吸纳更多的社会成员。[①] 马共逐渐取代富裕商人的地位，成为马来华人群体中最具号召力的力量。与此同时，日本侵略也改变了英国殖民者对马共的态度，他们由之前的残酷镇压转变为"为马共所领导的游击队和地方抵抗组织提供物质资助与人员支持"[②]。马共成立了马来亚人民抗日军（Malayan People's Anti-Japanese Army），他们所需的资金、武器与医疗设备都得到了英方的资助，英国人还为其提供军事训练。总而言之，日本殖民统治深化了马来亚自英国殖民时期就已经形成的阶级与族群裂隙，并重塑了不同政治组织以及关键行动者对于这些关系的理解，继而为这个国家的发展造成了某些重要的非预期性后果。

当日本帝国主义穷途末路之时，东南亚国家也迎来了新的篇章。1945年之后随着人口压力逐渐加剧，人们围绕土地的冲突日益激烈，对种植园实施土地再分配的呼声愈演愈烈。对于西方列强而言，他们昔日的神圣光环已经彻底变得黯淡无光，曾经所向披靡、不可一世的形象也早已灰飞烟灭。当他们意图卷土重来的时候，东南亚人开启了他们轰轰烈烈的民族解放运动。也只有基于这样的世界历史背景，萌发于20世纪初的民族主义与共产主义才真正作为他们建立国家、谋求解放的政治行动纲领。

二 革命与反制中的历史延续

第二次世界大战结束后，全副武装的马来亚共产党成为半岛上唯一有

[①] Jeff Goodwin, *No Other Way Out: States and Revolutionary Movements, 1945–1991*, New York: Cambridge University Press, 2001, p. 102.

[②] Michael Stenson, "The Ethnic and Urban Bases of Communist Revolt in Malaya", in John Wilson Lewis, ed., *Peasant Rebellion and Communist Revolution in Asia*, Calif: Stanford University Press, 1974, p. 132.

组织的政治力量。在距离创造新世界只有一步之遥的时刻，马共却犯了一个致命的错误。以时任总书记莱特（Lai Teck）为代表的马共领导层认为，他们完全可以像战前一样将工作的重点放在组织工人运动上，尤其是在城市工人和种植园工人中进行动员并建立工会，而无须去建立新的政权。在日据时期与英国的良好合作关系使马共的高层认为，他们完全可以选择非军事手段以实现各种政治目标，英国当局尤其是刚刚成立的工党政府是他们可以联合的伙伴。[1] 他们甚至宣称"马来亚人民主要任务是协助英政府建立民主自由的新马来亚，因此解散人民抗日军是应该的"[2]。最终的结果是，在抗击日本侵略者中发挥了重要作用的马来亚人民抗日军于1945年12月被英国当局解散了，而此举"并未受到马共高层的任何反对"。[3] 作为补偿，英国向投降的游击队成员每人支付350马来亚美元——尽管他们在丛林中仍隐藏着大量武器——并为游击队颁发各种各样奖章。

长期以来，马来官僚与大种植园主对共产主义运动颇为不满，他们宁愿在英帝国的殖民主义保护伞下继续牟利。当马共所领导种植园工人运动愈加展现威力，尤其是强大的工会组织纷纷建立之后，权力精英们更是感到了前所未有的再分配恐惧，他们纷纷向英国殖民者当局寻求庇护。[4] 为了保障殖民地经济精英联盟及政治统治代理人的利益，英国立刻做出反应，他们在1946年5月宣布禁止除贸易领域之外的所有工会组织，这事实上是将马共领导的重要政治组织泛马工会联合会定义为非法组织。同时政府还颁布法令，强调工会的领导层必须有三年以上的相关工作经验，这对大多

---

[1] Cheah Boon Kheng, "Some Aspects of the Interregnum in Malaya (14 August – 3 September 1945)", *Journal of Southeast Asian Studies*, Vol. 8, No. 1, 1977, pp. 48 – 74.

[2] 陈启能编：《大英帝国从殖民地撤退前后》，方志出版社2007年版，第136页。

[3] Charles B. McLane, *Soviet Strategies in Southeast Asia*, Princeton: Princeton University Press, 1996, p. 387.

[4] 参见 Michael Stenson, *Industrial Conflict in Malaya: Prelude to the Communist Revolt of 1948*, Oxford: Oxford University Press, 1970.

数之前从事武装斗争的共产党人而言是十分苛刻的。政府还有计划地驱逐了许多马来亚华人,理由是他们涉嫌从事共产主义活动。以上种种迫使马共不得不重新走上武装斗争的道路,他们将武装力量更名为马来亚人民解放军(Malayan People's Liberation Army)并展开建立新政权的斗争。共产主义的意识形态、高度组织化的政党组织与地方性武装力量绞合在一起,它意味着一种试图扭转马来亚延续了几百年的社会经济结构与权力分配格局的力量已经出现。为了避免发生财富与权力再分配,英当局开始果断着手取缔共产主义组织。1948年6月18日,英国殖民者在没有掌握确凿证据的前提下以三名欧洲种植园主被杀为由,宣布马来亚进入"紧急状态",授予警察任意逮捕与监禁的权力。此后,马共以及其他许多左派团体被定性为"非法组织"。①

在实施"紧急状态"后,马来西亚的主要政治组织就只剩下与英国人合作的"马来民族统一机构"(The United Malays National Organization,简称"巫统")。"巫统"是第二次世界大战后最重要的马来人政党,他们强调维护马来苏丹、马来人以及土著居民的利益,维护伊斯兰教在意识形态领域的核心地位,并致力于创造出一个以马来人和马来文化为主导的民族国家以推动发展。② 该组织由马来民族分子的精英阶层领导,其主要目的是应对共产主义的威胁。面对以财富再分配为核心的共产主义浪潮,马来人感到其经济地位受到了极大挑战,但同时他们也明白依靠曾经被视作保护者的英国殖民当局已经无济于事。于是,许多马来人协会超越其部分利益和地方属性,开启了打造新政治社会联盟的计划。精英们利用他们与地区一级马来当局的联系成功地动员了许多马来民众,进而为"巫统"成为一个大

---

① 参见张祖兴《英国取缔马共的决策过程》,《东南亚研究》2008年第5期。
② Zakaria Haji Ahmad, "The United Malay National Organisation (UMNO)", in Zakaria Haji Ahmad, ed., *The Encyclopedia of Malaysia: Government and Politics (1940–2006)*, Singapore: Archipelago Press, 2006, p. 110.

众型政党奠定了基础。①

有了马来土著的支持,英军对待左翼运动的占压行径更是肆无忌惮。"由于社会结构方面的原因——种植园和矿山劳动力那种偶然的族群构成,马共广泛地在华人中吸收成员"②,因此当时社会上弥漫着一种将华人与共产党人画等号的流行观点。英国人逮住这个机会,污蔑马共成员是极端民族主义者,成千上万的华人被驱逐出境,恐慌很快蔓延到了整个华人群体。"紧急状态"之后,许多华人中产阶级和商业精英与国家政权开始疏离。为了笼络这些潜在的经济同盟,英国当局考虑应当形成一个新的华人联合体,以尽可能保证华人在经济发展中作出贡献,同样还可以避免他们朝着更为激进的方向发展。为此,英国人将目光投向华人中的商人群体和资产阶级。在"紧急状态"下,这些华人商业阶层同样受到了极大的冲击。1947年,他们在新加坡召开了中华总商联合会"全马代表大会",呼吁联合起来建立自己的组织,并主张"促进华巫两族之友谊、谅解及合作"。1948年12月15日,在一场精心准备的宴会上,多名华人议员向时任英国驻马高级专员亨利·葛尼(Henry Gurney)表达了华人希望也能够成立一个类似于巫统那样的联合组织的意愿。此举获得了英方认可,毕竟这样的组织可以加强政府与华人之间的联系,缓解政府的财政负担,并防止华人日益倒向共产主义政党。③ 在双方协商下,马华公会(Malaysian Chinese Association)于1949年2月27日成立,马来华人领袖陈祯禄(Tan Cheng Lock)担任首任会长。

---

① James V. Jesudason, "The Syncretic State and the Structuring of Oppositional Politics in Malaysia", in Garry Rodan, ed., *Political Oppositions in Industrializing Asia*, New York: Routledge, 1996, pp. 42-43.

② [美]本尼迪克特·安德森:《比较的幽灵:民族主义、东南亚与世界》,甘会斌译,译林出版社2012年版,第413页。

③ Heng Pek Hoon, *Chinese Politics in Malaysia: A History of Malaysian Chinese Association*, Singapore: Oxford University Press, 1988, p. 55.

第四章　新的旧世界：建国时刻的精英与大众 | 175

通过外部镇压以及内部精英联盟的建立，主张彻底变革的意识形态被边缘化了，政治权力被转移到了温和的民族主义者手中，英国与马来精英开启了"去殖民化"的谈判进程。马来人对英国的态度整体上比较友好，毕竟马来居民在第二次世界大战后饱受粮食匮乏、贸易崩溃和物价疯涨之苦，他们幻想着英国归来可以重新带他们回到那个繁荣年代。而且英国也的确投入战后经济恢复工作，第二次世界大战结束之后的十年间，英国殖民当局以非常积极的姿态投身殖民地经济重建。这一时期，马来亚的支柱产业橡胶业恢复得很快，并在1948年业已恢复到战前水平。20世纪50年代初，殖民当局成立了工业发展局，鼓励农村地区的马来人开办合作米厂、小型橡胶加工长和渔船修造厂。这样一来，民族主义者们更青睐于在合作与妥协中建立新的国家。而在任的工党也顺水推舟，开始准备将权力移交给温和的民族主义者，借此最大限度地保持英国在马来亚的既有利益。在相当富有的华人支持下，英国人以及马来贵族同伴共同组建了政府。

温和的民族主义者，也就是与英国有着密切合作的巫统以及马华公会，在马来亚的"建国大业"中占据着主导地位。为了谋取独立，这两个组织的领导者开始频繁协商，并于1952年形成了一个非正式的合作性联盟。对于马来亚的独立而言，马来人与华人这两个主要民族有关政治与经济权力的分享方式至关重要。对巩固马来统治者在政治结构中的地位体现在宪法第153条"马来人的特殊地位"的条款中；作为回报，华人被允许保留他们的经济实力，此外，他们可以通过宽厚的公民资格条款获得有限的政治权力。[1] 跨族群联盟的发展为族群问题提供了有利的环境，巫统和马华公会结成合作联盟，参加在吉隆坡举行的第一次市政选举，联盟赢得了12个席位中的9个席位。在随后的选举中，类似的安排带来了更多的选举收益。良好的效果使得各个政党都对联盟的潜能充满了信心，以致私下妥协的联盟

---

[1]　[新西兰]尼古拉斯·塔林主编：《剑桥东南亚史》第2卷，王士录等译，云南人民出版社2003年版，第324页。

模式成为建立独立国家的基础。1954年,马来亚印度人国大党也加入了联盟。至此,代表马来地区三大族群的政党联盟正式成立了。

1957年8月31日马来亚联合邦宣布独立,由三大族群的精英代表所组成的执政联盟正式接管政权。巫统、马华公会与印度人国大党的联合,乍一看是不同族群之间的联合,但从本质上说,他们只是精英之间的联盟。与一般认为"马来西亚的经济权力被华人作为一个社区所垄断、政治权力被马来人作为一个种族群体所垄断"的观点相反,权力的差异只有在两个族群的上层阶级中方有体现,而超过60%的资本仍掌握在外国投资者手中。由于民族阵线是维持和扩大各种精英统治地位的工具,因此,现有的贫富不平等必然会扩大和延续。而马来亚建国的历程,本身就是殖民者与本土精英之间以及本土精英内部妥协与博弈的结果。在杰森·布朗利(Jason Brownlee)看来,在政权建立时精英之间的冲突能否得到解决,是关乎国家长治久安的根本之道——在马来西亚,"巫统"击败了其他反对派并得以长期执政。①

新国家最终建立的关键时刻,普通民众反而是缺席的。支持民众广泛参与的政治团体已经在"紧急状态"下被冠以"非法组织"而被取缔了,马来西亚建国方案的妥协与博弈是在杜绝社会主义建国方案之后方才开始的。为了谋取独立,民族主义者们既向殖民统治者做出了诸多妥协,同样向长久以来的封建势力与地方豪强做出妥协。能令他们真正感到威胁的,或许唯有在面对共产主义运动的时候了。当共产主义政党意图通过再分配的手段改变既有的社会结构时,旧世界的权力精英就不再心慈手软。于是我们不难发现,巫统在面对共产主义问题上是何其强硬的。

在"秩序"与"发展"这两个至关重要的问题上,巫统所秉持的

---

① 参见 Jason Brownlee, *Authoritarianism in an Age of Democratization*, New York: Cambridge University Press, 2007.

看法是一致的：共产主义与社会主义是社会秩序的最大威胁。为了遏制它们，我们需要更加紧密地团结起来。①

新的国家建立之后，旧时代的精英继续发挥着举足轻重的作用。马来亚联合邦的第一任首相，有"独立之父""马来西亚国父"之称的东姑·阿卜杜勒·拉赫曼（Tunku Abdul Rahman）或许就是最典型的例子——他父亲是吉打州苏丹，其本人在1954年成为英属马来亚的首席部长。在东南亚国家独立运动中罕有真正的平民领袖，无论是菲律宾的罗哈斯还是印尼的苏加诺都来自精英家庭，他们深受西方教育，但很少深刻感受普通民众的生活。因此，这些人不太可能放弃与传统精英的联盟以及长期以来铸就的传统价值观——尤其是这些价值观将获得选民的支持。在下一章我们将看到，伴随着马来亚经济腾飞的是马哈蒂尔对马来传统"封建主义"的推崇。

◇ 第二节 印度尼西亚：传统精英的胜利

由于受到大萧条的严重影响，印尼的各类种植园遭遇毁灭性的打击，荷属东印度的出口值下降了75%，种植园经济在1932年亏损九百多万荷兰盾之多。为此，荷兰殖民者被迫废除了一个世纪以来奉行的开放政策，并对销售和航运采取了控制措施。直到第二次世界大战之前，荷兰在印尼的贸易也未能真正得到恢复。② 经济危机使荷兰殖民统治体系出现巨大裂痕，民族解放运动与社会主义运动在印尼发展起来了。回顾整个印尼的国家建

---

① John Funston, *Malay Politics in Malaysia: A Study of UMNO and PAS*, Kuala Lumpur: Heinemann, 1980, p. 250.

② George Cyril Allen and Audrey G. Donnithorne, *Western Enterprise in Indonesia and Malaya*, New York: McMillan, 1957, pp. 34 – 39.

设历程，革命与暴力是其中最显眼的一抹颜色。

在印度尼西亚，国家建立的过程充斥着革命因素。在暴力冲突中，旧的社会关系被破坏了，新的社会关系重新建立，印尼由此才得以集中力量成功驱赶荷兰殖民者。即便革命的力量尚无法与法国和中国的社会革命相媲美，但就其独立进程中的对社会结构的破坏性而言，东南亚国家中除越南之外或无一国可与之匹敌。[1]

经济状况的恶化与殖民者的压迫让本就贫困的印尼人更加一无所有，他们变得更加激进，并力图通过暴力手段结束之前所遭遇的各种悲惨境遇。但是，我们究竟可以在多大程度上认为印度尼西亚所上演的激进运动使"旧的社会关系被破坏，新的社会关系重新建立"呢？接下来我们将看到，在轰轰烈烈的革命归于沉寂之后，最终迎来的却是精英的胜利和社会结构的延续。

一 对抗性意识形态的兴起

在东南亚民族主义运动的系谱中，印尼占据着举足轻重的地位，马来亚等国家民族主义的兴起都深受印尼的影响。但相较于民族主义兴起，共产主义在印尼传播得更早，印尼甚至可能是东南亚地区最早兴起马克思主义思潮的国家。20世纪初，随着近代工业和种植园经济在印尼的普遍出现，印尼历史上第一批近代产业工人和农业工人也开始出现。印度尼西亚于1905年出现了第一个全国性的工会，即全国铁路工会，1916年和1919年又

---

[1] Herbert Feith, *The Decline of Constitutional Democracy in Indonesia*, Jakarta: Equinox Publishing, 2007, p. 1.

第四章　新的旧世界：建国时刻的精英与大众

先后成立了典当业土著职业联合会和私营企业工会。① 到 1918 年，马克思主义思潮、阶级斗争理论以及反对资本主义和帝国主义的口号不仅在印尼激进社会团体中流传开来，甚至在许多温和的媒体中也多有报道。② 但在之后的数十年间，由于工会组织自身的脆弱性，以及工会领导人长期以来未能提出切实可行的行动方案，导致印尼早期工人运动困难重重。③ 与此同时，工人阶级在更多情况下听命于城市知识分子的指导，而后者更关心的是民族主义主张而非阶级诉求。④

殖民者通过扩大灌溉农业的面积实现了人口快速增长，每公顷的产出都取得了一定的进展，但人均生产率仍相对稳定甚至有所下降。克利福德·格尔茨（Clifford Geertz）将这一依靠土地供养增长人口的过程称为"农业内卷化"，在此期间"荷兰人在财富上有所增长，而爪哇人只在人口数量上相对增加"⑤。在人口增长与有限资源的双重压力下，印尼（主要是爪哇地区）农民的生活也变得更加拮据，他们在 1880 年所得的人均劳动收入要比 1815 年少得多。然而，印尼农村并没有像其他边缘地区那样分裂成大地主与受压迫农民这样的二元结构。对于广大农民而言，征收苛捐杂税的殖民政府以及外国资本家才是他们的主要敌人。世界体系虽然通过重塑生产关系使印尼形成了一批具有"同等的地位和共同的利害关系"的"自在的阶级"，但他们还远不是"自为的阶级"。

然而，阶级并非只有当其完全形成之后才能发挥作用，阶级斗争首先

---

① 梁英明：《东南亚史》，人民出版社 2010 年版，第 149 页。

② Ruth McVey, *The Rise of Indonesian Communism*, Ithaca: Cornell University Press, 1965, p. 178.

③ ［日］增田与：《论印度尼西亚革命和各个阶级》，李景禧译，《南洋问题资料译丛》1966 年第 1 期。

④ Everett D. Hawkins, "Labor in Transition", in Ruth T. McVey, ed., *Indonesia*, New Haven: HRAF, 1963, pp. 257–258.

⑤ Clifford Geertz, *Agriculture Involution: The Process of Ecological Change in Indonesia*, Berkeley: University of California Press, 1963, p. 70.

就是在对阶级进行组织的过程中所进行的斗争。因此正如普泽沃斯基所言，阶级形成的过程本质上是一个阶级不断被"组织、瓦解和重组的过程"。①随着共产主义思潮在东南亚的兴起尤其是列宁帝国主义理论的传播，新的意识形态很好地回应了印尼底层民众所关心的殖民统治、经济剥削、普遍贫困等一系列问题。1914年，印尼历史上第一个社会主义性质的团体"东印度社会民主联盟"成立了。该组织中既有主张革命运动的激进派，也有主张渐进改良的温和派，两派于1917年分裂。②温和派组成了"东印度社会民主党"，激进派继续沿用原名，并于1920年更名为"印度尼西亚共产党"。作为无产阶级的政党，印尼共将目光投向了工人队伍，这个群体不仅包括本地工人，也包括外来移民中的工人。他们在工厂、甘蔗种植园建立工人组织，着手创建马克思主义学校，并通过出版关于印尼社会分析的通俗读物以传播自己的思想。③ 1923—1926年，印尼共组织了多场游行示威和罢工运动。面对日益高涨的工农运动，印尼共过于乐观地估计了革命前景，认为印度尼西亚已经具备了武装起义的条件，并提出了建立苏维埃共和国的口号。但由于领导者过于冒进，这次起义遭遇严重失败。④ 革命的失败暴露了早期印尼共幼稚的斗争路线，"消灭富农""立即实现社会主义""建立

---

① Adam Przeworski, "Proletariat into a Class: The Process of Class Formation from Karl Kautsky's 'The Class Struggle' to Recent Controversies", *Politics & Society*, Vol. 7, No. 4, 1977, p. 372.

② 温和派认为，社会主义运动只能发生在经济较为发达的资本主义国家，因此他们认为该联盟的主要目的是与欧洲社会主义者进行思想交流；但激进派将联盟视作实现建立社会主义国家的组织基础，参见 L. H. Palmier, *Communists in Indonesia*, London: Weidenfeld and Nicolson, 1973。东印度社会民主联盟内部不同派别的分歧，其实也是国际共产主义运动中不同流派对于如何建立社会主义国家的不同见解。

③ [澳] 阿德里安·维克尔斯：《现代印度尼西亚史》，何美兰译，世界知识出版社2017年版，第145页。

④ 起义的具体过程，可参见印尼共产党历史研究所编著《印度尼西亚第一次民族起义》，艾兰译，世界知识出版社1963年版。

第四章　新的旧世界：建国时刻的精英与大众

印度尼西亚苏维埃政权"等口号存在严重的"左"倾的问题。

亨廷顿强调，农村在现代革命中是个"变数"：它不是稳定的根源，而是革命的力量，因此"得农村者得天下"。[①] 但印尼共所秉持的城市中心主义策略以及事实上的精英主义倾向，无疑使他们忽视了对广大农村地区的重视。一方面，印尼共的早期成员都以知识分子为主，其领导层大多出身于"爪哇贵族"（Priyayi）[②]，因此他们并不怎么真正了解劳苦大众的生活。另一方面，印尼共对19世纪后期以来殖民地所经历的深刻变革缺乏敏锐性，他们依旧天真地认为印尼农村被"封建的、宗法的和田园诗般的关系"所笼罩，其特点是土地集体所有制。但现实恰恰相反，在经过帝国主义对殖民地的系统性改造之后，20世纪以来印尼农村所浮现的紧张关系恰恰十分适合马克思主义的阶级分析思路。遗憾的是，印尼共的领导人却忽视了这一深刻变革，印尼共1920年的会议依旧认为共产国际所主张的土地革命政策并不适合印尼，原因是印尼并不普遍存在地主阶级。[③] 最终结果，是农村工作在印尼共的整体活动议程中属于可有可无的地位。与此同时，他们也丝毫不关心民众在宗教方面的诉求，这进一步导致他们在广大农村地区缺乏影响力。[④] 总体来看，在第二次世界大战爆发之前，包括印尼在内的所有的东南亚国家所出现的共产主义政党都是软弱无力的。这种局面的形成当

---

① ［美］塞缪尔·P. 亨廷顿：《变化社会中的政治秩序》，王冠华等译，上海人民出版社2008年版，第241页。

② "爪哇贵族"是传统社会中的精英阶层，大致类似于西欧中世纪的骑士阶级抑或是日本的武士阶级。直到18世纪之前，爪哇贵族依旧是印尼王室统领下爪哇邦的实际统治者；在荷兰殖民者到来之后，他们又成为荷兰人施行间接统治的代理人。爪哇贵族是最早接受西方（荷兰）教育的印尼人，因此二战前印度尼西亚民族主义运动的领导人大都来自这一阶级。

③ Justus M. Van Der Kroef, "Peasant and Land Reform in Indonesian Communism", *Journal of Southeast Asian History*, Vol. 4, No. 1, 1963, p. 33.

④ Dorothy Woodman, *The Republic of Indonesia*, New York: Philosophical Library, 1955, p. 366.

然与社会结构及文化传统有着密切关系,但殖民当局的镇压在其中发挥着更为重要的作用。

在印尼共发展举步维艰之际,对抗帝国主义统治的另一股力量——民族主义逐渐壮大起来。与马来西亚类似,印尼最早的民族主义萌芽同样深受伊斯兰现代主义思潮的影响。19世纪末,以哲马鲁丁·阿富汗尼(Jamal Din Afghani)及其弟子穆罕默德·阿卜杜(Muhammad Abduh)为代表的穆斯林知识精英在受到西方文明的强烈冲击之后,试图通过"创制"(Ijitihad,即"个人理解")赋予《古兰经》新的意涵,从而为伊斯兰教义与科学和理性建立联系,并重振穆斯林世界。[1] 20世纪初,这股思潮传到东南亚后产生了不小的影响。1911年印度尼西亚商人在中爪哇梭罗市成立了伊斯兰商业联盟,并于次年改称为伊斯兰联盟,由贵族知识分子佐克罗阿米诺担任主席。该组织的目标是在保持荷兰人主权的情况下建立印度尼西亚人自治政府,其成员在1915年已经达36万人。这些组织虽然并未在日后的民族主义运动中发挥主导作用,但他们从一开始就将民族主义与精英群体联系在一起,这一特征是十分重要的。通过创立一些新的教育机构,印尼民族主义者力图使人们意识到自身的主体地位。他们虽然反抗荷兰,但并不拒斥西方。相反,他们相信西方教育可以为个人和国家进步提供可靠保障。在这种文化中,西方价值观与印尼传统价值观相互叠加,"西方观念通过教育系统改变个人认知,从而对殖民地的等级制度产生了石破天惊的影响"[2]。

荷兰殖民政府最初对印尼的民族主义比较温和,许多社团和政党可以有条件地组织活动。但随着时间推移,民族主义内部出现了一种新的自我意识和自主精神,更为制度化的民族主义团体形成了,其目的也逐渐从文

---

[1] 参见周国黎《略论伊斯兰现代主义》,《世界宗教研究》1994年第4期。

[2] W. F. Wertheim, *Indonesian Society in Transition: A Study of Social Change*, Hague: W. Van Hoeve, 1956, p. 46.

化观念转移到了政治领域,以苏加诺(Bung Sukarno)、哈达(Mohammad Hatta)为代表的印尼民族主义政治力量开始浮现。1927年,苏加诺创建了"印尼民族政治共同体协商会",并于次年更名为"印尼民族党"(Partai Nasional Indonesia),苏加诺担任该党主席。该组织由印尼民族主义协会、伊斯兰联盟、至善社等7个政党团体组成,倡导以非暴力不合作的方式合法地向殖民者施压,温和、渐进地寻求印度尼西亚政治、经济的独立。

以苏加诺为首的民族主义者的首要目标是"在甘地式的大规模不合作运动的旗帜下把当时一切的民族主义组织联合起来"[①]。究其原因,无外乎是东南亚民族主义面临着种种难以克服的困难:全部优势似乎都在殖民者那一边——财富、武器、科学知识、外部支援等,统治者唯一的弱点,在于殖民主义/帝国主义的残暴行径使他们成为一望而知的少数族群。这一点是十分关键的,对秉持民族主义的政治精英而言,斗争的核心在于创造一个政治多数派,一个虽是建构的但人数众多的"我们"。[②]而且相较于东南亚其他国家,印尼的民族主义思潮的发展要缓慢许多。甚至不是所有人都把荷兰人视作共同的敌人,更谈不上将自己看作一个统一的民族。在1928年10月印尼青年组织在雅加达举行的代表大会上通过的《青年誓言》中,我们同样看到了印尼民族主义者们对熔铸共同体的希冀:"印度尼西亚的儿女只承认一个民族,即印度尼西亚民族;只有一个祖国,即印度尼西亚祖国;一种语言,即印度尼西亚语言。"[③]

为了提供统一的意识形态指引,苏加诺在20世纪20年代提出了"贫民

[①] [英] D. G. E. 霍尔:《东南亚史》,中山大学东南亚史研究所译,商务印书馆1982年版,第855页。

[②] [美] 本尼迪克特·安德森:《比较的幽灵:民族主义、东南亚与世界》,甘会斌译,译林出版社2012年版,第407页。

[③] 厦门大学历史系编:《印尼简史》,商务印书馆1978年版,第47页。

主义"（又称"马尔哈恩主义"）作为团结印尼各种力量的理论依据，力图借此形成统一的民族解放阵线。苏加诺认为，印尼并不存在剥削现象，人们之间存在的只是贫富上的差别。因此他认为马克思主义的阶级斗争理论并不适用于印度尼西亚，反而"贫民主义"更符合本国国情。1933 年，印度尼西亚民族党为贫民主义做出了解释：贫民主义是社会民族主义和社会民主主义，是用来实现政治和社会制度的斗争形式，是消灭资本主义、帝国主义的方针。① 显而易见的是，苏加诺等民族主义者在政策制定方面极力避免激进的话语表达，这使得他们可以在最大限度上获得权力精英们的支持。印尼民族党虽然声称以"贫民主义"为纲领，但他们对真正的"贫民"并不怎么在意，也不关心农村土地改革，除了提出在独立后会终止荷兰人的特权地位外，亦没有任何有关对财富与权力进行重新分配的主张。这虽然是一种妥协之举，但也反映出民族党领导层在经济社会问题上所秉持的保守主义立场。②

但即便如此，民族主义的发展状况也并没有比共产主义好很多。1929 年 12 月，苏加诺等人被捕，印尼民族党被宣布为非法组织。面对民族主义者们温和的宪政改革，荷兰殖民者断然拒绝。1936 年，印尼国民议会试图起草一份法案以在荷兰宪法范围内实现东印度群岛的自治时，荷兰议会的多数议员以及殖民大臣立即表示反对，他们认为行政改革要优于任何类型的政治改革，而且只有在下层逐步建立了成熟的自治基础之后，才能在中级乃至中央层面提供类似的发展机会。③ 而当至善社、伊斯兰教联盟等民族主义社团以"权利和义务平等"为由要求荷兰人在印尼建立国民参议

---

① 转引自梁敏和《印度尼西亚史纲》，世界图书出版公司 2019 年版，第 164 页。

② John Ingleson, *Road to Exile: The Indonesian Nationalist Movement, 1927 - 1934*, Singapore: Heinemann Educational Books, 1974, pp. 56 - 57.

③ 约翰·F. 卡迪：《东南亚历史发展》，姚楠、马宁译，上海译文出版社 1988 年版，第 687 页。

会以实现印尼民众的政治参与时,爪哇贵族表示出比荷兰殖民政府更为强烈的反对态度。他们认为印尼原住民文化水平太低并不足以在现代议会中发挥恰如其分的作用,但其真正原因是显而易见的:"议会的存在将导致贵族被民主政治所排挤,这与印度教中的首陀罗种姓排挤刹帝利阶层如出一辙。"①

面对荷兰殖民者的武断举措以及本土精英的抵制,印尼民族主义者出现了更激进的反荷情绪,这导致他们在面对日本殖民者入侵时甚至表示出欢迎的态度。1942年日军占领雅加达,荷兰军队向日本投降。日本对东南亚的基本政策是"极力利用残存的统治机构",印尼在日本军政下推行的《占领地军政处理要领》强调,统治应沿袭旧政权的统治方式,遵照各占领地的民族习惯、社会组织、宗教、人民生活水平、文化程度等,以相应的军政以实施。日军一方面否定西欧式的政党政治,另一方面则利用著名的民族主义者,笼络他们协助日本。

> 日本政体与东南亚先前政体之间最突出的区别在于,前者具有临时性、紧急的特征,并最终动员了优先于其他殖民政权的稳定而有序的斗争。在20世纪30年代,欧洲殖民政府一直专注于剥夺民族主义领袖获得民众支持的机会,并使宗教领袖完全脱离于政治。相反,日本则赞成大规模的集会、公开的仪式,并最大限度地利用媒体进行反西方和亲日宣传。……约有4万爪哇士兵和3万苏门答腊士兵经受了同样纪律严明的训练,并强调清心(精神,与印度尼西亚语semangat类似)是亚洲优于西方的关键要素。②

---

① Taufik Abdullah, *Indonesia Toward Democracy*, Singapore: Institute of Southeast Asian Studies, 2009, p. 24.

② [澳]安东尼·瑞德:《东南亚史:危险而关键的十字路口》,宋婉贞、张振江译,上海人民出版社2021年版,第423—424页。

日本殖民者的确带来了改变，但与印尼人的希冀大相径庭。日本打破了过去几十年发展起来的东南亚地区的稻米贸易网络，迫使许多地区在粮食方面基本上自给自足，数以百万计的人不得不依靠根茎作物或其他任何他们能在当地种植的作物勉以度日。滥发军票加之粮食和其他基本物品的日益短缺导致通货膨胀日益严重，许多平民死于饥饿和疾病。印尼民众被要求在公共工程项目中充当劳工，饥饿和虐待也导致他们队伍中的许多人死亡。面对日本军国主义者的暴虐行径，印尼共产党以及一些民族主义组织展开了各种抗日斗争。不同于东南亚其他国家的共产主义组织在抗击日本侵略者中发挥的中流砥柱的作用，在抵御殖民者的斗争中，印尼共产党的规模一直十分有限。直到1948年，其党员总数尚不足三千人。① 对于一直处于非法状态的印尼共产党，古德温给予了精辟的总结。

> 理解东南亚大规模的共产主义运动及其爆发的特定时间，最好的分析视角是立足那些政治性因素，当然还有一些因素充满偶然性。其中最重要的是，战争期间日本在每个殖民地的统治特点，决定了共产党人是否能够在战争期间和之后组织一场大规模的武装叛乱……在日本统治者支持民族主义的地方，如在印度尼西亚，共产主义组织在战争期间抑或是战后以从事武装斗争则变得极其困难。②

共产党领导的抵抗组织并没有吸引众多追随者，一个重要的原因或许在于日本侵略者对于民族主义的组织与领导者持有默许甚至鼓励的态度，

---

① George McT Kahin, *Nationalism and Revolution in Indonesia*, Ithaca: Cornell University Press, 1952, p. 277.

② Jeff Goodwin, *No Other Way Out: States and Revolutionary Movements, 1945–1991*, New York: Cambridge University Press, 2001, p. 102.

第四章　新的旧世界：建国时刻的精英与大众 | 187

甚至建立起由印尼本土居民担任主官的军事组织以及青年准军事团体。① 当荷兰在印度尼西亚的殖民政权在1942年被入侵的日本占领政府消灭时，一些著名的印度尼西亚民族主义者，其中包括领导人苏加诺也选择与日本合作，他们大概是希望最终促进印度尼西亚的独立。② 这样一来，日本迎合了印尼的民族主义情绪，同时挤压了共产主义运动的群众基础。而苏加诺与哈达也极尽纵横捭阖之能，在爪哇各地四处演讲。表面上似乎是重整旗鼓以便支持日本战争事业，但其真正目的却是激发印度尼西亚独立的热情。尤其是当日本殖民当局面临不利局面之时，他们便会默许苏加诺等人建立民众组织的请求。1944年1月，爪哇奉公会成立了，其前身是日本建立的用以动员和组织印尼民众的傀儡组织"普泰拉"（Putera）。

然而，生存空间却为民族主义者提供了行动舞台。当日本殖民者逐渐陷入战争的泥沼而无暇他顾时，苏加诺等民族主义者却巧妙地利用日本人的信任实现了民族主义动员。类似于"转换"（Conversion）的渐进制度变迁模式③，日本人意在笼络印尼精英以维持统治的爪哇奉公会等组织，最终成为苏加诺等政治精英宣扬民族主义，反抗殖民统治的大本营。

---

① 参见 William H. Frederick, *Visions and Heat: The Making of the Indonesian Revolution*, Athens: Ohio University Press, 1989.

② Justus M. Van Der Kroef, *The Communist Party of Indonesia: Its History, Program and Tactics*, Vancouver: University of British Columbia Press, 1965, pp. 21 – 22。但印尼史学家也发现，虽然日本支持印尼民族主义运动，但依旧对他们保持极大警惕。虽然日本通过支持民族主义者以获得当地人支持，但日本甚至不允许他们在官方场合使用"印度尼西亚"这一词汇，民族主义者们有关旗国歌的倡议也遭到拒绝，参见 Tuong Vu, *Paths to Development in Asia: South Korea, Vietnam, China, and Indonesia*, New York: Cambridge University Press, 2010, p. 217.

③ "转换"的模式主要表现为在制度结构不变的情况下行为人通过改变制度内容及执行方式以实现制度变迁，参见 James Mahoney and Kathleen Thelen, *Explaining Institutional Change: Ambiguity, Agency, and Power*, New York: Cambridge University Press, 2010, pp. 1 – 37.

苏加诺是一个迷人且优秀的演讲者，通过声音抑扬顿挫的信号和只能被爪哇岛民众充分理解的聪明信息的使用，能够使印度尼西亚民族主义成为中心信息。关键是，苏加诺的演讲也在收音机上广播出来，通过安装在每个村庄中心的日本人的扬声器网络，到达更多的听众那里。通过这种方式，印度尼西亚思想和印度尼西亚国家观念比荷兰时代在更大的程度上渗透到民众社会。①

在第二次世界大战最后几年的时间里，日本对印尼的统治极大地改变了精英结构，欧洲统治阶级及其不稳定的盟友——传统贵族的势力被极大削弱了。除了一些为重建荷兰企业而留下来的管理者之外，大多数荷兰殖民者都逃之夭夭，曾经充当本地民事机构的传统贵族阶级丧失统治他们的权力。在日据时期和革命阶段，一些贵族被直接罢黜或杀害。而在从联邦政府向统一共和国转变过程中，剩下的多数贵族被踢出政权。一个新的行政机制正在形成，这是一个由曾经站在革命一边的民族主义者构成的行政机构，只有乡村地方政府中的旧官僚贵族集团还保持着他们的权力。② 荷兰殖民时代精英们所建立的权力网络被新权威取代，许多精英集团在新的权力结构中相互争夺一席之地。日本人把潜在的印尼精英对立起来，依次或同时支持传统贵族、平民知识分子、穆斯林运动领袖和青年团体。③ 这一政策的结果是，派系之间的竞争往往会加剧。直到占领结束，当独立的主张开始成为现实时，政治、宗教和经济精英之间的更大团结才变得明显。西方殖民主义所建立的统治体系已被打破多时，因此当荷兰殖民者意图卷土

---

① ［澳］史蒂文·德拉克雷：《印度尼西亚史》，郭子林译，商务印书馆2009年版，第72页。

② ［澳］阿德里安·维克尔斯：《现代印度尼西亚史》，何美兰译，世界知识出版社2017年版，第131页。

③ Justus M. Van Der Kroef, "Indonesia: The New Power Elite", *Social Science*, Vol. 33, No. 2, 1958, pp. 83–84.

重来时，他们所面对的是一个具有广泛民众基础以及高度组织化与支持率的民族主义组织。①

处于建国时刻的印尼所面临的是一个千疮百孔的社会：荷兰殖民统治创造了可以为印尼人所用的体制机构，但也制造了巨大的不平等和榨取资源将盈余输送到海外的经济体制；日本人占领时期和革命阶段遗留下了混乱、分裂和死亡等问题。在这种威权丧失、社会碎片化的结构基础之上，政治场域中的不同角色竞相开始了他们的建国之旅。

二 "民族"压倒"阶级"

1944年9月，在战争中节节败退的日本终于公开允诺印尼独立，这是他们为了谋求继续统治而向印尼人做出的最后妥协。1945年3月1日，已经穷途末路的日本军国主义允许印尼取得独立，并成立了63人组成的"独立准备调查委员会"。这个委员会的成员由日本制定，囊括了印尼社会团体、宗教界、地方势力、传统贵族等各类本土的政治与经济精英，当然也包括苏加诺等民族主义者。同年8月17日，苏加诺、哈达签署《独立宣言》，印度尼西亚共和国正式成立了。自战前至战后几十年的时间里，苏加诺在民众之中获得了极大声誉，而且他和日本权威人物以及伊斯兰教关键领导人也有着良好的私人关系，由他领衔组织新的国家自然是水到渠成的。加之日军的中立态度以及印尼籍官兵临时倒戈，印尼的独立进程相对顺利。

1945年9月，印度尼西亚共和国第一届内阁成立，并随后在多党制的指导原则下恢复了印尼共产党、社会党等曾经被荷兰殖民政府取缔的左翼政党。在旧社会的废墟上，一个新的国家诞生了。充满革命色彩的印尼领导人的合法性并非基于与过去的联系，而是在于经过竭力奋斗成功迎来了

---

① John Dunn, *Modern Revolutions: An Introduction to the Analysis of a Political Phenomenon*, New York: Cambridge University Press, 1972, p.129.

一个新的开始，他们坚决要同殖民地历史一刀两断。

然而除了一副新的外壳，独立之后的印度尼西亚似乎并未真正发生改变。没有什么比法律规章能更好地展现变革背后的延续性了。抛开某些程序性变化不谈，一个律师在20世纪50年代依旧可以凭着其几十年前的经验继续工作。新的《宪法》和殖民地时期如出一辙，不过是将"女王"和"总督"变了"总统"和"副总统"；而新的《刑法》也只是进行了文字层面的调整。当缺乏具体的法律指导时，法院就会像以前那样援引殖民时期的习惯法与判例解决纠纷，因此印尼实际有效的法律制度反倒是源于直接从殖民地继承下来的法律原则以及正式或非正式的规章制度。① 为了能够顺利且快速地接手政权，新国家的高级官员们几乎是毫无保留地继承了荷兰殖民时期的各种制度安排。政治系统照旧运行着，殖民地时期的行政体系、司法体系、教育体系以及公务员体系都没有发生明显的改变，1955年议会选举所遵循的选举程序几乎完全照搬了荷兰的选举法。②

新世界被旧秩序所包围，独立之后印尼依旧处于"半殖民地半封建时期"或者称之为"没有完全独立的半封建时期"。其中一个重要的标志就是印尼在经济上还没有取得完全的独立自主，美国依旧大肆攫取印尼的自然资源和劳动力，而且通过跨国资本集团和国际组织对印尼经济发展产生重大影响；与此同时，印尼的农民还处于贫困和依赖地主的境遇，地主垄断着大量土地并通过繁重的债务和各类劳役压迫农民，故而印尼的土地关系依然是封建性的。③ 最终呈现的结果是，当代印度尼西亚与一百多年前荷兰殖民时代下的制度形态展现出了惊人的相似性。

---

① Daniel S. Lev, "Colonial Law and the Genesis of the Indonesian State", *Indonesia*, No. 40, 1985, pp. 57–74.

② James H. Mysbergh, "The Indonesian Elite", *Far Eastern Survey*, Vol. 26, No. 3, 1957, pp. 38–42.

③ ［印尼］迪·努·艾地：《印度尼西亚革命和印度尼西亚共产党的迫切任务》，人民出版社1964年版，第6—9页。

第四章 新的旧世界：建国时刻的精英与大众 | 191

相较于摆脱殖民统治，更为困难的是如何巩固新兴政权：先是英国以同盟军的身份武装干涉印尼内政，而后是荷兰殖民者卷土重来发动了两次"警察行动"力图恢复殖民统治，美国也通过所谓的"国际调停"为自己的势力进入印尼开辟道路并支持印尼右翼势力制造了"茉莉芬事件"迫害左翼人士。① 与此同时，本土精英在诸多政治议题上与印尼精英存在严重的分歧，这些领域包括宗教（世俗政治还是伊斯兰政治）、央地关系（单一制还是联邦制）、军队在政府中的作用、议会以及议员的构成方式等。这体现了印尼国家建设过程中的"整合危机"，而这一危机与印尼不同政党所处的地区立场有着密切关系——伊斯兰教团体的势力主要分布在苏门答腊与苏拉威西，而共产党和民族党则主要分布在爪哇。也就是说，族群分裂、地域分裂、宗教分裂等社会与意识形态裂痕极大地困扰着建国初期的印尼民族主义领袖们。

独立之后的几年里，印尼坚持议会民主制道路，但独立之后的五年间没有一个政党能在236个席位中获得52席以上的席位。历届内阁都需要政党联盟的支持，但政党之间的分歧使内阁变得十分不稳定，政府更迭频繁，1949—1955年更换了六届内阁。这样一来，中央对地方的控制能力极弱，地方势力强大，局部叛乱时有发生。伊斯兰建国思潮和联邦制建国思潮交织在一起，加之强大的地方分裂势力，使得印尼自建国之初就面临着严重的分离主义。根据多种资料显示，美国中央情报局对印尼各地的地方分离主义运动给予多种支持。② 到1958年时印尼的地方性冲突愈演愈烈，甚至有叛乱集团在西苏门答腊省的武吉丁宜市成立了"印度尼西亚共和国革命政府"公开对抗中央政府。

---

① 梁志明主编：《殖民主义史：东南亚卷》，北京大学出版社1999年版，第518—519页。

② 房宁等：《自由·威权·多元：东亚政治发展研究报告》，社会科学文献出版社2011年版，第175页。

虽然印尼的地方性叛乱得到了许多邻国的同情和美国的支持，但中央政府最终还是通过军事手段将其击溃。面对碎片化的权力结构，以苏加诺为代表的政治精英开始思考通过集权的方式以应对危局。其实早在1945年5月31日召开的印尼独立准备调查会议上，不少宪法起草者认为领导人与人民的"团结"是印尼传统之精髓，人民有绝对服从领导人的义务，因此宪法条款中不应该有诸如"人民主权""保障人权"之类的条款，反而应该在所有领域限制各类团体的活动。① 20世纪50年代后期的苏加诺更加意识到，议会制民主已经无法确保印尼赖以发展的基本政治秩序了。他认为，内阁更迭频繁、政局动荡不安的主要原因是内阁的组成原则不能很好地反映社会上存在的民族主义、宗教主义和共产主义三种思潮。为了实现稳定，苏加诺提出建立互助合作内阁的方针，实行"有领导的民主"（Guided Democracy）。1957年8月，苏加诺在印尼独立日演讲时提到通过"有领导的民主"代替"自由民主"，并由总统具体运作这种民主模式。1959年8月，苏加诺更清楚地阐明了"有领导的民主"的各项目标，他把注意力集中在三个方面，即保证人民衣食住行、恢复国内安定和继续反帝斗争。

> 萦绕于我脑际的是革命浪漫主义……一个国家不在革命道路上成长起来，不仅将被本国人民推翻，而且也将被……建立一个没有殖民地、没有剥削、没有压迫的新世界的全球革命风暴卷走……实行有领导的民主就是要加强国家的所有权和控制权……（并）抵制西方的准则。……这所老房子连同它嘎嘎作响的木板和铰链，不能光靠修修补补，而是只有把它拆毁。②

---

① 转引自杨晓强《后苏哈托时期的印尼民主化改革研究》，厦门大学出版社2015年版，第26页。
② 转引自[美]约翰·F. 卡迪《战后东南亚史》，姚楠等译，上海译文出版社1984年版，第243—244页。

第四章 新的旧世界：建国时刻的精英与大众 | 193

"有领导的民主"是以苏加诺为首的资产阶级民族主义流派、右派军人集团和印尼共三种主要政治力量斗争与妥协的产物：苏加诺依靠印尼军人集团中的中央派及印尼共产党的支持，镇压了地方叛乱，排除了来自右翼政党和地方军人势力对中央的威胁；军人集团的中央派通过镇压叛乱，不仅剪除了军队中的异己势力，而且极大加强了其在印尼政治经济中的地位；总统利用印尼共的支持来推行内外政策，并在权力机构中对后者保持警惕；而印尼共虽然20世纪50年代中后期得到了一定发展，但是为了避免被军人镇压，有求于总统的支持和保护。① 因此也正是在这一时期，印尼共产党重获新生。有赖于苏加诺的支持，"茉莉芬事件"后已濒于绝境的印尼共在1952年之后开始吸引了大批追随者。在1956年3月1日印尼举行的首次全国大中，印尼共凭借16.4%的选票成为该国第四大政党，而排名第一的印尼民族党也受到了印尼共的支持并获得了22.3%的选票。② 印尼共之所以能够卷土重来并声势大振，与年轻领导人艾地（Dipa Nusantara Aidit）的努力密不可分。

他有准备地利用民族主义狂热，也利用当时爪哇社会中出现的社会和政治方面的紧张局面。共产主义的宣传对种植园工人、工会工作者、青年和妇女团体很有吸引力，要不然，这些团体本来有可能会同更讲原则的印尼社会党站在一边。投机取巧的印尼共产党宣传人员，在维护协作的传统习惯、反对虔诚的穆斯林商人方面，同东爪哇那些名义上是穆斯林的村民建立了亲密关系，还小心翼翼地不去攻击苏加诺本人和他的一批支持者。到了1955年初，共产党在爪哇争取到的群

---

① 贺圣达：《战后东南亚历史发展：1945—1994》，云南大学出版社1995年版，第40页。
② Baladas Ghoshal, *Indonesian Politics, 1955–1959: The Emergence of Guided Democracy*, New Delhi: K. P. Bagchi, 1982, p. 44.

众追随者约为党员估计数的五倍。①

在成员发展问题上,印尼共吸取了建党初期的教训,加大党员队伍的规模与组织建设。早期印尼共产党与世界其他地区的共产主义组织一样,都强调工人阶级是最为进步、最为革命的群体,因此他们将工作重点放在发展工人运动上。直到1948年"茉莉芬事件"之后,印尼共中央政治局才开始反思自身所处的具体国情,继而将工作重点转向农民。但在政治吸纳这一核心议题上,印尼共始终面临两难境地:一方面它希望其组织能够迅速成长,但他们又害怕会因此丧失其纯洁性。在1948年之后,印尼共和许多代表不同阶层(如农民、妇女、大学生、艺术家、知识分子和青年)的群众组织结成了联盟。但除了青年组织(Pemuda Rakjat)被印尼共直接领导外,绝大多数组织都具有高度自主权。他们参与印尼共的全国代表大会,其领导成员同样位列印尼共领导层,但印尼共无法干预他们的内部事务。这些组织没有坚持意识形态上的一致性,其成员不需要支持印尼共。但为了扩大影响建立国民统一战线,印尼共领导层必须允许这些群众组织按照许多非共产党人支持的基本民族主义原则运作。②

印尼共在战后的复兴,展现出了共产主义运动与民族主义运动紧密缠绕在一起的复杂联系。除了曾共同致力于推翻荷兰殖民者的帝国主义统治之外,印尼共的某些政治纲领在苏加诺的支持下也得以转化为国家政策。例如印尼共倡导的土地改革政策于1962年正式出台,国家开始在农村实施土地再分配并限制地主和富农所拥有土地的数量。如此一来,印尼共愈加

---

① [美]约翰·F. 卡迪:《战后东南亚史》,姚楠等译,上海译文出版社1984年版,第226页。
② John Roosa, "Indonesian Communism: The Perils of the Parliamentary Path", in Norman Naimark, Silvio Pons, and Sophia Quinn-Judge, eds., *The Cambridge History of Communism: The Socialist Camp and World Power, 1941 – 1960s*, New York: Cambridge University Press, 2017, pp. 474–475.

第四章　新的旧世界：建国时刻的精英与大众

相信他们可以通过和平的方式实现社会主义目标。在1961年召开的第六次全国代表大会通过的新党章中，印尼共在其中明确提出"过渡到民主的人民政权制度，即社会主义制度的准备阶段的最好的、最理想的方式就是和平的方式、议会的方式。如果取决于共产党人，那他们就选择和平的道路"①。到了1963年，印尼共高层对苏加诺的崇拜几乎到了盲目的地步，"尽管苏加诺对经济事务的愚昧无知臭名远扬和抱着不屑一顾的态度，印尼共产党却宣称经济困难的解决办法可以放心地交到他手上去处理……这之后不久，（艾地）给他奉上最高荣誉，形容总统是自己在马克思列宁主义方面的第一位老师"②。

根据马克思主义的政党学说，"工人的政党不应当成为某一个资产阶级政党的尾巴，而应当成为一个独立的政党，它有自己的目的和自己的政治"③。然而，印尼共的领导人似乎全然忘却了这一基本信条。印尼共在苏加诺等民族主义者的同情和支持下发展壮大，这种虚假的繁荣却伤害了其自身建设：当双方目标一致时，印尼共可以借机提升权力和威望；但当双方目标出现分歧时，印尼共不得不以妥协而告终。④ 对于苏加诺等人而言，无论是"亲共产主义""亲西方"还是"中立主义"都是精英形成和巩固过程中的不同面相罢了。精英群体运作的原则和基础不是特定的意识形态取向，而是权力的动员和运用，在这一过程中，特定的意识形态可以被放在一个次要的位置且是可以根据需要进行操作的。⑤ 从根本上看，共产主义

---

① 《印度尼西亚共产党第六次全国代表大会文件》，世界知识出版社1962年版，第301—303页。

② 转引自靳昆萍等《东南亚社会主义的历史、现状及发展趋势》，社会科学文献出版社2014年版，第154页。

③ 《马克思恩格斯选集》第3卷，人民出版社2012年版，第170页。

④ 高艳杰、王世圆：《印度尼西亚共产党兴衰研究》，《当代世界与社会主义》2017年第4期。

⑤ Justus M. Van Der Kroef, "Indonesia: The New Power Elite", *Social Science*, Vol. 33, No. 2, 1958, p. 89.

与民族主义两种意识形态存在无法消弭的重要分歧,民族主义者往往将民众视为一个整体,他们并不希望把阶级差异纳入其政治议程。这意味着,当共产主义者将印尼定义为一个半殖民地半封建社会,并且把铲除外国资本主义与本土地主阶级视作发展的必然要求时,民族主义与共产主义便无法继续合作了。①

在20世纪50年代后期,印尼共已经在城市工人阶级内部建立起了坚实的群众基础。但他们同时察觉到,主要经济部门依旧被军方控制,党几乎无从插手。"随着印尼整体政治形势愈加收紧,这个基础也变得更为脆弱,于是,共产党的领导人决定将社会动员扩展到农村。"② 1954年召开的印尼共第五次代表大会批准了艾地将党的主要焦点从工人转移到农民身上,承认"土地革命是印度尼西亚人民民主革命的本质"。艾地认识到,印尼共之前的统一民族阵线的工作发展缓慢,"在农民被卷入统一民族阵线之前,我们不可能谈论区域性的、广泛的和强大的统一民族阵线……农民占人口的70%以上……到目前为止,只有大约7%的农民是有组织的"。农民的重要性日益提升,甚至被视作"印尼革命的基础力量"。当然,这并不意味着印尼共放弃了工人阶级先锋队的性质。在印尼共六大的纲领中规定,工人阶级必须领导其他阶级进行斗争,尤其是领导农民阶级进行土地斗争。同时,印尼的共产主义理论家们对本国的农民阶级进行了分类,富农、中农和贫农等,而地主阶级与大资产阶级则是斗争的对象。

印尼共的最终目标是消灭封建残余,发动反封建土地革命,没收地主的土地并免费分配给农民(特别是贫穷农民)。他们深信把农民看成无组织

---

① B. Gunawan, "Political Mobilization in Indonesia: Nationalists against Communists", *Modern Asian Studies*, Vol. 7, No. 4, 1973, pp. 707 – 715.

② Rex Mortimer, "Traditional Modes and Communist Movements: Change and Protest in Indonesia", in John Wilson Lewis, ed., *Peasant Rebellion and Communist Revolution in Asia*, Stanford: Stanford University Press, 1974, p. 278.

的群众是错误的,并敦促干部认识到农民阶级和正在发生的地区分化。艾地多次建议干部要认真研究村情,唯有如此才能使党的工作更为扎实地开展。[①] 但在动员方面,印尼共产党展示出了极大的谨慎:一方面,他们极力避免非共产主义者对他们的行动产生怀疑;另一方面,他们力求在对农民的政治宣传中使用较为温和的方式,尽量避免被农村势力疏远——为了做到这一点,印尼共尽量避免推行土地再分配以及"斗地主"等与农民政治生活密切相关的活动。印尼共的土地方针首先是为了赢得政治权力,而改善农村基础设施、减少农村贫困等方面的努力都需要以获得权力为基础。尽管印尼共一再保持土地在分配改革上的温和政策以避免损害其执政盟友的利益,但共产主义与民族主义之间的意识形态裂痕愈加明显了。

1964年,中爪哇克拉登县的农民为了争取自身权利,单方面按照土改法令实施规定范围的土地再分配,并得到了其他地区农民的响应以及印尼共的支持。这场被称为"单方面行动"的农民运动迅速扩展到西爪哇、巴厘岛和苏门答腊,它触及地主阶级以及和地主阶级有密切联系的民族党及伊斯兰教师联合会最为敏锐的神经。由于运动也涉及军人管理的国有财产,"单方面行动"同样引起了军人集团的不满。正如格雷戈里·鲁伯特(Gregory M. Luebbert)对两次世界大战之间欧洲政体变迁的研究所揭示的那样,当代表城市工人阶级的政党向广大农村地区进行社会动员时,农村的中上阶层就会与城市中产阶级联合以压制这种具有社会主义性质的运动,由此形成的反动联盟有可能将国家引向法西斯主义。[②]"单方面行动"已经不仅仅是一场普通的农民运动,它意味着旧世界权力精英最为惧怕的城乡联盟正在形成。

[①] Karl J. Pelzer, *Planters Against Peasants, The Agrarian Struggle in East Sumatra*, Hague: Martinus Nijhoff, 1982, pp. 30–46.

[②] Gregory M. Luebbert, *Liberalism, Fascism, or Social Democracy: Social Classes and the Political Origins of Regimes in Interwar Europe*, Oxford: Oxford University Press, 1991.

至此，我们需要将视角转向那些盘踞在农村地区的权力精英。这些土地寡头与印尼传统社会的阶级结构与生产关系联系在一起，并成为执政者最重要的盟友。当他们的利益受到侵犯时，政治与军事精英就会用强有力的手段实施加以保护。在 20 世纪 50 年代，当政党政治兴起尤其是现代的伊斯兰政党逐渐扩建其影响时，国家的官僚愈加需要与地方贵族结盟以实现其统治，特别是现代主义的伊斯兰政党扩大他们的影响力时，官僚需要贵族来统治国家，于是中央政府压制叛乱以保护地方贵族，1957 年的 1 号法令正是帮助地方精英获取地方管理权的重要措施。① 而印尼共在 20 世纪 60 年代中叶所采取的一系列行动"不仅威胁到了其他政党，同样威胁到了整个精英群体，乃至整个政治与社会秩序"②。鉴于此，"单方面行动"的结局是显而易见的。印尼政府于 1964 年 5 月至 6 月对其进行了镇压，并宣称这是一场"反革命运动"。对革命的反制充分暴露了印尼政权的精英主义底色——当真正的大众政治挑战精英政治时，精英会不留余力地破灭这类革命浪潮。在下一章泰国的民主崩溃案例中，类似的情形会再度上演。

权力精英对共产主义的恐惧使他们将削弱印尼共的希望寄托到了右派军人政权手中，在 1965 年，内阁中四分之一的职位被军人占据。1965 年 9 月 30 日，军队中一些拥护苏加诺的成员向被怀疑预谋政变的将领实施了先发制人的打击，随即招致镇压。以苏哈托（Haji Mohammad Suharto）为首的陆军当局将其描述为一场"印尼共产党在中国政府支持下发动的政变，并认为苏加诺总统也支持该运动"。"九·三〇事件"发生的真实原因已如侦

---

① Burhan D. Magenda, "Ethnicity in Indonesian Politics", in David Bourchier and John Legge, eds., *Democracy in Indonesia: 1950s and 1990s*, Clayton: Monash Asia Institute, 1994.

② Rex Mortimer, "Traditional Modes and Communist Movements: Change and Protest in Indonesia", in John Wilson Lewis, ed., *Peasant Rebellion and Communist Revolution in Asia*, Stanford: Stanford University Press, p. 121.

探小说般扑朔迷离,其深远影响却毋庸置疑:印尼共产党的毁灭以及苏加诺的倒台,决定性地结束了印尼向左转的倾向,一个中右翼联盟逐渐形成,苏哈托的长期统治开始了。

第三节 菲律宾:没有去殖民化的独立

从 1898 年美西战争爆发后出现的菲律宾共和国,到 1935 年建立的菲律宾自治邦,再到 1943 年在日军扶持下建立的傀儡政府,最后到 1946 年获得完全独立,菲律宾的历史上曾有四次宣告新国家成立,这与菲律宾社会所展现出的巨大延续性形成鲜明对比。及至菲律宾在 1935 年获得自治领的地位之后,菲律宾政府中的主要职位便由本地人承担。他们起草了自己的宪法。但除了规定实行单一制而非联邦制的组织形式之外,这部宪法和其宗主国美国的宪法如出一辙。20 世纪上半叶,菲律宾经济实现了不错的发展,特别是与出口经济相关的经济部门发展迅速,铁路、公路、航空运输也发展起来,现代邮电事业以及金融、货币体系逐步建立。因此虽处于殖民统治,菲律宾的基本社会秩序反而比较平静。

与此同时,菲律宾也是第一个和平获得独立地位的东南亚殖民地,更是继日本之后东亚率先在关税和其他壁垒的保护下开始工业化的国家。在 20 世纪 60 年代,菲律宾迎来了自己发展历程中的最后一次辉煌,其制造业产值超过了日后跻身"亚洲四小龙"的韩国与中国台湾地区。但过了不到十年,菲律宾的经济增长速度就远远落后于邻国了。20 世纪 80 年代,菲律宾的发展状况非但没有改善,反而在 1983—1986 年迅速恶化。虽然之后逐步稳定,但往日的荣光已经难以恢复。自此,菲律宾走上了一条"逆发展"的歧途。

一 共产主义与民族主义的双重落空

菲律宾虽是亚洲历史上最早爆发民族主义运动的国家之一，但讽刺的是，菲律宾也是最晚与殖民者撇清依附关系的国家。不同于前文提到的马来西亚和印尼，菲律宾的民族主义思潮要弱很多。20 世纪 30 年代有民族主义者对美国文化和奴化思想进行了抨击，在菲律宾社会中却反响平平，这与美国殖民者推行的政策不无关系。[①] 不同于西班牙的专制统治，美国赋予了菲律宾精英以出版、集会和结社的权利。而且美国通过其强大的意识形态输出，不仅宣扬了美式民主的优越性，同时营造了一种"亲美"的社会氛围。尤其在自治领地位确立之后，"由于美国殖民统治时期吸纳了许多菲律宾上层人士和知识分子进入政府机关，并在菲律宾建立了亲美的合法政党，这使得菲律宾上层民族主义者放弃武装斗争，走上了和平的议会道路"[②]。我们知道，民族主义运动的骨干分子主要是以中产阶级为主体的社会精英，因此当美国充分"安抚"菲律宾精英群体之后，民族主义运动自然偃旗息鼓了。

一方面，尽管其公民也许可能像其他国家的殖民者一样行事，但是美国在开始统治菲律宾的时候就清楚地表明了给予该国独立的坚定意图。尽管总体看来，美国在有些时期有过犹豫，而且不同的个人在实行政策时也有不同的热情，但是给予独立的基本承诺总是在那里。另一方面，菲律宾的精英——最有可能成为民族主义运动核心，也是最应该对美国的最终意图有所怀疑的群体——不仅相信独立必将到来，

[①] Lewis E. Gleeck, Jr., *American Institutions in the Philippines (1898 – 1941)*, Manila: Historical Conservation Society, 1976, p. 112.

[②] 梁志明主编：《殖民主义史·东南亚卷》，北京大学出版社 1999 年版，第 471 页。

第四章　新的旧世界：建国时刻的精英与大众 | **201**

而且他们发现同样重要的一件事：他们个人的经济利益被美国控制之下发展出来的体制照顾得非常好。①

相较于民族主义，共产主义似乎在菲律宾更具潜在吸引力。地主阶级主导的、极端不平等的社会结构预示着精英与民众之间存在更强的冲突，这种冲突是以阶级的脉络展开的，从而为菲律宾共产主义思潮的传统奠定了社会基础。受到俄国十月革命的影响，菲律宾在20世纪初成立了一批共产主义组织。1930年，菲律宾共产党（Partido Komunistang Pilipinas）成立，其最高目标乃是通过领导菲律宾民众推翻帝国主义与国内剥削阶级，建立起社会主义性质的国家政权；其最低目标则是实现完全独立，改善工人境遇，没收大地主、大种植园主的土地分给农民。②

早在第二次世界大战之前，菲共就公开宣扬抗日主张，与"保卫民主联盟""中国之友"等进步组织一起抵制日货，并声援中国的抗日战争。1941年12月，太平洋战争甫一爆发，菲共中央立即召开紧急会议，号召建立全国抗日民族统一战线。他们还与进步的工农组织、民主团体在马尼拉举行会晤，研究建立统一战线问题。同东南亚其他国家的共产主义组织一样，菲律宾共产党在二战时期承担起了抗击日本侵略者的重担。1942年3月29日，来自中吕宋各省游击队的300多名战士在阿拉亚特山下康塞普西翁村集会，决定成立"抗日人民军"，即"胡克"（Huk）武装力量。据估计，大约有30万军人以各种方式活跃在抗日战场。值得注意的是，其中大约10万人是由美国军官领导的，菲律宾也是日本占领地中唯一一个有前殖民地军队进行顽强抵抗的国家。③

---

① ［澳］米尔顿·奥斯本：《东南亚史》，郭继光译，商务印书馆2012年版，第124页。
② 金应熙主编：《菲律宾民族独立运动史》，河南人民出版社1989年版，第194页。
③ Jan Pluvier, *South-East Asia from Colonialism to Independence*, Kuala Lumpur: Oxford University Press, 1974, pp. 305–307.

第二次世界大战给菲律宾留下了最为阴暗的一页，暴力与破坏的程度远超之前的任何一个时期。直到 1944 年 10 月，麦克阿瑟（Douglas MacArthur）践行了两年前"我还会回来的"诺言，带领他的部队在菲律宾中部的莱特岛登陆。随着太平洋战争的结束，美国根据 1934 年《泰丁斯—麦克杜菲法》业已达成的协议，宣布菲律宾 1946 年独立，并同意于该年 4 月 23 日举行总统选举。这种"善举"不过是美国"新殖民主义"的延伸：许诺殖民地政治上的独立，但仍保持直接或间接经济上的控制，利用新技术将外缘地区更彻底地结合在国际市场经济中，其本质上不过是继续维持宗主国在殖民地的诸多利益。①

在国家建立的关键时刻，菲共却犯了路线错误。他们天真地认为，菲律宾可以与美国继续维持战前的联盟关系，他们开始幻想以和平斗争的方式完成"建国大业"。为此，菲共领导人在日后进行了以下反思。

> 当时没有在思想上和政治上做好准备来反对美帝国主义卷土重来和把封建主义重新强加于农村。一贯在党内充当美帝国主义工具的拉瓦和塔鲁克资产阶级黑帮喋喋不休地谈论对美国政治和自治领傀儡政府的效忠，希望在这些魔鬼的把持下从事议会斗争。可是，美帝国主义和我国的剥削阶级却决心进攻党、进攻人民军队和进攻人民，既用真枪实弹，也用糖衣炮弹。②

通过议会的和平方式来夺取政权不过是菲共领导人的一厢情愿，一旦和平到来，昔日盟友们的态度就发生一百八十度大转弯。菲律宾保守精英对菲共时刻保持警惕，尤其当菲共成员在 1946 年选举中获得了国会中的 7

---

① 罗荣渠：《现代化新论续篇》，北京大学出版社 1997 年版，第 297 页。
② ［菲律宾］阿马多·格雷罗：《菲律宾社会与革命》，陈锡标译，人民出版社 1972 年版，第 58—59 页。

个席位之后，整个社会的反共情绪愈加强烈。菲律宾共产党改造世界的热情其实早在抗日战争时期就显现出来了，他们曾在吕宋中部发动过一场旨在摧毁地主阶级经济基础的土地革命。① 因此，寥寥 7 个议会席位虽远不至执掌政权，但这一事件的政治意涵是十分明显的：一个与菲律宾精英的基本信条格格不入的政治团体，已经在现有制度框架下开始行动。鉴于对共产主义的恐惧，曼努埃尔·罗哈斯（Manuel Roxas）在就任总统之后旋即以"选举舞弊"为由取消了菲共取得的席位，并勒令胡克武装限期投降。罗哈斯及其夫人都出身于菲律宾地主阶级，他们与旧秩序中最有权势的人物都有着千丝万缕的联系。这位菲律宾独立后的首任总统在日据时期曾在傀儡政府中担任内阁成员，但这并不妨碍美国军方和商人团体对其抱有好感，本土权力精英、教会团体和行政官僚更是对其青睐有加。因此，当罗哈斯彻底粉碎了菲共议会斗争的幻想之后，菲共不得不重回深山老林，再次走向了武装斗争的道路。

不同于越南和马来亚等地区的革命运动，胡克武装针对的并非那些试图卷土重来的宗主国殖民势力，而是独立后的菲律宾政府。为了夺取政权，菲共将他们领导的武装力量更名为"菲律宾人民解放军"，很显然这是受到了中国解放战争的影响。在 1950 年 7 月到 1951 年 9 月间，菲共成员从 3500 人发展到了 5 万人，武装力量也从原来的 1 万余人发展到 17 万余人。② 共产主义意识形态与日益增强的军事力量结合在一起，使大地主阶级愈加感受到了财富再分配的威胁。这群在西方殖民时期成长起来的精英们的权力并没有因日本侵略者的到来而受损，他们与新的殖民者保持了良好的关系，甚至可以毫不夸张地说，几乎所有的本土精英都曾与日本殖民政府有过密

---

① Jan Pluvier, *South-East Asia from Colonialism to Independence*, Kuala Lumpur: Oxford University Press, 1974, pp. 307–308.

② ［美］戴维·罗森伯格：《菲律宾的共产主义》，李国兴译，《当代世界社会主义问题》1986 年第 1 期。

切合作。① 其中有些人是为了乱世苟且，而更多的人则是出于投机的目的。在美国重返菲律宾之后，麦克阿瑟也没有对此进行深究。因此当美国在1946年批准菲律宾独立时，新国家依然被旧统治秩序所包围。对于菲律宾的大地主、大种植园主等经济精英而言，以往政治统治权的变革只不过意味着他们有了新的联盟伙伴。但共产主义的意识形态与大规模的乡村动员却是致命的，延续了上百年的财富与权力关系可能受到根本挑战。

菲律宾愈演愈烈的阶级冲突引起了美国的警觉，在冷战背景下，这意味着社会主义阵营在东南亚的扩大。为此，杜鲁门批准了包括向菲律宾派遣军事顾问在内的一系列军事援助计划，同时由美国联合军事顾问团（JUSMAG）向菲律宾当局提供了一系列武器装备和财政支援。② 对于边缘国家而言，中心国家的武装干涉对其政治运动的成败发挥着决定性的作用。1946—1950年，美国向菲律宾提供了价值达7亿美元的各类援助；在1951—1956年，美国又向菲律宾提供了3.83亿美元的经济援助和1.17亿美元的军事援助，而在镇压胡克武装的行动中，美国向菲政府提供了几乎所有类型的武器装备和通信设施。③

除了军事镇压，菲律宾政府还在吕宋岛开展一系列经济改革，包括推广农产品服务，为农民提供现金信贷，修建公路和水井，成立特定法庭，等等，以调和佃农与地主之间的矛盾。在政府推出的诸多发展计划中，最为著名的当属在棉兰老岛开垦耕地以发展农业的"善后安置署"，其目的在于消除农村贫困。与这一目标配套的诸如土地关系法庭、土地租赁委员会、信贷金融联合署以及致力于发展工业的复兴金融公司、工业贷款保证基金

---

① Benedict J. Tria Kerkvliet, *The Huk Rebellion: A Study of Peasant Revolt in the Philippines*, Berkeley: University of California Press, 1977, p.133.

② 靳昆萍等：《东南亚社会主义的历史、现状及发展趋势》，社会科学文献出版社2014年版，第195页。

③ Benedict J. Tria Kerkvliet, *The Huk Rebellion: A Study of Peasant Revolt in the Philippines*, Berkeley: University of California Press, 1977, p.112.

会、开发银行也相继建立。数据表明，在1952—1955年，政府对农村公共社会和土地改革相关方面的投入要比之前多得多。① 当然，政府的真正目的并非为了妥善地安置普通民众，而是为了让民众更多地偏向政府而非左翼运动。但这些举措在客观上的确改变了普通民众的生活境遇，并进一步消解了胡克武装的社会基础。

于是，菲共受到了自中央到地方、由国际至国内的联合绞杀。在菲律宾政府军和美国中央情报局的共同围剿下，菲律宾共产党领导的胡克武装最终被击败了。在1954年2—9月的"雷电行动"中，胡克武装最终不得不向政府军投降。之后他们转而寻找一条和平斗争的路径，直到1957年被再次取缔。至此，对抗性意识形态光谱的左端——共产主义已经彻底退出了菲律宾政治场域的中央。虽然之后菲共脱胎换骨成立了新的组织，但其影响已经微不足道。②

共产主义在菲律宾销声匿迹，我们接下来将视野投向对抗性意识形态光谱的右端。民族主义虽然并没有在菲律宾掀起多大波澜，但这并不意味着它彻底缺席。随着胡克武装偃旗息鼓，以雷克托（Claro Recto）议员为代表的民族主义精英在民众之中受到了更多的欢迎。与其他国家的民族主义精英类似，雷克托等民族主义者处于两种文化的交汇点。他们一方面经历了来自西方的所谓"先进"文化，但中产阶级的出身又决定了他们是旧秩序的坚定维护者。在经历了近百年美国文化浸染之后，菲律宾社会自上而下都充斥着对美国的盲目崇拜，这种崇拜囊括了政治制度、经济战略、外交政策、文化氛围乃至个人品德等方面。许多菲律宾上层精英甚至普通民众都认为美国会对菲律宾提供各种无偿援助，而菲律宾走向成功的最佳途

---

① Benedict J. Tria Kerkvliet, *The Huk Rebellion: A Study of Peasant Revolt in the Philippines*, Berkeley: University of California Press, 1977, p.239.
② 袁群、黄家远：《菲律宾共产党的历史、理论与现状》，《当代世界与社会主义》2014年第4期。

径就是追随美国的步伐。这种看法，在罗哈斯的总统就职演说中可见一斑。

> 我们没有任何理由不去相信美国向我们传达的善意，这个国家为我们提供了整整48年的保护并建立了真挚且深厚的友谊。如若罔顾这一事实，便意味着我们将放弃对民主的追求，放弃对未来发展道路上的共同信仰。当我们的国家在变幻莫测的世界大潮中航行时，美国为我们绘制了前进的方向。追随美国的光辉足迹是我们的最佳选择，这对其他国家而言亦是如此，美国巨轮将带领我们劈波斩浪奋勇向前。[1]

对于传统的政治家族集团而言，坚持在意识形态上与美国保持一致，不仅是思想濡化或是意识形态渗透的结果，更是出于维护现实利益的客观考虑。然而，民族主义者们对这种盲目崇拜提出了质疑。雷克托一针见血地指出，美国对菲律宾的种种利好行动，只不过是其国家利益的副产品而已。相反，对美国的盲目崇拜恰恰说明了其"新殖民主义"在菲律宾取得成功。

> 诚然，我们对美国人的许多优良品质赞誉有加，这包括但不限于对公正的向往、自我批评的勇气、对自由和正义的热爱、高度的爱国热情与民族荣誉感、对世界走向的持续关注、对权力和法律的捍卫，等等。但是我们不应该盲目地认为——而且这种看法是十分错误且危险的——美国推行一些与本国安全和国民利益无关的政策。[2]

---

[1] Theodore Friend, *Between Two Empires: The Ordeal of the Philippines, 1929 – 1946*, New Haven: Yale University Press, 1965, pp. 261 – 262.

[2] Emerenciana Yuvienco Arcellana, *The Relevance of Recto Today: A Review of Philippine-American and Other Relations*, Quezon City: Office of Research Communication, University of the Philippines, 1996, p. 24.

第四章　新的旧世界：建国时刻的精英与大众 | **207**

20世纪60年代，在民族主义"复苏"的年代里，菲律宾的民族主义情绪混杂着对美国的失望以及菲律宾传统文化观念等诸多要素，它的确有助于当时的民众重新思考菲律宾所处的真实地位。雷克托因此收获了不少了信徒，其中以学生和知识分子居多。但这些人往往只是"坐而论道"，他们未能对菲律宾现实政治发挥什么实际作用。然而雷克多本人却并非什么书斋式的学者，他在美国在菲最大的企业之一——吕宋装卸公司从事律师工作。在菲期间，该公司长期拖欠工人工资最终累计达百万比索之巨，并一向不愿向菲律宾政府缴纳外汇收入。吊诡的一幕发生了：在公开场合为抵制美国侵略而奔走呼号的雷克托议员，却同时为这些有害于菲律宾国家和民众的政策积极辩护。其实，这种现象并不难理解：经济精英们以利益为核心关切，他们选择效忠本国或外国的唯一标准不过是谁能够给他们带来更多的财富罢了。于是我们看到，右翼的精英民族主义运动一方面大言炎炎地反对新殖民主义，另一方面却成为新殖民主义的忠实践行者。[①]

二 "逆发展"的歧途

对抗性意识形态的兴起并没有改变菲律宾的社会结构，封建—殖民时代的阶级因子完好无损地保留了下来。菲共中央委员会主席阿马多·格雷罗在一本分析菲律宾的社会结构与革命情势的小册子中生动地写道：

> 那些同帝国主义者关系最密切的地主，那些在反动政府中央机构中最有权势的地主，就是那些经营糖、椰、麻、橡胶及其他农产品出口贸易的地主。他们通过贷款合同（用于他们的工行或机器设备）和销售合同而同帝国主义者连结在一起。他们是左右竞选运动结果的一

---

① 参见 Renato Constantino, *The Making of a Filipino: A Story of Philippine Colonial Politics*, Quezon City: Malaya Books, 1969.

支决定性力量,因为他们能够提供大笔的竞选经费,而他们自己也竞相争夺反动政府中的席位。由于这些地主从国外赚到美元,因此他们很容易就当上买办大资产阶级。①

精英相较于民众的优势地位是一以贯之的,但二者的具体含义在历史流变中也会发生变化,因此机械的阶级分析显然徒劳无益。对于权力精英而言,他们会根据世界经济形势而改变他们经营的内容——用最通俗的话讲,什么行业挣钱他们就会从事什么行业。20世纪中叶,许多地主精英开始投资商业和制造业,这让传统经济精英的内部组成结构愈加多元和复杂。"独立时,统治联盟的主要成员是地主精英和国外资本家。很快,由于政策引致的租金,企业家阶层出现,也加入其中。"② 到了20世纪60年代,菲律宾兴起了一批从事工业生产的资本家,但沿着他们的家谱往前回溯几辈,这些从事所谓"现代行业"的资本家们几乎都是19世纪大地主、大种植园主的后代,其中不乏几个最为显赫的土地—商业世家。③

在菲律宾工业化初期,以土地为主要生产资料的权力精英也加入了工业化的进程,他们通过工业活动赚取更多的利润和财富。随着经济发展和家族企业的壮大,家族经济很快转向垄断经营以赚取高额利润、垄断利润。④ 20世纪50年代,菲律宾政府开始采取进口替代政策,在严格保护制度下,国家经济曾一度获得极大的发展。与此同时,进口替代产品也导致

---

① [菲律宾]阿马多·格雷罗:《菲律宾社会与革命》,陈锡标译,人民出版社1972年版,第230—231页。

② [美]加布里埃尔·蒙蒂诺拉:《菲律宾:有限准入秩序的变化与连续性》,载[美]道格拉斯·诺思、[美]约翰·沃利斯、[美]史蒂文·韦布等编著《暴力的阴影:政治、经济与发展问题》,刘波译,中信出版社集团2018年版,第178页。

③ David Wurfel, *Filipino Politics: Development and Decay*, Ithaca: Cornell University Press, 1988, p.57.

④ 房宁等:《民主与发展——亚洲工业化时代的民主政治研究》,社会科学文献出版社2015年版,第354页。

其制造业出现许多结构性缺陷，包括但不限于内向型制造、过度依赖进口投入、经济过度依赖少数初级出口、区域发展过于集中、收入分配的更大不平等、忽视了工资品（Wage-goods）货物行业、工业就业增长缓慢以及忽视新技术开发。① 到了20世纪60年代之后，把持菲律宾制造业的几大家族与外国资本都密切相关，所有在银行、造船业、工业和出口贸易中的投资都由外国控制。② 占人口99%的土著居民只控制零售业的30%，而仅占人口1%的外国人把持着政府80%的财富。③ 因此和东南亚其他国家相比，菲律宾迅速增加的财富最终只使少数人获得了好处。

在菲律宾经济发展最为迅猛的阶段，美国殖民时代的遗产，包括精英对民主制度的霸权、制度体系对大众的系统性排斥、以地方政治为基础的国家建构、家族式的政党网络、恩庇侍从关系以及强总统传统等④，也都在这一时期得到了进一步的发展。这的确是一副吊诡的政治发展图景，在经济最为繁荣的时期，"前现代"的因素反而随着现代化的推进而增强了。在所有东南亚国家中，菲律宾提供了最明显的地方强人案例，许多地方政府官员和党的领导人是地主或地主的家庭成员。他们不仅享有政治权力，而且在各自的市、国会或省辖区内享有经济上的优势地位，通过土地所有权、商业网络、伐木或采矿特许权、运输公司等途径控制经济活动。在这种情

---

① 对于这些问题的详细讨论，参见 John H. Power and Gerardo P. Sicat, *The Philippines: Industrialization and Trade Policies*, Oxford: Oxford University Press, 1971.

② Temario C. Rivera, *Landlords and Capitalists: Class, Family and State in Philippine Manufacturing*, Quezon City: U. P. Center for Integrative and Development Studies and University of the Philippines Press, 1994, p. 83.

③ George A. Malcolm, *The Commonwealth of Philippines*, New York: Appleton-Century-Crofts, 1936, pp. 85 – 88.

④ Paul D. Hutchcraft and Joel Rocamora, "Strong Demands and Weak Institutions: The Origins and Evolution of the Democratic Deficit in the Philippines", *Journal of East Asian Studies*, Vol. 3, No. 2, 2003, pp. 259 – 292.

况下，民主生活中的政党沦为"精英在政治竞争中的个人工具"。[1] 两党都是地方和省级派系的松散联盟，这些派系围绕着一个显赫的家族组织起来。土地上的精英统治着地方和省的政治。每个省的两个敌对党派都是由一套恩庇关系所维系的，这种关系从每个省的政治强人延伸到次级地区的政客们，再到每个村庄的地方势力，最后是普通民众。这种政治精英与经济精英所建立的联盟异常稳固且涉及面极广：在地方层面，研究者通过菲律宾15000个村庄涉及2000万人的家庭网络的大规模数据表明，公职候选人不成比例地来自更为核心的家庭，家族网络有助于政治强人在选举期间获得更高的选票，而这种网络进而对阻碍政治参与、削弱问责制度发挥了重要作用。[2] 在中央层面，众议院代表存在亲属关系的代表比例几乎未发生改变，这一数字在1987—1992年的第八届众议院的比例为62%，而在2001—2004年第十二届众议院中的比例为61%；若不包括党内代表，这一数字事实上已经增加到了66%。[3]

菲律宾独立后的一个特点体现为在政党中的精英家族之间的持续不断的政治斗争，这些政党通过庇护者与扈从者体制控制着来自乡村的选票。通过竞争性选举上台的领导人以及定期的政府轮替给人们一种假象，以为民主政府正在菲律宾正常运转，但背后实际上不过是精英家族之间的政治斗争。基于19世纪欧洲农村的研究表明，选举上的舞弊与贿赂与一个社会

---

[1] Randolph David, "Political Parties in the Philippines", in Randolph David, ed., *Reflections on Sociology and Philippine Society*, Manila: University of the Philippines Press, 2001, pp. 24 – 25.

[2] Cesi Cruz, Julien, Labonne, and Pablo Querubín, "Politician Family Networks and Electoral Outcomes: Evidence from the Philippines", *American Economic Review*, Vol. 107, No. 10, 2017, pp. 3006 – 3037.

[3] Sheila S. Coronel, "Born to Rule: Dynasty", in Sheila S. Coronel, B. B. Cruz, L. Rimban, et al., eds., *The Rulemakers: How the Wealthy and Well-Born Dominate Congress*, Quezon City, Philippines: Philippine Center for Investigative Journalism, 2004, pp. 44 – 117.

第四章 新的旧世界：建国时刻的精英与大众 **211**

土地占有的不平等水平有关。① 类似地，土地在菲律宾长期以来是主要的财富、权力和威信的来源，贫富悬殊的社会状况削弱了选举的公平性，导致选举内生于社会经济利益。数据显示，在 1953 年 0.4% 的家族坐拥全国 42% 的土地，其中占有土地在 50 公顷以上的大家族有 1 万多个，而达到上千公顷的"超级家族"有 221 个。② 这一时期，寡头集团没有受到任何重大的挑战。在推进经济独立和进口替代工业的幌子下，汇率被操作，转卖许可被瓜分，大额的、低息的、往往有借无还的银行贷款被分发，国家预算都在分肥立法中被挥霍一空。因此我们认为，1954—1972 年是菲律宾地方"巨头民主制"（Cacique Democracy）的全盛时期。在资本主义发展的早期阶段，当国家完全臣服于选举产生的官员之时，伴随竞争性选举出现的是事实上的独裁或寡头统治。③

当代比较政治研究者面对菲律宾政治生态流露出了无比的厌恶，他们经过愈加精妙的研究设计怒斥那些"坏"的组织形式，如地主阶级、寡头政治以及恩庇网络如何无时无刻不阻碍着菲律宾发展。然而，复杂的历史进程同样揭示出一些有趣的发现：统计数据表明，在寡头民主或曰巨头民主的全盛时期即 20 世纪五六十年代，菲律宾又获得了新一波的经济增长；反倒是在一个更加集中和自治的独裁政权下，该国在 20 世纪 70 年代末和 80 年代初经历了急剧的衰退；1986 年后恢复竞争性的选举民主以来，许多省份又开始通过吸引外资恢复了经济增长。也就是说，当地主精英和寡头集团更具自主性的时候，反而是菲律宾经济增长更好的

---

① Daniel Ziblatt, "Does Landholding Inequality Block Democratization? A Test of the 'Bread and Democracy' Thesis and the Case of Prussia", *World Politics*, Vol. 60, No. 4, 2008, pp. 610–641.

② Peter Krinks, *Economy of the Philippines: Elites, Inequalities and Economic Restructuring*, London: Routledge, 2002.

③ John T. Sidel, "Philippine Politics in Town, District, and Province: Bossism in Cavite and Cebu", *Journal of Asian Studies*, Vol. 56, No. 4, 1997, pp. 947–966.

时期。

对这一现象的解读是多方面的，有学者将其视作"民主推动经济增长"的绝佳素材。但在笔者看来，这一现象有助于我们更好地理解"经济增长"与"发展"之间的纠缠关系。立足世界视野，菲律宾在20世纪中叶所取得的经济成就并不是孤立的个案：从案例内的纵向分析来看，菲律宾的确实现了高速的经济增长；但若考察同一时期的其他发展中国家，那么"菲律宾奇迹"就变得不那么耀眼了。在1939—1973年，许多发展中国家都选择了内向的、民族主义的进口替代型工业化，"尽管许多亚洲和非洲国家，甚至拉丁美洲国家，进口替代型工业化无可否认地做得有点过分，可是20世纪60年代相对说来都是它们的兴旺时期，经济增长，工业化全速向前，生活水平提高"①。总体来看，"菲律宾奇迹"是世界经济整体向好、第三世界经济腾飞的一个缩影而已。

另外，正如在第一章中笔者强调的那样，经济增长与拓展实质自由的社会发展是完全不同的两个概念。如果单纯立足经济增长，新制度经济学不乏真知灼见。在分析动荡时期的墨西哥何以实现经济增长时，史蒂芬·哈伯（Stephen Haber）等人的研究提供了以下理论解释。

> 经济增长并不要求政府对产权提供普遍的保护，资产所有者首先和特别关心的是自己的产权。因此，经济增长并不必然需要有限政府（即通过一整套自我实施的制度约束政府代理人的行动，防止政府掠夺产权）。实现经济增长，只需要政府给某些类型的资产所有者提供选择性的可信承诺即可。这在多种政治体制下是可能做到的。②

---

① ［美］杰弗里·弗里登：《20世纪全球资本主义的兴衰》，杨宇光等译，上海人民出版社2017年版，第293页。
② ［美］史蒂芬·哈伯、［美］阿曼多·拉佐、［美］诺埃尔·毛雷尔：《产权的政治学：墨西哥的制度转型》，何永江等译，中信出版社2019年版，第324页。

第四章　新的旧世界：建国时刻的精英与大众 | **213**

通俗一点讲，一个国家要想实现经济增长并非难事，那就是"让那些能够赚钱的人赚钱"，而国家只要保障这些人的私有产权不受侵害。我们知道，经济增长依赖于投资，那些利用知识或资本进行投资的人们希望能够自由地使用这些要素并从中获利，但如果面临被政府或其他个人征收的风险，那么投资者们显然不会在这些地方实施投资。① 只有当产权得到保护时，个人在储蓄、投资和创新等方面的意愿才能得到有效激励，而"激励是经济绩效的基本决定因素"②。具体来说，保护产权对经济活动与资源分配的影响主要聚焦于保障安全、提高效率、降低成本和为交易提供便利四种渠道。③ 因此只要保障了那些更能创造财富的人的私有产权，加之顺应世界经济潮流，那么一个国家在短期内实现经济增长就不是太难的事情。这样看来，经济增长与政体类型的关系并不密切，这也是为什么既有研究通常认为民主政体与经济增长之间并不存在显著的关系。

然而，新制度经济学家只考虑了财富的增值，却没有考虑财富的分配。经济精英们虽然会想方设法推动财富积累——并作为副产品推动了国家经济增长——却对普惠性发展、社会公共服务以及普通民众的生活并不关心。经济奇迹的代价，反而是贫富日益扩大，以及一个更足以对抗国家的权力精英的形成。对于菲律宾而言，家族势力与地主精英是地方政治生态中举足轻重的力量。量化研究表明，那些被政治家族把控的地区，即便能够获得更多的国内税收分配份额（Internal Revenue Allotment），但依旧不利于基础设施建设、公共卫生投入、维持秩序与打击犯罪、提供就业以及政府整

---

① Luis Angeles, "Institutions, Property Rights, and Economic Development in Historical Perspective", *Kyklos*, Vol. 64, No. 2, 2011, pp. 157 – 177.

② ［美］道格拉斯·C. 诺思：《制度、制度变迁与经济绩效》，上海人民出版社2014年版，第181页。

③ Timothy Besley, "Property Rights and Economic Development", in Dani Rodrik and Mark Rosenzweig, eds., *Handbook of Development Economics*, Berkeley: Elsevier, pp. 4525 – 4595.

体质量的提升，并往往与更高的贫困率及更低的社会发展水平相联系。① 自殖民时代业已兴起的地主精英也随着不公平的财富分配而日益壮大，农村生活一片凋敝。摩尔对印度"恶性循环"的评价，同样可以适用于菲律宾。

> 农业发展一直处于停滞和低效状态，其根本原因是城市没有进入农村去刺激劳动生产率或者改变乡村社会。出于同样的原因，乡村并没有生成能够用于工业发展的资源。相反，地主和高利贷者攫取了所有的剩余，并将之主要用于非生产性目的。②

在第一章中笔者阐明了"相对发展水平"的稳定性，这意味着从"穷国"成为"富国"是十分艰难的事情，但"富国"沦落为"穷国"其实也并不多见，之前笔者曾举阿根廷的例子可能属于比较特别的例子。但是如果深究起来我们又不难发现，虽然阿根廷在世界发展序列中落后了，但就拉丁美洲而言，它依旧是最富的国家之一——从更大范围来看，所谓阿根廷的衰落应该放置到拉美国家在 20 世纪中叶面临的整体性衰落这一大背景下去看待。然而，菲律宾在东南亚的相对发展水平却自 20 世纪中期开始衰落了——这种落后是全方位的，无论是立足东南亚地区，抑或是自身在世界舞台中的相对位置。在"好制度"践行了几十年之后，菲律宾得到了最坏的结果：对国家和私人资源的无节制、寄生性的巧取豪夺使得菲律宾倒向长期滑落的轨道——它从 20 世纪 50 年代东南亚地区最"先进"的资本主义社会，跌落成为 20 世纪 80 年代最萧条、最贫穷的社会。

---

① Rollin F. Tusalem and Jeffrey J. Pe-Aguirre, "The Effect of Political Dynasties on Effective Democratic Governance: Evidence from the Philippines", Asian Politics & Policy, Vol. 5, No. 3, 2013, pp. 359 – 386.

② [美] 巴林顿·摩尔：《专制与民主的社会起源》，王茁等译，上海译文出版社 2012 年版，第 397—398 页。

◇◇ 第四节　泰国：从富国强兵到君主立宪

作为本书所取案例中唯一免遭西方殖民入侵的国家，暹罗的现代国家转型自19世纪中后期业已开启。本节主要关注暹罗/泰国是如何通过国家建设以应对外部冲击，这主要包括两个重要事件：其一是以朱拉隆功为代表的王室成员所进行的富国强兵式的改革，其二是新兴资产阶级所引导的君主立宪制变革。对于前者，有学者将其称为"政治生活资本主义化"的反映，它既体现为随着社会阶级结构变化而改变的政治秩序，也体现为新经济基础之上新的上层建筑[①]；而对于后者，则往往被赋予泰国"民族国家"建设道路上的里程碑。在这两次"重要的断裂"中[②]，无论政治场域中的主角是国王、新兴资产阶级还是军队高层，都无疑展现了泰国国家建设历程中"自上而下"的鲜明特征。相对独立的国家地位，使政治逻辑总是能够相对独立于经济逻辑以发挥重要作用。国家建设时刻的斗争与联盟策略以及由此形成的结构性特征，对塑造日后泰国的政治场域有着深远的影响。

一　危机下的自强改革

暹罗虽在帝国主义扩张过程中保持了形式上的独立，但外部冲击依然重塑着国家基本社会面貌。正如列宁所言，不带政治"兼并"的经济"兼

[①] 马小军：《泰国近代社会性质刍论》，《世界历史》1987年第5期。
[②] 参见［美］通猜·威尼差恭《图绘暹罗：一部国家地缘机体的历史》，袁剑译，译林出版社2016年版，第175—178页。

并"是完全"可以实现"的,并且屡见不鲜。[1] 19 世纪后半叶,暹罗被迫接受了限制其财政和司法自主权的条约,国家主权受到极大削弱。尤其是自 1855 年签署《鲍林条约》之后,暹罗君主被迫给予西方国家治外法权以及对自然资源的所有权。[2] 到了 19 世纪末 20 世纪初,法国在印度支那的殖民扩张导致泰国丧失了老挝地区沿湄公河的领土以及一个世纪以来被认为是泰国一部分的柬埔寨西部省份;1909 年,泰国把玻璃市、吉打、吉兰丹和丁加奴等地的控制权割让给了英国,而这些地区日后成为构成马来西亚现代国家的一部分。从这一点上看,暹罗与同时期的晚清中国都处于"半殖民地半封建社会"的状态。

世界政治中的新变化使暹罗权力精英们开始警醒:邻国缅甸沦为了英国人的殖民地,这意味着帝国主义的坚船利炮已经兵临城下;中国在与西方的接触中接连败北,这使暹罗不得不重新审视自身的传统制度。与此同时,国内状况也不容乐观:暹罗长期以来缺少系统的法律法规,教育体系尚未普及,国家缺少对收入和财政的适当控制,邮政系统、电报系统、公共卫生系统的建设停滞不前,缺少现代化的军队,没有海军,没有铁路,债务奴隶制度展现出强劲韧性,鸦片大肆横流,历法与世界其他地方格格不入。[3] 对于内忧外患的暹罗而言,"捍卫我们的国家已然成为当下最严峻的挑战"。

应对危机的改革自蒙固(Mongkut)时期便已经开启,并在朱拉隆功(Chulalongkorn)执政阶段达到高潮。抛却复杂的历史进程,我们不妨立足结构视角简要回顾一下朱拉隆功改革的主要特征:第一,废除奴隶制,规定凡奴隶出身的儿童到 21 岁便可获得自由,同时取消农民的依附关系;

---

[1] 《列宁全集》第 28 卷,人民出版社 1990 年版,第 135 页。

[2] Frank C. Darling, "The Evolution of Law in Thailand", *The Review of Politics*, Vol. 32, No. 2, 1970, pp. 197–218.

[3] Malcolm Smith, *A Physician at the Court of Siam*, London: Country Life, 1946, pp. 85–86.

第二，改革中央和地方行政管理制度，加强国王对各省的领导，废除萨迪纳制度；第三，改革财税制度，建立财政部和中央金库制度，实行国库与王库区分，取消包税制；第四，改革教育制度，学习欧美经验，广泛开办世俗学校和平民学校；第五，改革军事制度，建立义务兵役制，改良武器设备，学习现代化军队；第六，改革立法与司法制度，以西方法律为蓝本修改和编纂法律条文；第七，加强基础设施建设，修建铁路、公路，开办邮电。[①] 与此同时，朱拉隆功还致力于暹罗的民族认同方面的建设，开启暹罗历史编纂工程，修建纪念碑、国家博物馆以及国家图书馆，同时通过教育系统增强集体意识，宣扬爱国情怀。

这些措施给我们一种似曾相识的感觉。的确，无论是日本的明治维新、埃及的阿里改革还是我们熟悉的清王朝洋务运动，都是传统社会在面对西方冲击之后通过"学习西方"以谋求富国强兵。在朱拉隆功的具体实践中，我们处处可以看见他对西方文明的崇拜：建立新的欧式宫殿、在住所安装电灯、建立供外国顾问下榻的欧式住宅、设计赛马场等。[②] 而改革更直观的成效体现在王室收入的状况：朱拉隆功将国库与王室收入区分开来的做法非但没有削弱王室成员的财富积累，反而随着土地商品化过程中王室成员大肆买卖土地，使得王室收入相当于当时整个国家财政收入的1/6还要多。[③] 因此，朱拉隆功无愧于"暹罗现代化的奠基者"。[④] 当19世纪中后期泰国作为一个现代国家逐渐浮现时，不少乐观的人们预测其经济

---

① [美]戴维·K. 怀亚特：《泰国史》，郭继光译，东方出版中心2009年版，第187—196页。

② [美]约翰·F. 卡迪：《东南亚历史发展》，姚楠等译，上海译文出版社1988年版，第616—617页。

③ Barend Jan Terwiel, *A History of Modern Thailand*, 1767–1942, Brisbane: University of Queensland Press, 1983, p. 265.

④ 参见 Irene Stengs, *Worshipping the Great Moderniser: The Cult of King Chulalongkorn, Patron Saint of the Thai Middle Class*, Singapore: National University of Singapore Press, 2009.

增长将与同时期完成了明治维新的日本相匹敌。①

如果是立足宏观阶级分析的视角，对朱拉隆功改革与日本明治维新进行类比不无道理，封建的因素与资本主义的因素在其中都产生了重要影响。正如摩尔在论述日本明治维新时所讲的那样，改革都体现在"商业性地主取代封建主的过程"中以及"新的不同的社会组合取代旧的统治集团这一更大的背景"下。②朱拉隆功改革从形式上推翻了暹罗封建社会的基础萨迪纳制，但并没有因此而产生巨大的社会动荡。那些逐步被纳入世界资本主义体系的暹罗传统精英们发现，通过经营土地所攫取的剩余价值要远高于通过劳役和地租等传统形式的剥削。这一过程展现出了传统精英面对外部变化所展现的强大适应性，寡头结构、内部团结而有效的等级束缚与高度的权威体系，这一切构成传统秩序的基础性要件都几乎没有发生变化，它们在转向为市场而进行的现代生产时被保存下来。伴随着稳定的社会结构，统治精英在历次改革中均能很好地延续下来。

但另外，即便改革得到了精英的认可，许多规划中的举措依旧未能得到有效的推行。那些位高权重的大臣并不希望失去自己手中的权力，这导致国王最终难以兑现其早期执政诺言。而且十分矛盾的是，朱拉隆功本人的国王身份成为其推动现代化过程中的巨大障碍。尽管朱拉隆功的施政纲领颇为开明，但所有变革都是以维护既有统治秩序为前提的。例如，为了保障军权牢牢掌握在王室手中，1910 年的法律条文规定了只有王室成员才有资格获得中将以上的军衔；非但如此，在国王兼任全国武装力量总司令

---

① David Feeny, "Thailand versus Japan: Why was Japan First?", in Yujiro Hayami and Masahiko Aoki, eds., *The Institutional Foundations of East Asian Economic Development*, New York: St. Martin's Press, 1998, p. 416.

② 参见［美］巴林顿·摩尔《专制与民主的社会起源》，王茁、顾洁译，上海译文出版社 2012 年版，第 234—260 页。

的同时，暹罗军队中的少将有一半是王室成员。① 因此，即便我们看到了朱拉隆功改革所取得的巨大成效，但"君主作为暹罗最重要的权力所有者依旧是专制的，所有人依旧是无条件服从于国王的臣民"②。

帝国主义时代的世界政治体系推动暹罗传统世界迎来了"大转型"，在一套独立的政治框架之外，暹罗所展现的畸形经济结构事实上与东南亚其他殖民地并无二致。故而在经济史学家看来，暹罗是"没有殖民地之名的殖民地"③。从1870年到大约20世纪30年代，暹罗通过向其他殖民地供应廉价大米来满足英国资本积累的需要。通过与泰国统治阶级和中国商人阶级结盟，英国人试图巩固社会的土地基础，并在20世纪通过外汇与金融政策以控制经济和社会发展模式。而君主制本身就可以视作一种"合作者与殖民者的统一体"：欧洲殖民主义扩张时期的两位泰国君主即蒙固和朱拉隆功谨慎地把自己的统治适应于欧洲人的需要。他们割让土地，与欧洲殖民者签订了各种条约，在国民待遇和商业贸易等方面做出各种妥协，甚至采纳外国人的建议改革本国的政治、经济和社会制度。④ 在这种情形下，变革既不可能撼动旧世界的统治秩序，也不可能对外部冲击予以根本性的回应。

社会的上层为了适应来自国外的冲击，在这种情况下，改革如果不利用过去的传统社会关系，改革就不可能实现。由于没有废除传统的社会关系，与其说传统的社会关系是残余，倒不如说完全保存了传

---

① Alfred Batty, *The Military, Government and Society in Siam, 1868–1910: Politics and Military Reform During the Reign of King Chulangkorn*, Cornell: Cornell University Press, 1974, p.516.

② Walter F. Vella, *The Impact of the West on Government in Siam*, Berkeley: University of California Press, 1955, p.351.

③ 参见James C. Ingram, *Economic Change in Thailand 1850–1970*, Stanford: Stanford University Press, 1971.

④ ［新西兰］尼古拉斯·塔林主编：《剑桥东南亚史》第2卷，王士录等译，云南人民出版社2003年版，第78—79页。

统的社会关系。《鲍林条约》之后的却克里改革，可以说是《鲍林条约》在国内政治上的反映，泰国在政治上虽然维持了独立，但在经济上却确立了以英国为主体的殖民地的经济体系。而这里所建立的泰国社会正是现代泰国的雏形。①

暹罗国王为了避免殖民化而进行的行政和经济改革创造了一个中央集权的官僚机构，这个机构已经足够强大，足以抛开君主独立决策——用政治学的术语来说，一个颇具"自主性"的官僚群体兴起了。与此同时，正如19世纪以来许多旨在维护传统秩序的自强改革一样，朱拉隆功在位期间的一系列政策加强了暹罗与世界的联系，从而使一些平民子弟都开始拥有了出国留学的机会。1930年的数据表明，大约有超过三百名的学生在美欧诸国。② 留洋青年在西方民族主义思想浸染下对现有的专制政体日感不满。当这些出身于地主与官员家庭的青年学子学成归国之后，与国内的一些知识分子、中小官吏和不得志的高级官员组成了"民党"（People's Party），在1932年的政变中发挥着举足轻重的作用。历史就是这样颇具戏剧性——那些力图维护专制政体的策略，反而创造出日后颠覆王朝统治的潜在力量。

二 静悄悄的革命与君主立宪制的形成

作为世界体系中主要的稻米出口国之一，暹罗经济自然难以躲开经济危机的广泛影响。受到世界资本主义市场的巨大震荡，暹罗国民经济受到严重的打击，工农业生产陷于停滞不前的状态，每吨大米的售价下跌了超过50%，

---

① ［日］友杉孝：《泰国古代社会及其解体》，载云南大学历史研究所民族组编译《泰国农村调查研究译文》，云南大学历史研究所1976年版，第28页。
② ［美］戴维·K. 怀亚特：《泰国史》，郭继光译，东方出版中心2009年版，第218页。

柚木、锡、橡胶等其他几种传统出口产品的价格也一路下滑。如此一来,广大工农群众生活每况愈下,中下层官吏的不满情绪在滋长。严重的财政危机使暹罗社会的一切潜在矛盾日益激化,封建专制政体已处于深刻的政治危机:

> 当新国王登基之后,人们本来充满着希望。然而,随之而来的却是痛苦与失业。国王没有拯救他的臣民,反而将税收中饱私囊。如果民众真的像国王所说的那样缺少教育且麻木愚昧,那也是因为国王太愚蠢了以至不让民众接受教育。国王残忍地撕裂人民的脊背,贪婪地吸吮鲜血以充盈自己的财富。[1]

外部环境的因素的确为革命的发生起到了推波助澜的作用,然而仅仅关注结构性因素显然是不充分的。尤其是相较于社会革命而言,政治革命过程中关键行动者发挥着举足轻重的作用。如前文所述,由受过西方教育的知识分子和中下层官员组成的民党在"六·二四"政变中扮演着重要角色。如果以西方现代政党的标准看待民党,那么它"毋宁说是军官与官僚为发动政变而组成的政治联盟"[2]。松散精英联盟的性质,决定了其内部派系的多样性与对立性。因此在这场政变中,无论是最先发起者还是主要领导人都是民党成员,而该组织的主要构成人员事实上分为两大阵营:一部分是小资产阶级知识分子、中小官吏,他们是一批激进的民主派,他们组成了民党的左翼,也称"文治派",以著名的法学家比里·帕侬荣(Pridi Phanomyong,又称銮巴立)为代表;另一派是与高级军政显贵、大商人、大地主有联系的青年军官集团,认为革命的主要目的是分享皇家贵族的权

---

[1] 转引自 Giles Ji Ungpakorn, *A Coup For the Rich*:*Thailand's Political Crisis*, Bangkok:Workers Democracy Publishing, 2007, p. 54.

[2] Allen Hicken, *Building Party Systems in Developing Countries*, New York:Cambridge University Press, 2009, p. 89.

力，他们组成了民党的右翼，也称"军事派"，其首领是青年军官披耶帕凤（Phot Phonphayuhasena）。① 很显然，军事派的力量强于文治派，他们更加熟悉具体政务，与封建旧官僚有着千丝万缕的联系。他们能够与那些受西方思想浸染的文治派走在一起，仅仅是因为王室贵族和高级官吏阻碍了他们的晋升之路。只有当面对经济危机所形成的革命情势时，两派势力才能走在一起并相互利用，左派依靠右派的政治权威及在军队中的影响；右派则用左派的斗争口号及斗争热情以便将政变提上议程。他们不同的思想立场与阶级主张，决定了政变的性质以及暹罗日后的走向。

对政变惊心动魄的情节性描述往往源于后世小说般的精彩创作，事实上，这场爆发于 1932 年 6 月 24 日凌晨的行动似乎并没有特别之处。反抗军轻易地解除了王室武装并占领了铁路、车站、电台等重要设施，王室成员被控制，国王以"天下苍生为念"选择让步："我乐意把我以前的权力上交给民众，而非那些声称以民主方式却不听从民众声音的任何团体或个人。"②作为历史的叙述者，许多重大事件的历史意义只有回顾时方能知晓，反而是那些身处历史漩涡中的人们自身并不知情。如路易十六在巴黎民众攻占巴士底狱当天的日记中写道"今日无事"一样，"六·二四"政变对于泰国民众的普遍感受并没有其历史意义那样巨大，以至《曼谷每日邮报》这样记述道，还在黎明前的一个小时，一觉醒来曼谷便发生了一场兵不血刃又事先未为人察觉的、一百五十年来最大的政治事件。但不同于法国大革命中巴黎民众的英勇抵抗，"六·二四"政变中公众"没有参加政变，他们只是旁观者"。③ 当发动政变的军人乘坐坦克在皇宫前集会时，披耶帕凤当众

---

① 张锡镇：《当代东南亚政治》，广西人民出版社 1994 年版，第 55 页。

② Benjamin A. Batson, *Siam's Political Future: Documents from the End of the Absolute Monarchy*, Ithaca: Cornell University Press, 1977, p. 102.

③ [英] D. G. E. 霍尔：《东南亚史》，中山大学东南亚史研究所译，商务印书馆 1982 年版，第 914 页。

宣布民党夺取了政权，人们高呼"万岁"以庆祝政变胜利——这种情感与其说是欢迎民党的到来，毋宁说是民众希望变革能够改变国家现状。

  此刻，人民和文武百官都认识到，既然原政府弊端百出，由业已夺权的民党组织政府是理所当然的事，民党主张，解决弊端的办法与其由一人说了算，莫如由一个集思广益的国会来治理更好。至于一国之君，民党则敦请当今皇上在行使宪法下继续秉政，因为民党此举并不在谋取王位。国王现在未经国会同意不能行事……①

  政变的确开启了新的篇章，专制体制以及由皇室宗亲所控制的高度个人化的政权被推翻了，一种可称之为资本主义性质的新的社会、意识形态、经济和政治权力逻辑的发展也得到了加强。② 在政变结束初期，民党中的两股势力尚可以密切合作。为了推动新政权的建设，民党的基本纲领立足于维护国家政治、经济和司法的独立；维护国家安全，减轻刑罚，贵族和平民一律平等、自由，主张推翻贵族专政，建立君主立宪政体的国家。其中，最重要的成果就是于1932年12月10日颁布了泰国历史上的第一部宪法。宪法规定了一种准议会制，其中行政权属于一院制立法机构，即国民议会，其中一半成员由有限的选举权选出，一半由执政政府任命。《宪法》规定，当半数选民都具有四年以上教育经历之后方彻底放开普选权。国民议会负责预算，可以推翻王室的否决。除此之外，民党还致力于出版自由、社会平等、全民教育、所得税分级、官僚薪金均等、竞争上岗、暂停对非公用的收费等一系列改革。

  与民党对变革摇旗呐喊而形成鲜明对比的，是政权更迭背后并未真正触及的传统权力结构。虽然做出了许多美好的许诺，但民党领袖们只是起

---

① 转引自段立生《泰国通史》，上海社会科学院出版社2019年版，第217页。
② Kevin Hewison, "Political Oppositions and Regime Change in Thailand", in Garry Rodan, ed., *Political Oppositions in Industrialising Asia*, London: Routledge, 1996, p. 62.

草了一部西式宪法以装点民主门面。临时宪法并未对国家权力结构带来任何实质性改变,他们只是在书面上限制了国王的权力而已。所有行政机关的官吏照旧任职,民党的许多具体措施在事实上为旧政权侵蚀革命成果留下了各种机会。王室成员被指控侵吞的财产最终没有一项被没收,与此同时,新的政治精英们对国王的态度一直模棱两可。同样重要的是,他们对国王的迟疑不决,甚至为了博得保皇党的支持而宣扬国王在革命运动中的积极作用。

政变可以是偶然的,但对政治权力的掌握则需要建立在坚固的统治联盟基础之上。在20世纪三四十年代的泰国,民党领导人们有着多种潜在的联盟选项。依照惯行策略,所谓民主的政体应当选择资产阶级作为经济同盟。然而在泰国,从事商业生产的小资产阶级或曰中产阶级往往是华裔占据主导,政变的领导人对华裔并不信任,这也导致民党事实上放弃了重要的同盟力量。当然,其中一个可能更为重要的原因是,曼谷工人阶级内部的种族分歧导致民党惧怕因社会动员而赋予其他族裔更多的权力。[1] 为此,新政权发现他们必须通过与旧的萨迪纳贵族阶级合作才能巩固统治,而不是将后者公开视作敌对阶级的一部分。在资本主义浪潮中,传统世界的萨迪纳贵族已经逐渐演变为从事一元垄断贸易、税务工作和行政管理的商业垄断精英,他们在出口糖、大米、胡椒、锡、柚木和橡胶等商品的过程中积累了大量财富。其中一些精英能够将他们的财富投资于生产性企业,另一些则利用欧洲商业在泰国的扩张,充当买办。与此同时,在土地商品化的浪潮中,萨迪纳贵族开始大量投资土地,并在很短的时间内设法垄断了大部分最好的、新开垦的稻田和大部分有价值的城市土地,从而通过租金和土地销售增加了他们积累的财富。

泰国资产阶级与萨迪纳贵族、垄断寡头以及地主阶级的联姻,使泰国

---

[1] G. William Skinner, *Chinese Society in Thailand: An Analytical History*, Ithaca: Cornell University Press, 1957, p. 219.

新生政权笼罩在旧秩序的氛围之中。作为正式制度的萨迪纳制在形式上被推翻了，但左右发展道路的旧时代精英摇身一变继续存活了下来。1932年后，萨迪纳贵族利用其财富和土地上的优势与外国资本家及泰国军事资本家建立了联系，从而将其经济优势地位一直延续了下来。我们不难发现，萨迪纳贵族的后裔们在银行等其他行业的影响力仍然很强，他们与帝国主义利益纠葛在一起，在诸多政治议题中保持密切合作。旧萨迪纳社会的成员在文化和教育事务中有很大的代表性，教育部在向泰国儿童和成人传达和普及一套本质上保守和反动的政治态度方面的作用很是关键。它的教育哲学和教科书都是在它的指导下确定的，并在整个学校系统中使用，以此来美化压迫性的萨迪纳制度。

总体来看，1932年政变的最终结果是一个新的阶级通过一场不流血的政变夺取了国家政权，它极大地削弱了国王的权力。这个新的阶级从官僚集团和军事集团中脱颖而出，他们共同反对君主制、土地贵族和控制国内外贸易的占统治地位的中国商人阶级。从临时议会和内阁成员的构成来看，非贵族出身的中产阶级势力迅速增长。然而，与王室成员有着密切关系的元老政客们在内阁中依旧占据着相当大的比例。新国家的建立在本质上依旧是"精英的循环"，其本质不过是新的官僚取代了旧的官僚而已，因此1932年6月24日推翻绝对君主制的军事政变在任何意义上都无法将其称为一场"革命"。[1]

面对社会结构与统治集团的巨大延续性，比里·帕侬荣及其追随者们依旧执着于变革社会的初心，民党中的激进派意图出台更促进平等的改革措施。作为财政部部长，帕侬荣在1933年提出了一项激进的经济计划。该计划具有鲜明的社会主义色彩，诸如主张通过赎买方式，实现土地和资本

---

[1] 参见 Saul Rose, *Socialism in Southern Asia*, New York: Oxford University Press, 1959; Thawatt Mokarapong, *History of the Thai Revolution: A Study in Political Behavior*, Bangkok: Chalermint, 1972.

国有化，以及推行经济民族主义政策，等等。但是，在具体落实方面该计划显得十分模糊，而且这些改革主张遭到保守势力的反对，民党中的文职技术人员和军官之间很快出现了裂痕。时任内阁总理玛奴巴功（Phraya Manopakorn Nititada）和内阁中较为保守的军事成员无法接受这一计划，保守派和大多数军人攻击这些政策为"共产党人的计划"，甚至搬出国王来公开声讨帕侬荣。1933年3月，玛奴巴功下令所有官员退出民党；4月，国王下令解散议会，重新组阁；4月12日，帕侬荣被指控为共产主义者并被迫流亡国外；4月21日，国王下令解散民党，改为社会团体性质的俱乐部。

那么，为什么民党在革命之后的美好希冀频频落空？有学者将其归咎于领导人过于天真的情怀[1]；有学者认为这是由于他们缺乏专业知识且不善于处理革命后的局面，从而不得不与旧政权建立合作[2]；还有观点认为欧洲列强的干预使得他们放弃了废除君主制的想法[3]。笔者更为倾向于本尼迪克特·安德森的观点，即泰国1932年的政变之所以并没有与专制主义实现真正的决裂，关键在于这场运动的主导力量的性质：在欧洲，是由民众主导的民族主义及社会主义性质的运动将欧洲绝对主义推向深渊；而在泰国，是由专制主义自身演化出来的一部分，即高度功能化的官僚体制所发动的，这一性质决定了其自身无法摆脱专制主义所形成的传统与观念。[4] 虽然称之

---

[1] Kenneth Perry Landon, *Siam in Transition: A Brief Survey of Cultural Trends in the Five Years since the Revolution of 1932*, Chicago: University of Chicago Press, 1939, p. 33.

[2] Banomyong Pridi, "The People's Party and the Revolution of 24 June'", in Chris Baker and Pasuk Phongpaichit, eds., *Pridi by Pridi: Selected Writings on Life, Politics, and Economy*, Chiang Mai: Silkworm Books, 2000, p. 169.

[3] Scot Luang Barmé, *Wichit Wathakan and the Creation of a Thai Identity*, Singapore: ISEAS, 1993, pp. 667–668.

[4] Benedict Anderson, "Studies of the Thai State: The State of Thai Studies", in Eliezer Ayal ed., *The Study of Thailand: Analyses of Knowledge, Approaches, and Prospects in Anthropology, Art History, Economics, History, and Political Science*, Ohio University Center for International Studies, Southeast Asia Series, No. 54, 1978, pp. 255–256.

第四章 新的旧世界：建国时刻的精英与大众 **227**

为"民党"，但其并没有承担起人民运动先锋的重任。民党领导以精英斗争为中心，不是通过动员群众，而是一方面通过削弱传统的土地利益，另一方面通过促进资本主义的萌芽，谋求扩大和巩固社会基础。[1] 而保皇派之所以能够甚嚣尘上，毫无疑问是受到了以披耶帕凤（Phot Phahonyothin）为代表的民党右翼势力的妥协，军方势力以及他们背后的城市资产阶级与保皇派一起攻击帕侬荣的经济政策。但当皇室成员废除一切立宪规定时，军方开始组织"护宪"运动。他们在1933年6月发动政变，玛奴巴功下台，国民议会得以恢复，并成立了以披耶帕凤为首的新政府。帕侬荣获准返回曼谷，随后针对他的指控被撤销。

从军事政变到王朝复辟再到对复辟势力的反制，泰国君主立宪制政体在动荡中逐步确立下来。从国家权力的开放性角度来看，作为军人—文官集团代表的民党其实与之前的王族集团并无差异，两者都是精英统治论者，均无贯彻"主权在民"的意图。[2] 在曼谷，人们和往常一样生活，人们对这场革命的激情逐渐退却，反而对此愈加冷漠。[3] 在这场不能称之为革命的革命中，我们看到了许多对立的因素在特定时空的绞合。在意识形态的光谱中，它有军人们的保守主义思想，同样混杂着社会主义与自由主义的某些追求。这些因素凝聚在一起，构成了现代化理论下所谓的泰国从传统国家向现代国家的转变。但随着历史的推移，这些因素渐渐演变成对立的倾向，并构成了之后岁月中泰国冲突的基本形式。那些军队势力愈加信奉强力的作用并倒向了法西斯主义的一端，曾短暂担任过总理的帕侬荣提出了一项土地国家计划，尽管他激发了两代人中的激进分子，但在当时，这项计划

---

[1] Antoinette R. Raquiza, *State Structure, Policy Formation, and Economic Development in Southeast Asia*, New York: Routledge, 2012, p. 58.

[2] 房宁等：《自由·威权·多元：东亚政治发展研究报告》，社会科学文献出版社2011年版，第242页。

[3] Benjamin A. Batson, *The End of the Absolute Monarchy in Siam*, New York: Oxford University Press, 1984, pp. 237–239.

并没有产生广泛的吸引力。其他民间组织包括一个民主的反军事组织，它在20世纪60年代后期成为一支重要的力量。

20世纪30年代后期开始，泰国政治开始弥漫极端民族主义、宗教复兴主义与军国主义。当銮披汶·颂堪（Luang Pibul Songgram）执掌政权之后，整个国家加快了"向右转"的步伐。在颂堪的领导下，泰国本国价值观被提升到优于西方价值观的高度，并且出现了对日本侵略性民族主义的推崇之情。[①] 1939年6月24日，暹罗国民议会决定将国名由"暹罗"改为"泰国"，其背后的深层含义在于"提出了建立一个囊括不只暹罗人而是所有泰人的帝国的诉求"[②]。也就是说，颂堪期望将柬埔寨泰族、老挝佬族、缅甸掸族、中国傣族、印度阿萨姆族等"人种学上的泰族"都纳入其统治范围，而具体手段必然是领土扩张。这样一来，泰国的民族主义在表现形式上与东南亚其他国家明显不同：它是积极的而不是消极的，是帝国主义的而不是反帝国主义的。虽然自身缺乏那样的实力，但20世纪三四十年代的泰国已经难掩其对日本模式的推崇，包括一党执政、工业国有化以及法西斯式社会管理模式等。[③] 推行这一纲领的主要社会基础是工商业上层分子和传统的萨迪纳精英，他们的矛头直接指向了农民和产业工人。在统治精英看来，导致之前泰国政局持续动荡的根本原因在于贸然移植外来制度，从而没有正确考量本国国情以及国民性等问题。接着他们话锋一转，宣称在泰国历史上，权威统治之下的政治社会秩序显然运转得更好。

> 日本人将天皇视作其前进的指引，而我们却什么都没有。我们拥

[①] D. R. SarDesai, *Southeast Asia: Past & Present*, Fourth Edition, Boulder: Westview Press, 1997, p. 186.

[②] Lily Abegg, "Thailand: Old and New", *The XXth Century*, Vol. 1, No. 1, 1941, p. 41.

[③] [美] 约翰·F. 卡迪：《东南亚历史发展》，姚楠、马宁译，上海译文出版社1988年版，第636页。

第四章 新的旧世界：建国时刻的精英与大众 | **229**

有的是国家、宗教、君主和宪法。国家仍然是一个愿景；宗教不能被不虔诚地信仰；君主仍然是个孩子，人们只能在图画中看到他；宪法只是一纸文件。当国家处于危急关头时，我们没有什么可依靠的。因此，我要求你们追随总理……①

混合着浓厚封建主义气息的边缘地区资本主义发展注定使小资产阶级和农民苦不堪言，民族主义以一种颇为极端且激进的方式展现出来。以至意识形态光谱的另一端，共产主义在泰国的影响则要弱很多。直到第二次世界大战结束之后，泰国共产党的规模依然十分有限，所谓"三千党员"的数字也有言过其实之嫌，他们并没有确立武装斗争夺取政权的方针。这样一来，对抗性意识形态在泰国要么缺席，要么被国家政权所俘获。权力精英内部的确产生了一些重大变化，相较于普通民众而言，他们的统治地位却异常牢固。

在行政方面，君主已经被另一个显要的政治机构——官僚集团所取代。官僚集团主要由雄心勃勃的文官和军官组成，它是在最初几位维新国王在位时得以扩大的。它之所以变得重要并在1945年之后继续占据重要地位，其中有几个重要原因。由于泰国未被殖民化，而且实际上在国王在位的情况下实行了一项大规模的现代化计划，官僚精英们就一直大权在握，其影响也因其集团的扩大而得到加强。其经济实力保持不变，因为他们在传统上农产品和贸易征收税金的角色一直未改变。尽管稻产品变成了商品，但没有出现新的社会—政治集团来向官僚精英挑战。例如，地主阶级并未出现，因为土地租佃并不是一个严重的问题。无地的农民不必向地主阶级寻求庇护，因为有大量的土

---

① 转引自［新］尼古拉斯·塔林主编《剑桥东南亚史》第2卷，王士录等译，云南人民出版社2003年版，第241页。

地可以开垦。所以，在1945年以后的相当长一段时间内，泰国的政治结构基本保持不变——一个官僚精英集团对广大农民称王称霸。①

◇ 第五节 小结

在本章，我们见证了共产主义和民族主义在东南亚地区的兴衰殊途：几乎所有新政权最终都是在民族主义的话语及引领的社会动员中建立并巩固的，从而在世界政治的舞台中展现出了一幅"民族"压倒"阶级"的历史剧目。基于不同案例的历史性因果叙述已然揭示了其中奥妙，那就是不同意识形态之于既有社会结构与阶级关系的迥然态度。不同于民族话语下的政治革命并不涉及社会结构的改变，共产主义者倡导的社会革命要求对旧秩序所赖以存在的社会结构和生产生系进行整体变革。为了维持自封建—殖民时代业已形成的统治秩序，权力精英必然在制度建立的关键时刻肃清一切潜在的再分配威胁。

民族主义的确是一种能够与其他政治思想巧妙联姻的意识形态：对于左派而言，民族主义可以视作钳制专制政体、改善社会福祉的工具；对于右派而言，民族主义则是塑造强大的国家与政治联盟的手段，甚至可以凭借民族主义以发动殖民战争来扩张本国利益。② 到了20世纪，反殖民主义常常接受或者说是部分接受了马克思主义的话语。许多第三世界的反殖民运动发展了马克思主义学说中有关革命领导人的论述，以解释那些受过宗主国教育的本地精英在反殖民斗争中的关键作用。他们认为，革命需要由

---

① [新]尼古拉斯·塔林主编：《剑桥东南亚史》第2卷，王士录等译，云南人民出版社2003年版，第345页。

② [美]利昂·P. 巴拉达特：《意识形态：起源和影响》，张慧芝等译，世界图书出版公司2010年版，第59页。

资产阶级精英领导无产阶级和农民以实现民族解放的目标。① 这样一来，民族主义还可以建立起劳动者与传统精英的联盟，这种联盟对于推翻殖民统治是很有必要的。鉴于这种强大适应性，无产阶级、民族资产阶级、小资产阶级、爱国封建贵族、爱国部落酋长、宗教领袖都可能汇聚在民族主义的大旗之下。除此之外，殖民者对民族主义革命更具包容性。他们有选择性地准许那些民族主义运动的领导人活动，以便当他们撤退之后仍能发挥影响。

> 正如几乎所有地方的殖民统治倾向于将那些在殖民统治来到之时恰好具有社会支配地位的人，改造成为一个信员和监工特权集团一样，几乎所有地方的独立倾向于将那些在独立来到之时恰好具有社会支配地位的人，改造成为类似的集团。在这些情况下，新精英和精英之间的阶级连续性是巨大的；在另一些情况下，就不那么大；确定精英阶层的组成，是革命时期和紧接革命后时期的主要内部政治斗争。但是，除了妥协派、新贵或介于两者之间的什么阶层，形势的大局在相当程度上已经确定，曾一度看来如此敞开的流动渠道，现在对于多数人来说，显然并非完全如此通畅。随着政治领导层滑落到"常态"，社会分层体系也不例外。②

然而，二者的联盟终究是脆弱的，他们的分歧随着共同敌人崩溃而暴露无遗。正如恩格斯所言："不同阶级的这种联合，虽然在某种程度上向来是一切革命的必要条件，却不能持久，一切革命的命运都是如此。在战胜

---

① Bill Ashcroft, Gareth Griffiths and Helen Tiffin, *Post-Colonial Studies: Key Concepts*, *Third Edition*, London: Routledge, 2013, p. 178.
② ［美］克利福德·格尔兹：《文化的解释》，纳日碧力戈等译，上海人民出版社1999年版，第268—269页。

共同的敌人之后，战胜者之间就要分成不同的营垒，彼此兵戎相见。"① 对于共产主义而言，反对帝国主义不过是因为外国势力是本国资本主义的主要代表，并非其最终目标；在取得政权之后，接下来的就是彻底涤荡国内封建主义与资本主义势力，从而建设一个新的社会。然而对于民族主义者而言，共产主义意识形态的"第二步"努力却存在致命风险，因为他们本身就是所谓封建主义与资本主义的代表。对于两种意识形态，作为重要实践者的曼德拉（Nelson Mandela）总结了这种差异。

> 非洲人国民大会的目的是为非洲人民赢得统一和完整的政治权利。而另一方面，共产党的主要目标却是用工人阶级的政权来取代资本主义政权。共产党强调阶级差别，而非洲人国民大会则试图调和阶级差别。这是一个关键性的不同之处。②

在民族主义运动中走上权力舞台的本土精英们延续殖民者的做法，继续用族群话语替代阶级话语，这显然是有利于他们自身统治的：一方面，统治者掩盖了他们作为少数者的社会范畴（如地主阶级、大资本家），并把自己与普通民众一同归入了人为建构的大多数（如马来人），而针对一些族群问题的讨论（如华人问题）其实都是旨在转移社会结构的根本性矛盾冲突；另一方面，阶级话语本身已经成为十分忌惮的话题，这一概念往往与颠覆政权联系在一起。③ 由此一来，民族主义革命最终只是精英互动的结果，国家的政治权力从外国精英转变为本土精英，占据主导生产方式的经济精英并未发生改变，国家所处的不平等交换结构同样未能发生改变。为

---

① 《马克思恩格斯选集》第1卷，人民出版社2012年版，第595页。
② Donald Woods, *Biko*, 2d edtion, New York: Henry Holt, 1987, p.28.
③ [新西兰]尼古拉斯·塔林主编：《剑桥东南亚史》第2卷，王士录等译，云南人民出版社2003年版，第415页。

此，斯塔夫里阿诺斯敏锐地指出：

> 除中国外的极少例外，第三世界革命运动本质上都是民族主义性质的，他们的领导人都有着资产阶级背景，比如在印度是商人和律师，在土耳其和伊朗是军官，而在非洲则是教师和牧师，所有这些人士都有一个特点：他们渴求独立却反对阶级斗争，拒绝对社会进行根本变革，他们的政党和纲领都是着眼于民族主义革命而非社会主义革命。[①]

权力精英不但通过民族主义话语将"自己"的利益包装成"全民族"的利益，而且将反对殖民主义和"反对异族入侵"联系在一起，从而消解了普通民众的阶级认同。在东南亚国家，华人往往在商业领域占据优势地位，这与他们的人数是不相称的。殖民者时代的权力精英制造了这样一种舆论氛围，即正是这些"外来"的华人抢夺了本地人的利益。这类话术将统治者与被统治者之间的阶级矛盾，成功地转移为被统治阶级内部的矛盾。而共产主义者往往是华人，这样一来"反华"与"反共产主义"也就自然地联系在了一起。民族主义浪潮消解了形成一个整体性劳工阶级的可能，新的民族国家增强了工人阶级对民族国家的认同，此举反而标志着劳工阶级走向了消亡。总体来看，东南亚在20世纪50年代前后兴起的共产主义运动并未获得预期成效，在多数情况下，有发言权的非共产主义上层分子对于其他方法进行社会改革以及用非革命手段完成政治变革，还保持着相当程度的信心，因此他们往往比共产主义领导人更具号召力。[②]

在新的国家中，统治者们一方面进行土地改革、推行国有化、建立民

[①] ［美］斯塔夫里阿诺斯：《全球分裂：第三世界的历史进程》，王红生等译，北京大学出版社2017年版，第441—442页。

[②] ［美］约翰·F.卡迪：《战后东南史》，姚楠等译，上海译文出版社1984年版，第83页。

族企业、欢迎西方援助且致力于维持政治与经济上的独立，但另一方面，他们明确拒绝马克思主义的阶级斗争观念，代之以民族主义意识形态，为其压榨劳工而增加民族资本积累的做法提供合理依据。① 如此一来，第三世界民族解放运动的结局是难以名状的。帝国秩序的崩溃并没有真正终结剥削，来自旧世界的权力精英们重新制造了剥削。故而在去殖民化初期，人们尚且普遍对未来充满着信心。但是，随后发生的一切却大大出乎意料。上台后的本地精英在政治、经济、社会等方面的政策制定并没有显现出多少创新之处，相反，他们更乐于从发达国家引入那些早已崩溃的政治模式。除了少数例外，新的政权没有能够带来经济的发展，或者是减少贫穷。② 格尔兹敏锐地记录下了这些随处可见的阴郁情绪。

> 对革命斗争的要人以及戏剧佳品的怀旧；对党派政治、议会制度、官僚政治、新兴军人、职员阶级、地方政府的失望；前途不定、令人厌倦的意识形态、无序暴力的逐步扩大；尤其是人们开始领悟到，事情比表面上看到的还要复杂，那些曾经被看作不过是殖民统治的反映并且会随着它的消失而消失的社会、经济和政治问题，其根源并不肤浅。从哲理上说，在现实主义与愤世嫉俗、慎重与淡漠、成熟与失望之间，可能鸿沟巨大；但从社会现实看，它们之间的界线却又总是非常狭小。而且在当下的大多数新兴国家中，这些界线已经狭小到几乎消失的地步。③

---

① ［美］斯塔夫里阿诺斯：《全球分裂：第三世界的历史进程》，王红生等译，北京大学出版社 2017 年版，第 544 页。

② ［美］约翰·伊斯比斯特：《靠不住的诺言——贫穷和第三世界发展的背离》，蔡志海译，广东人民出版社 2006 年版，第 193 页。

③ ［美］克利福德·格尔兹：《文化的解释》，纳日碧力戈等译，上海人民出版社 1999 年版，第 267—268 页。

第四章　新的旧世界：建国时刻的精英与大众 | **235**

　　带着这种阴郁的情绪，第三世界开始了他们的探索之旅。独立之后，一切等级和固定的东西并未烟消云散，绝大多数致力于国家与政权建设的第三世界国家依旧步履蹒跚。目前只有 8 个发展中国家具备较强的国家能力，而它们大多是像新加坡这样的小国，近一半的发展中国家处于低国家能力的水平；对这些国家而言，实现有效的国家建设依旧前途漫漫，更令人担忧的是，近几十年来有四分之三的发展中国家的国家能力受到侵蚀。① 这也就不难理解为何量化统计表明，在面对欧洲殖民主义对第三世界造成了长期的负面影响时，现实中的去殖民化努力往往收效甚微，独立前后的政治冲突、个体收入和经济增长并没有显著差异。②

---

①　Matt Andrews, Lant Pritchett, and Michael Woolcock, *Building State Capability Evidence, Analysis, Action*, Oxford: Oxford University Press, 2017, p. 11.

②　Alexander Lee and Jack Paine, "What Were the Consequences of Decolonization", *International Studies Quarterly*, Vol. 63, No. 2, 2019, pp. 406–416.

第五章

重塑政治场域：变革时代的成就与幻象

在第二次世界大战之后，向政党竞争制的转化扩大了政治参与，使政治变得更加民主，但同时却减缓甚至在某些方面逆转了社会—经济改革的进程。①

——塞缪尔·P. 亨廷顿

比起新自由主义所祈求的自由前景，还有远为高尚的自由前景有待我们去争取；比起新自由主义所允许的治理体系，还有远为有价值的治理体系有待我们去建立。②

——大卫·哈维

当战争与革命的硝烟逐渐远去，第三世界在摆脱殖民统治之后陆续开启了艰辛的国家建设之旅。"变化是东南亚现代历史一个至关重要的持续特征"③，民主转型、分权改革、市场改革、私有化、市场化等一系列变革在东南亚轮番上演。这些变革，发生在一个笔者称为"新自由主义时代"的世界历

---

① [美] 塞缪尔·P. 亨廷顿：《变化社会中的政治秩序》，王冠华、刘为等译，上海人民出版社2008年版，第297页。
② [美] 大卫·哈维：《新自由主义简史》，王钦译，上海译文出版社2010年版，第237页。
③ [澳] 米尔顿·奥斯本：《东南亚史》，郭继光译，商务印书馆2012年版，第223页。

史时刻。在反体系运动中颇受冲击的自由主义意识形态再次焕发出了强劲的生命力。新自由主义意识形态以经济理论、政治意识形态、政策范式，抑或是对社会形态的构想等不同的面貌展现出来。[1] 这意味着，新自由主义时代并不局限于经济领域，"这种变化并不单单是政策上的转变，还包括对如何解释和管理世界的更广泛理解上的转变"[2]。

与那些几乎同时期被纳入西方殖民体系的其他边缘地区相比，东南亚的发展状况似乎更为成功。在20世纪60年代，几乎没有人能预料马来西亚、印尼和泰国在日后能够跻身增长最快经济体的行列。战争摧残、社会秩序以及腐败等问题成为这些国家实现现代化的巨大阻力。但是在十余年后，情况发生了明显转变。在20世纪七八十年代，东南亚开始实现经济腾飞，并成为日后"东亚奇迹"的重要组成部分。那么，这些变革是否孕育出了摧毁旧世界的巨大能量呢？这一时期流行的现代化理论接续起19世纪以来的进步乐观主义传统，将社会发展视作一系列越来越有利于人类的前进运动。这样的预期并不难理解：民主政治、自由市场和分权化治理等现代性要素的到来势必摧毁传统权力精英及其赖以生存的政治与阶级基础，从而为自由主义所期许的美好未来铺平道路——换句话说，旧势力至少应该是抵制这些新的思想观念与行为模式的。然而，接下来笔者将描述一幅完全不同的画面：在许多第三世界国家，恰恰是旧时代的精英们推动了那些迎接新时代的变革——他们对新自由主义的市场化改革表现出了极大的热忱，分权化治理模式同样未受到阻力，甚至许多国家的民主化进程正是由那些威权时代的精英所开启的。简而言之，位于寡头地位的统治精英反

---

[1] Peter B. Evans and William H. Sewell Jr., "Neoliberalism: Policy Regimes, International Regimes, and Social Effects", in Peter A. Hall and Michèle Lamont, eds., *Social Resilience in the Neoliberal Era*, New York: Cambridge University Press, 2013, pp. 35–68.

[2] Peter A. Hall and Michèle Lamont, "Why Social Relations Matter for Politics and Successful Societies", *Annual Review of Political Science*, Vol. 23, 2013, pp. 49–71.

而比普通民众更乐于拥抱那些自由、民主的价值观念，这的确是一项颇为反直觉的观察。

◇ 第一节 马来西亚：在现代与传统之间

在上一章中，笔者展现了马来西亚政治场域中上演的"民族"压倒"阶级"的历史剧目。这一策略并没有随着马共的退出而结束，相反，以"族群"为中心的身份建构伴随着马来西亚进一步拥抱世界体系而得到强化，并对国家日后发展形成了双重影响。一方面，通过对共产主义政党的彻底镇压，强大且稳定的中右翼联盟在马来西亚出现，为马来西亚的强劲发展能力提供了保障，并在开放市场格局中实现了经济腾飞。但在另一方面，社会结构的延续性使马来西亚现代化历程中始终氤氲着"封建主义"的价值观念与实践模式。中右翼执政联盟缺乏扩展普通民众实质自由的意愿，来自底层的跨阶级互动受到极大抑制。这样一来，虽然族群问题至少在形式上得到了有效缓解，但阶级问题终究凸显了出来，马来西亚的贫富差距不可避免地进一步扩大了。在进入 21 世纪之后，马来西亚陷入了"中等收入陷阱"，昔日制定的 2020 计划似乎已难以实现。

一 新经济政策下的阶级重塑

马来西亚独立之后，英国资本纷纷迅速撤出，许多大型英资橡胶种植园被废弃。这虽然导致短期经济震荡，但对长期发展而言反倒是好消息，因为殖民时代兴起的大地主与大种植园主阶级受到有效抑制。大型橡胶园被进一步分割，政府将土地分给了马来本地居民。这样一来，小型和家庭橡胶园替代了大种植园在经济结构中的主导地位。到了 20 世纪 70 年代，以家庭为单位的小型种植园所生产的橡胶比例已经超过了全国总产量的65%。

然而，这并不意味着国家发展就可以水到渠成。在独立之时，马来西亚尚还是一个以出口初级商品为主的农业国家，农业在1960年占国内生产总值的40%，而工业占比不到10%。即便之后增长迅猛，但从人均层面来看，马来西亚的工业水平直到20世纪80年代依旧并不发达。尤其是在社会发展领域，民族主义精英从英国殖民者手中接掌的国度有着严重的社会分化，这在独立初期的土地不平等状况中便可见一斑。在人们的传统印象中，菲律宾是一个土地分配极其不平等的国家。但由表5-1可知，马来西亚建国之初的土地基尼系数（Land Gini）甚至高于本书关注的其他三个案例。在1958年，北马来西亚一带超过2/3的土地被人数不足两千户的地主阶级所垄断，而这些地主往往是自己住在城市而把土地租给无地少地农民；农民则往往处于十分困顿的境遇。即便是在较为富裕的森美兰州，85%的农民所占耕地不足5英亩。[1]

表5-1　　　　　　　　东南亚四国独立初期不平等状况

国家	年份	土地基尼系数（%）
马来西亚	1960	68.0
印度尼西亚	1963	52.7
菲律宾	1950	48.2
泰国	1953	44.4

资料来源：Ewout Frankema, "The Colonial Roots of Land Distribution: Geography, Factor Endowments or Institutions", *Economic History Review*, Vol. 63, No. 2, 2010, p. 450.

对于刚刚独立的第三世界而言，谋求经济发展有赖于国家力量，尤其是执政党的力量。本书强调，"发展"不仅需要"能力"，同时有赖于"意

---

[1] 郑焕宇：《马来西亚土地问题》，《东南亚研究资料》1982年第1期。

愿"——如果说前者决定了一个国家的整体发展水平,那后者则决定着国家内部不同社会群体之间的差距。如上一章所言,独立之后掌控马来西亚国家政权的统治精英是巫统、马华公会和马来西亚印度人国大党组成的政党联盟,他们分别代表了马来土著中的贵族与官僚、华人群体中的商业精英以及印度裔中产阶级。这个精英联盟尤其是联盟主导者的发展偏好,决定了国家未来的发展走向。对于在执政联盟中占据主导地位的巫统来说,国家发展的重要目的之一就是保证马来人的"特殊权利"(Special Rights)。这反映了自英国殖民者建立的《土地保留法》以来的制度体系,以及由此产生的以族群差异为名的不平等社会结构。这种民族主义情绪同样反映出马来土著面对马来华人的种种担忧——自独立以来,前者经常担心自己在政治和经济上会受到作为少数族裔的华人的侵害。不满于马来西亚的经济权力多为华人所垄断,巫统中的政治精英们急切希望培养一批强有力的马来人资产阶级。政府在1957—1970年也出台了一系列致力于改善农业农村发展的项目,而马来土著正是以从事农业生产为主。

旧经济政策时期(1957—1970年)的国家发展方略是以自由主义为导向的。虽然国家经济增长,但族群间差距并没有得到改善,社会不平等也被进一步拉大了。1957—1970年,马来西亚实际国内生产总值以每年6.5%的速度增长,而基尼系数增长了22%,马来人的贫困率几乎没有变化并依旧在50%上下浮动。[1] 马来西亚进口替代工业化战略一开始就与世界资本主义市场密切地联系起来,1960—1971年橡胶、木材、天然棕油和锡占国家出口比例的95.6%。[2] 虽然橡胶种植对马来西亚国内产品的贡献实际上已经

---

[1] Henry J. Bruton, Gamini Abeysekera, Nimal Sanderatne, Zainal Aznam Yusof, *The Political Economy of Poverty, Equity, and Growth: Sri Lanka and Malaysia*, New York: Oxford University Press, 1992, p. 233.

[2] Mohamed Ariff, *The Malaysia Economy: Pacific Connections*, Oxford: Oxford University Press, 1991, p. 12.

下降，从20世纪50年代的1/4左右下降到20世纪70年代中期的大约1/8，但橡胶出口产量仍然介于总出口收入的1/5到1/4之间。马来西亚的橡胶种植业成功地与其他经济部门建立了供求关系网，但当橡胶的价格下跌时，许多马来农民不得不在贫困线下苦苦挣扎，"贫穷的马来人"与"富有的华人"这种被建构起来的故事进一步增强了他们的民族主义情绪。1957年，马来人平均月收入为139吉特，华人为300吉特，印度人为237吉特，这一数据到了1967年分别上升到163吉特、349吉特和260吉特；而在1967—1968年，西马地区马来人的贫困率为50.2%，印度人的贫困率为25.6%，而华人的贫困率只有12.3%。[1] 纵然在宪法制定中通过了对马来人的保护条款，但怨恨情绪与结构上的贫富差距交织在一起，最终在1969年以严重族群冲突的形式表现出来。

"五·一三"事件之后，马来西亚在高度权威化的政治模式下推出一系列新的措施，力图进一步扩大马来人中的资产阶级群体在国家经济生活中所起到的作用。拉扎克政府旗帜鲜明地制定了一系列马来人优先的发展战略，并把减少族群差距，推动社会公平放在了突出位置。1971年，马来西亚政府制定并实施了新的经济政策（NEP），"如果说国民阵线运动是70年代以来马来西亚大步迈向现代化社会的左腿，那么新经济政策就是使其迈向现代化的右腿，正是由于这两条腿的协调动作，才使马来西亚现代化发展获得巨大成功"[2]。新经济政策的最终目标有二：其一是推动经济发展，在经济繁荣的基础上彻底消除全体马来西亚民众的贫困状况，建立一个公平的社会；其二是重组社会，通过政府对经济的直接干预，改变现有的经济社会结构和财富分配模式，使经济差异不再成为不同族群的身份特征。

---

[1] Donald R. Snodgress, *Inequality and Economic Development in Malaysia*, New York: Oxford University Press, 1980, pp. 79 - 80.

[2] 贺圣达：《战后东南亚历史发展：1945—1994》，云南大学出版社1995年版，第229页。

也就是说，政府干预一方面希望努力把"蛋糕"做大，从而满足民众对提高生活水平的愿望；另一方面是努力将"蛋糕"分好，以缩小不同种族之间的差距。

如果说"新经济政策"的第一个目标关注的是全体马来西亚公民，那么第二个目标则着眼于提高马来人的经济地位。从落实情况来看，第二个目标才是执政者的核心关切。政府规定，在马来西亚只有马来人才能经营军工、交通、水电等重要行业，伐木、印刷、石油与天然气的销售由马来人及其机构经营；1976年出台的《工业协调法》规定，资本在10万元以上、工人在25人以上的企业需要申请签字，且股权和董事会成员要保证至少30%留给马来土著，企业产品的30%要分配给马来人精英，雇员中马来人的比例不低于50%。[1] 到1983年，已经有一半的上市公司马来董事具有政治或行政背景，而非马来董事的比例只有6%。[2] 政府还向马来人推出各类优惠政策，金融机构优先向马来人提供贷款，政府在租让、出售土地时也优先考虑马来人及其机构，同时鼓励马来人进入政府部门。为此政府设定了一个相当温和的目标，那就是到1991年的时候，马来人在各类工商业活动中的参与率至少达到30%。

所有这些计划都是为了"通过改变马来人的经济角色和地位来重组社会"[3]。经济繁荣改变了马来西亚的阶级结构，最明显的表现是城市中产阶级的增加与农村人口的减少。[4] 正如第二个大马计划所宣扬的那样，新经济

---

[1] 范若兰、李婉珺、廖朝骥：《马来西亚史纲》，世界图书出版公司2018年版，第203—204页。

[2] Lim Mah Hui, *Ownership and Control of the One Hundred Largest Corporations in Malaysia*, Singapore: Oxford University Press, 1983, p. 70.

[3] Gordon P. Means, "'Special Rights' as a Strategy for Development: The Case of Malaysia", *Comparative Politics*, Vol. 5, No. 1, 1972, p. 60.

[4] Harold Crouch, *Government and Society in Malaysia*, Sydney: Allen & Unwin, 1996, p. 186.

政策致力于"培养一个成熟的马来企业家阶层",即马来本土资产阶级。当然,这一新兴阶级与西方世界传统意义上的资产阶级的形成存在明显差别:马来西亚的商业发展有赖于国家层面宏观计划下的各种优惠政策与国有企业,由此形成的是一批与执政党关系更为密切的新的资本家群体。

这种存在于马来西亚乃至整个东南亚世界的资本主义形式被形容为"人造资本主义"(Ersatz Capitalism),即一种依赖于国家资助、跨国公司投资和外国技术援助的经济体系。[①] 它的形成有赖于政治强人的推动,并建立在现有制度不足以充分支撑经营生产的特殊关系网络的基础之上。在这种体系中,执政党领袖和政府官员会以公共或私人的身份向资本家提供各式各样的优惠以推动资本主义的发展,而这些措施具体则包括提供经营许可证、法律保护、政策优惠和政企合作。当一个国家的市场经济在并非由"自发秩序"而是通过政治的力量加以打造的情况下,经济主体与强大的政治势力之间通常会形成某些特殊的关系。出于各自的目的——马来资产阶级寻求执政精英庇护,执政精英寻求坚实的经济联盟以化解华人资产阶级的威胁——新兴的马来资产阶级经济精英与执政的政治精英建立起了稳固的阶级联盟。这一联盟是发展导向的,从而使马来西亚无论在经济增长还是社会发展方面都取得了不凡的成就。财富的积累为教育、医疗和公共卫生事业的发展奠定了基础,社会领域的发展反过来进一步带动了经济的增长。与此同时,由于长期受惠于国家政策,或者说马来西亚资产阶级的出现本身就是国家导向的新经济政策的产物,资产阶级并没有像许多西方理论预期的那样带来寻求民主的动力。相较于强大的国家与政党,新兴资产阶级显得如此软弱。简而言之,国家通过引导型政策创造了新的资产阶级,政治精英为保持自身执政地位创造了与经济精英牢固的联盟。因此即便是面临1999年的选举危机,巫统的统治地位依旧坚如磐石,"国家权力

[①] 参见 Kunio Yoshihara, *The Rise of Ersatz Capitalism in South-East Asia*, Oxford: Oxford University Press, 1988.

和政党活力——这是几十年来精英集体行动在国民阵线的保护协议范围内共同产生的制度产物——将为马哈蒂尔政权提供渡过其最大政治危机所需的资源"[1]。

另外,随着国家愈加限制非马来人参与经济活动,华人群体中的商业资本家们在从事各类经营活动时不得不更加依赖于政府。这事实上削弱了马华公会曾经扮演的中间人角色,进而加强了巫统在政治联盟中的地位。[2] 如果说之前华人群体在政治上的边缘地位尚可通过经济上的优势来弥补,如今随着马来资产阶级的兴起,"他们正在失去一切"[3]。这一结构性变化,意味着马来西亚的民族主义精英们不再需要惧怕经济增长的成果被"非马来人"过度攫取。回顾历史不难发现,1969 年之前马来西亚的国民发展总体计划中并不怎么重视工业发展,政府在前三个"五年计划"中用于工业的开支仅占总开支的 2.4%。这既非执政者未能意识到工业化的重要作用,亦非马来西亚缺少推动工业发展的国家能力,而是马来人担心推动工业发展会进一步提升马来华人的经济地位。而当马来西亚资产阶级中马来人占据优势地位之后,国家的工业化战略便也水到渠成了。

马来西亚政权自建国初期以来就一直依赖不同族群的精英群体,每一个精英团体都从政权中获得利益以换取政治支持。如果说马来西亚建国时期强烈的阶级冲突通过"精英契约"的机制锻造了维持发展的强大国家能力,那么"马来人优先"既是增长的原因,也成了增长的结果。在这一过程中,不变的是政治经济精英所使用的民族主义话语体系。殖民遗产以及左派起义的历史记忆使该国家自建国以来便通过"族群"组织政治场域,

---

[1] Dan Slater, *Ordering Power: Contentious Politics and Authoritarian Leviathans in Southeast Asia*, New York: Cambridge University Press, 2010, p. 163.

[2] Edmund Terence Gomez, *Chinese Business in Malaysia: Accumulation, Accommodation and Resistance*, Richmond: Curzon, 1999.

[3] James V. Jesudason, *Ethnicity and the Economy: The State, Chinese Business, and Multinationals in Malaysia*, Singapore: Oxford University Press, 1989, p. 133.

并将族群置于发展议程的核心。新的国内利益和权力来源以及巨大的社会分化削弱了传统的左翼战略，割断了民族主义和社会主义之间的联系，而民族主义意识形态对东南亚资本主义发展的有效利用，同时也制约了当代左翼力量的发展。① 继战胜共产主义的意识形态和政党组织之后，马来西亚的民族主义者通过偏向性的国家策略进而对本国传统意义上的经济精英，即华人群体实现了有效制约，并诞生了新的资产阶级精英。经过国家有针对性的发展，特别是在20世纪70年代和80年代，马来西亚种族间的不平等现象得到了很大改观，华人和马来人的平均收入比从1970年的2.29∶1下降到了2009年的1.38∶1，华人之于印度人的比从1.30∶1降低到1.25∶1，而印度人与马来人的比则从1.77∶1降至1.1∶1。② 对于政府而言，在经济和社会政策上偏袒占据人口大多数的马来人确保了来自普通马来人的支持，在公司和金融政策上的偏袒将新的马来富人与政权联系在一起。族群议题的战略性运用是持续维持这种跨阶级交换和供应体系的关键，它展现出政权机构如何将每个群体的经济利益直接嵌入统治体系。③ 但即便如此，马哈蒂尔在20世纪末回顾"新经济政策"时，认为族群间的经济不平衡依旧没能达到理想目标。

> 我们推行新经济政策已经超过20年，看来我们还无法达到原住民拥有企业的30%的财富的目标。……自新经济政策实施以来，马来人

---

① Kevin Hewison and Garry Rodan, "The Ebb and Flow of Civil Society and the Decline of the Left in Southeast Asia", in Garry Rodan, ed., *Political Oppositions in Industrializing Asia*, New York: Routledge, 1996, pp. 33–58.

② Jomo Kwame Sundaram and Wee Chong hui, *Malaysia@50: Economic Development, Distribution, Disparities*, Singapore: World Scientific Publishing Co Pte Ltd., 2014, p. 74.

③ Thomas B. Pepinsky, *Economic Crises and the Breakdown of Authoritarian Regimes: Indonesia and Malaysia in Comparative Perspective*, New York: Cambridge University Press, 2009, p. 77.

与华人的经济差别，纯粹以数额而言，其实是进一步扩大了。这是因为在1970年，马来人和华人财富差距为28%的结论，是根据较小的国民生产总值计算出来的，而如今国家财富早已今非昔比。今天的国民生产总值较之当时已增加数倍，而华裔占了40%，如果纯粹以数额而言，这肯定比起1971年他们所占有的30%的国民生产总值要高出许多。无论如何，马来人继续落后，而差距也在扩大。马来领袖不想提这一点，因为这会触怒马来人。而华人也不想突出这样的事实，以免马来人要求政府实行更多的政策以纠正这种不平衡状态。①

即便存在争议，马来西亚一直宣称其在消减族群间差异上做出了突出贡献。但一个被掩盖的普遍性事实是，各族群内部的差异变得严重起来。虽然民族主义的政策与口号增加了国家认同，进而推动了政治共同体的建设，然而它掩盖了现实社会中更为根深蒂固的阶级问题。如图5－1所示，1989—2009年的20年，马来西亚群体内部贫富差距比（家庭收入前20%与后40%的收入比）从6.39∶1上升到6.9∶1，华人群体的这一比也从6.2∶1上升到6.41∶1，印度人的比也从5.44∶1上升到6.32∶1，且21世纪初都出现了7倍以上的差距。与此类似的，贫富差距无论在城市还是乡村都有扩大之势：城乡居民家庭收入比从1989年的1.68∶1上升到2009年的1.85∶1，2002年和2004年的峰贫富差距比值为2.11∶1。城市地区的差距也高于农村地区。将最富有的20%的家庭与最贫穷的40%的家庭相比较，也反映出两者不平等的严重性。前者在城市地区的收入是后者的6.33倍至7.10倍，而在农村地区前者与后者的收入比则从5.25上升到6.36。②

---

① 转引自王正毅《边缘地带发展论：世界体系与东南亚的发展》，上海人民出版社2018年版，第199页。

② Jomo Kwame Sundaram and Wee Chong hui, *Malaysia@50: Economic Development, Distribution, Disparities*, Singapore: World Scientific Publishing, 2014, pp. 68－74.

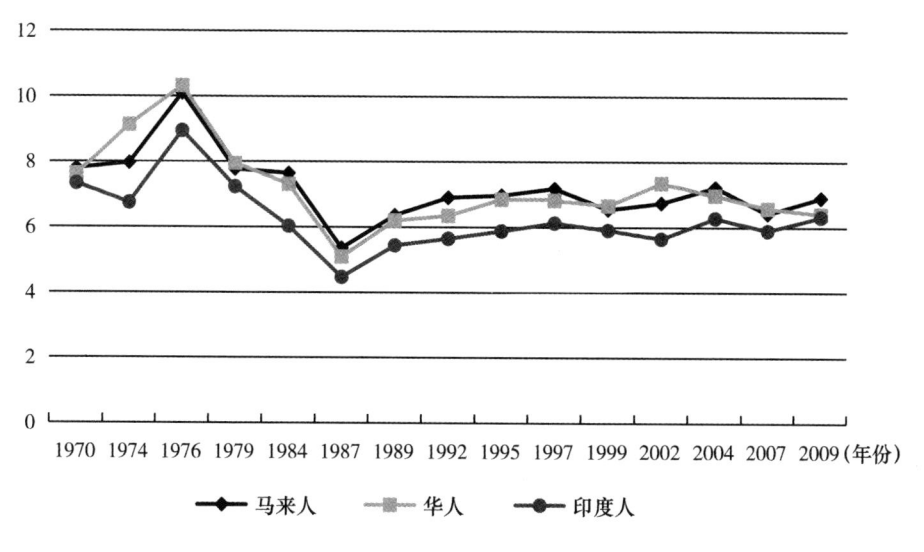

图 5-1 马来西亚不平等状况（1970—2009 年）

资料来源：Jomo Kwame Sundaram and Wee Chong hui, *Malaysia@50: Economic Development, Distribution, Disparities*, Singapore: World Scientific Publishing, 2014, p. 71.

前文的历史分析表明，马来西亚族群问题的根源来自殖民时期的劳动分工，不同民族或族群之间的不平等根植于阶级对立。因此，人们需要从形成这一现象的历史原因中寻找解决方案。正如马克思所言："人对人的剥削一消灭，民族对民族的剥削就会随之消失。民族内部的阶级对立一消失，民族之间的敌对关系就会随之消失"①。其实早在1969年夏，马来西亚经济规划部的哈佛顾问团在与政府官员讨论如何恢复国家稳定和发展时，就专门建议应当直接改善极其不平等的收入分配，包括必要的土地改革以消除马来西亚社会中盛行的大规模土地租赁。顾问团最终提出的许多建议都得到落实，"平权运动倒是如火如荼，但通过土地改革进行再分配的政策从未

---

① 《马克思恩格斯选集》第1卷，人民出版社2012年版，第419页。

得见天日,毕竟大部分地主都是马来人"①。个中原因自然不难理解,毕竟政治精英需要拥有大地产的经济精英作为坚实的盟友,抑或是政治精英的家庭本身就掌握着大批地产。对于国家发展而言,实现那些建构的发展目标才是最为重要的。的确,高速的经济增长以及族群间不平等的消泯——这两项他们构建的国家发展的最重要的目标——已经很好地得到了落实,政治秩序长期稳定,政府合法性已经建立;对于那些遭遇日益不平等的普通民众而言,他们最能够加以使用的左翼意识形态体系已经在马来西亚彻底消失了。与此相反的,是马来西亚在现代化发展进程中意识形态领域"封建主义"的复归。

二 "最重要的是封建主义社会的本质"②

1970年,一本名叫《马来人困境》(*Malay Dilemma*)的小册子出版了,他的作者就是在日后连续担任总理职务长达22年的马哈蒂尔·穆罕默德(Mahathir bin Mohamad)。马哈蒂尔认为,"甄别什么是应该废弃的、什么是必须保存乃至宣扬的"是使革命在马来西亚获得成功的首要条件。作者强调诸如缺少时间意识、缺乏投资思维等"旧价值观"严重阻碍了马来西亚的现代化进程,而提高城市化和受教育水平以及加强劳动专业化对国家发展而言迫在眉睫。政治对传统观念的批评在第三世界屡见不鲜,人们往往认为只有彻底与旧世界隔离才能实现新的发展。然而,马哈蒂尔却没有将清除封建残余视作发展资本主义的前提条件。他指出马来西亚人大部分都是封建主义者,而封建主义反而对推动发展有着积极作用。

---

① [美]德怀特·铂金斯:《东亚发展:基础和战略》,颜超凡译,中信出版集团2015年版,第107页。

② Mahathir bin Mohamad, *The Malay Dilemma*, New York: Marshall Cavendish Corp, 2008, p. 214.

第五章　重塑政治场域：变革时代的成就与幻象 | **249**

马来人的封建主义倾向本身并没有坏处，它反而有利于铸造良序社会。对于那些能够遵循习惯法与不成文法规的人而言，他们更倾向于遵守一个国家的成文法。当人们普遍接受一个社会中拥有不同权威与权力的人的存在时，这个国家就更容易实现稳定。在这样一个社会中，除非通过上层领导，革命活动将十分罕见。因此，封建社会不一定是停滞、倒退的。当上层充满活力，整个社会也会充满活力。①

在这段文字中不难看出，马哈蒂尔不仅是精英主义者，同样是保守主义者。在马来西亚这个新成立的国家中，旧时代的遗产无处不在。脱离殖民统治之后的历任总理几乎都有贵族背景，他们的行为举止往往带有一些与苏丹的等级传统相关的威严，并致力于通过意识形态渠道对政治、经济和社会事务发挥作用。而马来西亚政治生活中司空见惯的"金钱政治"同样折射出传统马来历史遗产的深远影响：选举人与政治家之间的选票—利益交换在如今看来是有悖于现代政治原则的，但在前殖民时代这种所谓的"分赃制度"（Patronage system）却并非不道德的，它是政治运行的基本环节之一。② 这些来自所谓"封建社会"的传统，极大地促进了马来本国资本主义精英通过政治权力的庇佑而迅速成长，并为政商勾结提供了意识形态依据。随着20世纪七八十年代以来的经济发展，马来西亚统治精英——包括马来族贵族和地主、高级官僚、资本家和城市小资产阶级——在种族和阶级等方面已经变得越来越模糊。③ 这意味着精英群体内部因族群或地区等

---

① Mahathir bin Mohamad, *The Malay Dilemma*, New York: Marshall Cavendish Corp, 2008, p. 215.

② Anthony Milner, *The Invention of Politics in Colonial Malaya: Contesting Nationalism and the Expansion of the Public Sphere*, Cambridge: Cambridge University Press, 2002, pp. 294–295.

③ 参见 Kwame Sundaram Jomo, *A Question of Class: Capital, the State, and Uneven Development in Malaya*, Singapore: Oxford University Press, 1986.

因素而产生冲突的可能性越来越小，而立足整体社会分层，精英与民众之间的鸿沟愈加难以跨越。精英们将阶级统治的本质包装为优良的社会传统和统治者个人的德行，对此，马克思和恩格斯直指其中要害。

> 根据这种观点，一切实际的阶级矛盾，尽管因时代不同而各异，都可以归结为一个巨大的永恒的矛盾，就是深谙永恒的自然规律并依照它行动的人，即贤人与贵人，和误解它曲解它并和它背道而驰的人，即愚人与贱人之间的矛盾。因此，历史上产生的阶级差别是自然差别，人们必须向天生的贵人和贤人屈膝，尊敬这些差别，并且承认它们是永恒的自然规律的一部分，即应当崇拜天才。……这样，老问题又自然产生了：到底该由谁来统治？这个问题经过十分详细但却非常肤浅的讨论，终于有了一个答案：应该由贵人、贤人和智者来统治。……但是怎样发现贵人和贤人呢？没有一种神奇的力量来告诉我们，我们必须去找寻。于是变成纯粹自然差别的历史的阶级差别又显露出来。①

封建主义传统强调遵循传统秩序、社会等级尤其是听从权威人士，这使得马哈蒂尔本人并没有像许多第三世界其他领导人那样对自由民主趋之若鹜。相反，他在新自由主义时代的滔滔洪流中对"好制度"展现出了更加审慎的态度。

> 为什么我们不能勇敢地承认马来西亚的人民的确对驾驭一套可行的民主机制尚不成熟？为什么不能说我们反而需要某种形式的威权统治？……我们国家的族群结构表明，民主会像独裁一样为国家的发展

---

① 《马克思恩格斯全集》第10卷，人民出版社2009年版，第318页。

形成各种壁障。相反，独裁统治至少能够保持稳定的秩序与强大的政府。……我们必须承认，马来西亚并不会走向民主。①

从这段话中我们不难看到，马哈蒂尔主要评判民主与独裁的标准在于二者是否有利于发展与秩序。已经有不少研究表明民主政治的确无法系统性地推进经济增长②，然而这并不意味着政治自由与公民权利在拓展人类实质自由中是可以缺席的。西方学者往往在"威权政体"的意义上理解后发工业化国家，这类国家不仅包括马来西亚以及墨西哥、智利、阿根廷，还包括第二次工业革命处于赶超阶段的德国和日本。在笔者看来，概之以"威权"来修饰这些国家的政治实践无疑是挂一漏万的。相反，马哈蒂尔的担忧毋宁说是后发国家的领导者们将政治秩序而非个人自由视作国家发展的第一要义。这种追求现代化的诉求所带来的影响是双方面的，以至人们对如何权衡这些发展战略仍争论不休。一方面，强力政府极大地保护了那些坐拥私人资本的资产阶级，正如本书一再展现的那样，只要保障了那些能赚钱的人可以放心大胆地去赚钱，经济增长其实并非难事。但另一方面，当我们回顾这段繁荣的历史时，寡头结构、森严的等级秩序、精英的内部团结以及高度的权威等一系列"封建主义"的特征都延续了下来，它们并没有因为国家大踏步走向市场经济而有丝毫衰减。

马哈蒂尔并不相信什么民主政治，他对经济上的自由主义却青睐有加。20世纪80年代，石油危机导致马来西亚经济出现滑坡，财政危机日益凸显。一批成长起来的马来本土经济精英对国家主导的发展政策愈加不满，他们呼吁政府应该放松对经济的管控。1982年，马哈蒂尔邀请在20世纪70

---

① Khoo Boo Teik, *Paradoxes of Mahathirism: An Intellectual Biography of Mahathir Mohamad*, Oxford: Oxford University Press, 1995, p. 261.

② John Gerring, Philip Bond, William T. Barndt, et al., "Democracy and Economic Growth: A Historical Perspective", *World Politics*, Vol. 57, No. 3, 2005, pp. 323–364.

年代末80年代初已从经济政策中得到利益的一群有权势的商业人士做顾问，也正是他们，说服马哈蒂尔将资产从国家转向私人领域。1984年扎伊努丁（Diam Zainuddin）就任财政大臣，马来西亚的私有化战略自此开启了。马来西亚采取的主要政策与此时世界范围内新自由主义浪潮中的其他国家如出一辙，包括低价将公用事业、交通运输业、通信业等国有资产出售给个人[①]，以及统治精英将高利润的项目收归私有，等等。在具体实践中，马来西亚的私有化战略主要涉及以下方面：第一，出售或裁撤国有企业；第二，推动国有企业上市；第三，公开出售公司股份；第四，出售或租赁物质性资产；第五，公私合营；第六，在之前由国家主导的项目中吸收私人资本；第七，将公共服务外包给私人；第八，允许私人在那些之前由公共部门垄断的领域参与竞争。[②]

私有化、市场化的战略选择往往承担着学者与政策制定者的美好希冀，诸如减轻政府的财政与行政负担、在提供服务的过程中促进竞争提高效率、促进企业家精神并拉动投资进而促进经济增长、精简政府规模缓解垄断官僚体系，等等。但同样有研究表明，私有化的以上优点并不尽然有效，它反而会造成许多灾难性后果，例如，公共部门同样可以更有效率地运转；私有化虽然会暂时减少财政危机但在中长期会导致财政恶化；私有化尤其对那些更为贫困的消费者产生不利影响；私有化为了利润会最大限度地牺牲社会福利和公共利益；等等。[③] 事实上，有关私有化的两种评判并不矛

[①] 例如，资产超过50亿令吉的马来西亚电信局以5.25亿令吉的价格出售给私人；布兰邦公司（Peremba）下属的产业香格里拉市价达10亿令吉，最后却以1.7亿令吉卖给了私人。

[②] [英] 芭芭拉·沃森·安达娅、[英] 伦纳德·安达娅：《马来西亚史》，黄秋迪译，中国出版集团2010年版，第378—379页。

[③] [美] K. S. 乔莫：《与日深化的私有化争论：主要观点回顾》，载 [美] 热拉尔·罗兰主编《私有化：成功与失败》，张宏胜等译，中国人民大学出版社2013年版，第191—192页。

盾，关键在于特定国家的发展目的是以经济增长为核心，还是以惠及普通民众、拓展实质自由为核心。在绝大多数国家的领导人看来，第一个目标显然是更为重要的。而且有历史证据表明，对于政治精英，尤其是作为执政者的马哈蒂尔而言，私有化同样成为其巩固权力的重要手段：立足权力精英的视角，新自由主义转向的主要目的是扩大既有经济精英——也就是那些在国家引导的发展阶段壮大起来的本土资产阶级——的实力与利益，而他们是政治精英最重要的盟友。新自由主义诸多改革助长了马来西亚"封建主义"社会中的各种秩序，旧时代的权力网络在资本的逻辑中得到了进一步加强。随着市场化进一步加强，私人股权倾向于聚集在特定的团体手中，诸如马来人皇族家庭、巫统领导人——而这些是马来西亚精英联盟中最重要的成员。到1992年，大约有1150个企业享受政府保护和政府资源，正是这些企业主导了对经济部门的占领分割。这些与政治权力有着密切关联的"裙带资本家"（Crony Capitalists）在自由化浪潮中大肆攫取国有资产，社会下层阶级和中产阶级、巨富阶级之间的鸿沟进一步扩大。①

市场机制是公平的，但进入市场的诸行为体无论是在生产资料还是政治权力方面都存在巨大差别，封建主义的社会土壤使得市场机制进一步扩大了原有的不平等。正如马来西亚本土经济学家反思的那样，在缺乏公平竞争的条件下，私有化的唯一结果不过是将所有形式从国家垄断转变为私人垄断。② 这种不平等的扩大终究会阻碍经济发展的进程。在进入21世纪之后，马来西亚曾引以为傲的增长速度不可避免地放缓了。2001—2009年的近十年经济增速已经大幅放缓，人均GDP直到2011年才突破一万美元。

---

① Nicholas J. White, "The Beginnings of Crony Capitalism: Business, Politics and Economic Development in Malaysia, c. 1955 – 1970", *Modern Asian Studies*, Vol. 38, 2004, pp. 389 – 417.

② ［马来西亚］鲁加亚·穆罕默德：《马来西亚公营企业的改革》，王宁楠译，《南洋资料译丛》1999年第1期。

虽然马来西亚曾雄心勃勃地希冀通过投资高科技服务业和制造业于2020年步入发达国家的行列，但如今看来，它已无可避免地陷入了所谓的"中等收入陷阱"。

"中等收入陷阱"与其说是经济问题，毋宁说是政治问题，研究者往往忽视了约束经济发展的制度起源等历史原因。① 通过三章的历史性因果叙述，我们得以总结这些历史遗产对马来西亚国家发展的意义。19 世纪的英国殖民统治以及20 世纪民族主义与共产主义的此消彼长，共同构成了马来西亚国家发展历程中最为关键的要素。在笔者看来，这些历史遗产既成了发展动力，也构成了发展的阻碍，这种复杂的变化即所谓的"道家时间"。② 英国殖民遗产并没有形成广泛的地主阶级，殖民者通过族群意识的构建以及《马来土地保留法》的政策措施，成功地避免了底层民众的反叛意识。这些措施都保障了政治秩序以及经济增长。而在面对左翼运动威胁的时候，本土精英联合形成了强大的国家，并将共产主义意识形态彻底排除在外，这同样奠定了当代马来西亚国家发展的制度基础。然而，强大国家的建立是以最大限度保留旧有社会秩序为前提的。因此我们既见证了马来西亚在经济增长和社会发展方面所取得的骄人成绩，但同时也看到封建主义的社会本质无法推动这个国家朝着更高目标迈进。以族群议题消解阶级议题的做法实现了很长一段时间的稳定与繁荣，但这是以更长时段内普通民众的实质自由为代价的。随着时间的流逝，更为根本性的社会不平等以及阶级矛盾终将浮出水面，而这些是无法通过观念建构以及经济增长等手段解决的。

---

① Richard F. Doner and Ben Ross Schneider, "The Middle-Income Trap: More Politics than Economics", *World Politics*, Vol. 68, No. 4, 2008, pp. 608 – 644.
② 参见赵鼎新《时间、时间性与智慧：历史社会学的真谛》，《社会学评论》2019年第1期。

◈ 第二节　印度尼西亚：民主转型的得与失

马来西亚通过经济发展的方式并没有减少精英与大众之间的隔阂，两者的差距反而在繁荣时期进一步扩大了。那么，政治领域的变革是否可以更具决定性地改变发展命运呢？接下来，我们将目光转向印度尼西亚。自20世纪70年代以来的近半个世纪，印尼经历了两种完全不同的政体形式：以军事政变登台的苏哈托及其治下的"新秩序"被冠以"威权统治"的帽子，而苏哈托的倒台之后出现的民主政体则被看作"第三波"民主化在东南亚的重要体现。在政体变幻的光影中，印尼为我们思考政体形式与发展之间的关系提供了空间。至少在经济发展领域，学者们围绕民主与威权、集权与分权的争论时至今日依然在继续。而如果旨在解释以拓展实质自由为核心的发展，那这个问题就会变得更加复杂。面对印尼的民主化进程，西方学界普遍较为乐观，"虽偶有反复，但印尼的民主化进程已经势不可挡"[1]。但笔者可能得出一个甚至相反的结论：回顾印尼半个多世纪以来的发展历程，无论是威权时代还是民主时代，政治生活所赖以存在的社会秩序都展现出了极大的延续性；甚至从威权到民主的转变非但没有提升印尼的发展能力，反而是将碎片化异质性的社会与竞争性政治体系相结合，最终更加阻碍了实质自由的拓展。

一 "新秩序"下的寡头统治

通过"九·三〇事件"掌权的苏哈托在印尼统治了三十余年之久，在

---

[1] Arief Budiman, "The 1998 Crisis: Change and Continuity in Indonesia", in Arief Budiman, Barbara Hatley and Damien Kingsbury, eds., *Reformasi: Crisis and Change in Indonesia*, Melbourne: Monash Asia Institute, 1999, p. 41.

这段被称为"新秩序"的时间里，印尼在经济和社会层面都得到了不小的改善。"新秩序"时代的印尼虽然被称为威权政体或军事独裁，但执政者对流行的新自由主义政策展现出了极大的兴趣。即便是在新自由主义盛行的年代里，也很少有哪个发展中国家像印尼一样，能够将那些市场化的建议——无论是来自技术官僚还是世界银行等国际组织——如此深入地贯彻于政策执行。上任伊始，新政府所面临的迫切问题是降低通货膨胀和稳定国内市场。为了迅速扭转经济领域的各种危机，苏哈托政府废除了许多旧的民族主义政策并敞开国门欢迎来自西方世界的各类投资和援助。政府还专门组建了一支主要成员均为印度尼西亚大学经济系出身的经济团队，这些人曾获得福特基金奖学金赞助并受过美国经济学训练。他们多数在加州大学伯克利分校求学，因此也被称为"伯克利帮"——就像助力智利皮诺切特改革的"芝加哥男孩"（Chicago Boys）一样。这群受过西方教育的经济学家担任战略经济部门的负责人，并与美国经济顾问团队密切合作。他们在贸易、银行、金融领域推行一系列改革，消除了许多国家垄断措施，制定新的宏观经济政策，与债权国就债务重新安排进行谈判，并重新向各类外国投资和国际援助打开大门。在这些经济学家及国际组织的协助下，印尼的通货膨胀得到了有效抑制，国际收支平衡也得到稳定。自此一直到苏哈托下台的30年间，这些经济学家以及他们在政治领域的合作者们始终掌握着政府核心经济部门，在国家开发计划署和财政部更是有着举足轻重的地位。

苏哈托认为经济（尤其是工业）发展，特别是建立在资本主义基础上的发展，是国家的命脉所在。因此在所谓的威权政府下，新自由主义政策与"新秩序"交织在一起成为充满矛盾的综合体。在宏观政策方面，印尼的财政部、中央银行以及国家规划局有效地保持了低通胀，对汇率进行了有效管控，并成功应对了除1997年亚洲金融危机之外的来自各领域的经济挑战，因此我们完全有理由相信"新秩序"下的宏观经济政策是成功的。① 其间，农业在国民生产总值中的比例从 50% 下降到了 19%，经济增长也长期保持在 6%—7% 的水平。经济繁荣也毫无疑问地带来了社会发展水平的提高，印尼人日均能量摄入从 1816 千卡上升到了 2605 千卡，学龄前失学儿童从 68% 下降到了 19%，爪哇岛内的赤贫人口从 61% 下降到了 10%，爪哇岛外的贫困人口从 52% 下降到了 7%。② 为此，"新秩序"经常因其创造的经济纪录而受到诸如世界银行这样的国际发展机构的称赞，理论家们认为印尼展现了新自由主义在东南亚的完美实践。

但是，"新秩序"时代的印尼并不总是遵循国际机构以及技术官僚们提出的原教旨主义的自由市场方案，反倒是"那些与苏加诺时代有关的经济民族主义、国家所有权政策、对市场普遍不信任等观念仍有巨大的吸引力"③。在权力盘根错节的政治场域中，经济增长终究落入少部分人手中。传统精英对印尼的自然资源进行了破坏式开采，他们还在贸易、投资、市场准入与信贷分配等领域建立起了歧视性的干预政策，并与少数企业建立起了牢固的寻租关系。④ 在苏哈托的统治下，一项建立在高度管制、国家主导的工业化民族主义政策的基础上的统治契约逐渐形成，契约的一方是位于官僚机构和庇护网络上层的政治精英，另一方是以石油产业和制造业为主的日益壮大的经济精英，两种精英的联盟使得经济权力牢牢地掌握在了政治官僚手中，并切实保护了国内资产阶级的经济地位。⑤ 1966 年后，苏哈

---

① Hall Hill, "Indonesia's Industrial Policy and Performance: Orthodoxy Vindicated", *Economic Development and Culture Change*, Vol. 45, No. 1, 1996, pp. 146 – 174.

② Hal Hill, *The Indonesia Economy Since 1966*, New York: Cambridge University Press, 1996, p. 5.

③ [澳] 史蒂文·德拉克雷：《印度尼西亚史》，郭子林译，商务印书馆 2009 年版，第 124 页。

④ R. E. Elson, *Suharto: A Political Biography*, Cambridge: Cambridge University Press, 2001, pp. 280 – 288.

⑤ Richard Robison, "Authoritarian States, Capital-Owning Classes, and the Politics of Newly Industrializing Countries: The Case of Indonesia", *World Politics*, Vol. 41, No. 1, 1988, p. 74.

托逐渐加强了对军队的控制，其统治基础扎根于对军事权力的垄断，但具体统治手段则有赖于裙带关系。在完全控制政府行政部门的情况下，苏哈托对其追随者封官许愿，并任命那些投诚的前政敌担任政府官员，从而让他们有利可图。如此种种，对庇护机制的控制是使苏哈托赢得并维持武装力量对其领导的支持的关键因素。①

到了20世纪70年代，国际油价飙升，石油收入的涌入加强了印尼国家和政党建设进程，政权变得更加稳定。② 在此过程中，国有企业、跨国公司和一系列听命于政府的大型企业集团始终是最为盈利的部门，因此与马来西亚不同，印尼并没有在国家引导的资本积累过程中形成一个本土的资产阶级群体，"印尼国家权力结构所带来的重要结果，就是鼓励了传统的或曰世袭的政治参与模式在经济领域的长期存在"③。政府鼓励官员们经商，只要他们需要执照、信贷或合同，政府都会给予帮助。这种关系不仅常见于"新秩序"，而且上溯至荷兰殖民时代也屡见不鲜，甚至研究者可以在传统爪哇社会中发现相似的现象。正如本尼迪克特·安德森对前殖民时代爪哇权力关系的分析中所展现的那样，中央政府本质上是统治者及其家人的权力延伸，官员们根据统治者个人的偏好而被授予特定的职位及与之相匹配的特权，利用官职聚敛财富并不被视作腐败；相反，它只是皇室与政府官员之间形成的非正式关系。④

通过20世纪80年代中期以来的一系列改革，印尼政府弱化了对金融和

---

① Harold Crouch, "Patrimonialism and Military Rule in Indonesia", *World Politics*, Vol. 31, No. 4, 1979, pp. 571–587.

② Benjamin B. Smith, *Hard Times in the Lands of Plenty: Oil Politics in Iran and Indonesia*, Ithaca: Cornell University Press, 2007, p. 137.

③ Andrew Macintyre, "Power, Prosperity and Patrimonialism: Business and Government in Indonesia", in Andrew Macintyre, ed., *Business and Government in Industrialising Asia*, Ithaca: Cornell University Press, 1994, p. 245.

④ Benedict R. O' G. Anderson, "The Idea of Power in Javanese Culture", in Claire Holt ed., *Culture and Politics in Indonesia*, Ithaca: Cornell University Press, 1972, p. 33.

贸易领域的管控力度，放宽了对国外投资的限制，并向私营部门开放了许多以前由国家垄断的领域，发电、电信、港口和公路、上游产业，包括石油化工等长期以来的"战略敏感产业"也都向私人开放。新银行法取消了对国有银行贷款和存款利率的控制，并取消了对新私人银行进入的限制。然而，一系列令人印象深刻的改革并没有带来自由市场的繁荣。所谓"公平交换"的市场逻辑为那些寡头企业扩大经营提供了便利，而且国家在经济发展中的地位并没有消退。尽管金融改革为向经济体注入大量信贷打开了闸门，但事实证明对银行体系实施审慎控制是不可能的。虽然私人利益集团现在在许多以前的国家垄断领域运作，但强大的国家大门守卫者继续决定许可证、合同、分销和信贷的分配。公共垄断变成了私人垄断。与此同时，战略经济部门，如三军情报局和上游制造业，以及国内贸易和分销业，仍然顽固地抵制放松管制。自相矛盾的是，那些强大的政商家族和亲信，这些改革的预期受害者，最终反倒是实际改革主要受益者。

因此，印尼在新自由主义时代所采取的诸多改革，与其说是一个避免掠夺资源的改革型国家的胜利，毋宁说是私人卡特尔与寡头垄断的胜利，新寡头逐步取代了旧的国家资本主义。[1] 在新秩序下，强大的国家在地区层面上的崛起伴随着与旧贵族精英后裔的新联盟。由于他们被纳入国家机构，地方精英可以使他们与当地选民保持距离。因此，这个强大的国家既依赖中央特权，同样依赖地方精英，伴随着强大的专制性权力而生的是更加强大的区域精英的崛起。本土中产阶级金融家和贸易商的弱势地位限制了建立能够惠及农村大众的组织的机会。城市和国家之间最重要的联系仍然掌握在土著手中。

最直接的体现，当属苏哈托"立党为私，执政为己"。苏哈托政权并没有通过一个现有的政党或从零开始创建一个政党，而是将先前存在的各种

---

[1] Richard Robison and Vedi R. Hadiz, *Reorganiazing Power in Indonesia: The Politics of Oligarchy in An Age of Markets*, London: Routledge Curzon, 2004, p.64.

各样的"社群团体"重组为"事实上(逐渐成为)军队的政党"。① 除了官僚机构和军队是该政权的主要制度基础外,学生组织、宗教组织以及农村精英都围绕着秩序和发展的迫切需要而联合起来。② 1997 年的福布斯排行榜上,苏哈托凭借 160 亿美元的个人净资产成为世界第四大富豪,其家族坐拥 365 万公顷的土地、控制着 564 家公司的股权并在三十余年间积累了超过 730 亿美元的财富。在抛开依靠存款利息所得的 90 亿美元之外,苏哈托家族 3/4 的财富来源于对石油、天然气等自然资源的攫取以及通过收购得到的大型企业。巨大的财富都流入了私人腰包,印尼政府安然享受着资源收入带来的巨大福利。因此尽管苏哈托时期常年保持 7% 的经济增长,尽管印尼拥有世界上最庞大的国内消费群体之一,但时至 2010 年,印尼本土的汽车制造行业、航空制造业以及电子工业依旧为零,钢铁与化工产品的生产也十分羸弱,拥有两亿多人口的印度尼西亚居然不存在一家印尼人自己创办或拥有的世界级大公司。③

在印尼,经济精英可以在政治精英的庇护下获得财富,但随着政治精英发生改变,经济精英也会改变,由此导致了不同精英群体在国家舞台上的潮起潮落。④ 从苏加诺到苏哈托,以及苏哈托政权虽然经历了从军事寡头到个人独裁的渐进变迁,精英相较于大众的绝对优势地位并没有发生改变:其一,领导人的更迭以及个人统治方式的变化只是精英内部的事务,普通民众和这些变革的发生几乎是隔绝的;其二,即便政治精英发生变化,但

---

① Julian M. Boileau, *Golkar: Functional Group Politics in Indonesia*, Jakarta: Center for Strategic and International Studies, 1983, p. 44.

② Smith, Benjamin, *Hard Times in the Lands of Plenty: Oil Politics in Iran and Indonesia*, Ithaca: Cornell University Press, 2007, p. 84.

③ Jeffrey Winter, *Oligarchy*, New York: Cambridge University Press, 2011, p. 142.

④ Alex Irwan, "Business Patronage, Class Struggle and the Manufacturing Sector in South Korea, Indonesia and Thailand", *Journal of Contemporary Asia*, Vol. 19, No. 4, 1989, pp. 398 – 434.

他们所赖以结成联盟的经济精英并没有发生变化,而后者具有更加悠久的历史以及更为稳定的结构。也正是因为如此,在面对亚洲金融危机时印尼的政策选择导致精英联盟的破裂,最终葬送了政权。①

二 民主化与分权化改革

在对苏哈托倒台的诸多解释中,一种"假定经济和社会结构是理解政治(包括体制转型)的一个至关重要的出发点"的结构性视角颇具迷惑性。② 具体来说,该理论认为经济危机会增加民众与日俱增的不满并削弱威权领袖的绩效合法性,最终葬送威权国家的统治。然而遗憾的是,比较政治研究者似乎并没有充分的证据能够表明经济危机与政权崩溃之间存在稳健的因果关系。③ 对于抗议民众而言,具有暴力垄断职能的国家有足够的能力予以镇压。因此即便是那些立足经济社会结构的学者也不得不承认,"最终决定威权政府是否可能维系政权的势力是政治与强力部门"④。具体到印度尼西亚而言,持续的民众抗议本身是不足以推翻政权的,"新秩序"崩溃的关键并非源于改革派所强加的民主化意愿,而在于维持这一秩序的执政联盟发生了破裂。"新秩序"倒塌的真正逻辑在于,苏哈托的高度集权使得政权中的部分精英被疏远了。在这一背景下,民主化可以对中央集权进行分散,那些被排除在苏哈托核心圈子之外的精英阶

---

① 参见 Thomas B. Pepinsky, *Economic Crises and the Breakdown of Authoritarian Regimes: Indonesia and Malaysia in Comparative Perspective*, New York: Cambridge University Press, 2009.

② 参见[美]斯迪芬·海哥德、[美]罗伯特·R. 考夫曼《民主化转型的政治经济分析》,张大军译,社会科学文献出版社 2008 年版,第 5 页。

③ Benjamin B. Smith, "Oil Wealth and Regime Survival in the Developing World, 1960 – 1999", *American Journal of Political Science*, Vol. 48, No. 2, 2004, pp. 232 – 246.

④ [美]斯迪芬·海哥德、[美]罗伯特·R. 考夫曼:《民主化转型的政治经济分析》,张大军译,社会科学文献出版社 2008 年版,第 415 页。

层可以借此谋取更多的国家利益。① 因此，印尼所经历的民主化并非一场彻底的变革，而只是苏哈托政权所孕育的精英为了谋取生存并扩大利益而实行的权力重组，对于这些精英而言，"新秩序"的制度安排已经对他们多有掣肘。②

虽然苏哈托的下台意味着印尼从威权转向民主，但政治运行的实质似乎并没有因此发生变化。在苏哈托几十年的统治下，军队作为一股独立力量而被削弱，这使得印尼的民主化道路上不再出现类似于泰国那样的军事政变。但民众的力量在印尼政治场域中依旧是微不足道的力量，从而使得民主政治很容易被寡头们支配。既有研究表明，民间社会力量在印尼民主化进程中的作用被夸大了，在苏哈托政权垮台之前几乎没有看到任何强大的反政府力量的迹象。③ 由于中产阶级和工人阶级只占人口的一小部分，他们根本没有多大的政治影响力，故而这场政治变迁，不过是苏哈托的"新秩序"被另一个和"新秩序"没有太大区别的政权所取代罢了。自1998年以来，印尼的民主体制日渐成为精英们行使权力的手段而非限制他们的工具，民主化使印尼的寡头得以不受限制地发挥影响，并为他们的合作与竞争提供了一个蓬勃发展的政治场域。④ 苏哈托的倒台并不必然意味着新的社会秩序的到来，"新秩序"下形成的政治经济精英通过新的联盟与策略存活了下来。在一个以竞争性选举为核心的新的政治体系中，旧时代的精英改头换面之后继续占据主导地位。印尼的政权更迭，再次印证了民主转型的

---

① Yuki Fukuoka, "Indonesia's 'Democratic Transition' Revisited: A Clientelist Model of Political Transition", *Democratization*, Vol. 20, No. 6, 2012, pp. 1 – 23.

② 参见 Richard Robison and Vedi R. Hadiz, *Reorganising Power in Indonesia: The Politics of Oligarchy in an Age of Markets*, New York: Routledge, 2004; Thomas B. Pepinsky, *Economic Crises and the Breakdown of Authoritarian Regimes: Indonesia and Malaysia in Comparative Perspective*, New York: Cambridge University Press, 2009.

③ Harold Crouch, *Political Reform in Indonesia after Soeharto*, Singapore: Institute of Southeast Asian Studies, 2010, p. 2.

④ Jeffrey Winter, *Oligarchy*, New York: Cambridge University Press, 2011, p. 180.

普遍规律。

民主政体很少是由多数人的代表在一场自下而上的、致力于社会变革的运动中建立起来的。相反，他们往往是由前独裁政权在过渡前的精英们建立的。这些精英对形成一种能够忠实地代表大多数人的制度并不感兴趣，他们更在意的是通过制度设计的方式使其特定偏好转化为具体政策。换句话说，民主化往往是自上而下的政治过程，它是为了反映前独裁精英为保障自身利益而推行的制度设计。①

为了防止苏加诺或苏哈托这样的政治强人再度出现，印尼推出一系列围绕限制总统权力的措施，要求每个总统的任期为五年且只能连选连任一次，并且名义上强化印尼人民代表大会的权力。然而，对总统权力的限制不过是寡头们为了削弱国家权力、扩张自我利益而编织的借口罢了。在1999年的议会选举中，五个主要政党的支持率相当平均，它们代表着印度尼西亚的伊斯兰和民族主义群体。但这五个政党并没有将自己划分成反映选举分裂的联盟，而是与军方联手，任命了一位妥协的总统阿卜杜勒拉赫曼·瓦希德（Abdurrahman Wahid）。在精英的主导权力网络中，一个囊括所有政党在内的寡头内阁建立了。② 寡头精英伙伴们自信地认为，他们选择的是一个软弱的代理人而非政治强人。即便瓦希德总统以改革者的面貌出现，但他并没能为印尼民主化的乐观主义者们注入持续的激情：他本人不仅陷入权钱交易的泥沼，而且在面对那些盘根错节的旧精英势力时往往选择了妥协。

---

① Michael Albertus and Victor Menaldo, *Authoritarianism and the Elite Origins of Democracy*, New York: Cambridge University Press, 2018, p. 8.

② Dan Slater, "Indonesia's Accountability Trap: Party Cartels and Presidential Power after Democratic Transition", *Indonesia*, Vol. 78, 2004, pp. 61–92.

在东南亚地区，竞争性选举的出现往往并不是民主化的开始，而是民主化的高潮。① 因此不少研究者将印尼民主化的动力追溯到了选举之前的社会力量的联盟选择，诸如经济精英②、大众动员③以及执政精英和政党④等。但我们更应该关注的是，究竟哪些人通过选举获得权力，抑或说哪些人是分权改革的赢家。答案依旧是旧时代的权力精英。虽然新的《地方政府法案》公布之后有40%以上的地方行政长官被新人替代⑤，但能够进行选举动员的往往都是那些通常所说的"有钱有势"的人物。民主政治中的这些所谓"新人"，大多不过是苏哈托时代较为边缘的地方精英，或者干脆就是"新秩序"时期成长起来的政治团体。那些形成于苏哈托时代的掠夺性精英并没有随着"新秩序"的终结而面临穷途末路；相反，他们彼此形成的从中央一直延伸到各省再到各村庄的庞大庇护网络依旧发挥着重要影响。

图5-2展示了印尼地方选举中获胜者的职业构成，其中占比最多的是职业官僚，企业家与政党官员紧随其后。为此，有学者将其归咎于制度设计的缺失，诸如法律监管体系不完善、官商勾结的长期寻租行为以及腐败的政治生态，等等。⑥ 但在笔者看来，民主化进程的核心问题不在于制度安

---

① Lee Morgenbesser and Thomas B. Pepinsky, "Elections as Causes of Democratization: Southeast Asia in Comparative Perspective", *Comparative Political Studies*, Vol. 52, No. 1, 2019, p. 4.

② Thomas B. Pepinsky, *Economic Crises and the Breakdown of Authoritarian Regimes: Indonesia and Malaysia in Comparative Perspective*, New York: Cambridge University Press, 2009.

③ Edward Aspinall, *Opposing Suharto: Compromise, Resistance, And Regime Change in Indonesia*, Stanford: Stanford University Press, 2005.

④ Donald L. Horowitz, *Constitutional Change and Democracy in Indonesia*, New York: Cambridge University Press, 2013.

⑤ Vedi R. Hadiz, *Localizing Power in Post-authoritarian Indonesia*, Stanford: Stanford University Press, 2010, p. 161.

⑥ 陈琪、夏方波：《后威权时代的印尼地方分权与政治变迁》，《东南亚研究》2019年第2期。

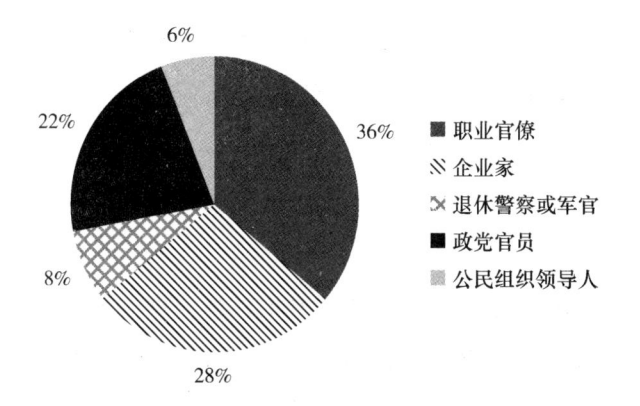

图 5-2　印尼地方选举中获胜者的职业构成

资料来源：Marcus Mietzner, "Local Democracy: Old Elites Are Still in Power, But Direct Elections Now Give Voters a Choice", *Inside Indonesia*, January-March, 2006, pp. 17-18.

排上的缺陷，也不是缺少贯彻落实的配套制度，而是特定的国家—社会形态以及精英网络已经决定了这一政策宿命式的失败。直接的竞争性选举并没有形成一个新的统治阶层，相反，旧的精英在新的规则中成功获取了权力。当民主政治脱胎于旧的统治秩序，"民有民享民治"的许诺最终都将沦为权力精英利益分肥的工具。虽然民主化在理论上可能为结社自由和政治参与提供有利条件，但是对自殖民时代就一直被政治中心疏离的普通民众而言，逐渐开放的参与空间几乎未能带来任何实质好处。苏哈托的倒台并没有带来民间社会力量的显著增强，后者反而在政治演进中更加边缘化了。

一言以蔽之，对后苏哈托时代的劳工运动以及农民运动的经验分析表明，民主化与分权化的变革并没有出现人们所预期的那样——在那种环境中，被独裁统治所压制的个人权利能够得到充分发展。虽然"新秩序"的崩塌在最初的确令人欢欣鼓舞，但底层的工人与农民很快却发现，竞争性的政治组织、地方性的政府以及代议机构都被强大的利益集团所把持。与泰国和菲律宾类似的是，在印尼，没有一个主要政党声称要代表工人阶级或农民的利益。虽然存在形形色色的政党，但他们都并没有以政治经济资源的再分配为代价而推动实质性变革的意愿。因此，民主转型所带来的新变化对后独裁时期的印尼的下层阶级利益和社会运动的作用十分有限。[1]

作为民主转型的自然延伸，后苏哈托时代另一重大举措是国家推行的分权化改革。"新秩序"的骤然倒塌使印尼出现了短暂的权力真空，种族和宗教冲突明显上升，地方自治的呼声愈演愈烈。[2] 21世纪之后，印尼政府一直致力于权力下放，这些政策深刻地改变了一个以高度集权和集权方式统治了30多年的国家的治理体制框架。为此，美国国际开发署（USAID）编制的一份文件中记录道："印度尼西亚正迅速从多年的严格中央控制转变为一个更加分散和自治的地方政府体系"，这将有助于"为国家和地方民主治理奠定基础"。[3]

当今学界弥漫着对分权改革的乐观情绪，不少研究者认为分权改革是巩固民主、革除积弊并实现"善政"的必由之路：权力下放被视作一种提高政府责任感与透明度的重要措施，它可以增强那些在传统威权统治下边缘群体的参与能力，保护以市场为导向的改革免受中央政府的干预，在国家内部诱导健康的经济竞争从而提高经济效率，同时有利于避免腐败。[4] 警

---

[1] Vedi R. Hadiz, *Localising Power in Post-Authoritarian Indonesia: A Southeast Asia Perspective*, Stanford: Stanford University Press, 2010, p. 160.

[2] Jacques Bertrand, *Nationalism and Ethnic Conflict in Indonesia*, Cambridge: Cambridge University Press, 2003; Gerry Van Klinken, *Communal Violence and Democratization in Indonesia: Small Town Wars*, London: Routledge, 2007.

[3] United States Agency for International Development, *Transition to a Prospering and Democratic Indonesia*, Country Strategy Paper, May 20, 2000, p. 17.

[4] Yingyi Qian and Barry R. Weingast, "China's Transition to Markets: Market-Preserving Federalism, Chinese Style", *Journal of Policy Reform*, Vol. 1, No. 2, 1996, pp. 149 – 185; Eliza Willis, Christopher Garman and Stephen Haggard, "The Politics of Decentralization in Latin America", *Latin American Research Review*, Vol. 34, No. 1, 1999, pp. 7 – 56.

第五章　重塑政治场域：变革时代的成就与幻象

惕国家、推崇社会的传统体现了自由主义思想的基本信条，例如在我们熟悉的《论美国的民主》中，托克维尔对社会组织尤其是私人组织在促进国家运行方面的作用大加赞扬："在民主制度下，蔚为大观的壮举并不是由国家完成的，而是由私人自力完成的。"① 除了依法以乡、镇、市、县为名建立的常设社团外，还有许多必须根据个人的自愿原则建立和发展的社团。而从学科发展的脉络来看，"现代社会科学随18世纪和19世纪西欧的产业革命和民主革命一同出现，因而可以理解其奠基性理论家会认为社会的变革动力以及社会利益不是来自过时的、早已被取代的君主制和贵族制国家，而是来自公民社会"②。在这种情况下产生的知识必然是社会中心主义的，权力的分散反而有利于实现共同体的善。因此在分权化的拥趸看来，一个充满活力的公民社会通过确保更多的公众参与发展，有助于良好的治理和民主化，其中至关重要的是通过权力下放从而为地方参与决策提供更好的机会，而竞争性的政党选举、新闻自由以及问责制是民主成功的关键。③

按照这样的认知逻辑，当那些根据中心地区有限实践经验而抽象形成的理论模式传播到边缘地区的时候，很多第三世界国家便不假思索地开启了"去国家化"的改革。从实践状况来看，自20世纪80年代以来，已经有60多个发展中国家的政府尝试过各种各样的分权化改革。④ 印尼的分权化改革是在一系列政府文件的推动下开始实施的。其中，最重要的是1999年公布的22号与25号法案，即《地方政府法案》和《央地财政关系法

---

① [法]托克维尔：《论美国的民主》，董果良译，商务印书馆1991年版，第280页。

② [美]彼得·埃文斯、[美]迪特里希·鲁施迈耶、[美]西达·斯考克波主编：《找回国家》，方立维等译，生活·读书·新知三联书店2009年版，第6页。

③ Richard Crook and James Manor, *Democracy and Decentralization in South Asia and West Africa*, Cambridge: Cambridge University Press, 1998, pp. 302 – 303.

④ Richard C. Crook and James Manor, *Democracy and Decentralisation in South Asia and West Africa: Participation, Accountability and Performance*, Cambridge: Cambridge University Press, 1998, p. 83.

案》。两项法案于2001年1月起正式施行,它们对印尼的央地关系进行了新的调整,主要内容包括其一,赋予地方实质性的自主权,除外交、国防、司法、宗教等领域外,各地政府有权对所有地方事务自行决策、执行、监督与评估;其二,成立以市和县为主的自治主体,省实行有限自治,省并不是县、市地上级政府;其三,恢复地方议会的职能;其四,重新调整中央与地方的收入分配,赋予地方更多的财政自主性;其五,加强乡村自治,村社可制定具有约束力的村规民俗。[①] 作为重要补充,2004年公布的第32号法案作为新的《地方政府法案》进一步确定了地方层面行政首长与代议机构的关系,地方行政首长的产生从之前的地方议会选举变为全民直选,地方议会对地方政府也拥有了更多权力。2008年,印尼又出台了《政府信息公开法案》,并规定了政府信息公开的范围和内容。1999—2009年,印尼新建立了205个自治区,包括7个自治省,164个自治县,34个自治市,全国总计524个区域自治体。[②]

对于印尼的公共行政体系而言,1999年开启的分权化改革可谓是自1945年独立以来所发生的规模最大的变革。至于其效果,我们却很难简单地贴上"成功"或"失败"的标签。分权改革刺激了地方获利并拉动经济发展,这使得地方有更多的资金投入贫困治理。官僚机构也不得不更加重视地方代表性机构在预算编制、行政决策以及领导人选举等方面发挥的作用,从而客观上推动了政府的透明度与公众参与水平。

这似乎预示着印尼的民主实践正在不断契合自由主义理论家们的预期,然而,现实猝不及防地给了那些对改革大加赞扬的人们一记耳光:随着权力下放,社会不平等状况却持续加剧,印尼的基尼系数从2002年的0.33上

[①] 杨晓强:《后苏哈托时期的印尼民主化改革研究》,厦门大学出版社2015年版,第174页。

[②] 房宁等:《自由·权威·多元:东亚政治发展研究报告》,社会科学文献出版社2011年版,第214页。

涨到2010年的0.38,社会不平等极大抵消了经济增长换来的贫困率降低的积极效果——换言之,印尼分权化改革之后通过经济增长以减少贫困的边际收益越来越低了。[1] 权力下放虽然推动了经济收入,同时也增加了腐败与犯罪。生产性服务在改革进程中得到部分改善,但更为重要的生活性服务(如提供清洁的饮用水等)几乎没有任何影响。[2] 也就是说,虽然改革让政府和精英获得了更高的收益,但普通民众的生活并没有因此得到改善。

甚至在21世纪之后,印尼曾引以为豪的发展速度也放缓了下来。从2004年开始,印尼人均GDP的年增长率大约为4.7%,GDP总量年增长率为5.8%,工业平均增长率为4.4%;然而在苏哈托最后的17年间,这三个数字分别为4.9%、6.8%和8.0%。尤其是相较于苏哈托时代"各类不同的'总统令'(Inpres)方案和其他措施,使大量资金转向农村,用于修建学校和卫生诊所、提高水稻生产、扩大农村信贷、促进农村储蓄进而使数百万人受惠"[3],民主化以来那些致力于改善普通民众的"惠民工程"却纷纷碰壁。系统性的官僚体制改革也收效甚微,缺乏针对公共行政结构和工作程序的协调一致的改革举措。在国家一级,公务员制度改革几乎没有受到政治领导层的任何关注,自苏哈托时代甚至是殖民时代的招聘、职业制度和薪酬制度几乎没有变化。政府部门的职能一直很差,却充斥着结构性腐败,官商勾结和裙带关系没有减少,分权改革法令中的诸多措施并没有真正落实。政府效率比以前大大降低了,许多建设工程审批程序比以前复杂得多,加之诸多严苛烦琐的监督程序,官员们的积极性受到极大影响,一些官员

---

[1] Riyana Miranti, Alan Duncan and Rebecca Cassells, "Revisiting the Impact of Consumption Growth and Inequality on Poverty in Indonesia during Decentralisation", *Bulletin of Indonesian Economic Studies*, Vol. 50, No. 3, 2014, pp. 461-482.

[2] Katrina Kosec and Tewodaj Mogues, "Decentralization without Democracy", *World Politics*, Vol. 72, No. 2, 2020, pp. 165-213.

[3] [美]德怀特·铂金斯:《东亚发展:基础和战略》,颜超凡译,中信出版集团2015年版,第103页。

对招商引资项目不闻不问。这也难怪有学者会认为"更多的政治权利并不会对经济增长产生影响,尤其是对贫困国家生活水平的改善总是收效甚微的"①。

于是,问题的关键又回到了"共享观念"的不同,即我们更加关注发展的哪个维度:如果将民主化视作终极目标,那么分权化改革的确极大地推动了民主化进程,由此产生的"副产品"也不过是"转型阵痛";但若考虑到民主质量、治理绩效与社会发展水平,那么分权化反而将国家引入了相反的方向。正如有学者对西非与南亚的分权化改革评价的那样,分权化改革除固化了地方传统势力的权力格局之外并没有带来根本性的改变,② 这一结论同样适用于包括印尼在内的民主转型国家。

在推行民主化之后,支离破碎的权力控制体系与"新秩序"时期强大的中央集权形成了鲜明的对比,这似乎为印尼的历史演进造成了巨大的断裂。然而从"谁统治"的角度来看,这种形式上的断裂难以掩盖深层结构所展现出的历史延续性,"流水的历史,铁打的精英"是这种延续性的最佳注脚。这种模式并非一成不变,因为它们既受到国家构建过程的影响,也深深地影响了这些过程。在殖民地时期,这些精英的地位被一种间接统治制度所强化,这种制度使种族差别化,并倾向于使用传统习惯法。建制派继承了荷兰殖民地关于民族认同的论述,并在"新秩序"下成长和训练。他们有机会进入中央国家机构,并依赖于一个地方选区,而这个选区是通过对种族忠诚而动员起来的。行政权力下放的过程为他们提供了扩大和维持区域庇护关系网络的机会,同时财政上也继续依赖该中

---

① Robert J. Barro, *Getting It Right: Markets and Choices in a Free Society*, Cambridge: MIT Press, 1997, p. 1.

② Richard C. Crook and James Manor, *Democracy and Decentralisation in South Asia and West Africa: Participation, Accountability and Performance*, New York: Cambridge University Press, 1998, p. 302.

心,这就导致了激烈的区域行政战略地位竞争,以获得中央资金和区域资源的专享权。除了来自中央政府的资金外,他们还继承了一种政治暴力和犯罪的文化,这种文化起源于新秩序,并因私有化而得到加强,行政官僚、政党领袖、商人、军队和犯罪组织形成的强大精英网络统御着印尼。作为印尼民众,他们可能在各类新闻报道中看到了天花乱坠的改革;但一旦走出家门,他们便发现除了某些政治符号之外,身边的世界依旧一成不变。

> 尽管印尼的官僚体系经历了系统性、根本性的变革,但令人惊讶的是,公务人员的行事方式以及政府部门提供公共服务等方面依旧如故。……在国家一级,改革并未获得领导层的广泛关注,这意味着改革后的人员招聘、薪金设置以及公职体系相较于苏哈托时代并没有发生显著变化。分权化改革也缺少必要的配套措施,因此中央各部门冗官冗员、效率低下的痼疾没有得到丝毫改善。官员腐败、利益共谋以及裙带关系依旧猖獗,1999 年 28 号法案中对廉政的期许最终落为毫无执行力的一纸空文。[①]

那些分权改革倡导者们所期许的"技术官僚治理"模式在竞争性选举中被彻底边缘化了,在印尼的权力下放过程中,下放的权力在很大程度上被精英"截获"或被掠夺性利益团体攫取。个中缘由,并不是因为缺少一个与社会资本紧密联系起来的公民社会——在印尼,公民社会在民主化之后蓬勃发展——而是印尼旧时代权力精英主导下的"公民社会"与西方学

---

① Rainer Rohdewohld, "Decentralisation and the Indonesian Bureaucracy: Major Changes, Minor Impact?", in Edward Aspinall and Greg Fealy, eds., *Local Power and Politics in Indonesia: Decentralisation & Democratisation*, Singapore: Institute of Southeast Asian Studies, 2003, pp. 259-260.

者的想象完全不同。① 一些在"新秩序"中兴起的行政官员试图将特定职务占为己有，为此，他们与盘踞于地方的经济精英们建立起了广泛的联盟。这一联盟以政策优惠为许诺，从而使得政治精英在选举中有了丰厚的资金支持。而经济精英们的野心也不断膨胀，他们中的很多人已经不再满足于竞选中的"金主"身份，而是直接投身于地方选举，从而能够更加直接地保障并进一步扩张其财富。因此，我们不难发现当代许多印尼的政客都有着深厚的经济背景，尤其是和许多商业协会有着密切联系。自苏哈托下台之后，金钱成为印尼最为重要的权力资源，21世纪之后许多在选举中获胜的经济精英直接通过政治权力来巩固其经济地位。

印尼已经开始从独裁式的寡头政治向碎片化的财富寡头政治转变，这一转变过程伴随着公共权力与财富分配格局所编织起来的庇护网络而兴起，并对印尼政治场域造成了翻天覆地的变化。在一个日益分散的权力体系中，那些以改革者自居的政客难以避免地陷入了掠夺性资本主义与竞争性选举。大批外国投资者和跨国资本集团对印尼的廉价资产垂涎欲滴，印尼的经济与社会结构发生了很大的变化，但实现发展仍然是一个模糊的梦想。②

因此，目前印尼所遭遇的各类问题并非所谓的"民主转型的阵痛"——这类观点认为印尼尚处于从威权向民主的过渡阶段，解决转型过程中暴露的诸多困境的最佳方案就是更快地实现民主。③ 相反，笔者认为作

---

① Vedi R. Hadiz, "Decentralization and Democracy in Indonesia: A Critique of Neo-Institutionalist Perspectives", *Development and Change*, Vol. 35, No. 4, 2004, p. 697 – 718.

② Richard Robison and Vedi R. Hadiz, *Reorganising Power in Indonesia: The Politics of Oligarchy in an Age of Markets*, New York: Routledge, 2004, p. 188.

③ 参见 Chris Manning and Peter Van Dierman, *Indonesia in Transition: Social Aspects of Reformasi and Crisis*, Singapore: Institute of Southeast Asian Studies, 2000.

为政体类型的自由主义民主已经在印尼完全建立起来了,这一点从几家主要的政体评价机构的打分中一目了然。当下印尼所涌现的诸如权钱交易、地方政治、暴力频发等一系列问题反而正是自由民主本身的危机,即自由民主模式得以建立之后便难以克服的"基因缺陷"。自封建—殖民时代走来的权力精英们在当今展现出了强劲的生命力,这种生命力在中央层面的竞争性选举与地方层面的分权改革中被进一步放大。

第三节 菲律宾:城头变幻大王旗

普遍存在的地主阶级、盘根错节的家族庇护网络、腐败横行,等等现象,尽管菲律宾一直被认为缺乏民主运行的必要基础,但民主政治在这个国家平稳地运行了几十年。直到今天,菲律宾在各大民主评价体系上都遥遥领先于亚洲邻国。如上一章所述,菲律宾承袭于美国殖民占领时期制定的宪法体系依旧展现出了超凡的稳定性,占主导地位的社会行动者,也就是那些与美国有着千丝万缕联系的贸易寡头与土地精英,垄断了国家立法两院的席位。长期以来,菲律宾民主政治本质上就是代表不同寡头的政党之间的竞争,他们宛若一个政党的不同派别,并形成了稳健的寡头轮换的执政传统。[①] 如此一来,持续的经济不平等和政治腐败伴随的却是社会秩序的相对稳定,"民主并没有使普通民众在寡头那里获得再分配的可能,反而是使后者通过占据政府公职而免于财产被侵占"[②]。直到一个精英人物的迅

[①] Mark R. Thompson, *The Anti-Marcos Struggle*: *Personalistic Rule and Democratic Transition in the Philippines*, New Haven: Yale University Press, 1995, p.6.

[②] Dan Slater, Benjamin B. Smith, and Gautam Nair, "Economic Origins of Democratic Breakdown? The Redistributive Model and the Postcolonial State", *Perspective on Politics*, Vol.12, No.2, 2014, p.366.

速崛起方才改变了这一切,在菲律宾虽鲜有活力却相对稳定的政治场域中,他为这个国家荡起了一波涟漪。

一　马科斯的崛起与陨落

在胡克武装被镇压之后的十余年间,菲律宾又迎来了一个新的黄金发展时期,社会秩序得到恢复,经济增长显著,人们再次拾起了"菲律宾奇迹"这样的陈词滥调来称赞这个亚洲民主政治的标杆。但在稳定的民主运行下,历任总统面对发展过程中日益严峻的贫富分化问题都束手无策。到了 20 世纪 60 年代,菲律宾这个自诩东南亚最为发达的国家也开始面临新的挑战。为了满足美国对糖的需求,菲律宾以牺牲稻米种植为代价,扩大了糖与椰子等出口作物的种植面积。尽管糖业集团的大宗商品价格居高不下,食品的成本却一直攀升,城市消费者的实际收入不断下降。虚假的繁荣并没有为小农阶级带来实惠,他们拥有的土地十分有限,加之农村基础设施不发达,菲律宾农业生产力长期停滞不前,许多农民被迫离开土地。然而,城市工业部门却无力吸纳过多的农村剩余人口。在进口替代的发展政策下,菲律宾的工业发展更多地依赖于外国资本投入,从而鼓励发展资本密集型而非劳动力密集型企业。

到了 20 世纪 60 年代后期,民族主义思潮在菲律宾的学生群体中弥漫开来。颇具讽刺意味的是,在独立了整整四分之一个世纪之后,昔日殖民地的民众方才形成了如此大规模的革命运动。与此同时,菲律宾共产党内部发生分裂,菲共新党受"枪杆子里面出政权"的鼓舞创建了一支武装力量,并开始在农村地区开启了武装斗争。在城市,刺杀行动时有发生,许多事件的起因至今仍众说纷纭。这些因素对菲律宾长期稳定的社会形势造成了威胁,使政治强人的出现符合民众的心理预期。

第五章　重塑政治场域：变革时代的成就与幻象 | **275**

对于中上层精英而言，甚至可能还包括底层民众，他们都对能够实现稳定的强大国家权威表示欢迎。随着学生和工人阶级日趋展现出激进的倾向，以及城市中日渐增多的抗议浪潮，许多人开始不安起来。对他们而言，菲律宾旧有的政治体制，尤其是菲律宾国会，已经无法应对这些危机。[1]

在这种情势之下，费迪南德·马科斯（Ferdinand Marcos）这样政治强人也就应运而生了。有菲律宾政客在其回忆录中这样写道："总统和他的夫人不同，他是一位博学多识的人，有敏锐的历史感。"[2] 在马科斯就任总统之前，菲律宾历任总统都没能实现连任。这是因为在支持—回报式的政治体系下，若某一方势力长期执政必然使另一些家族与集团遭受损失，从而导致不同家族与派别间冲突和矛盾激化。[3] 虽然在菲律宾独立的几十年间各类经济精英可以通过竞争性选举的渠道轮流掌握政治权力，但他们之间的关系随着经济危机的加剧已呈剑拔弩张之势，马科斯家族、罗曼尔达兹家族与洛佩兹家族、奥斯曼纳家族、阿基诺—科胡昂科家族、杰克托斯家族围绕政治和经济权力展开了激烈的斗争。在竞选中，马科斯本人得到了糖业和椰业集团的支持，并争取到了家族财团的首脑作为他的竞争伙伴，同时还得到了菲律宾大选中最重要的资金来源——华人商号"中华总商会"的支持。这是菲律宾政治生活中司空见惯的精英联盟形式，这表明菲律宾政治精英在本质上都有着深刻的阶级属性，甚至他们本身就是经济精英的一分子。这些精英在历史的长河中世代累积着能量，他们几乎在每一个历

---

[1] Carl H. Lande, "The Political Crisis", in John Bresnan ed., *Crisis in the Philippines: The Marcos Era and Beyond*, Princeton: Princeton University Press, 1986, p. 116.

[2] ［菲律宾］贝·丝戴·罗慕洛：《菲律宾政坛回忆》，李延凌译，广西人民出版社1992年版，第13页。

[3] 唐睿：《体制性吸纳东南亚国家的政治转型——韩国、新加坡和菲律宾的比较分析》，中央编译出版社2014年版，第215页。

史关头能够积攒越来越多的财富，并以此为基础不断演化出不同的表现形态。作为一支决定性的社会力量，菲律宾寡头势力的财富主要集中在乡村地区。因此在菲律宾的精英结构中，经济精英尤其是土地精英占据主导地位。时至21世纪，土地仍然是财富的重要来源。

最终，马科斯利用了民粹主义说辞与反寡头的口号走上政治舞台。这位新总统在上台之后采取了一系列雷厉风行的改革措施，包括整肃吏治、遏制走私、吸引外国投资、发展本国经济，同时堂而皇之地没收了其竞争对手的巨额财富。改革的成效是显著的，菲律宾社会秩序得以恢复。加之自由党分裂，马科斯在1969年的大选中再次当选总统。但当马科斯谋求第三个任期时，其他家族的政治精英们便开始警觉起来。一家独大的政治统治模式已然侵害了其他政治家族的利益，他们试图通过各种方式阻碍马科斯破坏寡头轮换的传统。然而在前两个任期内，马科斯已经悄然培植了自己的势力，尤为重要的是，"马科斯实现了菲律宾历史上最大规模军事力量的重组，并将其亲属和效忠者火速提拔到军队的关键位置。……早在第一个任期内，马科斯还建立了许多半私人性质的特种部门和准军事组织，以便随时将枪口指向反对派"[1]。在菲律宾选举政治中，金钱与暴力的确是两个最为重要的伴生因素，这在1971年的制宪会议中更展现得淋漓尽致。一方面，他利用收买与贿赂的方式使那些阻止他进一步提名总统的提案落空；另一方面，他使用暴力手段对反对派予以无情的打击。有学者指出，1971年的制宪会议出现了有记录以来的最严峻的暴力事件，共造成了905人死亡。[2] 在第二个总统任期行将结束之时，马科斯于1972年9月悍然颁布

---

[1] Mark R. Thompson, *The Anti-Marcos Struggle: Personalistic Rule and Democratic Transition in the Philippines*, New Haven: Yale University Press, 1995, p. 35.

[2] Nathan Gilbert Quimpo, "Oligarchic Patrimonialism, Bossism, Electoral Clientelism, and Contested Democracy in the Philippines", *Comparative Politics*, Vol. 37, No. 2, 2005, p. 235.

第五章 重塑政治场域：变革时代的成就与幻象 **277**

"军管法"，宣布全国进入紧急状态。

在《今日之改革：民主》《菲律宾新社会之阐释》等著作中，马科斯阐述了当代菲律宾所面临的种种危机，其中，最为严峻的是土地问题导致菲律宾社会矛盾和政治矛盾急剧升级。[1] 马科斯将进入紧急状态之前的社会称为"旧社会""变态的社会""寡头社会"，其突出特征是"贫富鸿沟为极少数富人带来对政治权力施加不正当影响的机会"。在这种社会中，"寡头精英操控政治权力，威胁政治领导人"，而广大人民群众因为经济上的贫困、政治上的依附关系以及缺乏代表性组织，使得"这种民粹主义、私利主义、个人主义政治永久化"，同时产生"社会性的贪污"。[2] 为了对病态的社会进行根本性变革——实则是铲除政治对手——马科斯的老谋深算的手段尽显无余。"首先，他牢牢抓住了重工业的现金流，比如墨卡罗克科电厂，如果你有流动资金，你就能收买任何人；其次，分化与瓦解；再次，通过制造人身攻击和假象的烟雾弹来混淆视听；最后，故意制造麻烦，然后使自己成为救世主。"[3] 当面对更为强大的经济精英时，马科斯则用他强大的军事权力警告他们，一纸戒严令就可以让他们赖以生存的财产归于无形。[4] 首当其冲的便是洛佩兹家族（Lopez family）——这个几十年来主要靠资助总统选举而获得了巨大财富的大型媒体行业家族在《戒严法》颁布之后受到了致命的冲击，马科斯动用国家权力摧毁了洛佩兹集团，并将其资产转移给了由他的亲属和属臣所组成的新经济精英。[5]

---

[1] 转引自贺圣达《战后东南亚历史发展：1945—1994》，云南大学出版社1995年版，第188页。
[2] 吴小安：《论马科斯"新社会"纲领》，《南洋问题研究》1992年第1期。
[3] 转引自［美］康灿雄《裙带资本主义：韩国和菲律宾的腐败与发展》，李巍等译，上海人民出版社2017年版，第113页。
[4] Benedict Anderson, "Cacique Democracy in the Philippines: Origins and Dreams", *New Left Review*, No. 169, 1988, p. 22.
[5] Alfred W. McCoy ed., *An Anarchy of Families: State and Family in the Philippines*, Madison: University of Wisconsin Press, 2009, p. 429.

当然，马科斯并非要彻底铲除所有精英，而是将自己置于菲律宾精英政治的主导地位。也就是说，马科斯作为新的政治精英只不过是选择了新的经济精英作为他的联盟而已。最终，那些迎合马科斯统治的绝大多数经济精英存活了下来。虽然菲律宾的政治体制发生了翻天覆地的改变，但统治联盟的基本属性与民主时期别无二致，马科斯的执政联盟包括"与总统和总统夫人关系密切的人，其中有亲戚、私人好友和联系紧密的政客；通过总统任命而对其感恩戴德的地方官员；由其亲信所控制的军队；内阁成员、技术官僚以及受益于威权体制的商业寡头"[1]。在马科斯的角度看来，只要这些精英不反对他的统治，那么就没有必要大动干戈，与根深蒂固的大地主阶级搞好关系更是实现执政的关键。这样一来，不但旧的寡头没有被消灭，反而出现了一些新的寡头。值得注意的是，从民主到威权再到军政府的转变并没有改变菲律宾的经济结构，私人大型公司的数量在马科斯统治时期增长迅速，并创造出了巨大的财富。但是，财富都被政治经济寡头攫取，"新社会运动"的美好许诺与普通民众并没有丝毫关系。

随着个人威权逐步加强，马科斯统治联盟的核心圈子变得越来越小——这包括部分军人以及一小撮心腹精英——而潜在反对者却逐步扩大。为了打击具有强大物质基础的政治家族以及土地—商业精英，马科斯试图动员民众。他同样深知，单凭以军事为主导的"专制性权力"难以维持长久统治。为了拓展政权的"基础性权力"并减少土地寡头的掣肘，他将目光投向了土地改革，力图从更具数量优势的中下层民众那里获得支持。菲律宾的农场有一半属于面积小于2公顷的小型农场，但这些农场的总占地面积仅占全部农场面积的16%；相反，26%的土地被那些超过10公顷的农场所占据，而这些农场的总数在菲律宾仅占3%多一点。因此在菲律宾，土地

---

[1] Jose V. Abueva, "Ideology and Practice in the 'New Society'", in David A. Rosenberg ed., *Marcos and Martial Law in the Philippines*, New York: Cornell University Press, 1979, pp. 32 – 84.

不平等是长期困扰国家发展的重要问题。为了压制旧有土地精英的抵抗，在1972年的27号总统令中，马科斯宣布了雄心勃勃的土地改革政策。20世纪50年代，菲律宾的土地精英由13个大家族以及1个拥有4000公顷以上土地的企业集团构成，除此之外，还有70个家族拥有2000公顷以上的土地。① 土地改革的政治目的最终都是为新的领导人提供来自民众的支持，在塑造新秩序合法性的同时打击其他的潜在对手。很显然，那些用以种植咖啡、椰子以及其他出口经济作物的大种植园原本也在马科斯时代的土地改革计划之中。虽然改革的最终目标都几乎未能实现，但土地改革的确为他提供了部分民众支持，减少了外国对其独裁政权的批评，并迫使一些土地精英处于守势。②

表5-2为1980年菲律宾的农场规模及分布状况情况。

表5-2　　　　　　1980年菲律宾的农场规模及分布状况

农场面积（公顷）	数量	占比（%）	占地（千公顷）	占比（%）
小于0.5	289962	8.5	68.9	0.7
0.5—1.99	1450049	42.4	1490	15.3
2.00—4.99	672639	35.1	3399	35
5.00—9.99	291227	10.5	2242.9	23.1
10.00—24.99	103723	3.0	1406.4	14.5
大于25	14608	0.4	1117.8	11.5

资料来源：National Census and Statistics Office, *1980 Census of Agriculture*, Manila, 1985.

然而，土地改革计划在现实推进过程中却遇到了诸多阻碍。在1985

---

① David Wurfel, "Elite of Wealth and Elite of Power: A Philippine Case Study", *Southeast Asian Affairs*, 1979, pp. 233-245.

② David Wurfel, *Filipino Politics: Development and Decay*, Ithaca: Cornell University Press, 1988, p. 166.

年，全国只有4%的耕地被征用，受益家庭的数量只有全国无地家庭的6%—8%。虽然马科斯意识到需要依靠下层民众，但他终究未能建立起一个扎根基层的政治组织；相反，他越来越受制于周围支持者"密友"们的私利诉求，集中在他手中的权力没能推进和保障菲律宾经济社会权利平等化，反而逐步沦为家族牟利的工具，加剧了菲律宾的经济社会矛盾。① 既有研究表明，倘若激烈的土地再分配运动得以发生，则必须满足两个条件：一是掌握统治权的政治精英与掌握土地的经济精英之间出现裂痕，二是统治精英较少受到制度上的约束——这样看来，土地再分配似乎更容易在威权体制下推行，因为在民主体制中，具有强大经济实力的土地精英可以通过政党竞争等渠道控制政治议程，从而使那些涉及土地改革的提案无法通过。② 在回顾完马科斯时期失败的土地改革之后，不妨再次回到艾伯塔斯（Michael Albertus）有关"威权体制更有利于土地再分配"的理论发现。菲律宾的案例表明，与其说是威权体制更有利于土地再分配，毋宁说是强国家能力更有利于土地再分配。当国家缺乏基本的渗透能力时，中央政府通过的全国性土地改革法案在落实过程中依旧会受到地方豪强的抵制。

如果说马科斯的崛起与菲律宾的民主崩溃的部分原因是"一个独裁者希望从那些在选举民主制度下无忧无虑的经济精英那里获取更多的资源"③，那么马科斯的陨落则意味着寡头对独裁者的反制。经过与大地主的多次博弈，马科斯总统的土地改革政策最终还是失败了。"凭借将威权主义、任人唯亲和经济表现不佳明确联系起来的专业学术分析，私人部门的这些力量

---

① 房宁等：《民主与发展——亚洲工业化时代的民主政治研究》，社会科学文献出版社2015年版，第46页。

② 参见 Michael Albertus, *Autocracy and Redistribution: The Politics of Land Reform*, New York: Cambridge University Press, 2015.

③ Dan Slater, Benjamin B. Smith, and Gautam Nair, "Economic Origins of Democratic Breakdown? The Redistributive Model and the Postcolonial State", *Perspective on Politics*, Vol. 12, No. 2, 2014, p. 365.

在组建中间路线的反马科斯联盟中起到了关键作用,这一联盟包括反对派政治家、学术研究人员和中产阶级。"① 而随着旧的统治者黯然离去,传统精英卷土重来,披着选举民主的寡头政治替代了马科斯的独裁统治再次主导着菲律宾政治舞台。在民主化的政治场域中寡头精英反而更有利于维持动态平衡,因此吊诡的是,地主等传统社会的精英反而更倾向于民主政体。故而大样本统计表明,在"第三波"民主化时期立足依附型农业的地主阶级反而成了民主的支持力量。②

对马科斯的功过是非的评论或许还会争论下去,但对于菲律宾普通民众而言,这位政治明星的出现与离场并没有对他们的生活产生本质上的改变。马科斯的崛起为菲律宾死气沉沉的政治环境激荡起涟漪,当他在反对声中下台后,一切又归于平静,菲律宾只不过是"从建国初期的传统政治家族轮流坐庄,到一个大家族占据主导地位,最后又恢复到传统政治家族的轮流坐庄"③。一系列统计数据不仅表明从长期来看收入分配没有改善,而且没有迹象表明恢复民主对增长和公平产生任何积极影响。1971—1985年,大约是马科斯专政时期,基尼系数提高了0.031,但在1988—2009年的民主时期,基尼系数没有任何改善,仅出现了0.001的轻微上升。④ 虽然贫困水平有所下降,但下降速度非常缓慢。总的来说,经济增长率与马科斯政权相比几乎没有任何改善,贫富差距也在缓慢地逐渐扩大。处于支配地位的永远都只是精英群体,变化的不过是统治联盟的略微差异。

---

① [美]斯迪芬·海哥德、[美]罗伯特·R.考夫曼:《民主化转型的政治经济分析》,张大军译,社会科学文献出版社2008年版,第57页。

② Michael Albertus, "Landowners and Democracy: The Social Origins of Democracy Reconsidered", *World Politics*, Vol. 69, No. 2, 2017, pp. 233 – 276.

③ 房宁等:《民主与发展——亚洲工业时代的民主政治研究》,社会科学文献出版社2015年版,第78页。

④ Patricio N. Abinales and Donna J. Amoroso, *State and Society in the Philippines*, Oxford: Rowman & Littlefield Publishers, 2005, pp. 217 – 219.

1946—1972年，菲律宾的支配性联盟是精英家族，租金来自土地和产业政策。在威权统治建立后，统治联盟缩小为一小群精英家族和军人，维持这个小联盟的，是贷款补贴、农业垄断以及走私勒索这类非法行为创造的租金。1986年民主恢复，获得政治权力的机会重新向所有精英家族开放。通过改革，维系前政权的族群大部分被消除，维系当前执政联盟的是垄断租金。①

世殊时异，菲律宾的社会结构却没有发生丝毫变化。在后马科斯的时代，许多离职的精英通过选举再次上台，马科斯这位"政治明星"的崛起与陨落只不过是为菲律宾的政治剧目徒增一场"城头变幻大王旗"的片段罢了。

二 民主回归：只成门户私计

1986年，马科斯在众叛亲离中黯然下台，阿基诺夫人（Maria Corazon Sumulong Cojuanco）就任菲律宾第11任总统。这位"再造民主"的总统经常以一副坚毅的形象出现在公众面前，在她的身上，人们看到了聪明、虔诚、诚实、善良、冷静等优良品格。上任伊始，阿基诺便展现出她鲜明的执政风格——希冀通过民主的手段解决菲律宾面临的困境。

> 我相信我被任命为总统是为了通过分权来重建民主并保障我们的自由……为此，我将全力以赴以实现人民之最迫切期盼：真正的民主。②

---

① [美]加布里埃尔·蒙蒂诺拉：《菲律宾：有限准入秩序的变化与连续性》，载[美]道格拉斯·诺思等编著《暴力的阴影》，刘波译，中信出版社2018年版，第215—216页。

② 转引自贺圣达《战后东南亚历史发展：1945—1994》，云南大学出版社1995年版，第195页。

第五章　重塑政治场域：变革时代的成就与幻象 **283**

那么，菲律宾政客眼中"真正的民主"到底意味着什么呢？这种共享观念的形成，来源于百余年间美国对菲律宾的持续性改造。几乎从美国统治菲律宾开始，菲律宾人就被灌输了"政治即选举"的观念，以致在独立之后，菲律宾并没有形成其他东南亚国家那样的官僚机构，政治生活中充斥着漫无边际的承诺、幕后交易以及庇护网络。[1] 为了推行选举政治以实现政治的民主，菲律宾国会和地方议会分别在1987年和1988年举行了选举。1987年新的宪法对总统的权力进行了调整，弥补了许多制度上的漏洞。阿基诺夫人也进一步扩大了她的统治联盟，将更多的社会群体纳入政府。[2] 从某种程度而言，"再造民主"的阿基诺政府实现了菲律宾朝着更加包容化的方向发展：近40%的民众参加了1987年的全民公投与1987年的国会选举。

这种将民主等同于竞争性选举的看法符合20世纪中叶之后人们对民主概念的普遍理解。"蠢驴！这是民主的胡说，政治的瞎扯！选举是一种政治形式，在最小的俄国公社和劳动组合中都有。选举的性质并不取决于这个名称，而是取决于经济基础，取决于选民之间的经济联系。"[3] 马克思主义经典作家尖锐地批评了将民主等同于"人民通过由人民选举出来的为数不多的代表来实行统治"的看法，"资产阶级民主共和国许诺并且宣告政权属于大多数人，但是只要土地及其他生产资料的私有制存在，它就不能实现这种政权"。[4] 因此对于大地主阶级居于主导地位的菲律宾而言，民主的回归并没有带来多少令人兴奋的结果。借助政党竞争渠道，那些曾被马科斯打压的地方豪强与传统世家再次上台。82%以上的议员曾担任过政府公职，

---

[1] Lucien Pye, *Asian Power and Politics: The Cultural Dimensions of Authority*, Cambridge: The Belknap Press of Harvard University Press, 1985, p. 121.
[2] 这个联盟包括军队代表、商界人士以及各党派中或激进或保守的持有不同立场的政治家们，参见 David Wurfel, *Filipino Politics: Development and Decay*, Ithaca: Cornell University Press, 1988, pp. 305–306.
[3] 《马克思恩格斯选集》第3卷，人民出版社2012年版，第340页。
[4] 《列宁选集》第3卷，人民出版社1972年版，第814页。

即便在地方选举中出现了一些新的面孔，但仍有56%的当选者来自传统政治家族。① 大多数地区，特别是在农村地区，选举受到直接或间接的个人关系或其他利益的承诺，一个家族能够控制从市长到学校门卫的所有公职。轰轰烈烈的民主转型对农村的影响微乎其微，时至今日，根深蒂固的政治精英仍然主导着乡村政治。不平等不仅决定了财富的分配，同时延伸到政治权力的分配。

> 佃农不仅要依靠地主阶级才能获得用以耕种的土地，而且需要向他们贷款购买种子。在贫困的时候，佃农需要地主接济，并央求他们能够免除医疗或其他专业服务的费用，在面对残酷执法的时候还仰仗于恩主的通融与保护。由于佃农的贫困处境，他们的偿还必然是非物质性的。一种典型的代表，即在恩主或其所指派的人在参与竞选的时候，佃农要为之投票并积极开展竞选宣传等活动。②

面对权力的致命诱惑，即便是对民主奉为圭臬的阿基诺总统也开始利用选举程序尽可能多地安插亲信。相较于以民主为名的美好价值与空洞许诺，在政界摸爬滚打了几十年的阿基诺夫人显然更关注执政联盟的建设，一个囊括了"军队、统一民族民主组织中的保守派政治家、部分商界实力人物、一个以菲律宾民主党—人民力量党为主体的混合体以及从基督教自由民主主义到无党派马克思主义者的进步分子"的政治力量聚集在政府之中。③ 正如菲律

---

① 参见 Eric U. Gutierrez, Ildefonso C. Torrente, and Noli G. Narca, *All in the Family: A Study of Elites and Power Relations in the Philippines*, Quezon City: Institute for Popular Democracy, 1992.

② Carl H. Lande, "The Philippine Political Party System", *Journal of Southeast Asian History*, Vol. 8, No. 1, 1967, p. 25.

③ David Wurfel, *Filipino Politics: Development and Decay*, New York: Cornell University Press, 1988, pp. 305 – 306.

宾的政治评论家所言："阿基诺夫人正在极尽所能地安排她的亲朋好友，以便为连任创造广泛的支持者联盟。"① 阿基诺联盟的成员，包括总统阿基诺本人，似乎忘记了他们以前对马科斯时代政客的厌恶。在民主的狂欢中，菲律宾传统势力再次取得胜利。

民主改革的另一种具体形式则是分权改革，这与印尼等国家十分类似。在作为反对派的岁月里，阿基诺夫妇就经常以"权力过于集中"为靶子攻击马科斯的统治。因此在上台之后，阿基诺夫人将振兴地方政府、赋予地方更大的自主权视作重振民主的必要条件。《地方政府准则》同样是具有分权化色彩的法律条文，它规定了国家应该在地方层面建立与全国层面一致的政党名单制度，以提高那些非精英的群体在地方议员中的比重，还规定地方政府应"公平分享国家税收"，并有权"在各自地区内公平分享、利用和发展国家财富的收益"。1987年，阿基诺签署了一项行政命令，重组了马科斯时代组建但基本上并没有发挥作用的"地区发展委员会"（Regional Development Councils）。作为一个议事协调机构，新组建的地区发展委员会可以将各省市一级国家部门的负责人聚集在一起，以更好地协调、规划和监督区域发展方案的执行。

然而，分权改革同样只是执政者的一厢情愿。实际情况是，地方精英为了保障自身权益，为非政府组织参与政治设置了相当多的限制。例如，非政府组织只有在得到地方议会认证的基础上才能参加地方委员会；即便被认证，许多非政府组织的代表未能经常性地参与活动；国会也一直未能通过在地方层面实行部门代表制的相关配套法律；等等。这样一来，《地方政府准则》并没有得到真正的落实，地方权力依旧掌握在从前的那批人手中。② 而且分权化改革也受到了国家层面的反对，众议院拒绝向地区发展委

---

① *Philippine Daily Globe*, 19, January, 1988, p. 4.

② Joseph J. Capuno, "The Quality of Local Governance and Development Under Decentralization in the Philippines", *Catholic Historical Review*, Vol. 91, No. 2, 2010, pp. 350 – 354.

员会提供充足的资金,从而削弱了该组织的自主性与权威性。与此同时,与议员选举时如出一辙,我们再次看到了阿基诺夫人言行不一:在推行分权改革的过程中,阿基诺夫人最关心的并不是权力的下放,而是想方设法替换马科斯时代被任命的1.4万多名省市级官员。[①] 为了让自己的意志能够充分落实,许多马科斯时代有能力的官员也不加甄别地被替换,一些缺乏经验的庸才纷纷上岗,这极大地损害了地方政府效能。

如果说颁布新宪法、推动竞争性选举以及分权改革都主要集中在政治领域,那么后马科斯时代另一项雄心勃勃的计划——土地改革,则直接聚焦菲律宾社会结构。菲律宾在独立之初也采取了不少积极措施,其主要目的是与胡克武装争夺地方民众的支持。随着胡克武装被镇压,美国的土地改革方式转向了保守的方向。麦卡锡主义的兴起则使美国在土地改革问题上的立场日趋保守。一旦美国要求渐进式土地改革的压力消退,菲律宾土地寡头就很容易通过他们在竞争性选举体系中的代表来维护他们的经济基础。虽然在之后的马科斯时代也开启了土地改革计划,但菲律宾土地改革的实质性尝试是由阿基诺和拉莫斯政府进行的。1988年,菲律宾通过了被称为"有史以来最具进步色彩的土地改革法案",即"综合土地改革计划"(Comprehensive Agrarian Reform Program)。该计划涉及菲律宾全境1030万公顷的土地(这一数字在1996年缩减至806.4万公顷)的再分配,将直接惠及400万农村贫困家庭(约占农民总人数的80%)。除了军事保留地等极少数特殊情况之外,包括大型出口作物种植园在内的土地都在"综合土地改革计划"所涉及的范围之内。私有土地以及一些政府所有的土地的再分配计划由土地改革部牵头推动,而公共土地的再分配计划则由环境与自然资源部着手实施。

土地改革的确取得了不少显著的成效,到1999年年底,"综合土地改

---

① David G. Timberman, *A Changeless Land: Continuity and Change in Philippine Politics*, London: Routledge, 1991, p. 229.

革计划"已经重新分配了484万公顷土地,约占其目标的60%,这些耕地约占菲律宾耕地总面积的42%,改革使大约210万农村贫困家庭直接受益于再分配,这一数字占1999年农业人口总数的42%。① 然而从推行效果来看,菲律宾土地改革只有在前期才取得了不错的成绩。当面对土地产权与价值估计的法律纠纷以及地主阶级愈加强烈的抵抗时,土地再分配的进程开始放缓了。与此同时,再分配也受到了中央层面的限制,"国会一直在削减'综合土地改革计划'购地部分的年度预算拨款"②。如果回顾一下国会议员的阶级底色,这一问题也就并不难理解。在1987年的菲律宾国会中,有超过五分之四的议员坐拥数量众多的土地或其他类型的资产。③ 立法者本身就是地主阶级,他们通过暗箱操作等手段保住自己的土地,并制定了许多充斥着灰色地带且漏洞百出的法律文件。所谓的"补偿"意味着让土地所有者肆意要价,实际上增加了佃农们的压力,等于又被剥削了一回;此外,由于缺乏配套的农业生产援助政策,佃农对新获得土地的再开发成本较高,对农业生产的兴趣反而降低,迫于生计他们不得不抛售土地,如此一来土地转了一圈之后又回到了大地主手中。④

第二次世界大战后,第三世界普遍推行了各式各样的土地改革方案:以社会主义意识形态驱动的激进改革,包括土地无偿没收、废除租佃及土地再分配;以民族主义意识形态驱动的改良措施,包括有偿没收、废除租

---

① "综合土地改革计划"的具体实施过程与结果,可参见 Saturnino M. Borras Jr., "State-Society Relations in Land Reform Implementation in the Philippines", *Development and Change*, Vol. 32, No. 3. 2001, pp. 541 – 545.

② Saturnino M. Borras Jr., "Can Redistributive Reform be Achieved via Market-Based Voluntary Land Transfer Schemes? Evidence and Lessons from the Philippines", *The Journal of Development Studies*, Vol. 41, No. 1, 2005, p. 101.

③ Peter Krinks, *The Economy of the Philippines*: *Elites*, *Inequalities and Economic Restructuring*, London: Routledge, 2002, p. 45.

④ 房宁等:《民主与发展——亚洲工业化时代的民主政治研究》,社会科学文献出版社2015年版,第73页。

佃及土地再分配；以资本主义意识形态驱动的技术性改革，包括对土地提供使用权方面的保障并对租金实施控制。① 菲律宾土地改革是为了削弱部分经济精英的势力而巩固政治精英的自主性，但由于执政者自身的阶级属性，导致他们并没有进行再分配的强烈意愿——一方面他们害怕失去经济上的盟友，另一方面他们也害怕自己的财富受到损失。因此，菲律宾的土地改革都是在民族主义与资本主义的意识形态驱动下完成的修修补补。甚至考虑到阿基诺家族的背景，人们很难对其发起的土地改革抱有希望。虽然阿基诺被赋予了一系列优良品格，但若考虑其阶级背景，情况就变得复杂了许多。她的丈夫，也就是那位在马科斯统治期间被刺杀的菲律宾自由党总书记贝尼格诺·阿基诺（Benigno Aquino），出身于菲律宾最具宗教色彩的名门望族，"这种土地财富和政治权力的融合，使阿基诺夫人在许多方面展现出菲律宾传统精英的人格化特征"②。因此在轰轰烈烈的土地改革中，大约一半的土地改革受益者通过日常的债役机制被剥夺了生产资源，另一部分虽获得土地，但负债累累，他们在土地上辛勤劳作以维持基本的日常生活和偿还债务。一些地区的商业精英，通过获得对他们的土地和劳动力的控制权，成功地从土地改革的大规模剥夺中获利。这是通过不同类型的非正式安排来实现的。最终，这导致了这些地区商业精英和被剥夺权利的农村无产阶级之间的社会分化加剧。③ 阿基诺与拉莫斯时代的土地改革收效甚微，它揭示了第三世界变革运动中残酷的现实。

---

① L. J. Fredericks and R. J. G. Wells, "Some Aspects of Tenancy Reform Measures in Southeast Asia", *Asian Survey*, Vol. 18, No. 6, 1978, pp. 644 – 658.

② David G. Timberman, *A Changeless Land: Continuity and Change in Philippine Politics*, London: Routledge, 1991, p. 201.

③ Jeroen Adam, "Land Reform, Dispossession and New Elites: A Case Study on Coconut Plantations in Davao Oriental, Philippines", *Asia Pacific Viewpoint*, Vol. 54, No. 2, 2013, pp. 232 – 245.

第五章　重塑政治场域：变革时代的成就与幻象 **289**

非革命式的政治变迁以及自由化政策虽然能够提高政府的回应性，但是无法实现那些旨在再分配的重大改革。倘若变革无法从根本上改变那些盘踞于地方与中央的经济精英，以选举为核心的民主化进程很难对社会财富进行新的分配。对于菲律宾而言，农业改革最大的阻碍在于与碎片化社会控制和严重不平等纠缠在一起的民主政治。[1]

菲律宾在民主化之后的诸多努力表明，在一个弱政党体制与强庇护网络混杂的民主政治中，改革的豪言壮语很难落实为真正的行动。许多人认为，民主可以结束叛乱，建立更好的政府，创造一个更加公正的社会，使经济增长和发展更加公平。当这些领域的进展缓慢时，人们的警觉和挫败感就会上升。事实上，1987年的宪法虽然极力避免菲律宾再次出现"政治王朝"，却无力改革菲律宾延续了几百年的"社会王朝"——一个自封建—殖民时期逐渐形成的社会结构。在"城头变幻大王旗"的菲律宾政治场域中，高投票率已经无法掩盖菲律宾选举政治中的"3G"特色（即枪支、打手与金钱，guns, goons, and gold），选举舞弊以及对大众动员的限制使得盘踞地方的土地精英有效地操控选举。[2] 而随着后马科斯时代私有化浪潮席卷而来，政府在商业银行中几乎全盘退出，金融寡头的势力进一步壮大。寡头们彼此间分割市场，约50%的一级航路只有一家船运公司，近59%的二级航路和78%的三级航路也已经被垄断。而面对这些困境，国家显得无能为力。种种迹象彰显了一种更为糟糕的情形，这种情形使得菲律宾封建制民主的形态与1972年之前已经全然不同了。权力分享、寡头轮换、防范寡头暴力、将寡头的影响力限制在中下层等的约束措施都荡然无存，这意味着菲律宾的民主政

---

[1] Jeff M. Riedinger, *Agrarian Reform in the Philippines: Democratic Transitions and Redistribution Reform*, Stanford: Stanford University Press, 1995, p. 14.

[2] Karen L. Remmer, "Exclusionary Democracy", *Studies in Comparative International Development*, Vol. 20, No. 4, 1985, pp. 64 – 85.

治毋宁说能够更加法治化，甚至能回到自我约束的"法治寡头"时代都已经不可能了。① 图5-3为菲律宾商业银行资产及控股状况分布图。

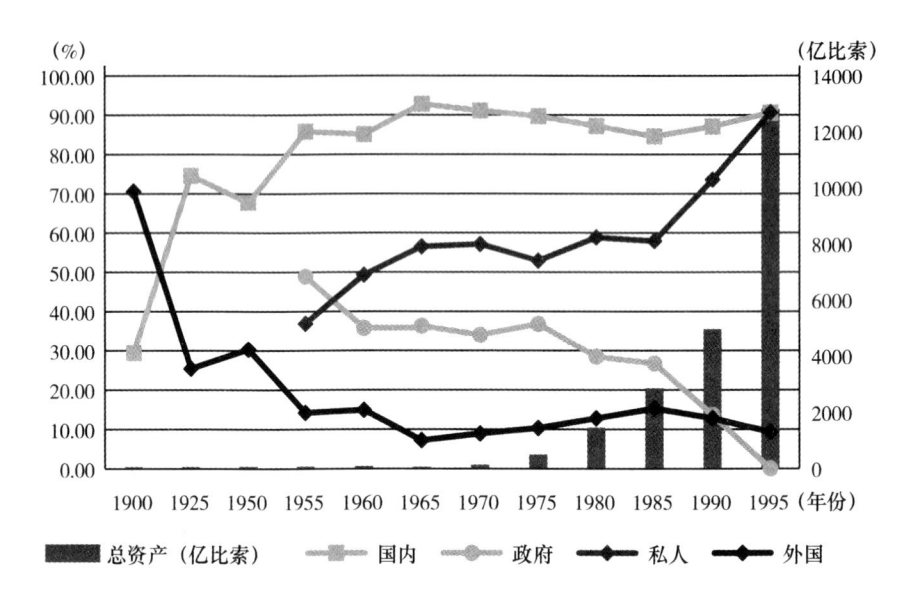

图5-3 菲律宾商业银行资产及控股状况（1900—1995年）

资料来源：Paul D. Hutchcraft, *Booty Capitalism: The Politics of Banking in the Philippines*, Ithaca: Cornell University Press, 1998, p. 257.

强大的联系延续性贯穿于殖民主义和新殖民主义、革命与反革命、独裁与民主的各阶段，"传统的政治与经济精英们在政体变迁中发挥着举足轻重的作用，唯一不变的是，他们的利益在任何新的政权中都能得到保证"②。当进入20世纪最后一个十年，菲律宾试图重现荣光的努力已回天乏力。虽然菲律宾比其他邻国更成功地应对了金融危机，但这依旧无法挽回这个国家不可逆转的颓败之势。2022年5月11日，马科斯之子费迪南德·罗慕尔德

---

① Jeffrey A. Winter, *Oligarchy*, New York: Cambridge University Press, 2011, p. 206.
② Jeff M. Riedinger, *Agrarian Reform in the Philippines: Democratic Transitions and Redistribution Reform*, Stanford: Stanford University Press, 1995, p. 232.

兹·马科斯（Ferdinand Romualdez Marcos）宣布赢得菲律宾总统大选，历史似乎又完成了某种轮回。那个昔日在"大帆船"贸易中独领风骚的国家，那个曾几经繁荣的国家，在世界政治的舞台上宛若一颗流星划过天际，最终坠入茫茫黑夜。

◇ 第四节　泰国：经济增长与政权更迭交织

随着第二次世界大战的结束，泰国重启了它自19世纪末以来拥抱世界资本主义体系的步伐。泰国的案例，将继续展现新自由主义时代经济增长对发展的互动与影响，以及二者的复杂关联。而这一过程，是由不断形成与壮大的泰国资产阶级来实现的。自20世纪50年代以来，资本势力在泰国重获主动权并开启了国家建设，这一进程主要分为两部分，其一是全方位谋求发展，其二是镇压各类反对势力从而把国家置于强力政权的控制之下。在外国投资的主导下，泰国经济发展创造了一个势力逐渐壮大并与外国资本深度融合的资产阶级，这个阶级反过来进一步推动了泰国的经济腾飞。

伴随经济增长的是社会发展，即以"做大蛋糕"为中心的发展策略为许多第三世界国家广泛采纳。阿玛蒂亚·森称其为"发展媒介保障"，该策略通过"促进经济发展，并最大可能地利用更多总财富所释放的潜能，不仅包括私人收入的增加，而且包括公共援助基础的改善"[①]。然而不同于理想状态，经济增长并没有平等地使每个阶层受益，新兴资产阶级在经济增长中积累了远超于普通民众的巨大财富。当不平等拉大时，社会裂隙的增大为社会动员提供了基础。它有助于我们进一步思考当代第三世界国家民主政体的本质以及民主崩溃的逻辑。为什么频繁的政治更迭没有阻碍泰国

[①] [印度]让·德雷兹、[印度]阿玛蒂亚·森：《饥饿与公共行为》，苏雷译，社会科学文献出版社2006年版，第191页。

经济增长的步伐，为什么经济增长却带来了发展的滞后，以及在哪些情况下民主政体会遭遇统治精英的一致反对而招致民主崩溃。这些问题都是本节将要回答的。

一 泰国资产阶级的勃兴

尽管泰国在20世纪中叶之后的工业化进程颇为明显，但直至1980年，泰国基本上仍旧是一个以农业为主导的国家。农业占国内生产总值的比重远超过工业，全国70%以上的人口为农村人口，而城市人口仅占全国总人口的13%且大多数集中在首都曼谷。从19世纪中叶到20世纪60年代，泰国在世界资本主义体系中的地位是为整个市场提供初级商品。在此期间，大米、柚木、橡胶和锡占泰国全部出口的50%—90%。[1] 20世纪60年代初，农业部门占据泰国国民生产总值的40%，并吸纳了全国总人口的80%以上，而大米、柚木、锡和橡胶四大传统出口产品占出口总值的70%。在政治层面，在20世纪的大部分时间里，泰国君主以及后来的军事领导人和文职官员主持着一个不受官僚制利益影响的国家，许多研究将其视为泰国历史和政治变革的主要塑造者。[2] 泰国旧的政治经济相对完整地保存到20世纪中叶。它的两大阶级，即农民和官吏在政治经济中仍然很重要。官僚主义深深植根于国家的制度框架，并在长期的思想传播过程中，深植于政治文化。官僚主义的权力被许多国家公务员和其他人所捍卫，他们已经接受了其家长式的意识形态。因此，无论是对于国内民众还是对于国外观察家而言，泰国的基本

---

[1] 参见 James C. Ingram, *Economic Change in Thailand 1850 – 1970*, Stanford: Stanford University Press, 1971.

[2] 参见 David A. Wilson, *Politics in Thailand*, Ithaca: Cornell University Press, 1962; Fred W. Riggs, *Thailand: The Modernization of a Bureaucratic Polity*, Honolulu: East-West Center Press, 1966.

政治经济情势似乎在近一百年来并没有发生明显变化。

乍一看,1980年代的泰国似乎和披汶时期的泰国没有什么区别,或者,就此而言,也与朱拉隆功时期的泰国没有什么区别。所有的中央制度仍然似乎很强大:王国是一个君主立宪政体,官僚机构几乎渗透到国家生活的每个方面,军人主导了政治领域,经济仍然以农业为主,加上一点外侨城市商业部门,佛教僧侣得到特别的尊重,而且经济上劣势和文化上少数族群的外围身份仍然被不完善地整合进国家经济和社会。[1]

然而,人们不能因此而忽视泰国阶级关系在历史变迁中发生的"层叠"效应。自第二次世界大战以来,泰国的旧社会被新的、不同于古典模式的工业化社会逐步覆盖,传统经济精英开始开拓新领域以增加收益。在国际资本主义制度的刺激下,泰国出现了一个独立的国内资产阶级,国家在保障和扩大这个阶级在金融和工业方面的积累基础方面发挥了实质性的作用。这个新兴阶级的出现,有赖于三类事件的结合共同发挥的作用:其一,1932年的革命(推翻了君主专制制度)和随后的政治制度演变相结合,产生了一个国家和官僚机构,可以为国家经济发展提供保障;其二,大量的中国商人和贸易商为小型企业和大型工业金融集团提供了发展后期工业化的基础;其三,尽管长期明显停滞,泰国自19世纪下半叶以来一直融入世界经济,这为日后出口导向提供了契机。[2] 在这些因素的交互联动下,泰国的阶级结构悄然发生了改变。

---

[1] [美]戴维·K. 怀亚特:《泰国史》,郭继光译,东方出版中心2009年版,第270页。

[2] Malcolm Falkus, "Thai Industrialization: An Overview", in Medhi Krongkaew ed., *Thailand's Industrialization and its Consequences*, Macmillan Press Ltd, 1995.

泰国社会的阶级结构自 1950 年代末以来变化迅疾。首先,新的资产阶级各阶层出现了,固然规模尚小,力量尚弱,但在一些紧要事项上与旧式的封建——官僚上层阶级离心离德,甚至有点敌对。这些新阶层——包括中产阶级和小资产阶级——是被 1960 年代越战带来的大繁荣孕育出来的,那时节美国人和美国资本以绝对前所未见的规模涌入这个国家,日本人飞快地尾随而至。正是这些阶层为近乎流行的右翼运动提供了社会基础,那种运动明显有别于较早时期的贵族与官僚的右倾行为。这绝非暗示说,将军、银行家、官僚和皇族的旧统治集团不再掌控现实政治权力的要冲,而是说,这些集团发现他们有了新的、或许是威胁性的、"大众"的同盟者。①

这个在商品经济浪潮中兴起的资产阶级群体以曼谷为中心,他们的起源可以追溯到 19 世纪中叶。从这个时候起,我们可以看到生产资料私有制的出现,普遍商品化生产的发展,雇佣劳动的开始,经济和政治权力的逐步分离。泰国的资产阶级是随着泰国被纳入世界资本主义体系而逐渐兴起的,这种新的城市资本主义不同于 19 世纪中叶欧洲的古典版本。首先,新政治经济的主导人物不是个别的资本主义企业家,而是在这些国家创造的环境中运作的大型综合性跨国公司和当地公司。其次,新的城市劳动力与欧洲无产阶级有很大的不同,技术和教育程度更高,而蓝领阶层则受到压制。最后,泰国资本主义的发展速度更快,欧洲资本主义发展史上的许多阶段几乎同时发生。

20 世纪 70 年代中后期,当新自由主义浪潮席卷全球时,作为深度参与世界经济的泰国自然也加入其中。在 20 世纪 70 年代初期,进口替代的战略暴露出了一些问题,政府开始考虑是否有可能选择出口导向型工业化战略

---

① [美] 本尼迪克特·安德森:《比较的幽灵:民族主义、东南亚与世界》,甘会斌译,译林出版社 2012 年版,第 183 页。

作为克服贸易逆差的手段。由于西方国家通货膨胀率的上升和国际汇率的波动，到了20世纪70年代末，泰国制造的产品在世界市场上越来越有吸引力。尽管出口导向并没有完全取代进口替代，但自从在泰国制定的第三个发展计划（1971—1976年）得到正式承认以来，它一直处于优势地位。在菲律宾，这种转向是因为以马科斯为代表的政治精英为了创造新的经济同盟；而在泰国，国家选择采用出口导向战略"部分是为了赢得或巩固那些在进口替代时期形成的经济精英们的支持"[1]。出口导向战略的出现也反映了资产阶级内部的发展。在进口替代的相对保护条件下，国内工业和银行资本得以扩展到一个阶段，在某些情况下，它们开始试图开拓国际市场。无论是在过去还是最近，外国资本投资一直都很重要。尽管如此，需要强调的是，至少在20世纪90年代末的经济危机之前，由银行业和工业部门主导的国内资产阶级能够保持对社会经济基础的重大控制。[2]

泰国现代经济发展史上，有两股重要力量对调整产业结构、推动经济增长发挥了举足轻重的作用：其一是金融资本，它最初由商业家族的积累发展而来并最终占据泰国经济的中心，这一过程中资本循环的重要性发生了变化；其二是本土资本积累的重要性不断增强，通过合资经营和其他方式，本土资本积累能够利用外国公司的技术和管理技能，在生产结构上确立自己的主导地位。[3] 商业、银行一直是泰国所有经济活动的主要引擎。这是因为商业银行具有调动储蓄和为日常经营和生产提供资金的双重作用。银行的主要和最初的职能是充当支付的中间人。他们把不活跃的货币转化为活跃的资本，也就是说，转化为产生利润的资本；他们收集各种货币收

---

[1] Antoinette R. Raquiza, *State Structure, Policy Formation, and Economic Development in Southeast Asia*, New York: Routledge, 2012, p. 113.

[2] Pasuk Phongpaichit and Chris Baker, *Thailand: Economy and Politics*, Kuala Lumpur: Oxford University Press, 1995, pp. 143 – 172.

[3] Kraisak Choonhavan, "The Growth of Domestic Capital and Thai Industrialisation", *Journal of Contemporary Asia*, Vol. 14, No. 2, 1984, p. 135.

入，交给资产阶级支配。分析商业银行是了解泰国资产阶级的不二法门，正如列宁所言，银行业发展的最新成就还是垄断。① 如曼谷银行等资本巨头拥有大约40%的银行资产，控制着41%的贷款。大型银行设立金融信托和投资公司，收购制造业并支持新的制造业企业。② 为了追求自己的利益，泰国的资本家必须建立或加入现有的工业和金融活动经济网络。这种情况只能描述为对垄断的追求，而政策不再是一个重要因素。但值得一提的是，银行资本集团虽然控制了地方资本市场并占据主导地位，但他们并不是泰国资产阶级唯一的组成部分。其他有实力和相互竞争的部分包括那些以外国资本和小的国家资本家的合资企业为基础积累起来的人，这些年来，他们能够在自己和银行资本之间的争端中，把小资产阶级的分子，特别是军事官僚和文职官僚召集到自己一边。③

20世纪70年代之后，曼谷商业精英在议会制政府的发展中发挥了更加突出的作用。商人在1974年的宪法会议和1975年成立的议会和内阁中占多数。曼谷商业集团的主要人物也在各政党中担任重要职务，而公司给予政党资金支持。因此，商人可以对政治和政策产生特殊影响。更重要的是，可以对政治和政策产生集体影响。这一点，再加上其他优势，如社会声望、就业和投资决策权的提高，以及在政党、议会和内阁中的高代表性，使得商业成为一个非官僚集团，在今天的泰国拥有巨大的政治权力。④

20世纪70年代末，制造业的附加值已经超过了农业。与此同时，贸易结构也发生了巨大变化，制成品占出口总值的比重上升到30%以上，而农

---

① 《列宁全集》第27卷，人民出版社1990年版，第356页。
② Kraisak Choonhavan, "The Growth of Domestic Capital and Thai Industrialisaton", *Journal of Contemporary Asia*, Vol. 14, No. 2, 1984, pp. 135 – 146.
③ Kevin Hewison, *Power and Politics in Thailand: Essays in Political Economy*, Manila: Journal of Contemporary Asia Publishers, 1989, p. 113
④ Anek Laothamatas, "Business and Politics in Thailand: New Patterns of Influence", *Asian Survey*, Vol. 28, No. 4, 1988, pp. 451 – 470.

产品的比重却在下降。1985 年，包括服装产品在内的纺织品的出口价值超过了大米。在资本主义生产国际化的背景下，同时建立在泰国廉价劳动力的比较优势上，泰国工业资本主义的嵌入最初基于进口替代，随后基于出口导向，建立了强大的制造基础。这些变化反映在生产和就业数字上。1960年，农业对国内生产总值的贡献率为 38%，到 1990 年下降到 15%；同期，制造业和服务业对国内生产总值的贡献率分别从 11.6% 和 8.7% 提高到 24.7% 和 12%。虽然农业就业率仍然较高，但至少就官方统计数据而言，制造业就业率从 1960 年占经济劳动力的 3% 上升到 1990 年的 10%。而制造业的出口增长更加迅猛，其占出口总额的比率从 1960 年的几乎微不足道的 1.2% 上升到 1975 年的 18.6%、1980 年的 32%、1990 年的 76% 和 1992 年的 77.8%。① 这一事实标志着制造业的重要性与日俱增，并使泰国主要经济学家和政治领导人相信，泰国正在加入亚洲新兴工业化国家的行列。

  经济的繁荣刺激了政府官员与商业部门之间的权力寻租，军方与政府的高级官员与那些最富有的商人阶层建立起互惠网络，前者提供官方保护与政策优惠，后者与最富有的中国和泰国中资企业结成了互利的伙伴关系。其中政府官员提供政府合同、免受骚扰和优惠政策，后者源源不断地输送佣金与企业分红。② 与此同时，泰国选举政治的扩张也使掠夺性商业精英获得了更大的国家赞助控制。像在印度尼西亚一样，泰国商业精英最初依赖于控制国家资源的官僚精英，然而，在军事政权下实现的社会经济转型产生了越来越强大的商业精英，他们开始将官僚政治的延续视为其经济发展的障碍。到了 20 世纪 80 年代，盘踞于曼谷的大型企业集团的精英开始取代

---

  ① Malcolm Falkus, "Thai Industrialization: An Overview", in Medhi Krongkaew ed., *Thailand's Industrialization and its Consequences*, London: Macmillan, 1995, pp. 20.
  ② 参见 Fred W. Riggs, *Thailand: The Modernization of a Bureaucratic Polity*, Honolulu: East-West Center Press, 1966; G. William Skinner, "Chinese Assimilation and Thai Politics", *The Journal of Asian Studies*, Vol. 16, No. 2, 1957, pp. 237 – 250.

之前的官僚精英，通过控制议会和内阁以掌控国家。① 尽管这些经济精英在谋取权力的过程中有时会因军事干预而中断，最明显的当属2006年爆发的反他信政变，但商业精英通过寡头民主制度越来越直接控制国家资源这一模式依旧十分普遍。

经济增长不仅增加了资产阶级的力量，同时壮大了泰国工人阶级。在1985年之后的十年里，工业工人的数量翻了一番，达到300万左右。大约25万工人是工会的成员。工人阶级的革命性力量在任何一个国家都是难以忽视的，至少自20世纪20年代开始，工人阶级不仅一直谋求言论与结社自由等政治权利，同时还在争取将社会权利扩大到经济、社会福利和教育领域。

然而，工人阶级并没有成为资产阶级的"掘墓人"。从结构阶层来看，泰国始终保持劳动力过剩的局面，从而极大地削弱了工人阶级的议价能力。早期，泰国有赖于华人劳工的持续劳动力供给；20世纪中叶，广大农村人口提供了丰富劳动力资源；20世纪80年代之后政府则默认非法移民的存在，因此到20世纪90年代中期，估计有100万非法移民工人，其中绝大多数人来自缅甸。与此同时，泰国大多数城市工业工人受雇于小型企业，基本上是准家庭作坊。由于泰国以轻工业、劳动密集型、出口导向型战略的企业为主，泰国工人阶级存在特殊性质：他们一般比较年轻，从事低技能工种；女性工人占据大多数，从事的往往是低薪、乏味且缺乏保障和流动性高的工作；他们的离职率很高，对公司往往十分依赖。这些情况的出现，都阻碍了独立工会的运作以及"自为"阶级的形成。②

---

① 参见 Kevin Hewison ed., *Political Change in Thailand: Democracy and Participation*, New York: Routledge, 1997; Ruth McVey ed., *Money and Power in Provincial Thailand*, Copenhagen: Nordic Institute of Asian Studies, 2000.

② Sungsidh Phiriyarangsan and Kanchada Poonpanich, "Labour Institutions in an Export-oriented Country: A Case Study of Thailand", in G. Rodgers ed., *Workers, Institutions and Economic Growth in Asia*, Geneva: International Institute for Labour Studies, 1994, p. 223.

而从统治者的策略来看，泰国政府自20世纪40年代以来一直善于压制劳工运动。一方面，他们采取分而治之的策略，削弱中央劳动联合会，同时通过立法禁止工会参与政治活动，并向其他社会阶级鼓吹大众政治是国家的致命威胁；另一方面，泰国建立起国家主导的劳工组织以将劳工运动纳入国家掌控的范围，如20世纪70年代末军政府创立了"全国自由劳工大会"等。而对于工人阶级自身来说，他们没有意愿通过革命推翻整个资本主义制度，甚至没有对他们的雇主采取激进的反应；相反，泰国工人阶级更倾向于在既有的体系中获得更高的待遇与尊严。

在这种极不对等的劳资关系下，资产阶级可以最大限度地剥削剩余价值。经济的繁荣使泰国前景十分乐观，1995—1988年，泰国的人均经济增长率达到3.9%，只有巴西、马来西亚、韩国等寥寥数国能够与之媲美。自1945年以来，几乎所有政府都在讨论腐败问题，但在快速增长的背景下，腐败问题并没有被视为一个重大问题。尽管外国直接投资推动的发展导致了泰国以出口为主的工业化进程，然而它并不能克服与投资国尤其是日本间反复的贸易逆差，政府和本地寻求建立合资企业的资本十分欢迎它们的投资。泰国必须借助外国直接投资来弥补外汇的不足。更糟糕的是，工人连体面的工资和权益都得不到，工人阶级的生活水平依然很低。从其周边国家特别是缅甸来的上百万打工者的工资被任意克扣、压得很低。最终，外国直接投资的竞争激烈和集中流向中国，使泰国转而吸引风险资金，主要是证券和货币市场上的证券投资，而风险基金的暴跌导致了1998年的经济动荡。外国直接投资推动的经济发展大大增加了泰国的国内生产总值，而它却被为数不多的国内和外国投资者操控在手中。

泰国经济危机为外国资本收购当地企业提供了绝佳的机会，上百家濒临倒闭的本土企业被卖给了跨国公司，金融机构、能源企业以及许多与基础设施相关的企业被置于拍卖之列。在东南亚所有国家中，泰国的经济增长最显著的特点是收入不平等的急剧上升。自20世纪70年代以来，泰国收入分配的不平等状况一直在恶化,基尼系数于 1992 年达到了峰值。在 20 世纪六七十年代,泰国主张以市场为导向的农业多样化与土地自由买卖,很少关注土地的再分配以及对穷人的救济。1975 年,泰国通过《农业土地改革法》正式实行土地改革;然而,由于大量土地被转让给富有政治影响力的商人,实际进展甚微。[1] 表 5-3 展现了三种不同的数据来源,它们无一例外地展现了泰国在经济增长过程中的不平等问题。"泰国决策者面临的主要挑战是制定一项发展战略,以纠正经济快速增长后社会中存在的社会和区域不平衡。"[2] 世界银行指出,尽管泰国的人均国民生产总值是印度尼西亚的 2.5 倍,但 20 世纪 90 年代初泰国的贫困率与印度尼西亚相似。

表 5-3　　　　　　　　泰国基尼系数（1962—1992 年）

	1962 年	1968 年	1975 年	1981 年	1986 年	1988 年	1990 年	1992 年
数据 1	0.41	0.43	0.42	0.44	0.47	—	—	—
数据 2	—	—	0.43	0.45	0.50	0.48	0.50	0.54
数据 3	0.41	0.43	0.42	0.43	0.47	0.47	0.49	0.51

数据来源：数据 1 源自 Ikemoto Yukio, *Income Distribution in Thailand*, Tokyo: Institute of Developing Economies, 1992；数据 2 源自 Medhi Krongkaew, "Thailand: Poverty Adjustment Update", Economic Research and Training Centre, Thammasat University, 1996；数据 3 源自世界银行。

泰国的案例再一次表明,经济增长和社会发展的确是完全不同的范畴,其背后可能基于完全不同的逻辑。在私有制的情况下,一旦缺少了生产资料,被剥削成为必然。如前文所述,无论是军政府还是民主政府,泰国都

---

[1] Jomo K. S., "Growth with Equity in East Asia?", in Jomo K. S. ed., *Southeast Asian Paper Tigers? from Miracle to Debacle and Beyond*, New York: Routledge, 2003, pp. 200-201.

[2] Saneh Chamarik, "Questions of Stability and Security in Thailand", in M. Rajaretnam and Lim So Jean, eds., *Trends in Thailand*, Singapore: Institute of Southeast Asian Studies, 1973, p. 89.

适时地追随世界经济发展的浪潮而取得了不错的成就。很显然，无论是民选的抑或是来自军队的政治精英们若想建立更加稳固的统治体系，与经济精英建立广泛联盟都是必不可少的。因此，无论是哪类精英上台，新兴的泰国资产阶级的利益都会受到保护。而资产阶级则会为了保护自己财产不受侵害，通过各类渠道向政治精英们提供支持。① 这种政治精英与经济精英相互勾结的态势，随着新自由主义政策的推行而日趋巩固。

对于资产阶级而言，"独裁政体只能增加共产主义的威胁，而战胜他们的唯一方式就是建立民主政治"②。但在泰国历史上那些"非军人政府"的时间里，政体更多地体现为"半民主"（Semi-democratic）的模式，它有赖于1932年以来两股并存的力量之间的相互妥协：一股力量来自军事和官僚机构，另一组力量则来自新进的非官僚的政治组织。社会和经济现代化并没有自动加强新型协会和自治组织，因为传统的军事—官僚体制，而不是竞争性的政党制度，能够吸纳这些新的社会团体并对其进行控制。③ 这样一来，泰国的社会经济变革使非官僚团体能够更多地参与民主政治，而不是从根本上改变泰国政治体制的性质，从官僚政治体制转变为资产阶级政治体制。其结果是旧的传统社会被新的资本和劳动社会所覆盖。但是，和其他转型一样，其结果并不是新的上层社会秩序的直接胜利。旧统治阶级的一部分人适应了新的环境，新的环境使联盟在新旧之间架起了桥梁。因此，工业社会承载着它们所取代的旧秩序的残余，从而为国家发展与政治冲突的剧目增添了一丝复杂性。

---

① 有学者将泰国精英家族之间盘根错节的政治经济关系通过图画展示出来，参见 Kevin Hewison, *Power and Politics in Thailand: Essays in Political Economy*, Manila: Journal of Contemporary Asia Publishers, 1989, pp. 108 – 109.

② Prudhisan Jumbala, *Nation-Building and Democratization in Thailand: A Political History*, Bangkok: Chulalongkorn University Social Research Institute, 1992, p. 90.

③ Chai-anan Samudavanija, "Democracy in Thailand: A Case of a Stable Semi-democratic Regime", *World Affairs*, Vol. 150, No. 1, 1987, pp. 31 – 41.

二 大众动员、精英反制与民主崩溃

在资本主义兴起、泰国阶级结构发生变化的宏观背景下,我们进而关注泰国另一大突出特征,即频繁的政权更迭。自 1932 年泰国建立君主立宪制以来,军队就在政治场域中发挥着重要作用。此时,军方发挥作用的主要领域往往是价值观的冲突以及派系斗争;相反,对农业与工业增长的关注反而处于次要位置。因为对他们而言,首要目标是为了确保对政治和经济政策享有世袭性的控制权以及自身的优渥地位。军人集团不仅有政治捐客,同样有经济基础。① 政治精英上台之后往往通过摧毁前任政治精英赖以联盟的经济基础,并寻找新的经济精英以构建统治联盟。例如,泰国大米有限公司在 20 世纪 30 年代是民党的重要经济同盟,但在 1947 年政变之后,新上台的军政府拥有自己的企业,逐渐抛弃了前政权的经济联盟,因此泰国大米集团失去了政治精英的赞助之后逐步走向衰落。与此同时,新政府还关闭了亚洲银行(Bank of Asia)以及大城银行(Bank of Ayudhya),而他们则是比里·帕侬荣的重要经济伙伴。② 无独有偶,许多受民党"关照"的公司都在其失去统治地位后无法继续维持而衰退甚至倒闭。

经济实力雄厚的家族利用他们在金融和工业上的强势地位,而不是通过在经济表现上超过他们来压榨竞争对手。但从经济效益来看,许多被收购的公司在未来可能比垄断企业更具潜力。垄断可能会导致这样一种局面:大集团公司由于其强大的金融和工业网络,可以通过压榨竞争对手和要求保护来征服国内市场,从而不费吹灰之力发展自己的竞争能力。如此一来,

---

① David Elliot, *Thailand: Origin of Military Rule*, London: Zed Press, 1978, p. 116.
② Alexander Irwan, "Business Patronage, Class Struggle and the Manufacturing Sector in South Korea, Indonesia and Thailand", *Journal of Contemporary Asia*, Vol. 19, No. 4, 1989, pp. 418 – 419.

虽然泰国的政权时有变化，虽然政治精英与经济精英的具体组成或有变迁，但这种联盟的意识形态与阶级底色并没有发生变化，联盟的核心成员由泰国的中右翼精英组成。为了实现经济增长，只需要政府给某些类型的资产所有者提供选择性的可信承诺即可，而许多类型的政府形式都能够实现这种可信承诺。用最通俗的话来讲，只要国家保证那些能够"赚钱"的精英们的产权和利益，而且世界经济的总体形势不那么糟糕，这个国家还是不难实现经济增长的。而经济精英的属性是一个国家生产方式乃至社会结构的集中体现，故而在这种情况下，停留于行政层面的民主—非民主的政权划分并不会产生实际影响。正如笔者在上一章泰国的分析中所彰显的那样，1932年的军事政变不仅预示着泰国步入君主立宪制国家，而且将军事政变与国家建设紧密地结合在了一起。因此泰国军事政变导致的政体变迁不过是新的政治精英取代了旧的政治精英，新的政治经济联盟取代了旧的政治经济联盟。在这个过程中，虽然精英的生产方式会随着世界经济格局的变迁而发生演化，但根本的社会结构依旧如故。

在这种巨大延续性的整体态势下，权力精英与普通民众之间的裂隙为日后的激烈冲突奠定了基础：在政治天平的一端，是封建时代的萨迪纳贵族与新兴资产阶级的联合体，他们盘踞在资源密集型、劳动密集型和部分资本密集型部门，同时与军政权贵特别是王室有着密切联系，享有政治上的庇护和商业上的优惠；而天平的另一端则是普通民众，他们处于政治秩序中的底层，同时饱受外国资本与本国豪强的双重剥削。[①] 在20世纪后期经济增长的凯歌中，这种结构性裂痕随着泰国新自由主义倾向下的发展策略不断扩大。然而，潜在的冲突并不构成改变政体的必然力量。只有当对抗性意识形态出现时，只有当社会动员付诸实践，泰国政治社会场域中的结构性力量与关键行动者才会像聚光灯下的演员一样竞相活跃起来。1976

---

① 参见 David Elliot, *Thailand: Origin of Military Rule*, London: Zed Press, 1978。

年与 2006 年在泰国上演的两次民主崩溃事件虽往往被视作周而复始的军事政变，但我们依旧可以从意识形态与社会参与等维度发掘其完全不一样的深层意涵。在这两次疾风骤雨的历史事件中，我们看到了自由主义民主政体中大众民主与再分配政治的兴起，进而见证了权力精英为维护其核心利益而不惜颠覆现有民主体制的果断举措。

20 世纪 50 年代后，泰国政府经历了无数次"民主试验"，但绝大多数都最终在军事政变中流产。1968 年，他侬（Thanom Kittikachorn）政府颁布了新的宪法。在这套宪制结构下，他侬控制的政党在下议院选举中获胜，他本人继续担任总理。新宪法的设计者们不仅力图向外部世界展现泰国具有"民主"性质的迷人形象，同时在赋予政治团体和当选议员有限权利的基础上，继续支持军队掌握实际统治权。① 因此在面对一场针对自己的政变中，军人出身的他侬很自然地选择了强力手段。他解散了议会，禁止政党竞争，并再次恢复了军人主导的政府。他侬颁布的新宪法，却在自己的手中化为灰烬。

贸然恢复军事独裁的方式或许在十几年或者几十年前有效，却绝不再适用于 20 世纪 70 年代的泰国。泰国早已时过境迁，"泰国社会整体上（包括工人、农民、学生和中产阶级）已经不再接受这样的一个在国家安全和公共福利幌子下仅仅代表军人利益的政权"②。尤其是学生已经成为一股不可小觑的力量，他们借助当时席卷全球的共产主义思潮，对他侬政权形成了强烈冲击。随着几十万示威人群涌上街头，他侬于 1973 年 10 月 24 日被迫辞职并流亡海外。

较于 1932 年那场为现代泰国奠定基础的"静悄悄的革命"，1973 年 10

---

① ［美］约翰·F. 卡迪：《战后东南亚史》，姚楠等译，上海译文出版社 1984 年版，第 415 页。

② ［美］戴维·K. 怀亚特：《泰国史》，郭继光译，东方出版中心 2009 年版，第 292 页。

月发生的社会运动更具"革命"色彩。这不仅在于个人军事统治的终结,更重要的还在于群众性运动在其中发挥的重要作用。自1973年以来,农民、城市工人和学生的自治运动开始在政治生活中发挥决定性作用,剧烈的阶级冲突很快成为泰国政治场域最核心的剧目,工人阶级重组走上了前台。作为法政大学校长和枢密院成员的讪耶·探玛塞(Sanya Dharmasakti)被国王任命为新的总理,他领导文官政府再次颁布了新的宪法。

总体来看,这场革命运动可以视作资产阶级的胜利,后者巧妙地利用了学生运动和民众愤怒而实现了他们的目的。但是,政变永远无法解决的矛盾是,它仅限于政治领域,它保留了基本的阶级关系和军队的实际权力。[①] 在此过程中,军队势力暂时性地失去了威望并面临内部冲突,但在之后的几年间它仍然随时准备恢复权力。尤其是随着社会动员的阶级逻辑逐渐凸显,右翼势力采取更为暴力的方式以卷土重来的可能性不断增加。本尼迪克特·安德森(Benedict Anderson)敏锐地察觉了大众民主所诱发的阶级冲突:"在1973年10月和1976年10月间,泰国拥有它曾经历过的最开放、民主的政治体制。被压抑的不满——对不公平的土地法、对腐败、对罢工禁令、对美国宰制的不满——猛然公开化,急速的政治极化开始了,推动着特别是大学生活动分子倒向左派,其他许多人,担心走上越南战争那条路,则倒向了右派。正是趁此时机,泰共将它的地下势力迅疾地重新伸展到城市地区和知识分子阶层。"[②]

在愈演愈烈的社会冲突之下,政治民主化与言论自由的主张仿佛只是空中楼阁,泰国刚刚恢复的民主政体就像一艘螺丝尚未拧紧的巨轮在大洋上摇摇欲坠。而引发民主崩溃的导火索,则源自政治动员开始将矛头指向农村动

---

① Peter F. Bell, "'Cycle' of Class Struggle in Thailand", *Journal of Contemporary Asia*, Vol. 8, No. 1, 1978, p. 68.
② [美]本尼迪克特·安德森:《比较的幽灵:民族主义、东南亚与世界》,甘会斌译,译林出版社2012年版,第371页。

员,这让泰国的精英们感到极大恐慌。虽然泰国一直秉持工业化战略,但在20世纪七八十年代,它基本上还是一个农业大国,乡村农业对国内生产总值的贡献超过工业,70%以上的人口是农业人口。只有8%的劳动力在制造业,城市人口约占总人口的13%(主要集中在曼谷)。对于泰国农民而言,他们长期遭受权力精英的压迫,"1945年以后很长的一段时间里,泰国的政治结构基本保持不变——一个官僚精英集团对广大农民称王称霸"①。由此观之,诱发泰国阶级冲突的重大事件是历史演化不断积累的产物。泰国的城市和农村左翼运动有着深刻的历史渊源,多次轮番上演的城市左翼运动,无论是在议会中还是在议会之外,都与在农村地区日益强大的解放运动之间存在着历史联系。1973年10月泰国发生的学生起义,必须被解读为城市左翼运动在经历长时间的极端镇压后的重新出现,并获得了比以往任何时候都更广泛的支持。泰国左翼的显著成就是他们认识到这个帝国主义支持的国家联盟的性质,并认识到只有人民的力量,即工人和农民的力量,才能克服它。②

抗议运动在1974年达到顶峰,当纺织工人在曼谷发动罢工时,学生们前往村庄,动员了许多中部平原农民加入自己的队伍。当年6月,学生联合两万余名农民进军首都曼谷声援罢工运动。这个被称为桑普拉桑(Samprasan)的联盟由学生、工人和农民三个阶级组成,这在泰国历史上是史无前例的,它意味着底层民众第一次联合起来并建立了自己的组织。这个联盟的存在,对曼谷当局尤其是那些掌握实际权力的精英造成了极大恐慌。与绝大多数第三世界国家一样,泰国的社会结构与权力关系在一百多年间同样展现出了巨大的延续性,"乍一看,1980年代的泰国似乎和披汶时期的

---

① [新西兰]尼古拉斯·塔林主编:《剑桥东南亚史》第2卷,王士录等译,云南人民出版社2003年版,第345页。

② Thadeus Flood, "The Thai Left Wing in Historical Context", *Bulletin of Concerned Asian Scholars*, Vol. 7, No. 2, 1975, pp. 55 – 67.

泰国没有什么区别，或者，就此而言，也与朱拉隆功时期的泰国没有什么区别"①。对将军、银行家、官僚和皇族的旧统治集团而言，骤然兴起的大众联盟意味着"新的、更具威胁性的甚至具有共产主义意识形态基础的组织出现了"②。精英们相信，大众联盟极有可能在有组织的农民起义的支持下煽动城市暴乱。有证据表明，早在 1974 年仲夏的时候，泰国中右翼势力已经决定必须对共产主义威胁予以彻底打击。③

也正是此时，共产主义意识形态在泰国得到广泛传播。自 20 世纪 70 年代以来，马克思、列宁和毛泽东的著作在泰国首次面向大众发行。当抗议运动被赋予新的意识形态之后，革命的目的就不仅仅是夺取政权，同样开始致力于对现有秩序的整体性变革。面对持续发酵的左翼思潮，泰国的权力精英深知"一旦穷人被动员起来，发展成为左翼群众性政党，对富人来说，镇压成本随即增加"④。乡村动员倘若成功，城市左翼运动必然裹挟着占据人口大多数的农民形成一场足以撼动传统社会结构的再分配改革。而这个传统社会结构，混合了封建时代的萨迪纳制、新兴的资产阶级以及在政治场域中举足轻重的军事官僚集团，是泰国权力精英赖以生存的基础。因此面对学生的激进社会动员时，国王、城市精英以及许多中产阶级这些曾经同情学生运动的群体纷纷与右翼团体结盟，而后者大部分都在军队和官僚体系中有支持力量。在军队和政府中一些成员的直接支持下，采取军事镇压的措施逐渐得到了体制内各阶层的广泛认可。对于国内外权力精英

---

① [美] 戴维·K. 怀亚特:《泰国史》，郭继光译，东方出版中心 2009 年版，第 270 页。

② [美] 本尼迪克特·安德森:《比较的幽灵：民族主义、东南亚与世界》，甘会斌译，译林出版社 2012 年版，第 183 页。

③ David Morell and Chai-anan Samudavanija, *Political Conflict in Thailand*: *Reform*, *Reaction*, *Revolution*, Cambridge: Oelgeschlager, Gunn & Hain, 1981, pp. 159 – 161.

④ [美] 卡莱斯·鲍什:《民主与再分配》，熊洁译，上海人民出版社 2011 年版，第 17—18 页。

而言，农村与城市的底层力量第一次成建制地联合起来，并提出了围绕经济社会状况的变革诉求。为了捍卫长期以来形成的特权与利益，以军人和官僚为核心的中右翼联盟逐渐形成，他们建立起"纳瓦普尔"（Nawapon）、"红色野牛"（Red Gaurs）等组织以抵抗左翼运动，并提出"保卫国家、宗教与国王免受共产主义破坏"的宣传口号。① 许多左翼人士遭到暗杀，左翼运动内部也出现分歧。至1976年年初，泰国民主政体已经在恐慌和不确定中危机四伏。

1976年10月，前总理他侬结束了流亡生活并返回国内，此举进一步激怒了学生群体，他们再次上街抗议。然而，持续激化的阶级冲突已经迫使泰国精英集体右转，学生们已经失去了资产阶级以及军队的支持——在泰国广大精英群体看来，学生们是热衷于农村动员并意图对整个社会的财富与权力结构进行再分配的"共产主义者"。面对示威游行，军方再次采取行动，民主政府颁布的新宪法在血腥镇压中被取缔。军方高级官员组成国家行政改革委员会，许多与共产主义相关的出版物被销毁，二百多本图书被列为禁书。

相较于之前的军事政变，1976年泰国民主崩溃有着更深层次的政治意涵，它将泰国中右翼权力精英在面对共产主义威胁时所体现的强硬态度展露无遗。② 而且不同于之前政体变迁中群众性运动的缺席，泰国20世纪70年代民主政体的形成以及崩溃都与群众运动有着密切联系。他侬政权的崩溃、新民主政体的建立是在群众性运动的呼声中实现的，虽然其背后暗含着资产阶级的支持以及国王及军队的默许；而1976年民主政权的崩溃，则是泰国精英群体，包括国王、军人、资产阶级乃至外国势力在面对那些紧

---

① D. R. SarDesai, *Southeast Asia: Past & Present*, Fourth Edition, Boulder: Westview Press, 1997, p. 258.

② Katherine A. Bowie, *Rituals of National loyalty: An Anthropology of the State and the Village Scout Movement in Thailand*, New York: Columbia University Press, 1997, p. 2.

锣密鼓的乡村动员时所采取反制的结果。尤为重要的是，"在泰国历史上，这是第一场涉及城市左派参与到农村阶级斗争并发挥了重要作用的政变"[①]。

另一场意图向农村展开社会动员进而导致民主崩溃的政治事件形成于他信（Thaksin Shinawatra）时期。在20世纪晚期，泰国虽然通过实行新自由主义实现了经济的突飞猛进，城乡之间的差距却进一步拉大。虽然贫困的绝对数量有所降低，但贫困人口的相对比重依旧很高，尤其是城市与乡村之间、上层精英与底层民众之间的差距依旧很大。与泰国工业化迅猛发展形成鲜明对比的是广大农民阶级，到20世纪90年代中期，约有3000万（约占总人口60%）的泰国民众仍然生活在村庄。农民的动员潜质，主要源自他们对城市、财富和资源的垄断日益增长的怨恨。与此同时，还有两个因素加重了农民的困境：一是到20世纪90年代，农民阶级已经变得贫富悬殊，一部分农民跻身富农阶层或成了从事出口业的农场主，而绝大多数农民还在森林边缘从事近乎自给自足的生产；二是几十年来，国家一直很注意把任何农民政治组织扼杀在萌芽状态，因此尽管银行家、实业家和商人都有其利益团体，连城市工人都有各种联合会，而农民却不得建立类似的代表机构。[②] 20世纪末，泰国用于社会保障方面的开支仅占国家总开支的5.8%，相较于20年前降低了近2个百分点。[③] 而1997年爆发的亚洲金融危机更是让这种局面雪上加霜。因此即便在进入21世纪后，实现经济腾飞的泰国在人均生活支出方面依然要低于国际贫困线的水平。

---

① Dan Slater and Daniel Ziblatt, "The Enduring Indispensability of the Controlled Comparison", *Comparative Political Studies*, Vol. 46, No. 10, 2013, p. 1320.

② Pasuk Phongpaichit and Chris Bake, "Power in Transition: Thailand in the 1990s", in Kevin Hewison ed., *Political Change in Thailand: Democracy and Participation*, London: Routledge, 1997, p. 35.

③ Johnnes Dragsbaek Schmidt, "The Custodian State and Social Change: Creating Growth without Welfare", in Johnnes Dragsbaek Schmidt, Joacques Hersh and Neil Fold, eds., *Social Change in Southeast Asia*, London: Addison Wesley Longman Limited, 1998, p. 53.

这种潜在的阶级裂隙为新兴政治精英获取选票提供了条件。20世纪80年代之后，出口导向政策极大促进了泰国资产阶级的兴起；而在竞争性选举的"半民主"体制下，强大的地方精英也迅速崛起。[1] 时至20世纪末，"由银行业和工业部门主导的国内资产阶级能够保持对社会经济基础的重大控制"[2]。作为新兴产业诞育的资产阶级代表，他信及其领导的泰爱泰党（Thai Rak Thai）通过致力于吸纳农村选民以壮大影响。在就任总理后，他信提出了推动农村发展、成立国民保险在内的11项方案。[3] 他信的政策的确推动了泰国乡村的发展，基于泰国北部农村的田野调查表明，他信的政策推动了乡村基础设施建设，泥泞的土路被柏油马路替代，传统的木房也变成了更加牢固和美观的砖房，以至这里的民众即便在他信下台之后仍对他很有好感。[4] 2003年开展的扫毒行动以及2004年对地方叛乱活动的打击深得民众支持，这无疑体现出他信着力将普通民众作为其最重要的选票来源。[5] 2006年政治危机之前，他信的势力已经在议会中占据了多数席位，从而使他在政治议程设定中获得了更大的自主性。他信政府的商业集团也通过购买媒体股份，进而以撤回广告为威胁使媒体支持政府。

他信及泰爱泰党的选票主要来源于穷人，这与之前那些在政治上依靠军事强制，在经济上依靠寡头精英的统治集团形成了鲜明对比。因得到不

---

[1] Chai-Anan Samudavanija, "Democracy in Thailand: A Case of a Stable Semi-democratic Regime", *World Affairs*, Vol. 150, No. 1, 1987, pp. 31–41.

[2] Pasuk Phongpaichit and Chris Baker, *Thailand: Economy and Politics*, Kuala Lumpur: Oxford University Press, 1995, pp. 143–172.

[3] 段立生：《他信政府与泰国经济复苏》，《东南亚纵横》2003年第3期。

[4] Edwin de Jong, Luuk Knippenberg, Dusadee Ayuwat, et al., "Red-Shirt Heartland: Village-Level Socioeconomic Change in Northeast Thailand Between 1999 and 2008", *Asian Politics & Policy*, Vol. 4, No. 2, 2012, pp. 213–231.

[5] Duncan McCargo, "Thaksin and the Resurgence of Violence in the Thai South", in Duncan McCargo ed., *Rethinking Thailand's Southern Violence*, Singapore: NUS Press, 2007, p. 56.

少底层民众的支持，他信于2005年实现连任，成为泰国历史上首位实现连任的泰国总理。然而，也正是因为一系列"草根政策"的推行，泰国长期存在的阶级矛盾变得日渐尖锐。当他信通过财政转移以推动针对农村的各类政策措施的时候，针对城市社会福利的拨款相应减少了，这无疑损害了城市中产阶级利益。与此同时，公务员改革以及国有企业改革对体制中的既得利益集团而言也是不小的冲击。而大幅削减军费更是引起了泰国军方的不满：到2003年，泰国军费只占财政预算的7.66%，而这一数字在20世纪80年代却超过20%。到他信第二个任期开始的时候，泰国的阶级冲突已愈演愈烈。

他信政府所推行的以上举措，都是在民主政治的逻辑中被赋予合法性的。虽然代表着资本集团的利益，他信却非预期性地释放了当代民主话语中长期被遮蔽的层面，即民主的大众政治与财富再分配维度。泰国"阶级诉求"一直存在，但被当地的庇护主义政治所掩盖。在泰国政治场域中，"政治活动仅限于少数统治精英，泰国的绝大多数民众都没有资格参与宫廷阴谋或政治活动"[1]。即便进入民主时代，泰国穷人长期以来也显得无足轻重，因为他们只是在特定的恩庇网络中行使投票权。然而，他信政府针对农村所采取的政治动员却将农民放到了影响政治议程的关键地位，农民阶级可以利用民主政治的途径通过一系列极具倾向性的政策以部分地改变农村经济社会结构。这样一来，他信不仅冲击了原有的政治权力结构，而且使得王室—保皇派、军人集团、地方豪强集团以及曼谷政商集团等保守政治力量在"权力—利益"博弈中可能面临结构性损失。[2] 这种结构性损失促使"失意者"们更加紧密地联合起来，对他们而言，拥有雄厚政治资金和

---

[1] [新西兰]尼古拉斯·塔林主编：《剑桥东南亚史》第2卷，王士录等译，云南人民出版社2003年版，第346页。

[2] 周方冶：《泰国政党政治重返"泰式民主"的路径、动因与前景》，《东南亚研究》2019年第2期。

选票资源的他信派系变得比那些在政治上沉寂多年的军人集团更具威胁。而泰国军方的主要高层人士也对他信持反对态度,他们在打压他信阵营势力方面存在共识。[①] 尤其是当他信试图通过动员农村以获得支持时,传统社会的精英们又回忆起了20世纪70年代左翼运动风起云涌时的恐惧。因此当他信改革如火如荼之时,由各类权力精英构成的反制联盟也逐渐形成并伺机而动。

2006年1月,"售股丑闻"将他信及其家族推向了风口浪尖,反他信联盟组织了大规模抗议示威。当他信意图解散议会提前举行大选时,泰国军人集团以"平息政局动荡、恢复经济和社会秩序"为由发动政变,终止了1997年宪法,开启军事管制。政变背后的主要力量,是军民精英中的反民主团体、不满的商界领袖以及新自由主义知识分子和政治家。对于他们而言,以选举为核心的民主政治赋予了普通民众以合法的手段剥夺精英特权的可能,而避免这种可能的唯一手段,便是颠覆民主政体。在此过程中,大众和精英之于"民主"的理解产生了极大的分歧:前者主要是立足大众参与财富再分配的维度,而后者则聚焦自由主义脉络下的民主话语,即保护私有产权为第一要义。面对精英与大众之间不可调和的阶级冲突,泰国学者对此给予了一针见血的评价。

> 2006年9月19日的政变并不仅仅是一部分精英向另一部分精英展开的夺权行动。如果没有民众的大规模卷入,这一事件并不会发生。支持政变的各派力量对底层民众与扶贫政策都有着深深的敌意,尤其是当他信政府通过动员穷人以谋求继续执政之时……精英阶层、中产阶级以及知识分子并没有真正的民主诉求,因此,若想扩展民主空间、追求公平正义,则必须仰仗于工人和农民,以及由他们形成的社会运

---

① 宋清润:《泰国军队与政治的关系及其发展趋势分析》,《东南亚纵横》2020年第5期。

动和政党。①

他信下台之后，由军方任命的新内阁多是新自由主义的追随者：能源部长笃信私有化，外交部部长和商务部部长非常支持自由贸易协定，财政部部长则公开反对"过多"的公共卫生支出——新政府成立之后，医疗支出被削减了23%，军费开支却增加了30%。② 2007年颁布的新宪法扩大了法院在罢免政府和解散政党方面的职权，并重新建立起了1997年前行政和立法之间的权力平衡。③ 传统势力再次以制度的形式牢牢把控政治议程，在两种民主观的角逐中，强调大众政治与财富分配的意识形态再次遇挫。

他信时代紧张局势的形成，并非源于"民主"或者"反民主"的分歧，而是源于"民主"这一概念在历史流变中所"蕴含的'包容性'与'约束性'等不同维度的差异，为持续的结构性冲突奠定了基础"④。从组织名称以及动员话语中，我们不难看出无论是"红衫军"反独裁民主联盟，还是"黄衫军"人民民主联盟，他们都是以反对独裁、推动民主为己任的。然而，他们对民主的出发点存在根本差异：他信及其支持者所理解的民主充满着共和主义（甚至存在一些社会主义）的色彩，他们认为民主意味着通过再分配以实现平等；而反他信联盟更多的是在自由主义的脉络下理解民主，他们恪守对私有财产的保护，因此任何试图进行财富再分配的运动都是他们难以容忍的。这样一来，阶级对立进一步激化，"正是由于中上阶层与下层阶层之间的对立，才会产生扰乱泰国民主巩固的军事政变与街头

---

① Giles Ji Ungpakorn, *A Coup For the Rich: Thailand's Political Crisis*, Bangkok: Workers Democracy Publishing, 2007, p. 45.

② Giles Ji Ungpakorn, *A Coup for the Rich: Thailand's Political Crisis*, Bangkok: Workers Democracy Publishing, 2007, p. 10.

③ Federico Ferrara, "Democracy in Thailand: Theory and Practice", in William Case ed., *Routledge Handbook of Southeast Asian Democratization*, New York: Routledge, 2015, p. 363.

④ Dan Slater, "Democratic Careening", *World Politics*, Vol. 65, No. 4, 2013, p. 751.

运动"①。

因此，我们难以将持续动荡的泰国政局归咎于政治精英之间难以达成妥协，继而将民主的希望寄托于精英之间的合作、妥协以及"领导人对民主价值本身的虔诚"。② 深度历史分析表明，精英与大众所推崇的民主形式可能完全不同。来自亚洲基金会（Asian Foundation）的调查显示，泰国民众之于民主的理解有很大的差别，这种差异具有很强大的阶级与地域特征。③ 回顾 1976 年与 2006 年的两次民主崩溃，我们可以清晰地看到两种不同民主观之间的激烈冲突：一种观点将民主视作程序性的选举政治，其背后是政客、官僚与商人所组成的"铁三角"以及中产阶级④；另一种观点则将民主视为大众参与和财富再分配，当这一种观点被激发时，其背后站立的是广大农民、工人等底层民众。在不平等颇为严重的阶级社会之中，这种矛盾几乎是不可调和的。如此一来，问题的关键变成了权力精英所面对的民主政治所展现出的是怎样的意涵：当"民主"以政党竞争与选举政治的面貌出现时，精英可以凭此合法地垄断权力，进而建起了支持民主的政治—经济联盟；而当那些"定义"并"建立"民主制度的权力精英发现自身的利益可能随着民主意涵的改变而受到威胁时，他们则会断然葬送昔日的"好制度"。总而言之，"民主"到底意味着什么并不重要，对于特定政治概念而言，"只有被需要的时候，他们才会被从坟墓中请出来，现实的需要才是最重要的"⑤。

---

① 叶麒麟：《社会分裂、弱政党政治与民主巩固：以乌克兰和泰国为例》，中央编译出版社 2014 年版，第 89 页。

② 祁玲玲：《制度设计与民主发展：基于 91 个第三波民主国家的定量定性混合分析》，中国社会科学出版社 2017 年版，第 197—208 页。

③ Asia Foundation, *2010 National Survey of the Thai Electorate*, Bangkok: Asia Foundation, 2011.

④ Pasuk Phongpaichit and Chris BakerBaker, *Thailand: Economy and Politics*, Oxford: Oxford University Press, 1995.

⑤ [意] 贝奈戴托·克罗齐：《历史学的理论和实际》，傅任敢译，商务印书馆 1982 年版，第 12 页。

也正是在这种意义上，特定群体之于民主政治的态度变得模糊起来，地主阶级、官僚买办、中产阶级抑或是工人阶级都有可能成为民主的支持者，也都有可能成为民主的反对者。

当然，即便我们看到他信政府的种种惠民政策动员民众，但他最终也并不必然是为了拓展泰国底层人民的实质自由。做一种反事实的思考，如果他信政府遏制了"黄衫军"运动，那么各类政策是否能够得以继续推行？答案似乎也是否定的。上一小节笔者之所以花费很大篇幅描绘泰国资产阶级的勃兴，正是为了意图说明政治变迁中的经济背景。他信的措施，是新兴资产阶级试图战胜传统精英的一种挑战，而乡村动员不过是一种手段。我们注意到，泰爱泰党虽然一方面遵循凯恩斯主义的主张，通过国家资金助推乡村项目，同时也推行新自由主义的政策，诸如私有化以及支持自由贸易协定等。因此即便他信成功地抵御了竞争者的威胁，他在乡村动员问题上也必然面临着菲律宾马科斯那样的两难境地——普通民众虽然为其赢得了统治基础，但进一步的动员是以丧失精英联盟以及不断增加的再分配威胁为代价的。因此，改革止步以及精英反制下的政权崩溃可能是这类政治动员的必然结果。

泰国所经历的这两次民主崩溃，让我们得以重新理解民主政治的存续。同样一批权力精英，他们既会支持民主，也会反对民主。除了其自身力量的考量之外，"民主"这一范畴的内涵显得十分重要：当"民主"以政党竞争与选举政治的面貌出现时，不同类型的精英为了瓜分权力维持统治的合法性会建立支持民主的政治—经济联盟；但当"民主"意味着大众政治时，对再分配的恐惧使精英尤其是经济精英建立起了牢固的反民主联盟。当民主从竞争性选举变为大众政治时，统治精英就露出了本来面目。

很显然，传统的政治经济精英并不是民主政治的天然拥护者和倡导者。相反，现代民主政治的一些原则反而会损害他们的利益，会让他们失去权力、财富和地位。与此同时,精英们拥有潜在的破坏能力,诸如与军方的密切联系以及对官僚机构的控制,等等。因此,他们构成了民主得以存续最重要的障碍与挑战。如果旧时代的政治精英们对新政权不买账的话,那么民主既很难建立,也很难巩固。①

既然精英是关乎民主命运的决定性因素,那么确保旧世界的政治经济精英免受侵犯似乎成为维系民主政体长久运行的根本方式。相较于民主化往往需要精英与大众的"联动",民主崩溃更多仅仅源于上层势力的意愿与行动。② 因此正如前文所述,当代第三世界国家的稳定民主政体无一例外是在以保证精英利益不受损害的前提下方能建立的。然而,这种稳定的民主政治意味着什么呢?和其他类型的制度设计如出一辙,作为特定制度安排的民主政治"不是为了限制群体或者社会以努力避免次优结果而创设的,而是社会结果所固有的实际分配冲突的副产品"③。这意味着,那些创制和发展民主制度的关键行为体的主要目标,乃是针对其他行动者获得相对优势。于是出现了达尔在半个多世纪之前提出的问题:在一个几乎每个成年人都可参与选举但知识、财富、社会地位、担任政府官职的机会,以及其他资源的分配都不平等的政治体系中,到底是谁在进行统治?④

---

① Daniel Ziblatt, *Conservative Parties and the Birth of Democracy*, New York: Cambridge University Press, 2017, p. 363.
② Christian Houle, "Inequality and Democracy: Why Inequality Harms Consolidation but Does Not Affect Democratization", *World Politics*, Vol. 61, No. 4, 2009, pp. 589 – 622.
③ [美] 杰克·奈特:《制度与社会冲突》,周伟林译,上海人民出版社 2017 年版,第 41 页。
④ [美] 罗伯特·A. 达尔:《谁统治:一个美国城市的民主和权力》,范春辉、张宇译,江苏人民出版社 2010 年版,第 3 页。

◇ 第五节 小结

在本章，我们见证了四个国家在发展进程中力图"逆天改命"的诸多尝试，这不独于东南亚地区，同样是第二次世界大战之后第三世界国家的普遍性尝试——民主转型、新自由主义的市场化、私有化政策、分权改革、土地改革等。然而令人遗憾的是，这些努力虽轰轰烈烈、名噪一时，甚至一些国家在短时间内确实实现了"奇迹"般的经济增长，但若考虑到国家发展的相对水平以及对普通民众实质自由的拓展，这些变革的作用又显得微乎其微。

人们自己创造自己的历史，但是他们并不是随心所欲地创造，并不是在他们自己选定的条件下创造，而是在直接碰到的、既定的、从过去承继下来的条件下创造的。[1] 因此，我们首先要关注这些变革是在怎样的宏观秩序中开启的。在上一章中，本书所关注的四个国家都在"精英胜利"的整体态势下完成了新国家的建立。虽然方式都不同——有的是民族主义压倒共产主义，有的则是和平接受宗主国的统治权，等等——但最终掌权的几乎都是来自旧时代的中上层精英。精英构成了当代东南亚国家的唯一代表，各级领导层的核心成员都是从有限的社会阶层中招募的。[2] 不管这些国家的宪法框架是如何规定着公民参与程度，"寡头制"都是这些国家政治生态的本质特征。就像亚里士多德所说的那样，国家由少数有钱人统治着。

在各种危机中，新诞生的国家最终都出现了一个明确的执政联盟，它包含传统贵族、官僚精英、商业精英、地方豪强以及军队势力，而那些左

---

[1] 《马克思恩格斯选集》第1卷，人民出版社2012年版，第669页。
[2] Harry J. Benda, "Political Elites in Colonial Southeast Asia: An Historical Analysis", *Comparative Studies in Society and History*, Vol. 7, No. 3, 1965, pp. 233–251.

翼力量、民间社会的群众团体以及宗教原教旨主义者谋求政权的努力已经宣告失败。① 在意识形态的光谱上，我们可以将这个政治—经济精英的联合体称之为中右翼联盟。从具体构成来看，不同国家的中右翼执政联盟并非一成不变。即便是在同样的政治领导人之下，不同阶段的精英联盟有可能大相径庭。② 而联盟构成的变化，在一定程度上也决定着国家的政策方向。例如在20世纪70年代左右，本书所关注的四个国家均从进口替代转向了出口导向的工业化发展战略，这种转向与自然精英联盟有着密切联系：在印尼与菲律宾，新上台的政治精英——我们暂且可以称之为"独裁者"的苏哈托与马科斯——通过政策转向以惠及并建立新的经济精英的联盟；而在马来西亚与泰国，政策转向则是为那些联盟中的经济精英提供更大的便利。中右翼联盟具体构成形式的变化让第三世界政治场域热闹非凡，一出出扣人心弦的政治剧目轮番上演。

在当代一系列围绕权力精英的研究中，人们凭借各种方法观察这些行动者们的互动和博弈是如何影响着国家发展抑或是政策走向的。但笔者认为，过多地关注细枝末节的微观博弈无疑是以丧失"想象力"为代价的，人们似乎更应该关注这样的问题，这个特定的社会作为整体的结构是什么；它的基本要素有哪些，彼此如何关联；它与其他社会秩序有何分别；在其内部，任一具体特征对社会的维系和变迁具有怎样的作用；这个社会在人类历史上居于什么样的位置，是什么样的动力在推动着它不断变迁；在整

---

① Michael T. Rock, "The Last Fifty Years: Development Strategy and Development Performance in Southeast Asia", *Journal of Southeast Asian Economies*, Vol. 35, No. 1, 2018, pp. 39 – 49.

② 例如，"新秩序"下精英联盟的变迁导致了苏哈托政权从"军事寡头政体"演变为"个人独裁政体"，参见 Dan Slater, "Altering Authoritarianism: Institutional Complexity and Autocratic Agency in Indonesia", in James Mahoney and Kathleen Thelen, eds., *Explaining Institutional Change: Ambiguity, Agency, and Power*, Cambridge: Cambridge University Press, 2010, pp. 132 – 164.

个人类的发展中，它居于什么位置，又有什么意义。① 很显然，精英研究者们虽然发现了历史进程中的关键行动者，但并没有进一步追问他们在整个宏观结构中的作用，以及他们对于占据人口大多数的民众而言究竟意味着什么。

在东南亚所有资本主义国家中，"先富"的精英投资土地、化肥和机械等生产资料以及银行业和旅游业等现代服务业，并通过拉取选票、贿赂和教育等手段掌握国家权力。20世纪60年代的收入分配统计数据显示，这些国家不同群体之间的收入差距已经很悬殊了，而这一差距随着时间的推移又进一步扩大。当精英研究者们过于关注精英群体内部差异时，一个更为关键的结构性特征被他们忽视了，那就是精英群体相较于普通民众的巨大优势，以及优势背后所体现的历史延续性。当世界资本主义体系重塑边缘地带的阶级关系与社会结构后，一种新的要素涌现出来，传统世界的土地贵族与新兴工商阶级中的精英分子缔结联盟，组成了这些国家在19世纪的基本统治秩序，并在经历了去殖民化洗礼之后一直延续到今天。尤其是对于统治联盟中的经济精英而言，他们是特定生产关系的集中体现。也就是说，中右翼联盟深深扎根于这个国家的社会结构与经济关系，这使得他们的权力异常稳固。他们决定着政治变迁的基本方向，以至几乎所有的民主化进程都是在保障其利益不受损害的情况下方能开启。② 这样一来，也就不难理解为何民主转型并没有推动国家治理绩效，反而因竞争性选举进一步撕裂业已存在的社会矛盾。

然而，"旧秩序"并不意味着它是一潭死水，传统世界延续下来的中右翼精英联盟同样能够推动国家实现经济增长。虽然发展经济学探寻

---

① [美] C. 莱特·米尔斯：《社会学的想象力》，李康译，北京师范大学出版社2017年版，第6页。

② Rachel Beatty Riedl, Dan Slater, Joseph Wong, et al., "Authoritarian-Led Democratization", Annual Review of Political Science, Vol. 23, 2020, pp. 315-332.

诸多经济增长的因素,但对于一个国家尤其是第三世界国家而言,有两个因素或许尤为重要。其一,是像新制度经济学家们强调的那样保护私有产权,或更具体来说是保护那些能够赚钱的人的私有产权;其二,则是有效地利用国际形势。第一点对中右翼联盟而言并不难做到,或者说资产阶级本身就是这个联盟的一部分。而对于第二点,东南亚国家的领导人们也的确在很大程度上迎合了世界发展潮流。在摆脱殖民统治之后,第三世界尤其是亚洲和非洲的经济增长都很迅速,它们中大多数国家的年人均经济增长率为2%—3%——这虽然无法媲美那些"经济奇迹",但对于几十年乃至几百年来经济增长很少会超过1%的国家与地区来说,这已经是很大进步了。而对于马来西亚等四个东南亚国家而言,他们在1970年的工业占比都已经超过了1/4。总之,一个强大的、以精英为导向第三世界国家的政治领导层是可以在资本主义经济的有利环境中大力推行民族主义政策,同时保护本国企业免受外部侵害,进而实现经济增长的。

但若考虑到"相对发展水平",即便是那些经历了"经济奇迹"的国家,他们在经济财富上依旧没能产生实质性变化。"不发达国家的许多税收和其他被宣扬为旨在更大经济平等的改革在那儿被说成是为了中产阶级的利益,而不说成是为了实际上的最上阶层的利益。从实际情况看,这些改革在其实行的地方即使为了这点有限的目的也不太有效,至多只能被看成是更广义上的上等阶层内部的收入重新分配而已。"[1] 新自由主义时代的诸多改革可以在一定程度上实现经济增长,但如果考虑到经济结构的合理性以及贫富差距等指标,这些国家获得的发展则十分有限。时至今日,不仅"华盛顿共识"在第三世界遭遇挫败,伴随着"承平日久"而出现的分利集团与阶级固化,发达国家内部的不平等现象也日趋严重。自20世纪70年代

---

[1] [瑞典]冈纳·缪尔达尔:《世界贫困的挑战:世界反贫困大纲》,顾朝阳等译,北京经济学院出版社1991年版,第55页。

以来，被皮凯蒂称为"新的承袭式资本主义"模式在发达国家强力回归。①经济学家对美国经济增长与社会分化的研究，同样适用于第三世界。

> 从第二次世界大战结束到 1970 年代左右，经济增长较快，经济成果分配较为平均。经济增长好像一部自动扶梯，带动所有受教育程度和收入水平的人共同进步。但在 1970 年以后，这部自动扶梯一分为二，一部扶梯的乘客是受过良好教育、已经相对富裕的人口，它的运行速度比以前更快；而另一部扶梯的乘客则是没有学士学位、本身就不太富有的人口，这部扶梯被卡住了，几乎一动不动。②

"两部扶梯"的形象比喻表明，如果我们将关注的重点放在拓展实质自由，那么新发展经济学中的许多"金科玉律"就失灵了。有迹象表明，穷人（往往是农村丧失土地的农民和城市失业人员）的生活水平实际上在战后的大多数时期都在下降，有时候即使人均国内生产总值在增长时也不例外。③ 在严重贫富分化的社会中，以建立和保护私有产权为核心的改革不仅不会产生激励效应，反而会加剧这种不平等的结构，并最终影响国家的长期发展。④ 而且我们还会注意到，虽然经济增长构成了拓展实质自由的物质条件，但有时候增长与发展是存在巨大张力的。这个时候，中右翼联盟会

---

① ［法］托马斯·皮凯蒂：《21 世纪资本论》，巴曙松译，中信出版集团 2014 年版，第 176 页。

② ［美］安妮·凯斯、［美］安格斯·迪顿：《美国怎么了：绝望的死亡与资本主义的未来》，杨静娴译，中信出版社 2020 年版，第 142 页。

③ 在 20 世纪 60 年代的马来西亚和 70 年代的印尼和菲律宾，大多数人或者说相当一部分人的实际收入明显下降，参见［新西兰］尼古拉斯·塔林主编《剑桥东南亚史》第 2 卷，王士录等译，云南人民出版社 2003 年版，第 398 页。

④ 黄琪轩：《巴西"经济奇迹"为何中断》，《国家行政学院学报》2013 年第 1 期；释启鹏：《"好制度"为何不能总是带来"好结果"？——中美洲国家兴衰的比较历史分析》，《经济社会体制比较》2021 年第 5 期。

毫不迟疑地选择经济增长。在殖民地时期，无论是殖民者还是依附性的地主、种植园主会为了攫取利润而不顾奴隶与农民的死活；而在国家独立之后，统治精英也会尽己所能剥削工人的剩余价值。

新自由主义全面改革的最终结果已经重组了劳动力和资本在这些国家的社会关系，成千上万的人被踢出劳动力市场，说明这样的结构调整缺乏社会安全感。更糟的是，新自由主义推动的改革已经造成了劳动力在很大程度上的不安全感，它既没有让工人们享受到制度的权利，也没有充分发展社会保障网络。不通过创造新的工作岗位、不采取正规合同和保障劳工权利的方式使把从前失业人口重新整合到劳动力市场，因为它们可以采用日益多样化的非正式雇用形式，而把周边广大地区的劳动力非正规化，比如短期合同、递送、内部协定和家政服务等。不过因为不是正式职工，成千上万以此形式就业的工人就无法受到法律的保护。①

普通民众的悲惨命运并没有得到精英们的怜悯，他们选择了视而不见。历史一再证明普通民众的巨大忍耐力，况且从个体上升到有效的社会动员之间存在着重重阻碍。与此同时，权力精英也乐于看到自由主义浪潮中工人阶级的瓦解，毕竟，他们在历史上曾多次感受到在左派意识形态鼓舞下底层民众的革命力量。中右翼联盟是靠战胜左翼以及民众运动而上台的，因此他们对来自底层的力量具有天然的恐惧与拒斥感。精英可以通过市场化、私有化渠道攫取财富，可以通过竞争性选举的渠道以及分权改革巩固地方控制；但在面对再分配时，军事与私人团体，尤

---

① ［英］达优泼·常：《东亚及东南亚资本关系的新自由主义重组》，载［英］阿尔弗雷德·萨德－费洛、［英］黛博拉·约翰斯顿编《新自由主义：批判读本》，陈刚等译，江苏人民出版社2006年版，第346页。

其是土地精英，对左翼政党所推行的改革措施往往都抱有极大的敌意。[1] 尤其是当来自城市的左翼政党将政治动员工作深入农村之后，中右翼联盟必然对其进行无情的镇压。泰国在1976年以及2006年发生的军事政变，正是最好的印证。甚至当马科斯试图通过动员农民以巩固权力时，菲律宾的精英们对其发动了致命的反击。吊诡的事情发生了，精英们既是"民主之友"，又是"民主之敌"——在自由主义民主的环境中，不同类型与派系的政治经济精英会为了维持权力平衡并赋予统治合法性而成为民主的支持者；但当大众民主出现时，他们便会对其进行无情的镇压——这似乎为我们提供了民主化与民主崩溃新的见解，笔者将在最后一章进行理论反思。

大量的研究基本形成了这样的强烈共识——国家之于第三世界发展有着举足轻重的作用。即便是来自不同的学术传统，研究者们均强调国家建设——尤其是在第三世界的情境中——应该成为制定政策、实现发展的前提与基础。[2] 除此之外，国家之于发展还有更为重要的理由：虽然对商品、资本和劳动力市场的理性追求对经济增长至关重要，但从本质而言，市场本身除了对赤裸裸的私人利益外别无尊重，极大扰乱社会秩序。因此，国家在两种看似矛盾的方式中对发展发挥着举足轻重的影响——它既可以打破市场的阻力，也可以通过市场机制和社会政策来缓和生活矛盾。然而，新自由主义时代的诸多理论却是"去国家化的"——这种理论是建立在"理性人"以及"国家是必要的恶"等西方传统价值观念的基础之上的，其前提与基础是社会是具有法治精神与

---

[1] Stephan Haggard and Robert Kaufman, "Economic Adjustment and Prospects for Democracy", in Stephan Haggard and Robert Kaufman eds., *The Politics of Economic Adjustment: International Constrains, Distributive Conflicts, and the State*, Princeton: Princeton University Press, 1992, pp. 346 – 348.

[2] 参见 Matthew Lange and Dietrich Rueschemeyer, eds., *States and Development: Historical Antecedents of Stagnation and Advance*, New York: Palgrave Macmillan, 2005.

平等结构的公民社会。① 第三世界的真实状况在于，国家并非太强而是太弱了。国家领导人在追求国家强势地位时，面对来自酋长、地主、老板、富农、部落首领通过其各种社会组织的抵抗形成的难以逾越的障碍时，往往显得无能为力。② 在这种情况下，改革一方面无法触及根本利益，而任何意图涉及再分配的措施都会遭到坚决抵抗。

"总是使一个国家变成人间地狱的东西，恰恰是人们试图将其变成天堂。"③ 这句话出自德国诗人荷尔德林的小说《佩里翁，或希腊的隐士》，哈耶克（Friedrich August von Hayek）将其作为《通往奴役之路》第二章的引言而被人们广为熟知。哈耶克自己或许也不会料到，这句意在攻击社会主义的话语，反而成为其推崇的自由秩序在第三世界具体实践的生动描述。那些承载着第三世界改变命运的诸多尝试，最终在顽固的社会结构里伴随着"流水的历史，铁打的精英"湮没无闻。

---

① 杨光斌：《发现真实的"社会"——反思西方治理理论的本体论假设》，《中国社会科学评价》2019 年第 3 期。

② ［美］乔治·S. 米格代尔：《强社会与弱国家》，张长东等译，江苏人民出版社 2012 年版，第 35 页。

③ 转引自［英］弗里德曼·奥古斯特·哈耶克《通往奴役之路》，王明毅等译，中国社会科学出版社 1997 年版，第 29 页。

第六章

结　　语

　　如果未来世界的人们真的要想冲破当下的锁链,他们也不得不努力去理解形成这些锁链的力量。①

　　　　　　　　　　　　　　　　　　　　　　　　——巴林顿·摩尔

　　在我们这个时代,发展必须意味着对现存的特权阶级的清算以有利于与其相对应的社会最底层群体。②

　　　　　　　　　　　　　　　　　　　　　　　　——沃尔特·罗德尼

　　变革究竟意味着什么?对这一问题的探求贯穿于本书的每个章节。围绕"发展的迷思"人们普遍认为变革是发展的前提。在20世纪50年代之前,"发展"还是一个自发的历史进程,人们几乎无从对其进行干预;但随着"欠发达"等"概念发明"的出现,"发展"成为可以通过各类变革加以实现的连续性进程。③ 这种观念,直接承袭于19世纪当代社会科学所形成的年代。在乐观且自信的社会氛围中,线性发展的观念在彼时的历史哲

---

① ［美］巴林顿·摩尔:《专制与民主的社会起源》,王茁等译,上海译文出版社2012年版,第526页。

② ［圭亚那］沃尔特·罗德尼:《欧洲如何使非洲欠发达》,李安山译,社会科学文献出版社2017年版,第29页。

③ ［瑞士］吉尔贝·李斯特:《发展史:从西方的起源到全球的信仰》,陆象淦译,社会科学文献出版社2017年版,第107—109页。

学中始终占据着主导地位。在漫长的 19 世纪，人们开始认为历史会沿着某种特定方向发展，而社会变革也是十分寻常的现象。如果更往前追溯，我们不难在中世纪神学的历史观中找到渊源。根据基督教神学的意见，人类从上帝创世一直到最后的末日审判，是一个线性的、不断向天国靠拢的过程。虽然近代以来的西方历史观不再像基督教神学那样描绘一个虚幻的天国作为历史归宿，但它将这样一个"天国"拉到了尘世，用粉饰现实或粉饰未来对历史做出判断。西方文明孕育的特定历史观，决定了研究者从事政治社会分析的基本前提。

从某些方面来说，社会科学是启蒙运动的最佳产品。它体现了人类社会是可理解的结构的信念，我们能够了解这些结构的运作。根据这个前提，人们自然认为，人类运用他们的能力，能够对他们自己的世界施加决定性影响，以便合理地实现良好世界。当然，社会科学实际上不加质疑地接受了启蒙运动的另一前提，认为世界正在不可避免地向良好社会演变，也就是说，进步是我们的天然继承物。①

在这种历史观的熏陶下，人们笃信"政治的历史就是探索可行策略的历史，这些策略被用来缩短——尽管不能消除——统治者与被统治者之间的距离"②。然而揆诸东南亚四国发展历程与现实境况，笔者愈加对这种乐观主义情绪表示怀疑。比较研究的意义便在于此处，研究者可以借此来重新审视人们普遍认同的历史观点。本书揭示出这样一个悲观的事实：绝大多数的政治策略并没有缩短统治者与被统治者之间的差距，相

---

① [美] 伊曼纽尔·沃勒斯坦：《所知世界的终结》，冯炳昆译，社会科学文献出版社 2002 年版，第 33 页。
② [英] 肯尼思·米诺格：《政治的历史与边界》，龚人译，译林出版社 2013 年版，第 3 页。

反，统治者却在千方百计地稳定自身统治甚至拉大这种差距，尽管我们对未来充满无限的憧憬，但这并不为拓展普通民众的实质自由的必然性提供理由。

那么，为什么会产生这种悲观的结局？在历史性因果叙述的引导下，笔者力图在第三世界的复杂变奏中寻找答案。作为本书的最终一章，笔者期待在经验研究的基础上进行某些理论性的总结。恩格斯强调，"历史事件似乎总的说来同样是由偶然性支配着的。但是，在表面上是偶然性在起作用的地方，这种偶然性始终是受内部隐蔽着的规律支配的，而问题只是在于发现这些规律"[①]。笔者认为，这些"隐蔽着的规律"恰寓意于历史延续性之中。比较历史分析不仅致力于最经典的理论与方法论争，同样还力图在历史张力中剖析那些推动历史演进的"深层结构"，以照亮当下与未来。

◇ 第一节　精英主导的变革及后果

在之前三章的经验分析中，我们见证了许多类型的冲突与变革。其中既有相对和缓的制度与政策变迁，同时也不乏激烈的起义、革命与军事政变。那么，回到本书开篇的问题：为什么在经历了民主转型、新自由主义改革乃至国家独立与民族解放之后，第三世界国家依旧难以扭转自身的发展命运？理解这一问题，我们首先应当对这些变革进行简要的类型学总结，继而理解它们对于拓展普通民众的实质自由到底意味着什么。

第一类是政策性变革，如经济发展战略从进口替代转变为出口导向，从国家引导的发展转向新自由主义，等等。在东南亚四国的经验分析中我

---

① 《马克思恩格斯选集》第 4 卷，人民出版社 2012 年版，第 254 页。

们可以看到，政策类变革的原因是多种多样的，有时是政治精英为了扩大自身或其经济精英联盟的利益，如20世纪70年代以来马来西亚和泰国的市场化改革；有时则是为了打击旧的统治联盟，例如马科斯和苏哈托在上台之后都采取倾向性的政策安排，这些变革一方面削弱旧有政治精英的支持者，另一方面培育了新的精英支持者；而在另一些情况下则只是源于领导人对流行观点的青睐，如许多国家采取的私有化、市场化改革。政策类变革的目的，不外乎是为了推动经济发展以及增加税收，提升统治合法性，赋予经济精英以更大的利益。虽然目的与具体形式可能存在差异与不同，但政策类变革都是在权力精英的框架内展开，精英联盟的具体形式发生了改变，但掌握权力的依旧是立足传统社会结构与生产关系的精英，他们也是为了维持既有的统治秩序。政策类变革是最普遍、最容易发生且最无关基本秩序的变革类型，一个国家永远不可能单纯凭借政策性的变革改变其相对发展水平。许多政策类变革的成与败，往往与这个国家的深层社会结构有着密切关系。

第二类变革形式涉及国家政权问题，即政治变革，它可以表现为殖民政权的到来与退场，也包括诸如军事政变、民主化等政体变迁。虽然这类变革是宏观政治社会分析所关注的焦点并产生了一大批优秀的研究作品，但鉴于以下两方面的考量，我们依旧难以对其寄托过多期待。

从"发生学"的角度来看，掌握物质资源与政治权力的精英们更有能力引领或阻碍变革。换言之，绝大多数变革只有在权力精英默许的条件下才能顺利实施。这样一来，我们所能观测到的变革性事件几乎都是以旧时代精英利益不受损为前提的。从现代化理论到民主转型理论，主流学者都倾向于认为政治变革的发生主要源于旧有秩序面临全面危机乃至崩溃的危险——这种危机可能来自经济的断崖式下跌、国内新兴势力的强烈诉求乃至其他国家的施压，等等——执政者为此不得不做出"别无他途"

的选择。① 但另一些新近研究愈加表明，外部危机或许只是为改革提供了"许可性条件"，旧秩序的统治者们往往只有在能够充分保障自身利益的前提下才会开启各类改革——换言之，变革的举措只有在旧有精英默许的条件下才能有效推行。而在那些没有处理好保守势力的国家，政权更迭反而更为频繁。②

而从变革的内容来看，政治变革的表现形式为政治精英的更迭，诸如从西方殖民者转变为民族主义领袖，从独裁者转为民选官员，等等，其核心无外乎是新的政治精英取代旧的政治精英。但值得注意的是，即便是新的政治精英同样有着深刻的经济社会基础。在第四章中我们可以看到，通过民族主义运动的方式实现国家独立主要体现为本土精英与殖民者之间的矛盾，这种性质决定了他们虽不满于现存统治阶级，但也不会在掌权之后触动其所依赖的阶级关系与社会结构。正如斯塔夫里阿诺斯所言，民族主义运动的领袖都有一个特点，即他们渴求独立却反对阶级斗争，拒绝对社会进行根本变革。③ 毋宁说泰国的朱拉隆功改革就是在国王本人的推动下进行的，回顾一下那些"国父"们——无论是在马来西亚的拉赫曼亲王还是印度尼西亚的苏加诺——他们本人及其家族都与旧时代的统治秩序有着千丝万缕的联系；更为极端的是菲律宾，政权的几经更迭丝毫没有冲击土地—商业精英所构建的政治经济秩序。第五章的研究表明，即便是进入了自由主义民主的轨迹，既有统治精英依旧在政治场域中发挥决定性作用。比较

---

① ［美］西摩·马丁·李普塞特：《政治人：政治的社会基础》，张绍宗译，上海人民出版社 2011 年版；Guillermo O'Donnell, Philippe C. Schmitter, and Laurence Whitehead, eds., *Transitions from Authoritarian Rule: Comparative Perspectives*, Baltimore: Johns Hopkins University Press, 1986; Barbara Geddes, "What Do We Know about Democratization after Twenty Years", *Annual Review of Political Science*, Vol. 2, 1999, pp. 115 – 144.

② 释启鹏：《阶级冲突下的精英反制与民主崩溃》，《国际政治科学》2022 年第 2 期。

③ ［美］斯塔夫里阿诺斯：《全球分裂：第三世界的历史进程》，王红生等译，北京大学出版社 2017 年版，第 441—442 页。

历史分析的经验表明，1800—2006 年只有 34% 的新兴民主国家的宪法是在民主实现之后独立完成的，"民主很少是在自下而上的运动中由多数派创制的，相反，民主在更多情况下是前独裁政权的精英们设计的产物"[1]。在西欧和拉美我们的确看到了类似的经验，即民主更多情况下是精英间斗争的结果，而非不同阶级之间的斗争结果。[2]

最后，当新的政治精英获得统治地位之后，他们必须与经济精英建立坚实的联盟，前者必须通过维持既有的经济结构与生产关系从而获得后者的支持，甚至为后者提供偏向性的政策。如此一来，经济精英及其立足的社会结构与生产关系并没有发生改变——而这是关乎发展水平更为根本的因素。但由于路径依赖效应以及庇护网络的日益复杂化，改变联盟状态变得越加艰难。类似的，第三世界屡见不鲜的军事政变甚至只是改变了国家领导层的精英而非社会结构，军政府所依赖的行政治理体系都是旧秩序所遗留下来的。列宁曾用冷峻的分析揭露了政权更迭的实质，至今看来这种洞见仍不过时。

> 用民主共和政体代替君主政体，丝毫也不会触犯资本主义剥削制度的经济本质，相反地，只要把保护神圣不可侵犯的资本主义利润的斗争方式加以改变，就可以同样顺利地在民主共和制下保持这种利润，正如在君主专制下一样。[3]

---

[1] Michael Albertus and Victor Menaldo, *Authoritarianism and the Elite Origins of Democracy*, New York: Cambridge University Press, 2018, p. 8.

[2] 参见 Ruth B. Collier, *Paths toward Democracy: The Working Class and Elites in Western Europe and South America*, Cambridge: Cambridge University Press, 1999; Humberto Llavador and Robert J. Oxoby, "Partisan Competition, Growth, and the Franchise", *Quarterly Journal of Economics*, Vol. 120, No. 3, 2005, pp. 1155 – 1192.

[3] 《列宁选集》第 3 卷，人民出版社 1972 年版，第 132 页。

第六章 结语

当然，主导第三世界发展命运的与其说是彻头彻尾的资产阶级，毋宁说是披着现代性外衣的旧时代贵族。国家就像提线木偶一般被其操纵于股掌，而普通民众则似龙套演员一般，匆匆而来，又匆匆而去。因此，我们就不难理解为什么很少有国家能够实现经济持续增长与社会进步。最基本的现实在于，锻造一个强大的国家和缺少严格等级关系的社会对于第三世界而言异常艰难。在这些国家，强大的政治经济精英仰仗不平等的制度安排攫取资源——对于这些掌握核心权力的关键行动者而言，不平等的社会结构与制度安排是他们赖以存在的基础，同样是经由他们设计并维系进而实现自身利益的重要手段。"虚弱的社会凝聚力和无力的国家制度的致命结合制造了问题"，这导致无法轻易地实行民主化，而只有依靠打破其恶性循环的战略才能有效地修复脆弱国家。① 为了革除旧时代的制度结构、制度体系与阶级因子，第三世界国家往往需要对权力尤其是经济权力进行根本转变。

在过往的人类实践中，只有战争、社会革命以及土地所有权足以撼动真正旧有秩序，它们构成了笔者所关注的第三类变革，即触及社会结构与生产关系的社会变革，或者说是涉及财富再分配的变革。本书分析的案例契合了绝大多数第三世界的境遇，它们在近几百年来第一次经历的社会性变革来自西方殖民主义所造成的整体性改造。在本书分析的四个国家中，菲律宾最早且最为彻底地受到了殖民主义的改造。西班牙殖民时代所锻造的大地主阶级一直延续下来，并随着美国殖民时代民主政治的引入而不断壮大。马来西亚和印度尼西亚与西方世界的全面接触则是 19 世纪中期之后，虽然殖民统治的方式存在差异，但两个国家都经历了土地私有化的过程，伴随这一过程的是种植园的兴起。泰国虽然免于沦为西方殖民地，但同样在 19 世纪凭借稻米出口而被卷入世界资本主义体系。农业商品化趋势加速

---

① ［美］赛斯·D. 卡普兰：《修复脆弱的国家：发展的新范例》，颜琳译，民主与建设出版社 2015 年版，第 8 页。

了土地私有，并逐步形成了新的商人阶级和地主阶级。总而言之，我们见证了这些国家的土地所有制从公有制到私有制的演变，这一重大变革都是西方殖民主义所推动的。在土地私有的浪潮中，封建时代的权力精英得以延续与重塑，他们在之后百余年的时间里对国家发展发挥着举足轻重的作用。

从殖民主义对第三世界的深远影响中，我们还能发现一套更令人鼓舞的经验：殖民主义发生的事实表明，一个基本的、世界范围的转变过程至少在历史上是可能的；而且"任何旨在消除世界范围内欠发达境遇的重大尝试，都必须采取与殖民主义几乎完全相反的方式进行"①。于是，我们可以将希望寄托于另一些类型的社会变革，诸如社会革命抑或是土地再分配。

然而，社会变革终究难以真正实现，它们往往需要对底层民众的动员——在第三世界中是分布于广泛农村地区的农民阶级。斯考切波曾预言，那些"国家与阶级结构得到根本性改造，并在一定程度上来自下层阶级反叛"的社会革命在第二次世界大战后的第三世界国家已经不太可能了，革命的危机已演变为国家内部行政集团与经济支配阶级之间展开的政治斗争的副产品，所有政变，即使是"改革派"的政变，也不过是顺延了现存国家的形式与统治，而且还会禁止下层民众的暴动与反叛。② 与此同时，鉴于20世纪中叶全球范围的共产主义浪潮，传统势力对左翼力量的警觉使得后者在当下的发展境遇愈发困难。而且从整个历史来看，真正自下而上推动的变革事实上极为罕见。③ 此外，这些涉及再分配的变革极易受到统治精英

---

① James Mahoney, *Colonialism and Postcolonial Development: Spanish America in Comparative Perspective*, New York: Cambridge University Press, 2010, p. 269.

② [美] 西达·斯考切波:《国家与社会革命》，何俊志等译，上海人民出版社2007年版，第347—348页。

③ Carles Boix and Milan W. Svolik, "The Foundations of Limited Authoritarian Government: Institutions, Commitment, and Power-Sharing in Dictatorships", *The Journal of Politics*, Vol. 75, No. 2, 2013, pp. 300–316.

尤其是经济精英的极力反对。遑论社会革命,即便是立足普通民众,旨在财富再分配的改革,就足以招致权力精英的联合反对,甚至出现政权崩溃。在印度尼西亚,印尼共意图进行农村动员的"单方面行动"受到了权力精英自上而下的绞杀;在菲律宾,马科斯土地改革的方案触及了大地主阶级的利益,从而使其失去了赖以执政的基础;在泰国,1976年和2006年两次民主崩溃的导火索都是农村政治动员的开展,从而受到了城市中产阶级与农村上层精英形成的"反制革命"联盟的镇压。

社会变革的罕见性与艰巨性再次表明"时机"(Timing)是何等重要,似乎战争、革命、土地改革等措施必须以"组合拳"的形式在国家建设的关键时刻同时出现——往往是建国时刻——才有可能扭转国家的发展命运。相较于其他第三世界国家而言,东南亚事实上要幸运得多。因为在共产主义浪潮的冲击以及此起彼伏的游击战争中,传统时代权力掮客的凝聚力和影响力都受到了很大冲击,因此像马来西亚等国家在确立出口导向的政策时,并没有与之针锋相对的强大社会力量。[①]但另一些国家就没有那么幸运了。在拉丁美洲,强大的社会力量无时无刻不左右着国家发展的方向。"拉丁美洲国家在赢得独立之际,继承并维持了一个实质上是封建的社会结构。他们试图把美国和革命的法国的共和政体照搬过来,安在这种封建的社会结构之上。"[②]在实现独立之后,拉丁美洲并没有寻找到自主性的发展指南,国家反而成为各种理论的"试验场"——这些早早脱离了殖民统治的国家实践了自由主义、发展主义、新自由主义等不同的思潮,并在经济全球化的浪潮中经历了初级产品出口、进口替代以及出口导向等发展模式。在一次次的政策试验中,权力精英凭借其政治精英优势不断扩充财富,但普通

[①] Richard Stubbs, "War and Economic Development: Export-Oriented Industrialization in East and SoutheastAsia", *Comparative Politics*, Vol. 31, No. 3, 1999, pp. 337–355.

[②] [美]塞缪尔·P. 亨廷顿:《变化社会中的政治秩序》,王冠华等译,上海人民出版社2008年版,第108页。

民众并没有在这些变革中获得多少实际好处。

如图6-1所示，20世纪中叶拉美各国家庭农场的状况依旧能够反映19世纪中叶的状况。虽然总体来说各国都朝着更加公平的土地分配状况迈进，但这一数据在国家间的状况并没有发生本质改变。土地分布状态是拉美政治场域中最关键的行动者——大地主阶级的生动体现，换句话说，这种延续性体现了稳定的相对发展水平的社会根源。精英内部可能出现此消彼长——例如，自1930年以来从事农矿生产的资产阶级在经济和政治上被大大削弱了，商业精英崛起——但从总体来看，精英统治的现实以及社会结构的稳定性却一直延续下来。于是，拉美世界体现出了最为典型的新封建

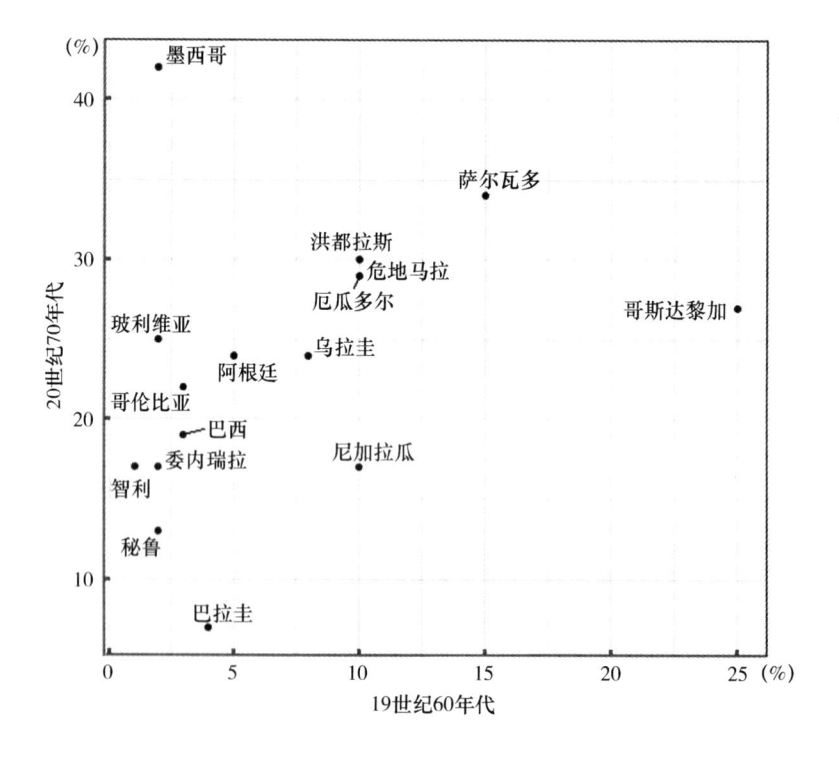

图6-1 拉美家庭农场的比例

资料来源：Tatu Vanhanen, *Prospects of Democracy: A Study of 172 Countries*, London: Routledge, 1997, pp. 251-273.

主义图景，中美洲的萨尔瓦多一直被"14家族"统治；墨西哥长期处于克里尔（Creel）王朝的统治之下；哥伦比亚的自由党和保守党垄断国家达150年之久，即便是社会发展程度较高的哥斯达黎加，其大部分掌权者依旧拥有殖民时期统治者的血统。① 在权力精英的持续掌权下，拉美国家的国家能力同样展现出了惊人的稳定性，如图6-2所示。

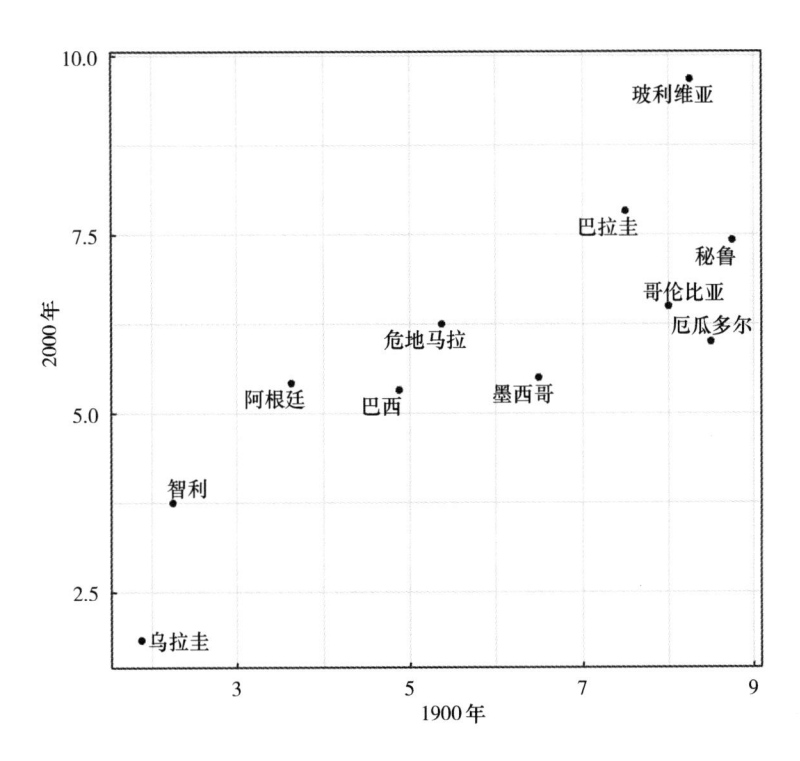

图6-2 拉美主要国家能力的相对稳定性（1900—2000年）

资料来源：Hillel David Soifer, *State Building in Latin America*, New York: Cambridge University Press, 2015, pp. 12-13.

---

① [美]詹姆斯·罗宾逊：《拉美的均衡》，载弗朗西斯·福山编著《落后之源：诠释拉美和美国的发展鸿沟》，刘伟译，中信出版社2015年版，第184页。

在20世纪，经济学家库兹涅茨（Simon Smith Kuznets）认为增长、竞争与技术进步会逐渐降低不同阶层之间的不平等程度，从而促进社会朝着更加和谐的方向发展；然而在19世纪，马克思却预言财富将最终被少数人掌握。环顾当代世界发展格局，马克思的判断无疑更为深刻。我们既看到了财富增长与技术革新，但同时也看到权力与财富仍然掌握在少数人手中，拓展普通民众的实质自由依旧任重道远。与各种形式的启蒙运动所鼓吹的不同，我们没有任何理由相信历史必然似进步史观的推崇者所宣扬的那样，会在一个线性的过程中不断朝向更好的方向发展。

> 人类历史并非总是沿着不断攀升的曲线发展。不，也存在着漫长的停滞时期和倒退到野蛮主义的时期。人类社会发展到一定程度，却并不一定能够维持在这一程度上。人类维持发展水平的能力还不稳定；无法向前发展的时候就会倒退回去，如果没有一个阶级能够引领社会向着更高的目标发展，这个社会就只能堕落，向野蛮主义张开怀抱。[1]

对于那些踽踽前行的第三世界国家而言，内外环境的重大变革并没有实现人们所预期的"大转型"。相反，封建时代遗留的传统精英在当今社会中举足轻重：他们有的继续固守土地，有的则拥抱资本主义的生产方式，有的与自由民主相结合，有的则在所谓的威权政体中发挥作用。总而言之，无论历经怎样的政权更迭与制度变迁，那些来自传统封建—殖民时代的阶级因子一直保留下来并在当代发挥至关重要的影响。变革所带来的喜悦转瞬即逝，"在历史上，除了偶尔间断外，各民族始终是被精英统治着"[2]。当

---

[1] 转引自［英］克里斯·哈曼《世界人民的历史：从石器时代到新千年》，潘洋译，北京大学出版社2017年版，第748—749页。
[2] ［意］维尔弗雷多·帕累托：《精英的兴衰》，刘北成译，上海人民出版社2003年版，第13页。

精英携带着旧的生产模式、社会结构与权力关系进入新世界,"新封建主义"诞生了。①

◈ 第二节 新封建主义的兴起

理解"新封建主义",首先要对"封建主义"这个概念有较为明确的认知。当下对"封建主义"或"封建社会"的使用,至少有三种传统。第一种传统是在狭义的层面去定义封建主义,研究者将其视作一种以土地占有权和人身关系为基础的权利和义务的社会制度。② 作为西欧的独特现象,封建主义甚至"仅适用于采邑制及其附属物",因此很难将 11 世纪到 15 世纪之间的整个欧洲置于"封建主义"之下。③ 第二种传统以马克·布洛赫(Marc Bloch)等学者为典型代表,它更加概括性地体现了封建主义的诸特征,"较之那种将封建主义与采邑制等同起来、以骑士役务史为封建主义之始终的研究方法,这种研究方法当然要宽广很多"④。正如《封建社会》上下两卷的副标题所展现的那样,布洛赫认为封建主义的要旨在于依附关系和等级制度。

以上两种定义体现出了西方学界对"封建主义"的狭义与广义理解,二者虽存在差异,但都有着较为明确的时空界限。除此之外,还有一种更

---

① "新封建主义"一词并非笔者首创,参见 McKenzie Wark, *Capital is Dead*, London: Verso, 2019. 当然,本书为"新封建主义"提供了一种完全不同的意涵。

② 参见〔比〕弗朗索瓦·冈绍夫《何为封建主义》,张绪山、卢兆瑜译,商务印书馆 2016 年版,第 3 页。

③ 〔法〕费尔南·布罗代尔:《15 至 18 世纪的物质文明、经济和资本主义》第 2 卷,生活·读书·新知三联书店 1993 年版,第 506 页。

④ 〔法〕马克·布洛赫:《封建社会》,张绪川译,商务印书馆 2004 年版,第 25 页。

具实践意味的分析传统，它体现出了边缘地带的政治革命家们力图彻底粉碎旧世界、创造新国家的意图。列宁在《民族和殖民地问题提纲初稿》中提出"必须特别援助落后国家中反对地主、反对大土地占有制、反对各种封建主义现象或封建主义残余的农民运动"①。这里所说的"封建主义"显然不是所谓的领主—附庸关系，而是代指一种前现代的、落后的经济生产与社会统治模式。中国革命史语境下的"反封建"，大致也遵循了这种认知模式。② 这一传统以其实践性著称，但在学术研究中也颇受争议。佩里·安德森指出，许多马克思主义者相信欧洲经验对于其他大洲的社会经济发展而言依旧具有普遍性，"封建主义"被运用于那些部落社会和资本主义社会之间的任何社会形态，这就构成了对于"封建主义"的第三种理解方式。

> 在这种用法中，封建生产方式的基本界定是，大土地所有权与小农生产相结合，剥削阶级用超经济强制的习惯方式——劳役、实物贡赋、货币地租——来压榨直接生产者的剩余，另外，商品交换和劳动力流动也因此受到限制。这种复合体被认为是封建主义的经济核心，它可以存在于许多各式各样的这种外壳下。……除了整个社会形态的基础是相同的农业秩序外，农业产权的类型、占有者阶级的性质以及国家的基质可以是多种多样的。具体地说，中世纪欧洲的主权分裂、臣属等级制和采邑制从任何意义上都不再是封建主义固有的或本质的特征。即便它们完全不存在，但只要基于超经济强制和依附关系建立起大规模农业剥削和农民生产的结合体，就存在着一种封建社会形态。③

---

① 《列宁全集》第39卷，人民出版社1986年版，第164页。
② 冯天瑜：《"封建"考论》，中国社会科学出版社2010年版，第240—356页。
③ [英]佩里·安德森：《绝对主义国家的系谱》，刘北成等译，上海人民出版社2016年版，第302页。

第六章 结语

中国受"泛封建论"的影响主要来自苏联理论界,斯大林在《论辩证唯物主义和历史唯物主义》中指出,"历史上有五种基本类型的生产关系:原始公社制的、奴隶制占有制的、封建制的、资本主义的、社会主义的"[①]。据此,既然所有国家或地区都要经历这样几种社会形态,其中必然包括封建社会的阶段。但这无疑是对马克思主义的误读,即便马克思本人也不赞同将历史进程模式化,他更多地强调"这些抽象本身离开了现实的历史就没有任何价值。它们只能对整理历史资料提供某些方便,指出历史资料的各个层次的顺序。但是这些抽象与哲学不同,它们绝不提供可以适用于各个历史时代的药方或公式"[②]。

倘若"封建主义"只是中世纪欧洲的特殊现象,那么我们似乎无从以此为基础进行"新封建主义"的理论构建。但笔者认为,提供一种超越早期欧洲时空界限的概念依旧是可行的,因为"人类进行范畴化在本质上与人的经验和想象有关,即一方面与人的感知、肌动运动和文化有关,另一方面又与隐喻、转喻和心象有关"[③]。本书所主张的科学建构论表明,作为现实存在的封建主义和作为社会科学研究范畴的封建主义并没有必然对应的关系,某种社会现实是否属于封建主义的观念在于研究者是否认为其属于这一范畴并形成了相当范围的共享信念。如果基于"封建主义的"的第三种理解传统——确切地说是基于政治实践的"解放政治",我们依旧可以为了便于分析将某种"旧秩序"统称为"封建主义"或"封建社会"。但不同于庸俗化的马克思主义或"泛封建论"的线性发展观,这一视角下的"封建主义"并不是人类历史进程中某一必然经历的阶段。基于这样的前提,我们可以认为前资本主义时代(生产关系)的依附式人身关系(社会

[①] 《斯大林文选(1934—1952)》,人民出版社 1962 年版,第 199 页。
[②] 《马克思恩格斯选集》第 1 卷,人民出版社 2012 年版,第 153 页。
[③] [美]乔治·莱考夫:《女人、火与危险的事物:范畴显示的心智》,李葆嘉等译,世界图书出版公司 2016 年版,第 8 页。

关系）以及分散化、碎片化的权力结构（政治—权力关系）构成了封建主义的基本特征。在概念界定的过程中，笔者遵循"家族相似性"（Family Resemblance）的传统：归属于同一"范畴"（Category）的不同成员之间并不必然具备定义属性的所有特征。① 如图6-3所示，西欧中世纪的社会形态可能完全隶属"封建主义"范畴，而"泛封建论"者将中国两千余年的历史纳入"封建主义"的依据，则是地主对农民榨取剩余价值过程中事实上存在的人身依附关系——当然，中国古代的社会形态充其量只能说是部分隶属于"封建主义"。

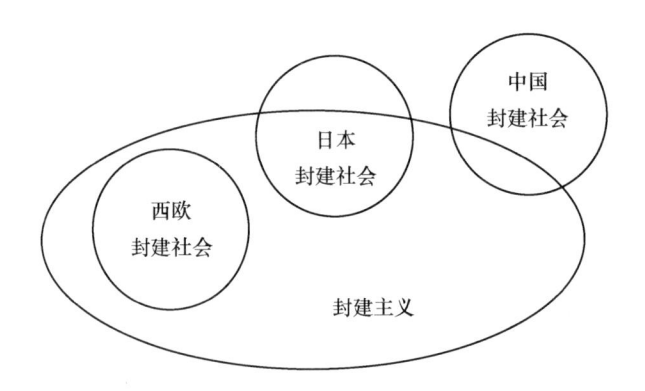

图6-3 不同国家封建社会之于"封建主义"的隶属度

"新封建主义"意味着旧世界的各种统治力量与社会秩序几乎毫无保留地被带入"新世界"，说它是"封建"的，是因为它展现出了广义理解上的"封建主义"所具备的基本特征，包括依附性的人身关系、碎片化的权力结构以及事实上的权力世袭机制；说它是"新"的，是因为一系列"前现代"

---

① David Collier and James Mahon, "Conceptual 'Stretching' Revisited: Adapting Categories in Comparative Research", *American Political Science Review*, Vol. 87, No. 4, 1993, pp. 845-855; Gary Goertz, *Social Science Concepts: A User's Guide*, Princeton: Princeton University Press, 2006.

的阶级结构与权力关系与作为"现代性"价值的市场体系与民主制度结合在了一起,从而使得"封建主义"中走出来的关键行动者在历经多次变革之中依然保持着旺盛的生命力。放眼第三世界,地方酋长与宗族领袖通过选举程序合法地继续垄断权力,那些在种植园中压榨奴隶的地主的后代们依靠高科技剥削工人的剩余价值。恩格斯在《反杜林论》中写道:"社会的政治结构决不是紧跟着社会经济生活条件的这种剧烈的变革立即发生相应的改变。当社会日益成为资产阶级社会的时候,国家制度仍然是封建的。"[①]新封建主义的现实将旧社会的政治结构直接带入了新国家,资本主义的剥削方式与封建制、奴隶制或其他前资本主义的剥削模式相互纠缠在一起,并与飞地资本主义与生存农业相结合,成为制约发展的巨大阻碍。在新封建主义的政治社会秩序中,自由民主的政治体系中透露着寡头制的本质,平等的市场体系扩大了不平等,分权化的社会治理最终被地方豪强与政治家族所垄断。

新封建主义的核心特征是"旧秩序"与"新世界"的结合,权力精英将两者结合起来。对于信奉进步史观的学者而言,将"封建制""殖民主义""贵族""地主"等"前现代"的因素与"民主""市场""资本主义""公民社会"等"现代"因素相结合宛若天方夜谭。然而现实政治却更似亨廷顿所言,"一个社会的某些制度层面业已高度现代化之时,其他制度和层面或许仍然保留着很多传统的形式或实质"[②]。当代社会科学研究中弥漫的"本质主义"(Essentialism)倾向让人们想当然地认为特定行为体都存在某些固有倾向,从而为"现代"与"前现代"之间画出了一道难以逾越的鸿沟。本书主张的科学建构论很显然拒斥这样的看法,社会科学研究中的诸范畴在本体意义上都依赖于人们的心智,因此并不存在必然对立的分析范

[①] 《马克思恩格斯选集》第3卷,人民出版社2012年版,第482页。
[②] [美]塞缪尔·P. 亨廷顿:《变化社会中的政治秩序》,王冠华等译,上海人民出版社2008年版,第105页。

畴。而回顾学术史更不难发现，将传统与现代、民主与非民主等范畴二元对立的做法是 20 世纪中叶之后"冷战社会科学"的产物，也就是说，在人类知识的谱图中对"新"与"旧"进行割裂是十分晚近的现象。① 基于对东南亚四国深入的比较历史研究，结构化的精英视角只能得出这样的结论，政治精英的核心关切在于掌握权力，经济精英的核心关切在于维持并扩大财富，除此之外，他们并不存在特定的政体偏好。因此，掌握权力的精英们拥抱或排斥特定的政体类型、政策安排抑或是价值观念，关键并不在于这些范畴是"传统"的或是"现代"的，而在于这些具体措施能否有利于他们掌握权力或是增加财富。于是，当那些所谓现代化的价值观念更有利于保障他们的核心利益时，这些旧时代的精英甚至可能比普通民众更偏爱这些价值。

权力精英偏爱新自由主义政策并不难理解。新自由主义放松了国家监管，为脱缰的资本权力赋予了更大的自主性。在许多实行了新自由主义的国家，"大公司宛如那山区中隐现的公国，由超过与民主决策程序之外的'国王'们统治着"②。新自由主义主张重拾市场的价值，但比较历史的经验表明，我们应该从关注私有产权"是不是应该保护"转移到"在什么情况下予以保护"。基于理性选择理论的经济学家习惯将制度视作解决集体行动困境并使各方面获益的合作机制，然而政治过程往往会产生使某些人受益而某些人受损的制度安排，这取决于谁有更有权力强加其意愿。③ 在这个看似平等的环境中，那些更有权力和资本的精英们能够获得更大的收益。虽然市场化改革可能对那些以土地为命脉的经济精英形成冲击，但是以市场

---

① 参见 Mark Solovey and Hamilton Cravens, eds, *Cold War Social Science: Knowledge Production, Liberal Democracy, and Human Nature*, New York: Palgrave Macmillan, 2012.

② [美] 罗伯特·达尔：《多元主义民主的困境》，周军华译，吉林人民出版社 2006 年版，第 163 页。

③ Terry M. Moe, "Power and Political Institutions", *Perspective of Politics*, Vol. 3, No. 2, 2005, pp. 215 – 233.

为导向的精英经济以及政治精英联盟依旧可以从中获利。况且正如前几章的分析所揭示的那样，土地精英会随着世界经济的走势而调整自己的经营战略从而不断地转换身份，他们的资产流动性已经发生了很大变化，纯粹的地主阶级已经朝着地主—商业精英转变，资产流动性的增强意味着他们会更少地受到国内政治变迁的影响。最终的结果，反倒是市场化、私有化的美好希冀化作幻影，经济增长的福利为少数精英所攫取。当经济精英因新自由主义政策而获利时，他们与推行这些政策的政治精英之间的联盟便更加坚固。通过利益输送或是直接掠夺，政治精英更加乐于采取这项巩固联盟的策略。苏联解体之后俄罗斯的私有化便是典型的例子，部分苏联时代的政治精英通过该手段获得了巨额经济利益，而原有精英经济更是深刻影响着政治生活。[①] 因此，新自由主义虽然创造了新的社会秩序，但这种秩序建立在权力和金钱继续集中的基础之上。自20世纪70年代以来，新自由主义不仅执理论界之牛耳，而且在政治、经济和社会诸领域形成了巨大反响；它不仅在西方盛行，在拉美、非洲、亚洲更是尽显春风得意之势头。

当然我们也应该认识到，许多新自由主义改革往往在短期——这个短期可能是几年也可能是十几年——使一个国家实现突飞猛进的增长并创造巨大的财富。20世纪70年代的"智利奇迹"，就是在时任智利总统皮诺切特在"芝加哥男孩"（Chicago Boys）制定的新自由主义改革中实现。面对经济增长巨大的诱惑，那些追求短期效益、凭借竞争性渠道获得执政地位的精英们更加趋之若鹜——很显然，实现任期内的经济增长，是他们继续掌握政权的必要筹码。然而实践表明，通过新自由主义实现的经济增长不过是刹那芳华，它不仅难以持续，而且往往是以社会鸿沟的拉大为代价的。即便出现"经济奇迹"，它对国家间"相对发展水平"的改变却收效甚微：一方面，那些凭借市场化改革而成功的国家往往借助于世界经济周期，因

[①] 张树华：《私有化是祸？是福？——俄罗斯经济改革透视》，经济科学出版社1998年版，第251—279页。

此其他国家同样可以依靠利好的经济形势而实现腾飞；另一方面，迅速积累的财富只是被少部分人攫取，普通民众并未在其中获得实质性收益。

对于社会治理的呼吁，传统势力尤其是地方精英也并不排斥。目前流行的治理理论强调非政府组织、利益团体以及公民自愿性社团等"第三部门"。虽然"治理"真正流行还是在1989年世界银行用"治理危机"形容当时的非洲。① 治理理论的药方是减少政府干预，增加地方自主性。然而如果从更长时段的历史中我们不难发现，国家在很长一段时间内都是难以真正渗入地方结构的。换句话说，自国家形成以来的大多数情况下，地方治理从来都是依靠所谓的非政府组织以及民间团体——其背后的主导即盘踞于地方的政治经济精英。只有20世纪中叶以来，随着自上而下的革命动员进而实现国家独立，以及世界范围内的凯恩斯主义、国家统合主义思潮的流行，这一上一下的双重效应方才增强了国家对地方的控制。我们知道，为了实现发展，国家必须相对于社会经济精英而言具有自主性，这种自主性体现为国家能够制定和执行不仅仅是体现精英利益的发展项目。其中最为重要的便是对公共物品的提供，但这方面的努力并无法为精英提供短期收益。甚至在很多情况下，国家必须执行与精英利益相违背的政策，以实现更为广泛的发展。这样一来，建设一个强有力的、能够实现秩序与发展的国家就与那些跨国资本集团以及地方实力派形成冲突。而这些精英本质上是不愿与国家同步的，只不过囿于强大的专制性权力尤其是军事权力而不能肆意妄为。

精英与国家"貌合神离"的状态随着治理理论的风行而消解了，治理理论意味着国家对稍稍建立起的地方控制权拱手相让。尤其是"治理理论从泛指管理和控制某事物与实体的手段与方式，变成了以新自由主义为核心的规范性主张"②。政治家族与地方精英乃至跨国资本集团必然欢欣鼓舞，

---

① 俞可平：《治理和善治引论》，《马克思主义与现实》1999年第5期。
② 王绍光：《治理研究：正本清源》，《开放时代》2018年第2期。

并通过立法等渠道推行这些观念的落地。然而，治理理论所面对的并不是具有良序传统、法治精神和公共品格的"公民社会"，而是碎片化权力结构下地方精英主导的社会秩序：在南美体现为诸团体为瓜分公共利益而设立的"普力夺社会"，非洲则是"国家"被各种"地头蛇"所绑架的"强社会"，大中东则是政教合一的伊斯兰社会，而印度是一个高种姓人把持各种高等协会的种姓社会，即便当今的美国也成了一个典型的失衡的多元主义的利益集团社会。① 在治理理论的鼓舞下，地方精英得以重新回归更为传统的统治方式，这些统治在新的技术革命中加强了控制。当然，这并不排除国家依旧能推行一些成功的政策。例如科利在对印度分析时发现，国家政策在地方层面的落实上有着很大的差异，领导人水平、意识形态底色、组织能力以及当权者的阶级背景在其中可能发挥着至关重要的作用。② 然而，这些努力所获得的成功主要体现在纵向发展上，它们依旧很难扭转国家间的相对发展水平。

如果说新自由主义可以为经济精英获利，治理理论可以为地方权力精英赋权，那么旧时代的精英选择民主制度则颇令人费解。在不平等的现实世界中，"要么民主，要么财富集中在少数人手中，二者不可得兼"③。问题的关键，在于我们在何种意涵界定中去理解"民主"。将民主视为"普世信仰"是十分晚近的事情。权力精英与民主政治建立脆弱联系的前提，是民主政治不再意味着"大众政治"与"再分配政治"，这一重要步骤有赖于西方学界对民主概念的"改造"。经过两代人的努力，使民主最终被简化为政

---

① 杨光斌：《发现真实的"社会"——反思西方治理理论的本体论假设》，《中国社会科学评价》2019 年第 3 期。

② 参见 Atul Kohli, *The State and Poverty in India: The Politics of Reform*, New York: Cambridge University Press, 1987.

③ 转引自 Peter Scott Campbell, "Democracy v. Concentrated Wealth: In Search of a Louis D. Brandeis Quote", *The Greenbag*, Vol. 16, No. 3, 2013, p. 251.

党竞争与选举政治。① 民主不断被精英"规训",反而与大众渐行渐远:"第三波"以来的"民主政权很少是由大众所制定",执政联盟中的愚顽不化者、自由改良者和民主改革者,以及反对派中的民主温和派与革命极端主义分子,这两大集团的相对力量塑造了民主化过程的性质。② 自由主义脉络下的民主政治意味着赢得选举是第一要义,那些曾被视作民主巨大阻碍的旧世界权力精英——如大地主阶级——反而成了民主政治的忠实拥护者。他们所拥有的财富优势使其更有利于赢得选举,并为自身统治披上合法性的外衣。

现代民主的一个特点使得财富成为一种重要的政治资源,由于现代工业国家规模的限制,不可能采用纯粹的民主,而必须采用代议制政体。这意味着选民很多,选举花费很大。那些被选到高层公共职位的人必须符合以下条件中的一个:(1) 自己很富有;(2) 有富人给予财政支持;(3) 由许多财产不多的人组成的大群众组织并给予其财政支持,社会党和劳动党就是这种情况。除了第3个条件以外,广义上的有产阶级和狭义上的财产精英都能很容易地将其财力资源转化为政治资源。现代政府行动高度的复杂性又进一步加强了这种可能性。③

近来,一些学者开始思考精英及其组织(如政党等)在民主转型以及后果上发挥的影响。虽然研究侧重点多有不同,但是他们充分考察了精英

---

① 曾毅、杨光斌:《西方如何建构民主话语权——自由主义民主的理论逻辑解析》,《国际政治研究》2016年第2期;张飞岸《被自由消解的民主:民主化的现实困境与理论反思》,中国社会科学出版社2015年版,第256—300页。
② [美] 塞缪尔·P. 亨廷顿:《第三波:20世纪后期的民主化浪潮》,欧阳景根译,中国人民大学出版社2013年版,第110—118页。
③ [美] 格尔哈特·伦斯基:《权力与特权:社会分层的理论》,关信平、陈宗显、谢晋宇译,社会科学文献出版社2018年版,第426页。

对转型效果的评估。通常来说，虽然外部压力会使得统治者思考变革，但精英只有在确保自身相较于竞争者具有优势并可以保证自己在新的选举中获胜时，他们才会开启民主化进程。[①] 具体来看，一方面，精英可以在民主化之后推行进一步巩固其选举优势的制度设计，并在民主转型期间制定带有精英偏见的选举规则从而有效巩固现有的权力结构；另一方面，精英可以在那些有利于自身的制度设计中获得权力，从而比非精英阶层获得更大的政治影响力。[②] 对于命途多舛的第三世界国家而言，民主政治的存续或崩溃都是传统权力精英审时度势的结果，封建—殖民时代延续下来的社会结构与寡头政治不会因民主的到来或离去而发生根本改变。旧秩序的巨大延续性阻碍了普通民众拓展实质自由的可能，故而菲利普·施密特（Philip C. Schmitter）在《威权统治的转型》成书 25 年之后也不得不承认，民主转型在权力关系、财产关系、政策待遇、经济平等和社会地位方面所取得的改变远低于学者们的预期。[③]

"变化是永恒的。无一事物恒变。"[④] 沃勒斯坦在其皇皇巨著《现代世界体系》的开篇之言，恰也展现出了当今第三世界国家的普遍境遇。在不触及社会结构的情况下，"流水的历史，铁打的精英"循环上演，这也是为什么在经历了民主转型、市场化改革乃至国家建立和民族解放之后，第三世界国家依旧没有扭转自己的发展命运。那些具有"现代性"的制度与政策并没有带领它们走向发展的坦途，反而在强大历史延续性的驱使中坠入

---

① Rachel Beatty Riedl, Dan Slater, Joseph Wong, et al., "Authoritarian-Led Democratization", *Annual Review of Political Science*, Vol. 23, 2020, pp. 18, 1 – 18, 8.

② Michael Albertus and Victor Menaldo, *Authoritarianism and the Elite Origins of Democracy*, New York: Cambridge University Press, 2018, p. 41.

③ Philippe C. Schmitter, "Twenty-Five Years, Fifteen Findings", *Journal of Democracy*, Vol. 21, No. 1, 2010, p. 19.

④ ［美］伊曼纽尔·沃勒斯坦：《现代世界体系（第一卷）：16 世纪资本主义农业和欧洲世界经济的起源》，郭方等译，社会科学文献出版社 2013 年版，第 159 页。

"新封建主义"的深渊。只要强大的权力精英反对那些旨在拓展实质自由的变革,那么任何一种对未来的美好期待都无法真正落到实处。

◇ 第三节　并非悲观的展望

最后,我们不妨重新将目光放回到开篇提到的旅行者 1 号。这艘承载着人类雄心与希望的探测器目前虽已经抵达太阳系边缘,但科学家们发现,强大的太阳引力意味着它要想真正脱离太阳系的束缚,还需要很长一段时间。正如当下第三世界的命运一样,虽然封建主义与殖民主义的时代已经远去,但那个时代遗留的社会结构与阶级因子依旧发挥着重要作用,旧的秩序时刻左右着当今国家的发展前景。

那么,这是否意味着第三世界的发展前景必然黯淡无光?虽然本书似乎引导读者相信一个看似悲观的结论,但不要忘记,普通民众的实质性自由的确在过去的岁月里得到了极大的拓展。回顾国家发展的艰辛历程,每一次的实质性进步,诸如普选权的出现、底层民众的生命权与受教育权的保障、妇女以及有色人种地位的提高,等等,都是在自下而上的群众性运动中实现的。即便是今天,我们依旧无法完全认为那些"敢教日月换新天"的社会变革失去了土壤。回顾 20 世纪最后的十几年,我们看到的既不是最具革命力量的工人阶级走向消亡,亦不是作为"自为阶级"的工人阶级的蓬勃发展。相反,我们看到了阶级构成的复杂变化以及工人阶级大规模扩张的后果——这种扩张赋予了他们比以往任何时候都更大的力量来塑造社会,但也迫使他们不得不重新评估与学习之前的经验与教训。学习的过程所涉及的正是这些年来表现出来的奋斗的偏颇。它的背后隐藏着一大堆混乱和矛盾的思想,使自己成为一个阶级愈加困难。但是,如果贸然认为工人的斗争作为一种积极的塑造力量在历史上已经消失,那这种结论为时尚早。① 当我们回顾社会科学研究的学术脉络时更不难发现,在每个巨变的时代,总有那么一批左翼学者,他们用尖锐的笔触与饱满的热情反思过往、记录时代,并怀着对普通民众的悲悯思考。尤其是当精英与普通民众的矛盾日趋激烈的时候,那些为普通民众寻求出路的政治思潮便不可置疑地复归了。自由主义民主时代的诸多乱象让我们再次想到了共产主义的幽灵。事实已经证明,对于变革时代的政治经济逻辑以及历史演进的真实面貌,马克思依旧显得如此睿智。

即便在社会科学历史的晚近阶段上,我们仍必须回到马克思,以理解譬如说关于民主制度在财产权和它的严重不平等分配上的有害后果的问题。正如我们说政府是一种权威制度一样,财产是政府建立的权威制度。出于对政府权威问题上的偏见,自由民主思想对于体现在财产权上的权威问题仍然感觉迟缓。②

当今反体系运动共同失败本身,包括民族解放运动未能真正成为解放力量这一事实,却为今后 25—50 年的积极发展提供最有希望的要素。③ 如果说社会革命等重大历史事件很难再次上演,那么由特定观念所发挥的"扳道工"角色依旧可能改变国家发展命运。毕竟无论是民族主义还是共产主义都是在中心国家兴起并进一步弥散到边缘地带的,而当下第三世界国家所选择的行动策略同样主要是基于民主理论、新自由主义理论以及治理理论等西方世界的知识产品。如果说 20 世纪末"历史的终结"意味着西方

---

① Chris Harman, *A People's History of the World*, London: Bookmarks Publications, 1999, p. 617.

② [美]查尔斯·林德布洛姆:《政治与市场:世界的政治经济制度》,王逸舟译,生活·读书·新知三联书店 1994 年版。

③ [美]伊曼纽尔·沃勒斯坦:《所知世界的终结》,冯炳昆译,社会科学文献出版社 2002 年版,第 33 页。

意识形态的短暂胜利,那么21世纪出现的许多变化则意味着世界的发展趋势并不像西方人想象得那么乐观。特别是自2008年国际金融危机以来,西方意识形态的结构性基础出现了巨大变化,"自由民主"与"自由市场"这两大社会的主导性支柱,目前正面临着20世纪20年代"大萧条"以来最大的危机。① 2020年以来蔓延全球的新冠疫情,更是暴露了不少西方国家在治理能力上的短板。从这种层面上而言,"新中心国家"所提供的治理经验是否能够为第三世界提供新的"大转型"的力量也未尝可知。②

至于我们每一个人,都将不可避免地被卷入这些跌宕起伏的历史事件,无论多么渺小,多么微不足道,我们的所作所为也都时刻成为过去,并影响着未来。③ 不同于旅行者1号的燃料终将耗尽,人类对于美好社会的追求却永不停歇。在复杂变动的音符中,人们终将不断冲破当下的枷锁,在拓展实质自由的道路上最终实现"自由人联合体"的光明前景。

---

① 朱云汉:《百年变局与中国政治学的新征程》,《政治学研究》2021年第1期。
② 汪仕凯:《新中心国家与世界秩序转型:中国复兴的世界政治意义》,《社会科学》2022年第3期;释启鹏、杨光斌:《世界政治研究的中国传统与史观问题》,《世界经济与政治》2022年第5期。
③ [美]巴林顿·摩尔:《专制与民主的社会起源》,王茁等译,上海译文出版社2012年版,第157页。

参考文献[*]

一　中文参考文献

（一）经典著作

《马克思恩格斯选集》第 1 卷，人民出版社 2012 年版。
《马克思恩格斯选集》第 2 卷，人民出版社 2012 年版。
《马克思恩格斯选集》第 3 卷，人民出版社 2012 年版。
《马克思恩格斯选集》第 4 卷，人民出版社 2012 年版。
《马克思恩格斯文集》第 5 卷，人民出版社 2009 年版。
《马克思恩格斯全集》第 10 卷，人民出版社 2009 年版。
《列宁选集》第 3 卷，人民出版社 1972 年版。
《列宁全集》第 27 卷，人民出版社 1990 年版。
《列宁全集》第 32 卷，人民出版社 1985 年版。
《列宁全集》第 39 卷，人民出版社 1986 年版。
《斯大林文选（1934—1952）》，人民出版社 1962 年版。

---

[*] 除经典著作外，本处所列参考文献主要为历史类著作和区域国别研究，其他类型的文献详见脚注。

(二) 中文译著

［英］艾瑞克·霍布斯鲍姆：《帝国的年代：1875—1914》，贾士蘅译，中信出版集团 2017 年版。

［英］艾瑞克·霍布斯鲍姆：《极端的年代：1914—1991》，郑明萱译，中信出版集团 2017 年版。

［新西兰］安东尼·瑞德：《东南亚的贸易时代：1450—1680（第二卷）：扩张与危机》，孙来臣等译，商务印书馆 2013 年版。

［澳］安东尼·瑞德：《东南亚史：危险而关键的十字路口》，宋婉贞、张振江译，上海人民出版社 2021 年版。

［英］安格斯·麦迪逊：《世界经济千年史》，伍晓鹰等译，北京大学出版社 2001 年版。

［英］芭芭拉·沃森·安达娅、［英］伦纳德·安达娅：《马来西亚史》，黄秋迪译，中国出版集团 2010 年版。

［英］D. G. E. 霍尔：《东南亚史》，中山大学东南亚史研究所译，商务印书馆 1982 年版。

［美］戴维·K. 怀亚特：《泰国史》，郭继光译，东方出版中心 2009 年版。

［英］E. E. 里奇、［英］C. H. 威尔逊主编：《剑桥欧洲经济史（第四卷）：16 世纪、17 世纪不断扩张的欧洲经济》，李锦冬等译，经济科学出版社 2003 年版。

［法］费尔南·布罗代尔：《十五至十八世纪的物质文明、经济与资本主义（第三卷）：世界的时间》，顾良、施康强译，商务印书馆 2017 年版。

［法］费尔南·布罗代尔：《十五至十八世纪的物质文明、经济与资本主义（第二卷）：形形色色的交换》，顾良、施康强译，商务印书馆 2017 年版。

［菲律宾］格雷戈里奥·F. 赛义德：《菲律宾共和国：历史、政府与文明》，吴世昌、温锡增译，商务印书馆 1979 年版。

参考文献

［印尼］印尼共产党历史研究所编著：《印度尼西亚第一次民族起义》，艾兰译，世界知识出版社1963年版。

［德］贡德·弗兰克：《白银资本》，刘北成译，四川人民出版社2017年版。

［美］L. S. 斯塔夫里阿诺斯：《全球分裂：第三世界的历史进程》，王红生等译，北京大学出版社2017年版。

［新西兰］尼古拉斯·塔林主编：《剑桥东南亚史》第2卷，王士录等译，云南人民出版社2003年版。

［美］德怀特·铂金斯：《东亚发展：基础和战略》，颜超凡译，中信出版集团2015年版。

［美］杰弗里·弗里登：《20世纪全球资本主义的兴衰》，杨宇光登译，上海人民出版社2017年版。

［英］克里斯·哈曼：《世界人民的历史：从石器时代到新千年》，潘洋译，北京大学出版社2017年版。

［英］莱斯利·贝瑟尔主编：《剑桥拉丁美洲史》第2卷，李道揆等译，经济管理出版社1997年版。

［英］莱斯利·贝瑟尔主编：《剑桥拉丁美洲史》第1卷，林无畏等译，经济管理出版社1995年版。

［英］理查德·温斯泰德：《马来亚史》，姚梓良译，商务印书馆1974年版。

［英］迈克尔·曼：《社会权力的来源（第一卷）：从开端到1760年的权力史》，刘北成、李少军译，上海人民出版社2015年版。

［英］迈克尔·曼：《社会权力的来源（第四卷）：全球化（1945—2011）》，郭忠华译，上海人民出版社2015年版。

［英］迈克尔·曼：《社会权力的来源（第三卷）：全球诸帝国与革命（1890—1945）》，郭台辉等译，上海人民出版社2015年版。

［澳］米尔顿·奥斯本：《东南亚史》，郭继光译，商务印书馆2012年版。

［美］桑贾伊·苏拉马尼亚姆：《葡萄牙帝国在亚洲：1500—1700》，巫怀宇

译,广西师范大学出版社 2018 年版。

［澳］史蒂文·德拉克雷:《印度尼西亚史》,郭子林译,商务印书馆 2009 年版。

［苏］尼·瓦·烈勃里科娃:《泰国近代史纲》,王易今等译,商务印书馆 1974 年版。

［美］伊曼纽尔·沃勒斯坦:《现代世界体系（第一卷）：16 世纪资本主义农业和欧洲世界经济的起源》,郭方等译,社会科学文献出版社 2013 年版。

［美］伊曼纽尔·沃勒斯坦:《现代世界体系（第二卷）：重商主义与欧洲世界经济体的巩固：1600～1750》,郭方等译,社会科学出版社 2013 年版。

［美］伊曼纽尔·沃勒斯坦:《现代世界体系（第三卷）：资本主义世界经济大扩张的第二时期：1730～1840 年代》,郭方等译,社会科学文献出版社 2013 年版。

［以］尤瓦尔·赫拉利:《今日简史：人类命运大议题》,林俊宏译,中信出版集团 2018 年版。

［以］尤瓦尔·赫拉利:《人类简史：从动物到上帝》,林俊宏译,中信出版社 2014 年版。

［美］约翰·F. 卡迪:《东南亚历史发展》,姚楠等译,上海译文出版社 1988 年版。

［美］约翰·F. 卡迪:《战后东南亚史》,姚楠等译,上海译文出版社 1984 年版。

［美］约翰·R. 麦克尼尔、［美］威廉·H. 麦克尼尔:《麦克尼尔全球史：从史前到 21 世纪的人类网络》,王晋新译,北京大学出版社 2017 年版。

（三）中文著作

陈其人:《殖民地的经济分析史和当代殖民主义》,上海科学院出版社 1994

年版。

陈启能编:《大英帝国从殖民地撤退前后》,方志出版社 2007 年版。

陈晓律:《马来西亚:多元文化中的民主与权威》,四川人民出版社 2000 年版。

段立生:《泰国通史》,上海社会科学院出版社 2019 年版。

范若兰、李婉珺、廖朝骥:《马来西亚史纲》,世界图书出版公司 2018 年版。

房宁等:《自由·威权·多元:东亚政治发展研究报告》,社会科学文献出版社 2011 年版。

高岱、郑家馨:《殖民主义史:总论卷》,北京大学出版社 2003 年版。

何平:《东南亚的封建—奴隶制与古代东方社会》,云南大学出版社 1999 年版。

贺圣达:《战后东南亚历史发展:1945—1994》,云南大学出版社 1995 年版。

金应熙主编:《菲律宾民族独立运动史》,河南人民出版社 1989 年版。

金应熙主编:《菲律宾史》,河南大学出版社 1990 年版。

靳昆萍等:《东南亚社会主义的历史、现状及发展趋势》,社会科学文献出版社 2014 年版。

梁敏和:《印度尼西亚史纲》,世界图书出版广东有限公司 2019 年版。

梁英明:《东南亚史》,人民出版社 2010 年版。

梁志明主编:《殖民主义史:东南亚卷》,北京大学出版社 1999 年版。

王任叔:《印度尼西亚近代史》,北京大学出版社 1995 年版。

厦门大学历史系编:《印尼简史》,商务印书馆 1978 年版。

余定邦:《东南亚近代史》,贵州人民出版社 1996 年版。

张锡镇:《当代东南亚政治》,广西人民出版社 1994 年版。

（四）中文期刊论文

B. C. 鲁德湟夫：《马来亚现代史纲要》，王云翔译，《南洋资料译丛》1960年第1期。

［印尼］C. N. 艾地：《印度尼西亚工人运动史》，吴世璜译，《南洋资料译丛》1957年第1期。

陈琪、夏方波：《后威权时代的印尼地方分权与政治变迁》，《东南亚研究》2019年第2期。

陈衍德、胡越云：《试论多重切割下的东南亚阶级关系》，《东南亚研究》2010年第3期。

［美］戴维·罗森伯格：《菲律宾的共产主义》，李国兴译，《当代世界社会主义问题》1986年第1期。

段立生：《他信政府与泰国经济复苏》，《东南亚纵横》2003年第3期。

高艳杰、王世圆：《印度尼西亚共产党兴衰研究》，《当代世界与社会主义》2017年第4期。

郭净：《土地控制与人力控制——论古代泰国"萨迪纳制"的功能》，《云南社会科学》1992年第6期。

何家丞：《论封建制民主——菲律宾的民主模式及其在发展中国家的普遍性》，《世界经济与政治》2020年第1期。

何平：《殖民地时期菲律宾的西班牙教会地产》，《东南亚纵横》1991年第2期。

黄焕宗：《荷兰殖民者在印度尼西亚的殖民政策与演变（1602—1942）》，《南洋问题研究》1988年第2期。

林马辉、陈家屯：《马来西亚的种族关系和阶级关系》上，《南洋资料译丛》1987年第1期。

林马辉：《马来西亚的种族关系和阶级关系》下，陈家屯译，《南洋资料译丛》1987年第2期。

P. P. 考特尼：《马来西亚经济发展中的种植园》，小明译，《南洋资料译丛》1983年第4期。

[英] W. E. 马克斯威尔：《关于马来人土地占有的法律和习惯》，王云翔译，《南洋资料译丛》1964年第2期。

袁群、黄家远：《菲律宾共产党的历史、理论与现状》，《当代世界与社会主义》2014年第4期。

增田与：《论印度尼西亚革命和各个阶级》，李景禧译，《南洋问题资料译丛》1966年第1期。

张祖兴：《英国取缔马共的决策过程》，《东南亚研究》2008年第5期。

郑焕宇：《马来西亚土地问题》，《东南亚研究资料》1982年第1期。

周方冶：《泰国政党政治重返"泰式民主"的路径、动因与前景》，《东南亚研究》2019年第2期。

周国黎：《略论伊斯兰现代主义》，《世界宗教研究》1994年第4期。

邹启宇：《泰国的封建社会与萨迪纳制》，《世界历史》1982年第6期。

二 外文参考文献

（一）外文专著

Akin Rabibhadana, *The Organization of Thai Society in the Early Bangkok Period, 1782–1873*, Ithaca: Cornell University Press, 1969.

Alfred Batty, *The Military, Government and Society in Siam, 1868–1910: Politics and Military Reform During the Reign of King Chulangkorn*, Cornell: Cornell University Press, 1974.

Andrew Macintyre ed., *Business and Government in Industrialising Asia*, Ithaca: Cornell University Press, 1994.

Anne Booth, *Agricultural Development in Indonesia*, Sydney: Allen and Unwin in Association with the Asian Studies Association of Australia, 1988.

Anne Booth, *The Indonesia Economy in the Nineteen and Twentieth Centuries*, London: Macmillan Press, 1998.

Antoinette R. Raquiza, *State Structure, Policy Formation, and Economic Development in Southeast Asia*, New York: Routledge, 2012.

Arief Budiman, Barbara Hatley and Damien Kingsbury, eds., *Reformasi: Crisis and Change in Indonesia*, Melbourne: Monash Asia Institute, 1999.

Asia Foundation, *2010 National Survey of the Thai Electorate*, Bangkok: Asia Foundation, 2011.

Barbara Watson Andaya and Leonard Y. Andaya, *A History of Malaysia*, London: Macmillan Education, 1982.

Barend Jan Terwiel, *A History of Modern Thailand, 1767 – 1942*, Brisbane: University of Queensland Press, 1983.

Benedict J. Tria Kerkvliet, *The Huk Rebellion: A Study of Peasant Revolt in the Philippines*, Berkeley: University of California Press, 1977.

Benjamin A. Batson, *The End of the Absolute Monarchy in Siam*, New York: Oxford University Press, 1984.

Boon Kheng Cheah, *From PKI to the Comintern, 1924 – 1941: The Apprenticeship of the Malayan Communist Party: Selected Documents and Discussion*, Ithaca: Southeast Asia Program, Cornell University, 1992.

Chatthip Nartsupha and Suthy Prasartset, *The Political Economy of Siam (1851 – 1910)*, Bangkok: The Social Science Association of Thailand, 1976.

Chris Manning and Peter Van Dierman, *Indonesia in Transition: Social Aspects of Reformasi and Crisis*, Singapore: Institute of Southeast Asian Studies, 2000.

Claire Holt ed., *Culture and Politics in Indonesia*, Ithaca: Cornell University

Press, 1972.

Clifford Geertz, *Agricultural Involution: The Process of Ecological Change in Indonesia*, Berkeley: University of California, 1963.

Clifford Geertz, *The Social History of an Indonesian Town*, New York: Greenwood Press, 1975.

Clive Day, *The Policy of Administration of Dutch in Java*, Oxford: Oxford University Press, 1966.

Dan Slater, *Ordering Power: Contentious Politics and Authoritarian Leviathans in Southeast Asia*, New York: Cambridge University Press, 2010.

David A. Wilson, *Politics in Thailand*, Ithaca: Cornell University Press, 1962.

David B. Abernethy, *The Dynamics of Global Dominance: European Overseas Empires, 1415 – 1980*, New Haven: Yale University, 2000.

David Bulbeck, Anthony Reid, Lay Cheng Tan, et al. , *Southeast Asian Exports since the 14th Century: Cloves, Pepper, Coffee, and Sugar*, Singapore: Institute of Southeast Asian Studies, 1998.

David Bulbeck et al. , *Southeast Asia Exports Since the 14th Century*, Singapore: ISEAS, 1998.

David Elliot, *Thailand: Origin of Military Rule*, London: Zed Press, 1978.

David Morell and Chai-anan Samudavanija, *Political Conflict in Thailand: Reform, Reaction, Revolution*, Cambridge: Oelgeschlager, Gunn & Hain, 1981.

David Wurfel, *Filipino Politics: Development and Decay*, Ithaca: Cornell University Press, 1988.

Dorothy Woodman, *The Republic of Indonesia*, New York: Philosophical Library, 1955.

D. R. SarDesai, *Southeast Asia: Past & Present, Fourth Edition*, Boulder: Westview Press, 1997.

Emily Sadka, *The Protected Malay States, 1874 – 1895*, Kuala Lumpur: University of Malaya Press, 1968.

Fred W. Riggs, *Thailand: The Modernization of a Bureaucratic Polity*, Honolulu: East-West Center Press, 1966.

Garel A. Grunder and William E. Liverze, *The Philippines and the United States*, Norman: The University of Oklahoma Press, 1951.

Geoffrey Barraclough, *An Introduction to Contemporary History*, Harmondsworth: Penguin, 1967.

George A. Malcolm, *The Commonwealth of Philippines*, New York: Appleton-Century-Crofts, 1936.

George McT Kahin, *Nationalism and Revolution in Indonesia*, Ithaca: Cornell University Press, 1952.

Hal Hill, *The Indonesia Economy Since 1966*, New York: Cambridge University Press, 1996.

Harold Crouch, *Government and Society in Malaysia*, Sydney: Allen & Unwin, 1996.

Harry Benda, ed., *Continuity and Change in Southeast Asia*, New Haven: Yale University Southeast Asia Studies, 1972.

Hua Wu Yin, *Class and Communalism in Malaysia: Politics in a Dependent Capitalist State*, London: Zed Book.

Ikemoto Yukio, *Income Distribution in Thailand*, Tokyo: Institute of Developing Economies, 1992.

Jacques Bertrand, *Nationalism and Ethnic Conflict in Indonesia*, Cambridge: Cambridge University Press, 2003.

James C. Ingram, *Economic Change in Thailand, 1850 – 1970*, Stanford: Stanford University Press, 1970.

Jan Pluvier, *South-East Asia from Colonialism to Independence*, Kuala Lumpur: Oxford University Press, 1974.

John Bresnan ed., *Crisis in the Philippines: The Marcos Era and Beyond*, Princeton: Princeton University Press, 1986.

John Funston, *Malay Politics in Malaysia: A Study of UMNO and PAS*, Kuala Lumpur: Heinemann, 1980.

John H. Drabble, *An Economic History of Malaysia, c. 1800 – 1990: The Transition to Modern Economic Growth*, London: The Macmillan Press Ltd, 2000.

John H. Power and Gerardo P. Sicat, *The Philippines: Industrialization and Trade Policies*, Oxford: Oxford University Press, 1971.

John Ingleson, *Road to Exile: The Indonesian Nationalist Movement, 1927 – 1934*, Singapore: Heinemann Educational Books, 1974.

John Leddy Phelan, *The Hispanization in the Philippines: Spanish Aims and Filipino Responses, 1565 – 1700*, Madison: University of Wisconsin Press, 2010.

Jomo Kwame Sundaram and Wee Chong Hui, *Malaysia@50: Economic Development, Distribution, Disparities*, Singapore: World Scientific Publishing Co Pte Ltd., 2014.

Julian M. Boileau, *Golkar: Functional Group Politics in Indonesia*, Jakarta: Center for Strategic and International Studies, 1983.

Justus M. Van Der Kroef, *Communism in South-East Asia*, London: Macmillan Press, 1981.

Justus M. Van Der Kroef, *The Communist Party of Indonesia: Its History, Program and Tactics*, Vancouver: University of British Columbia Press, 1965.

Katherine A. Bowie, *Rituals of National Loyalty: An Anthropology of the State and the Village Scout Movement in Thailand*, New York: Columbia University Press, 1997.

Kevin Hewison ed. , *Political Change in Thailand: Democracy and Participation*, New York: Routledge, 1997.

Leslie E. Bauzon, *Philippine Agrarian Reform, 1880 – 1965*, Institute of Southeast Asian Studies, 1975.

Lewis E. Gleeck Jr. , *American Institutions in the Philippines (1898 – 1941)*, Manila: Historical Conservation Society, 1976.

L. H. Palmier, *Communists in Indonesia*, London: Weidenfeld and Nicolson, 1973.

Lim Mah Hui, *Ownership and Control of the One Hundred Largest Corporations in Malaysia*, Singapore: Oxford University Press, 1983.

Mahathir bin Mohamad, *The Malay Dilemma*, New York: Marshall Cavendish Corp, 2008.

Malcolm Smith, *A Physician at the Court of Siam*, London: Country Life, 1946.

Michael Stenson, *Industrial Conflict in Malaya: Prelude to the Communist Revolt of 1948*, Oxford: Oxford University Press.

Nicholas P. Cushner, *Spain in the Philippines: From Conquest to Revolution*, Quezon City: Ateneo de Manila University Press, 1971.

O. D. Corpuz, *The Roots of the Filipino Nation*, Quezon City: Aklahi Foundation, 1989.

Pasuk Phongpaichit and Chris Baker, *Thailand: Economy and Politics*, Oxford: Oxford University Press, 2002.

Patricio N. Abinales and Donna J. Amoroso, *State and Society in the Philippines*, Lanham: Rowman and Littlefield, 2005.

Peter Krinks, *Economy of the Philippines: Elites, Inequalities and Economic Restructuring*, London: Routledge, 2002.

R. E. Elson, *Suharto: A Political Biography*, Cambridge: Cambridge University

Press, 2001.

Renato Constantino, *A History of the Philippines: From the Spanish Colonization to the Second World War*, New York: Monthly Review Press, 1975.

Renato Constantino, *The Making of a Filipino: A Story of Philippine Colonial Politics*, Quezon City: Malaya Books, 1969.

Richard Robison and Vedi R. Hadiz, *Reorganiazing Power in Indonesia: The Politics of Oligarchy in An Age of Markets*, London: RoutledgeCurzon, 2004.

Richard Robison, *Indonesia: The Rise of Capital*, Jakarta: Equinox Publishing, 2009.

Richard Stubbs, *Hearts and Minds in Guerrilla Warfare: The Malayan Emergency 1948 – 1960*, Singapore: Oxford University Press, 1989.

Robert Heussler, *British Rule in Malaya, 1942 – 1957*, Singapore: Heinemann, 1985.

Rupert Emerson, *Malaya: A Study in Direct and Indirect Rule*, New York: MacMillan, 1937.

Ruth T. McVey, ed., *Indonesia*, New Haven: HRAF, 1963.

Ruth T. McVey, *The Rise of Indonesian Communism*, New York: Cornell University Press, 1968.

Saul Rose, *Socialism in Southern Asia*, New York: Oxford University Press, 1959.

Scot Luang Barmé, *Wichit Wathakan and the Creation of a Thai Identity*, Singapore: ISEAS, 1993.

Teck Ghee Lim, *Peasants and their Agricultural Economy in Colonial Malaya, 1874 – 1941*, New York: Oxford University Press, 1977.

Teodoro A. Agoncillo, *History of the Filipino People*, 8th ed., Quezon City: Garotech Publishing, 1990.

Thawatt Mokarapong, *History of the Thai Revolution: A Study in Political Behav-*

ior, Bangkok: Chalermint, 1972.

Theodore Friend, *Between Two Empires: The Ordeal of the Philippines, 1929 – 1946*, New Haven: Yale University Press, 1965.

Ts'ui-jung Liu, James Lee, David Sven Reher, et al. , eds. , *Asian Population History*, Oxford: Oxford University Press, 2001.

Vedi R. Hadiz, *Localizing Power in Post-authoritarian Indonesia*, Stanford: Stanford University Press, 2010.

Victor Lieberman, *Strange Parallels: Volume 1, Integration on the Mainland: Southeast Asia in Global Context, c. 800 – 1830*, New York: Cambridge University Press, 2000.

Walter F. Vella, *The Impact of the West on Government in Siam*, Berkeley: University of California Press, 1955.

W. F. Wertheim, *Indonesian Society in Transition: A Study of Social Change*, Hague: W. Van Hoeve, 1956.

William H. Frederick, *Visions and Heat: The Making of the Indonesian Revolution*, Athens: Ohio University Press, 1989.

William R. Roff, *The Origin of Malay Nationalism*, 2ed, Oxford: Oxford University Press, 1994.

William Skinner, *Chinese Society in Thailand: An Analytical History*, Ithaca: Cornell University Press, 1957.

W. L. Blythe, *Historical Sketch of Chinese Labour in Malaya*, Singapore: Government Printing Office, 1953.

Zakaria Haji Ahmad, ed. , *The Encyclopedia of Malaysia: Government and Politics (1940 –2006)*, Singapore: Archipelago Press, 2006.

（二）外文期刊论文

Alex Irwan, "Business Patronage, Class Struggle and the Manufacturing Sector in

South Korea, Indonesia and Thailand", *Journal of Contemporary Asia*, Vol. 19, No. 4, 1989.

Angus Maddison, "Dutch Income in and from Indonesia 1700 – 1938", *Modern Asian Studies*, Vol. 23, No. 4, 1989.

Anne Booth, "Living Standards and the Distribution of Income in Colonial Indonesia: A Review of Evidences", *Journal of Southeast Asia Studies*, Vol. 29, No. 2, 1988.

Anne Booth, "The Colonial Legacy and its Impact on Post-Independence Planning in India and Indonesia", *Itinerario*, Vol. 10, No. 1, 1986.

B. Gunawan, "Political Mobitization in Indonesia: Nationatists against Communists", *Modern Asian Studies*, Vol. 7, No. 4, 1973.

B. N. Cham, "Class and Communal Conflict in Malaysia", *Journal of Contemporary Asia*, Vol. 5, No. 4, 1975.

Carl H. Lande, "The Philippine Political Party System", *Journal of Southeast Asian History*, Vol. 8, No. 1, 1967.

Cheah Boon Kheng, "Some Aspects of the Interregnum in Malaya (14 August – 3 September 1945)", *Journal of Southeast Asian Studies*, Vol. 8, No. 1, 1977.

Cheah Boon Kheng, "The Japanese Occupation of Malaya, 1941 – 1945: Ibrahim Yaacob and the Struggle for Indonesia Raya", *Indonesia*, No. 28, 1979.

Daniel S. Lev, "Colonial Law and the Genesis of the Indonesian State", *Indonesia*, No. 40, 1985.

Edwin de Jong, Luuk Knippenberg, Dusadee Ayuwat, et al. , "Red-Shirt Heartland: Village-Level Socioeconomic Change in Northeast Thailand Between 1999 and 2008", *Asian Politics & Policy*, Vol. 4, No. 2, 2012.

G. William Skinner, "Chinese Assimilation and Thai Politics", *The Journal of Asian Studies*, Vol. 16, No. 2, 1957.

Hall Hill, "Indonesia's Industrial Policy and Performance: Orthodoxy Vindicated", *Economic Development and Culture Change*, Vol. 45, No. 1, 1996.

Harold Crouch, "Patrimonialism and Military Rule in Indonesia", *World Politics*, Vol. 31, No. 4, 1979.

Harry Benda, "The Pattern of Administrative Reforms in the Closing Years of Dutch Rule in Indonesia", *Journal of Asian Studies*, Vol. 25, No. 4, 1966.

Harry J. Benda, "Political Elites in Colonial Southeast Asia: An Historical Analysis", *Comparative Studies in Society and History*, Vol. 7, No. 3, 1967.

James C. Scott, "Patron-Client Politics and Political Change in Southeast Asia", *American Political Science Review*, Vol. 66, No. 1, 1972.

John T. Sidel, "Philippine Politics in Town, District, and Province: Bossism in Cavite and Cebu", *Journal of Asian Studies*, Vol. 56, No. 4, 1997.

Justus M. Van Der Kroef, "Peasant and Land Reform in Indonesian Communism", *Journal of Southeast Asian History*, Vol. 4, No. 1, 1963.

Kraisak Choonhavan, "The Growth of Domestic Capital and Thai Industrialisation", *Journal of Contemporary Asia*, Vol. 14, No. 2, 1984.

Lee Morgenbesser and Thomas B. Pepinsky, "Elections as Causes of Democratization: Southeast Asia in Comparative Perspective", *Comparative Political Studies*, Vol. 52, No. 1, 2019.

Lily Abegg, "Thailand: Old and New", *The XXth Century*, Vol. 1, No. 1, 1941.

Lim Mah Hui, "Ethnic and Class Relation in Malaysia", *Journal of Contemporary Asia*, Vol. 10, No. 2, 1980.

L. J. Fredericks and R. J. G. Wells, "Some Aspects of Tenancy Reform Measures in Southeast Asia", *Asian Survey*, Vol. 18, No. 6, 1978.

Martin Rudner, "Development Policies and Patterns of Agrarian Dominance in the Malaysian Rubber Export Economy", *Modern Asian Studies*, Vol. 15, No. 1,

1981.

Nathan Gilbert Quimpo, "Oligarchic Patrimonialism, Bossism, Electoral Clientelism, and Contested Democracy in the Philippines", *Comparative Politics*, Vol. 37, No. 2, 2005.

Paul D. Hutchcraft and Joel Rocamora, "Strong Demands and Weak Institutions: The Origins and Evolution of the Democratic Deficit in the Philippines", *Journal of East Asian Studies*, Vol. 3, No. 2, 2003.

Paul H. Kratoska, "The Peripatetic Peasant and Land Tenure in British Malaya", *Journal of Southeast Asian Studies*, Vol. 16, No. 1, 1985.

Riyana Miranti, Alan Duncan and Rebecca Cassells, "Revisiting the Impact of Consumption Growth and Inequality on Poverty in Indonesia during Decentralisation", *Bulletin of Indonesian Economic Studies*, Vol. 50, No. 3, 2014.

Rollin F. Tusalem and Jeffrey J. Pe-Aguirre, "The Effect of Political Dynasties on Effective Democratic Governance: Evidence from the Philippines", *Asian Politics & Policy*, Vol. 5, No. 3, 2013.

Saturnino M. Borras Jr., "State-Society Relations in Land Reform Implementation in the Philippines", *Development and Change*, Vol. 32, No. 3. 2001.

Vedi R. Hadiz, "Decentralization and Democracy in Indonesia: A Critique of Neo-Institutionalist Perspectives", *Development and Change*, Vol. 35, No. 4, 2004.

Yuki Fukuoka, "Indonesia's 'Democratic Transition' Revisited: A Clientelist Model of Political Transition", *Democratization*, Vol. 20, No. 6, 2012.

后　　记

对于从事比较历史分析的研究者而言，似乎只有专著的形式才能更好地展现出理论与经验的交融以及复杂的历史变奏。"如果比较历史分析能够被成功地应用，它就可以作为一种调节理论与历史的理想策略。如果比较历史分析不被机械地加以应用，它就既能促进理论的扩展与重构，又能用一种新的方法来观察历史案例。"这是当年斯考切波对比较历史分析的美好期许，也是本书落笔之时的初心所在。囿于能力等各方面的因素，本书似乎尚未能实现那样的宏伟抱负。但即便如此，我亦乐于向读者展现这些年来沉淀的思考。

本书脱胎于博士学位论文，因此首先要感谢恩师杨光斌教授，当然这份感谢远不止于杨老师对论文的指导。我永远不会忘记2012年初春，在山西大学图书馆过期期刊阅览室中第一次拜读杨老师文章时的欣喜，并由此立下了考研人大的目标；我永远不会忘记大二那年当我怀揣敬仰之情第一次写邮件，杨老师回复"欢迎报考，祝你成功"；我永远不会忘记第一次去杨老师的办公室，杨老师说"硕博连读的时候就跟我吧"。杨老师学问高屋建瓴、大气磅礴，为人和善而且十分关心学生。无论是在人大的岁月还是在离开人大之后，恩师总是对我关怀备至。这份感念铭记于心，让我在学术攀登的道路上不敢有丝毫懈怠。

时常感叹自己何其幸运，一路上总能得到师长们的教诲与呵护，不仅帮助我加深了对比较研究、历史分析和社会科学研究方法的理解，同时为我从事教学科研工作树立了很好的榜样。感谢韩冬临老师、马得勇老师、谢韬老师、李路曲老师、高奇琦老师在我前进道路上给予的引领与帮助；感谢郝诗楠老师、黄琪轩老师、黄宗昊老师、叶成城老师、汪仕凯老师、罗祎楠老师、朱天飚老师、耿曙老师、马雪松老师、陈超老师、乔梁老师、闫飞飞老师对我学术志业的关怀和支持；感谢徐湘林老师、佟德志老师、王续添老师、姚中秋老师、张广生老师、任锋老师、吕杰老师从开题到答辩的每个环节所提供的宝贵意见。还要感谢美国西北大学政治学与社会学双聘教授 James Mahoney，他对比较历史分析与定性研究方法的坚守与执着令我钦佩并引领我义无反顾地投身这一领域，他本人也十分慷慨地将最新的书稿和论文同我这个素未谋面的中国学生分享。Mahoney 教授是我的偶像，我十分乐于读者能够在本书的字里行间中看到他是如何深刻地影响了我。

学术研究是一个充实且单调的过程，除了感谢各位"良师"，还要感谢前进道路上的诸多"益友"。读书期间有幸结识了陆屹洲、张佳威、杨佳譞、林韬等同道中人，工作之后又遇到了郭凤林、马馨汝、闫健、宋亦明等知心同事，虽然研究领域各有不同，但与他们交流总能相谈甚欢。感谢李朝瑞、李彦德、邓敬知、陈想、晏玥这些可爱的学生们，他们让我更加坚定了做一名好老师的信念。还要感谢那些奇奇怪怪名字的群聊——"人参果树下""SST 后会有期""高兴火锅群""大智慧群""一个群 plus"等，对于剧变时代的个体而言，单纯的快乐更显珍贵。

本书出版得到了北京外国语大学国际关系学院的大力资助，虽然期间因疫情和其他原因稍遇阻滞，但在中国社会科学出版社王茵副总编辑和编辑侯聪睿老师的悉心关照下，本书最终顺利出版。陈想同学为本书的整体校对付出了颇多心血，他坚定的理想信念与严谨的治学态度让我十分欣慰。

从山西大学政治与公共管理学院到中国人民大学国际关系学院再到北

京外国语大学国际关系学院，我在政治学领域耕耘了十年有余。事非经过不知难，但所幸在我人生的每个阶段，总有那么一两个肝胆相照、情同手足的好友，向我提供了难以估量的帮助。在我第一本专著出版之际，由衷地感谢曹江涵、施任远、何家丞，感谢他们知我懂我，让我在孤单落寞的时候有个地方去倾诉和依靠。能够认识他们这样的朋友，是我一生的荣幸。

我出生的小县城——山东省邹平市在三十年间已经发生了翻天覆地的变化。时光匆匆，父母也快到了退休的年纪。我很幸运地成长在一个温馨且上进的家庭环境中，以致数十年来我始终坚信理想与道德值得恪守，始终坚信读书与奋斗足以改变命运，始终努力做一个对社会有用的人。父母经常告诉我，不要有后顾之忧，他们是我最坚强的后盾，我也希望自己在之后的日子里可以做得更好。

最后，也是最重要的，我把最诚挚的爱与敬意献给我的姥姥姥爷。没有他们，就没有我的今天。

释启鹏

2023 年 4 月 21 日